Peter Hilsch

Mittelalter
Grundkurs Geschichte 2

athenäum

CIP-Titelaufnahme der Deutschen Bibliothek

Grundkurs Geschichte / hrsg. von Pedro Barceló. –
Frankfurt am Main: Athenäum
 Bd. 1 im Athenäum-Verl., Königstein/Ts.,
 u. im Droste-Verl., Düsseldorf
NE: Barceló, Pedro A. [Hrsg.]

Bd. 2. Hilsch, Peter: Mittelalter. – 1989
Hilsch, Peter: Mittelalter / Peter Hilsch. –
Frankfurt am Main: Athenäum, 1989
 (Grundkurs Geschichte; Bd. 2)
 (Athenäums Studienbücher: Geschichte)
 ISBN 3-61o-o7261-X

© 1989 Athenäum Verlag GmbH, Frankfurt am Main
Alle Rechte vorbehalten.
Ohne ausdrückliche Genehmigung des Verlags ist es auch nicht gestattet,
das Buch oder Teile daraus auf fotomechanischem Wege (Fotokopie, Mikrokopie) zu vervielfältigen.
Satz: Computersatz Bonn GmbH, Bonn
Druck und Bindung: Clausen & Bosse, Leck
Printed in West Germany
ISBN 3-61o-o7261-X

Inhalt

Vorwort des Herausgebers 7

Literaturhinweise zur Gesamtepoche 9
1. Das Mittelalter: Zeit, Raum, Gesellschaft 15

A Das Fränkische Reich (bis zur Mitte des 9. Jahrhunderts) 29
2. Völkerwanderung und frühes Frankenreich (bis zur Mitte des 8. Jahrhunderts) 31
3. Das karolingische Großreich 53
4. Grundstrukturen der mittelalterlichen Gesellschaft: Grundherrschaft und Lehenswesen 76
5. Kirche und kulturelle Erneuerung in der Karolingerzeit 98

B Entstehung und Konsolidierung des Deutschen Reiches (bis zur Mitte des 11. Jahrhunderts) 115
6. Das Ostfrankenreich und die Ausbildung der Stammesherzogtümer 116
7. Der Aufstieg der königlichen Zentralgewalt. Die Grundlagen des deutschen Königtums seit Otto I. 129
8. Königtum und Reichskirche 151
9. Das frühe deutsche Reich im europäischen Zusammenhang 169

C Umbruch und Mobilität im hohen Mittelalter (bis zur Mitte des 13. Jahrhunderts) 191
10. Wandlungen von Wirtschaft und Gesellschaft / Die neuen Mittelschichten 192
11. Die Kirchenreform und der Kampf zwischen geistlicher und weltlicher Gewalt 211
12. Friedensbewegung, Kreuzzüge und Judenverfolgung 231

13. Das Reich der Staufer 249
14. Kirche, Armuts- und Ketzerbewegung 271

D Differenzierung und Krise im Spätmittelalter (seit der Mitte des 13. Jahrhunderts) 288

15. Die mittelalterliche Stadt 289
16. Die Hanse, die deutsche Ostsiedlung und der preußische Deutschordensstaat 311
17. Vom Interregnum zum luxemburgischen Hausmachtkönigtum / Die Landesherrschaft 332
18. Krisen und Reformversuche des Spätmittelalters 350

Vorwort des Herausgebers

Das vorliegende Werk zur mittelalterlichen Geschichte behandelt in achtzehn Kapiteln eine historische Periode, die etwa 1000 Jahre, die Zeit zwischen der Völkerwanderung und dem Beginn der frühen Neuzeit umfaßt. Gemäß der Zielsetzung der Reihe „Grundkurs Geschichte" ist es auch die Absicht dieses Bandes, zunächst einen historischen Überblick über den ausgewählten Zeitraum zu gewähren, um dann gezielt Einsichten in die Eigenart der mittelalterlichen Geschichte zu vermitteln.

Hinsichtlich seines Aufbaus, seiner Gliederung und der Darstellung ist dieser Band methodisch an der Konzeption der bereits erschienenen drei Bände dieser Reihe ausgerichtet. Der Verfasser stand auch hier vor der Schwierigkeit, angesichts der methodisch-didaktischen Vorgaben einige Bereiche ganz aussparen zu müssen, die eine ausführliche Diskussion sehr wohl verdient hätten, sich stets um Kürze zu bemühen und dabei verständlich und für den Leser nachvollziehbar zu formulieren.

Die Richtschnur für die Auswahl des umfangreichen Stoffes bildete die Praxis für die Universitätslehre im Grundstudium, wobei eine möglichst große Anzahl relevanter Forschungsschwerpunkte berücksichtigt wurde. Die thematische Schwerpunktbildung gruppiert sich um das Entstehen und die Ausbreitung des fränkischen und dann des deutschen Reiches. Soweit es sich für das Verständnis als notwendig erwies, wurde auch die Geschichte der benachbarten Länder in die Betrachtung miteinbezogen. Besondere Bedeutung innerhalb dieses Rahmens kommt dem karolingischen Großreich Karls des Großen, dem frühen deutschen Königtum der Ottonen, dem Reich der Staufer und dem luxemburgischen Hausmachtkönigtum des Spätmittelalters zu.

Ein methodisches Prinzip bei der Darstellung stellt die Verknüpfung des chronologischen Ablaufs mit systematisch angelegten Sachbereichen dar, so daß sich Verlaufs- und Strukturgeschichte immer ergänzen. In den strukturell angelegten Kapiteln werden Aspekte der Verfassungs-, der Sozial- und Wirtschaftsgeschichte herausgestellt, wie z. B. Grundherrschaft und Lehenswesen im Hauptteil A, Erscheinungsweisen des sozialen Wandels und der sozialen Bewegung im Teil C sowie Stadtentwicklung, die Siedlungsbewegung und Landesherrschaft im Teil D der Arbeit.

Abschließend sei noch kurz die besondere Eigenart der mittelalterlichen Quellen erwähnt. Neben zentralen Zeugnissen wie etwa dem Capitulare de Villis, dem Wormser Konkordat, dem Privilegium minus, der Goldenen Bulle etc. sind vor allem Texte aufgenommen worden, die Sachverhalte und geschichtliche Zusammenhänge konkretisieren und veranschaulichen, um das Verständnis für die historische Bedingtheit und den spezifischen Charakter der mittelalterlichen Welt zu wecken.

Die am Ende eines jeweiligen Kapitels formulierten Fragen gehen in der Regel vom Text und von den abgedruckten Quellen aus. Sie sollen jedoch nicht ausschließlich dazu dienen, das Gelesene oder Gelernte zu reproduzieren, sondern wollen auch auf Kernprobleme hinweisen, Neugierde und Interesse erzeugen und zur selbständigen Weiterbeschäftigung mit der Geschichte des Mittelalters anregen.

Die ausgewählten Literaturhinweise dienen als Hilfestellung für die weitere Lektüre. In die Bibliographie wurden neben den grundlegenden oder klassischen Darstellungen aus der Fülle der Veröffentlichungen vornehmlich solche neueren Arbeiten aufgenommen, die den neuesten Forschungsstand reflektieren. Neben den Literaturangaben zu den einzelnen Kapiteln müssen immer auch die übergreifenden Literaturhinweise zur Gesamtdarstellung berücksichtigt werden, welche aus Platzgründen nicht wiederholt werden konnten.

Peter Hilsch möchte ich für die überaus kooperative und angenehme Zusammenarbeit bei der Entstehung dieses Bandes meinen Dank aussprechen. Peter Högemann (Tübingen) und Wilfried Hartmann (München), die ihn durch zahlreiche wertvolle Anregungen unterstützten, sei ebenfalls an dieser Stelle herzlich gedankt.

Eichstätt, im Mai 1988 *Pedro Barceló*

Literaturhinweise zur Gesamtepoche

Neue Einführungen

H. Boockmann, Einführung in die Geschichte des Mittelalters, 1981².
H. Fuhrmann, Einladung ins Mittelalter, 1987.
F. Seibt, Glanz und Elend des Mittelalters, 1987.

Mittelalterforschung

Eine Übersicht über neuere Fragestellungen der Wissenschaft bietet: Mittelalterforschung, hg. v. R. Kurzrock 1981 (Forschung und Information Bd. 29).

Gesamtdarstellungen/Handbücher

Jahrbücher der deutschen Geschichte, 1862 ff. [Materialreiche Zusammenstellung für die Regierungszeiten einzelner Könige].
Gebhardt-Handbuch der deutschen Geschichte, Bd. 1, 1970⁹ [Auch in Taschenbuchausgabe].
H. Zimmermann, Das Mittelalter, Bd. 1, 1986², Bd. 2, 1988².
Handbuch der europäischen Geschichte, hg. v. Th. Schieder. Bd. 1, hg. v. Th. Schieder 1976. Bd. 2, hg. v. F. Seibt, 1987.
Deutsche Geschichte in zwölf Bänden, hg. v. H. Bartel u. a. Bd. 1, 1982. Bd. 2, 1983. [DDR-Handbuch].
G. Duby, Europa im Mittelalter, 1986. [Historischer Essay].
Art. „Deutschland". In: LexMA Bd. 3 (1986), Spalte 781–914.
Das Reich und die Deutschen: H. K. Schulze, Vom Reich der Franken zum Land der Deutschen. Merowinger und Karolinger, 1987. H. Boockmann, Stauferzeit und spätes Mittelalter. Deutschland 1125–1517, 1987. [Populärwissenschaftlich].

Rechts- und Verfassungsgeschichte

H. Brunner, Deutsche Rechtsgeschichte Bd. 1, 1906². Bd. 2, neubearb. von Cl. v. Schwerin, 1928². [Klassische Darstellung].

O. Brunner, Moderner Verfassungsbegriff und mittelalterliche Verfassungsgeschichte. Neubearb. in: Herrschaft u. Staat im Mittelalter, hg. v. H. Kämpf, 1956 (WdF 2), 1–19.

H. Mitteis/H. Lieberich, Deutsche Rechtsgeschichte, 1985¹⁷.

K. Kroeschell, Deutsche Rechtsgeschichte, Bd. 1 (bis 1250), 1972. Bd. 2 (bis 1650), 1973.

H. K. Schulze, Grundstrukturen der Verfassung im Mittelalter, Bd. 1, 1985. Bd. 2, 1986.

F. Graus, Verfassungsgeschichte des Mittelalters. HZ 243 (1986), 529–589.

Kirchengeschichte/Papsttum

A. Hauck, Kirchengeschichte Deutschlands. 5 Bde, 1906–1913³/⁴ (Nachdrucke).

J. Haller, Das Papsttum. Idee und Wirklichkeit. 5 Bde, 1950–1953².

F. X. Seppelt, Geschichte der Päpste. 4 Bde, 1954–57².

Handbuch der Kirchengeschichte, hg. v. H. Jedin. Bd. 3, Die mittelalterliche Kirche: Teilband 1, 1966, Teilband 2, 1968.

H. E. Feine, Kirchliche Rechtsgeschichte. Bd. 1, Die katholische Kirche. 1972⁵.

K. S. Frank, Grundzüge der Geschichte des christlichen Mönchtums, 1975 (Grundzüge Bd. 25).

W. Ullmann, Kurze Geschichte des Papsttums im Mittelalter, 1978.

B. Schimmelpfennig, Das Papsttum. Grundzüge seiner Geschichte von der Antike bis zur Renaissance, 1984.

Sozial- und Wirtschaftsgeschichte

F. Lütge, Deutsche Sozial- und Wirtschaftsgeschichte, 1966³.

Ders., Geschichte der deutschen Agrarverfassung vom frühen Mittelalter bis zum 19. Jh., 1967².

W. Abel, Geschichte der deutschen Landwirtschaft vom frühen Mittelalter bis zum 19. Jh., 1978³.

G. Franz, Geschichte des deutschen Bauernstandes vom frühen Mittelalter bis zum 19. Jh., 1976².

H. Aubin/W. Zorn, Handbuch der deutschen Wirtschafts- u. Sozialgeschichte, Bd. 1, 1971.

E. Pitz, Wirtschafts- und Sozialgeschichte Deutschlands im Mittelalter, 1979.

E. Ennen/W. Janssen, Deutsche Agrargeschichte. Vom Neolithikum bis zur Schwelle des Industriezeitalters, 1979.

Handbuch der europäischen Wirtschafts- u. Sozialgeschichte, hg. v. H. Kellenbenz. Bd. 2, Mittelalter, hg. v. J. A. van Houtte, 1980.

Kulturgeschichte

A. Dempf, Sacrum imperium. Geschichts- und Staatsphilosophie des Mittelalters u. der politischen Renaissance, 1954².

F. Heer, Mittelalter, 1961 (Kindlers Kulturgeschichte).

J. Le Goff, Kultur des europäischen Mittelalters, 1970.

M. Wehrli, Geschichte der deutschen Literatur vom frühen Mittelalter bis zum Ende des 16. Jahrhunderts, 1980.

K. Flasch, Das philosophische Denken im Mittelalter. Von Augustin zu Macchiavelli, 1986.

A. J. Gurjewitsch, Mittelalterliche Volkskultur, 1987.

Nachbarländer

H. Haan/K.-F. Krieger/G. Niedhart, Einführung in die englische Geschichte, 1982.

W. Goez, Grundzüge der Geschichte Italiens im Mittelalter und Renaissance, 1984² (Grundzüge Bd. 27).

P. Schreiner, Byzanz, 1986 (Oldenbourg-Grundriß der Geschichte 22).

J. Ehlers, Geschichte Frankreichs im Mittelalter, 1987.

Wichtige Fachlexika

Lexikon für Theologie und Kirche, 10 Bde, 1957–65.
Handwörterbuch zur deutschen Rechtsgeschichte, bisher Bd. 1–3 (A–P), 1971 ff.
Reallexikon für germanische Altertumskunde, bisher Bd. 1–6 (A–E), 2. Aufl., 1973 ff.
Theologische Realenzyklopädie, bisher Bd. 1–15 (A–I), 1977 ff.
Verfasserlexikon. Die deutsche Literatur des Mittelalters, bisher Bd. 1–6 (A–O), 1978 ff.
Lexikon des Mittelalters, bisher Bd. 1–3 (A–E), 1980 ff.

Abkürzungsverzeichnis

AKG	Archiv für Kulturgeschichte
AUF	Archiv für Urkundenforschung
DA	Deutsches Archiv für Erforschung des Mittelalters
GWU	Geschichte in Wissenschaft und Unterricht
HJb	Historisches Jahrbuch
HRG	Handwörterbuch zur deutschen Rechtsgeschichte
HZ	Historische Zeitschrift
Jb.	Jahrbuch
LexMA	Lexikon des Mittelalters
MIÖG	Mitteilungen des Instituts f. Österreichische Geschichtsforschung
RLGA	Reallexikon der Germanischen Altertumskunde
TRE	Theologische Realenzyklopädie
VSWG	Vierteljahresschrift für Sozial- und Wirtschaftsgeschichte
WdF	Wege der Forschung
ZBLG	Zeitschrift für bayerische Landesgeschichte
ZGO	Zeitschrift für die Geschichte des Oberrheins
ZHF	Zeitschrift für historische Forschung
ZRG GA	Zeitschrift für Rechtsgeschichte, Germanistische Abteilung

Folgende Übersetzungen wurden bei der Übertragung einiger lateinischer Quellentexte ins Deutsche benutzt:

Gregor von Tours. I. Teil. Übers. R. Buchner, 1970[4] (Frh. v. Stein-Ausgabe MA 2): Kap. 2, Quelle 2 / K. Kroeschell, Deutsche Rechtsgeschichte 1, 1972, S. 52, 112—114: Kap. 2, Quelle 3; Kap. 4, Quelle 3 / Quellen zur Geschichte des 7. u. 8. Jhs. Übers. H. Haupt u. A. Kusternig, 1982 (Frh. v. Stein-Ausg. MA 4a): Kap. 2, Quelle 4 / Briefe des Bonifatius. Übers. R. Rau, 1968 (Frh. v. Stein-Ausg. MA 4b): Kap. 3, Quelle 1 / Quellen zur karolingischen Reichsgeschichte I. Übers. R. Rau, 1967 (Frh. v. Stein-Ausg. MA 5): Kap. 3, Quelle 2; Kap. 6, Quelle 1 und 2 / Geschichte in Quellen 2. Mittelalter. Von W. Lautemann, 1970, S. 75 f., 107—110: Kap. 3, Quelle 3 und 5 / Quellen zur Gesch. des deutschen Bauernstandes. Übers. G. Franz, 1974[2] (Frh. v. Stein-Ausg. MA 31): Kap. 4, Quelle 1 und 2 / F. L. Ganshof, Was ist das Lehenswesen? 1970, S. 87 f.: Kap. 4, Quelle 5 / Quellen zur Gesch. der sächsischen Kaiserzeit. Übers. A. Bauer und R. Rau, 1971 (Frh. v. Stein-Ausg. MA 8): Kap. 7, Quelle 1; Kap. 9, Quelle 1 / Quellen zur deutschen Verfassungs-, Wirtschafts- und Sozialgeschichte bis 1250. Übers. L. Weinrich, 1977 (Frh. v. Stein-Ausg. MA 32): Kap. 7, Quelle 2 und 4; Kap. 8, Quelle 2c und 3; Kap. 9, Quelle 4; Kap. 10, Quelle 4 / Thietmar v. Merseburg, Übers. W. Trillmich, 1985[6] (Frh. v. Stein-Ausg. MA 9): Kap. 8, Quelle 1 / Quellen zur Geschichte der Hamburgischen Kirche u. des Reiches. Übers. W. Trillmich, 1978[5] (Frh. v. Stein-Ausg. MA 11): Kap. 9, Quelle 3 / Quellen zum Investiturstreit 1. Übers. F.-J. Schmale, 1978 (Frh. v. Stein-Ausg. MA 12a): Kap. 11, Quelle 1 /

1. Das Mittelalter: Zeit, Raum, Gesellschaft

„Von 500 bis 1500", so wird meist die kürzeste Antwort auf die Frage lauten, welchen Zeitraum das Mittelalter umfasse. Die Bedeutung der zeitlichen Gliederung, der „Periodisierung" des Geschichtsverlaufs, ist jedoch zu wichtig, um sie einer Kurzformel zu überlassen. Ihr Zweck ist zunächst ein didaktischer: Orientierung und Überblick im sonst unübersehbaren Meer der Vergangenheit zu gewinnen.

Niemand wird ernsthaft behaupten, ein Zeitalter beginne oder ende in einem bestimmten Jahr; immer handelt es sich um „breite Streifen allmählicher Veränderungen" (H. Aubin). Wenn Jahreszahlen genannt werden, so geben sie immerhin Auskunft über die Anschauung, welche historischen Faktoren den Beginn oder das Ende eines Zeitalters markieren. So weisen etwa die für den Beginn der mittelalterlichen Geschichte genannten Jahre 324 (Alleinherrschaft des ersten christlichen Kaisers Konstantin), 529 (Gründung des ersten abendländischen Klosters Monte Cassino/Verbot der heidnischen Akademie in Athen), um 600 (zur Zeit des ersten „typisch mittelalterlichen" Papstes, Gregor des Großen) auf das Christentum als Periodisierungskriterium hin, die Jahreszahlen 375 (Beginn der Völkerwanderung), 486 (Sieg des Franken Chlodwig über den letzten römischen Statthalter Syagrius) oder 568 (letzte germanische Staatengründung der Langobarden) dagegen auf das Germanentum, während die Jahre 395 (Teilung des römischen Reiches) und 476 (Ende des weströmischen Reiches) eher von der römischen Geschichte ausgehen. Auch 633 (Beginn der islamischen Ausbreitung) wurde genannt; der belgische Historiker H. Pirenne entwickelte gar die (heute großenteils widerlegte) These, die Ausbreitung der Araber habe die Einheit der Mittelmeerwelt zerstört, was dann − erst im 8. Jahrhundert − zur Entstehung der nicht mehr mittelmeerisch zentrierten mittelalterlichen Welt geführt habe.

„Wer die Grenzen eines Zeitalters findet, bestimmt sein Wesen" (H. Heimpel). Die sich in den oben genannten Jahreszahlen spiegelnde, übliche Feststellung, das Mittelalter stelle die Synthese von Antike, Christentum und Germanentum dar, bedarf der Ergänzung zumindest durch die (West- und Süd-)Slawen, die im 6. Jahrhundert in Mittel- und Südosteuropa eingewandert sind.

Das Ende unseres Zeitalters wurde durch die Jahreszahl 1453 (Eroberung Konstantinopels durch die Osmanen), 1492 (Entdeckung Amerikas) und 1517 (Thesenanschlag Luthers/Reformation) markiert. Auch wurde auf die Erfindung des Buchdrucks (als eines wirkungsvollen Fortschritts in der menschlichen Kommunikation) in der Mitte des 15. Jahrhunderts verwiesen.

Daß bei der Periodisierung regional differenziert werden muß, ist selbstverständlich; aber auch Teilbereiche des gesellschaftlichen und staatlichen Lebens können sich unterschiedlich entwickeln: so ist man der Ansicht, die mittelalterliche Wirtschaftsgeschichte ende schon in der Mitte des 14. Jahrhunderts (Agrarkrise/Pest), wohingegen die mittelalterliche Verfassung des Reiches bis 1806 fortbestand.

Bei der inneren Periodisierung des Mittelalters ist die aus der dynastischen Geschichtsschreibung überkommene Gliederung nach Königsdynastien noch gebräuchlich. Verbreitet ist die (z. T. unterschiedlich verstandene) Einteilung in Früh-, Hoch- und Spätmittelalter (siehe Schaubild). Viele Historiker sind heute der Ansicht, daß der tiefste Einschnitt innerhalb der mittelalterlichen Geschichte im späten 11. und 12. Jahrhundert anzusetzen ist (Bevölkerungswachstum, Aufstieg neuer Schichten, Investiturstreit, Kreuzzüge, Stadtentstehung, Höhenburgenbau, Ostsiedlung — siehe Kap. 10 ff.).

Ursprünglich ist der Begriff *Mittelalter*, anders als der Begriff *Feudalzeitalter* (siehe Kap. 4), inhaltlich nicht definiert. Er entstand um 1500 und bezeichnete für die Humanisten nur die mittlere Zeit zwischen der als Vorbild bewunderten Antike und der eigenen hellen Epoche. Ch. Cellarius aus Halle († 1707) führte den Begriff als historische Epochenbezeichnung in die klassische Dreiteilung

Periodisierung

	Königsdynastien		
Frühmittelalter	Merowinger		
	———————— 687		
	——————— 751		
	Karolinger		
	——————— 911		
Hochmittelalter	Sachsen/Ottonen		
	——————— 1024		
	Salier		
	——————— 1125		
	Staufer		
	——————— 1250		
Spätmittelalter	Verschiedene (Habsburger, Luxemburger, Wittelsbacher)		

Zeitleiste:

- 300
- 324 Kaiser Konstantin
- 375 Anfang Völkerwanderung
- 400 — 395 Reichsteilung
- 476 Ende Westroms
- 500 — 486 Chlodwig besiegt Syagrius
- 529 Monte Cassino gegründet
- 568 Langobarden in Italien
- 600 — 590–604 Papst Gregor d. Gr.
- 633 Beginn der Ausbreitung des Islam
- 700 } Thèse Pirenne
- 800
- 900
- 1000
- 1100 — Investiturstreit
- Aufstieg neuer Schichten
- Kreuzzüge / Ostsiedlung
- 1200 — Stadt / Höhenburgen
- 1300
- Agrarkrise / Pest
- 1400
- 1453 Eroberung Konstantinopels / Buchdruck
- 1500 — 1492 Entdeckung Amerikas
- 1517 Thesenanschlag / Reformation
- 1600
- 1700
- 1800
- 1806 Ende des Alten Reiches

↓ mittelalterliche Wirtschaftsgeschichte
↓ mittelalterliche Verfassungsgeschichte

der Weltgeschichte zwischen Altertum und Neuzeit ein, die freilich ganz vom europäischen Blickwinkel ausgeht.

Die Frage, wann die Elemente des Mittelalters diejenigen der Antike zu überwiegen begannen, war im übrigen ein wichtiger Ausgangspunkt wissenschaftlicher Forschungen. Die Katastrophentheorie von einer völligen Zerstörung des römischen Reiches durch die Germanen und eines gänzlichen Neuanfangs ist jedoch längst überholt; gerade die Kontinuität bei Siedlung, Bevölkerung, Wirtschaft und Kultur steht heute im Mittelpunkt des Interesses und damit eine teilweise Überwindung der alten Periodisierungsschranken. Weitergehende Vorschläge, zwischen Spätantike und Mittelalter eine neue Epoche mit eigenem Gesicht zu etablieren, oder ernsthafte Versuche, Spätmittelalter und Reformationszeit als Einheit zu betrachten und zu erforschen, stoßen allerdings häufig an die überlieferten institutionellen Grenzen: der Arbeitsbereich der meisten historischen Institute und Lehrstühle ist nach dem alten Schema abgegrenzt.

Die Menschen des Mittelalters sahen ihre eigene Zeit selbstverständlich nicht als „mittelalterlich" an; ihr Geschichtsbild orientierte sich, soweit wir es aus den Quellen erschließen können, an der biblisch-christlichen Heilsgeschichte, die in linearem Verlauf einem Ziel, dem Jüngsten Tag und dem Königreich Gottes, zustrebte. Daß man im letzten Zeitalter der Weltgeschichte, das mit Jesus Christus begonnen hatte, lebe, war eine allgemeine Überzeugung; in Krisensituationen steigerte sich die Endzeiterwartung. Seit dem 11. Jahrhundert wurde immer wieder der „Antichrist angekündigt", der dem Jüngsten Tag vorausgehen sollte.

Die seit dem Kirchenvater Augustinus († 430) verbreitetste Vorstellung war die von den 6 Weltzeitaltern (in Analogie zu den 6 Schöpfungstagen), die durch biblische Gestalten wie z. B. Adam, Noah, Abraham voneinander abgegrenzt wurden. Daneben stand der Glaube an die Abfolge der vier Weltmonarchien, der, durch den Kirchenvater Hieronymus († 420) vermittelt —, auf das alttestamentliche Buch Daniel (Kap. II und VII) zurückgeht. Das römische Reich, das sich nach Meinung der Zeitgenossen im fränkischen und deutschen Reich fortsetzte, galt dabei als das letzte vor dem Jüngsten Tag. Unablässig suchte man, gegen die offizielle Haltung der Kirche, die Dauer des letzten Zeitalters zu berechnen und glaubte in Krisen- oder Naturerscheinungen Vorzeichen und Vorboten des Weltendes feststellen zu können.

Die Macht biblischer Bilder und Berichte wirkte sich auch auf die *geographischen Vorstellungen* des Mittelalters aus, wie sie in einigen zeitgenössischen Karten überliefert sind. Die Erde wird als runde Scheibe dargestellt, die von Meeren umgeben ist (die griechische Vorstellung von der Erde als Kugel hat sich jedoch in einem dünnen Strang auch im Mittelalter gehalten). Im Zentrum liegt Jerusalem, wo Christus lebte und starb — häufig dargestellt als himmlisches Jerusalem nach der Offenbarung des Johannes. Die Zeichnung der drei Erdteile Asien, Europa und Afrika ergibt auf den Karten die Form eines ‚T'. Erst seit dem 13. Jahrhundert gab es erste (See-)Karten, die für den praktischen Gebrauch der Reisenden gedacht waren. Erstaunlicherweise vermochten sich die Menschen des Mittelalters auch ohne Karten recht gut zu orientieren.

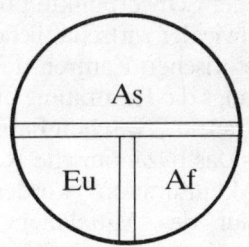

Auch wenn kein Vergleich mit der rasanten Veränderung unserer Zeit möglich ist, hat sich die Landschaft Mitteleuropas auch im Mittelalter ständig gewandelt. Die stärksten Veränderungen haben sich wohl beim Küstenverlauf und bei den Inseln der Nordsee, sowie bei den Flußläufen ergeben. Mit dem Deichbau in größerem Umfang ist bereits um 1000 begonnen worden. Dennoch rissen Sturmfluten der damals vordringenden See immer wieder Stücke bebauten Landes ins Meer, z. B. die katastrophale „Mandränke" von 1362 im Bereich der Nordfriesischen Inseln. Die Flüsse pendelten auch im Binnenland mäandrierend durch die sumpfigen und immer wieder überschwemmten Flußauen, die beträchtliche Verkehrshindernisse waren und nicht besiedelt wurden. Die erste mittelalterliche Steinbrücke in Deutschland ist übrigens 1135–45 in Regensburg errichtet worden. Steinerne Brücke

Die frühere Vorstellung, wonach das offene genutzte Land auf Kosten des Waldes im Verlauf des Mittelalters kontinuierlich ausgeweitet worden sei, ist nicht haltbar; z. B. ist eine Phase der Waldausbreitung für die Zeit nach der germanischen Landnahme festgestellt worden.

Durch den Siedlungsausbau seit dem Frühmittelalter ist der Wald jedoch stark zurückgedrängt worden (z. T. stärker als heute), und er wurde zunehmend als Jagdgebiet, als Waldweide und zur Holzgewinnung genutzt. Der Laubwald hatte von Natur aus eine stärkere Verbreitung als heute; auch wurden die für das Weidevieh nützlichen Eichen und Buchen stärker geschützt.

Gegenüber der Antike, deren Lebens- und Machtzentrum der Mittelmeerraum war, dem sich die außerhalb liegenden Regionen als Peripherie angliederten, erfolgte eine Verlagerung der Schwerpunkte politischer und militärischer Macht, sowie der wirtschaftlichen und kulturellen Gewichte. Die historischen Zentren des mittelalterlichen Lebens waren anfangs die Kernräume einerseits des Frankenreiches (die „Francia" zwischen Paris und dem Rheinland), andererseits das byzantinische Reich um Konstantinopel. Durch „Akkulturation" wurden beiden Zentralbereichen im Lauf des Mittelalters weitere Räume angegliedert; für den Westen ist eine Ausweitung des Zentrums vor allem in östlicher Richtung bis nach Ostmitteleuropa, aber auch nach England festzustellen. Italien gehörte in politischer und militärischer Hinsicht zwar zur Peripherie, besaß jedoch mit Rom, als Erbschaft der Antike, den religiös-kirchlichen Mittelpunkt des lateinisch-christlichen Abendlands; auch behielt es weiterhin große wirtschaftliche und kulturelle Bedeutung.

Aus Platzgründen muß sich unsere Darstellung allerdings auf das Frankenreich und das römisch-deutsche Reich bzw. Mitteleuropa beschränken.

Die mittelalterliche *Gesellschaft* erscheint uns als statisch, wenn wir sie mit dem raschen sozialen Wandel der letzten beiden Jahrhunderte vergleichen. Die beträchtlichen Entwicklungen auch jener tausend Jahre können wir hier nicht im einzelnen nachzeichnen. Nur einige Grundtatsachen seien skizziert; es wird auf die Sozialstruktur des frühen Mittelalters eingegangen, die den Ausgangspunkt der späteren sozialgeschichtlichen Entwicklung darstellt.

Die soziale Schichtung war im Mittelalter sehr viel stärker ausgeprägt als heute; als brauchbar für ihre Beschreibung erweist sich das Dreischichtenmodell. Die im ganzen Zeitraum herrschende Oberschicht wird in der Regel als Adel bezeichnet; ihre Rolle, Zusammensetzung und Struktur wandelte sich jedoch in den einzelnen Epochen des Mittelalters. Die adlige Qualität und ihre Vorrechte werden im Prinzip nur durch Vererbung erworben. Die Oberschicht besitzt und beherrscht Land und Leute; die Adligen betreiben keine Handarbeit und verachten sie in der Regel, als ihre (gottgewollte) Aufgabe sehen sie das Herrschen, Kämpfen und Verwalten an. Sie wählen den König aus dem Kreis der führenden Familien und stellen fast ausnahmslos die hohen Geistlichen. In seinem Selbstverständnis verkörpert der Adel das eigentliche (Staats-) Volk.

Wiederholt gelang es größeren Gruppen, durch den Königsdienst in die adlige Oberschicht aufzusteigen. Der König selbst suchte begreiflicherweise die Eigenherrschaft und Macht des Adels zu begrenzen, in Deutschland, insgesamt gesehen, ohne Erfolg. Der fränkische und deutsche König war nie ein eigentlicher „Monarch" (= Alleinherrscher), er regierte immer mit dem Adel. Die Verfassungsform des Reiches ist als Aristokratie mit monarchischer Spitze zu bezeichnen.

Die adlige Oberschicht des Frühmittelalters, die noch keinen rechtlich abgegrenzten Stand darstellte, wird auf 2−3 % der Gesamtbevölkerung geschätzt; eine größere Zahl hätte von den Überschüssen der damaligen Landwirtschaft auch gar nicht ernährt werden können.

Neben den freien Oberschichten des Frankenreiches rechnet man mit freien Mittelschichten und unfreien

Unterschichten. Im zeitgenössischen Verständnis bedeutet die Freiheit der Mittel- und Oberschichten: Unversehrbarkeit des Körpers, persönliche Freizügigkeit und freie Verfügung über Besitz und Eigentum (R. Schneider). Über die Schichtenzugehörigkeit entschied auch hier die Geburt, wenn es auch faktisch Aufstieg (z. B. durch Freilassungen) oder Abstieg gab.

Die Mittelschichten waren nach Besitz stark differenziert: von den Freien mit einer Bauernstelle (die Hof und Land umfaßte) über Freie mit mehreren Bauernstellen bis zu solchen mit 30–50 Bauernstellen (und mehr), die wie „Grundherren" lebten (Kap. 4). Ebenso differenziert hat man sich die Unterschichten vorzustellen, deren Angehörige entweder einen Hof selbständig bewirtschafteten und dafür Abgaben und Frondienste zu leisten hatten, oder am Hof des Herrn als Gesinde, als Landarbeiter und Handwerker tätig waren. Die unterste Gruppe waren die kauf- und verkaufbaren Sklaven. Zahlenmäßige Schätzungen für die einzelnen Gruppen sind bei unserer Quellenlage nicht möglich.

Die freien Mittelschichten waren bereits seit dem 9. Jahrhundert Bedrückungen der adligen Oberschicht ausgesetzt und gerieten teilweise in ihre Abhängigkeit (siehe Kap. 4). Andererseits nahmen einige Unterschichtsgruppen einen gewissen Aufstieg; so kann man seit dem 9. Jahrhundert nicht mehr von Sklaverei sprechen.

Somit wurden die Menschen des Frühmittelalters von ihren Zeitgenossen nicht Berufen bzw. Berufsständen zugeordnet (das Wort „Bauer" taucht in dieser Zeit so gut wie gar nicht auf!), sondern nach dem Grad ihrer Freiheit bezeichnet. Die lateinische Terminologie *(nobilis, liber, servus)* ist allerdings der Antike entnommen und wurde auf die eigenen sozialen Verhältnisse übertragen.

Die soziale Zuordnung sagt einiges für die konkreten Lebensverhältnisse der Menschen aus, aber doch nicht alles. Hier setzt die Erforschung der *Lebensformen* ein, die nach französischem Vorbild auch in der deutschen Geschichtswissenschaft in den letzten Jahren an Boden gewinnt. Neben Arbeiten zur Kindheit, zum Alter oder zum Sterben im Mittelalter, neben Untersuchungen der Sachkultur, der Eßgewohnheiten oder der *Mentalitäten* (kollektiven Einstellungen) der Menschen wird der ebenfalls bisher vernachlässigten Frauenforschung ein größerer Raum gewidmet.

Die Stellung der Frauen war nicht nur durch ihre Zugehörigkeit zu einer sozialen Schicht bestimmt, sondern auch durch die ihr in der patriarchalischen Gesellschaft des Mittelalters in jeder Schicht zugewiesene untergeordnete Rolle. Eine der Konstanten war die Geschlechtsvormundschaft des Mannes über die Frau, d. h. die Frauen waren zwar nicht rechtlos, durften aber nicht selbständig vor Gericht auftreten oder Rechtsgeschäfte tätigen. Im Erbrecht waren die Frauen meist benachteiligt, im Strafrecht dagegen wurden sie in der Regel gleichbehandelt. Im Lauf des Mittelalters wuchs die rechtliche Selbständigkeit der Frau, ohne daß sie etwa die Rechtsgleichheit erreicht hätte. Die Tendenz zur Milderung der Vormundschaft setzte bei Witwen und unverheirateten Frauen ein; selbständigen Kauffrauen wurden in manchen Städten des Spätmittelalters praktisch nur noch geringe Beschränkungen im Geschäftsverkehr und vor Gericht auferlegt. Im Eherecht nahm die Gütergemeinschaft zu. Die Kirche verankerte im 12. Jahrhundert die Konsensehe im Kirchenrecht, d. h., die gültige Eheschließung wurde von der Zustimmung des Mannes und der Frau, nicht nur der beteiligten Familien, abhängig.

„Die stärkste Konstante: Die Frau ist die reiche Erbtochter, die Frau gebiert den Nachfolger und Erben. Das gilt für König und Bauer, Adel und Bürger." (E. Ennen). Besonders im Adel waren Eheverbindungen und Erbschaften kaum privater, sondern politischer und wirtschaftlicher Natur. Eine größere Rolle kam Frauen häufig nach dem Tod oder bei Abwesenheit des Mannes zu; sie übernahmen dann dessen Aufgaben, die im Falle der Adels- und Königsfamilie auch politischer Natur sein konnten (siehe Kap. 9). Dabei waren sie freilich durch die fehlende Wehrfähigkeit benachteiligt, die im Mittelalter ein wichtiges Kriterium der sozialen Einschätzung war. In der Kirche konnten Frauen ihre höchste Stufe innerhalb der Hierarchie als Äbtissinnen erreichen; einige von ihnen stiegen sogar zu reichsfürstlichem Rang auf.

Keine politische Mitwirkung gab es für Frauen aus den nichtadligen (bäuerlichen oder bürgerlichen) Schichten; wir haben auch keine Hinweise darauf, daß sie sie erstrebt hätten. Um so größer war ihre Bedeutung in wirtschaftlicher Hinsicht. Ackern und Großviehzucht galt als Männerarbeit, die Frauen hatten neben dem Kindergebären die Aufgaben, den Garten zu versorgen, zu spinnen und zu weben, Bier zu brauen und Brot zu backen. Für Kochen und Kindererziehung konnten sie nur wenig Zeit aufwenden. Wesentlich mehr wirtschaftliche Selbständigkeit in Handwerk und Handel gewannen Frauen in den Städten des Spätmittelalters (Kap. 15).

Das mittelalterliche Bild der Frau war lange von der Geistlichkeit bestimmt und meist negativ gefärbt. Die natürliche Unterordnung der Frau leitete man von den biblischen Berichten über ihre Erschaffung und den Sündenfall her. Durch sie sei das Unheil – so die verbreitete Meinung der geistlichen Theoretiker – in die Welt gekommen. Damit kontrastierte in gewisser Weise die mit dem Hochmittelalter aufblühende Marienverehrung. Ob die Verherrlichung der Frauen in der weltlichen Dichtung der Stauferzeit positive Wirkungen auf ihre Stellung in der Gesellschaft hatte, ist zweifelhaft (Kap. 10).

Jede Erforschung und Darstellung des Mittelalters steht vor dem Problem, eine mit der unsrigen verwandte und dennoch andersartige Welt zu verstehen und verständlich zu machen. Lange wurde dieses Verständnis durch unreflektierte Übertragung moderner Vorstellungen und Begriffe getrübt. So kann man die Verfassungswirklichkeit der mittelalterlichen Reiche nicht verstehen, wenn man sie als Staaten (im modernen Sinne) begreift und beschreibt. Könige und Fürsten herrschten in der ersten Hälfte des Mittelalters primär über Personenverbände, noch nicht über Territorien („Personenverbandsstaat"). Ihre Herrschaftsbereiche verfügten noch kaum über feste Grenzlinien – von einheitlicher „Staatsgewalt" und Verwaltung, von stehendem Heer, von Polizei und ausgebildetem

Justizsystem ganz zu schweigen. Die allmähliche, mühsame Ausbildung des „modernen Staates" reicht von den hoch- und spätmittelalterlichen Jahrhunderten bis weit in die Neuzeit hinein.

Auch eine Scheidung zwischen privatrechtlichem und öffentlich-rechtlichem Bereich, die Trennung von „Gesellschaft" und „Staat", kennt das Mittelalter nicht. Nach unseren Begriffen „staatliche" Aufgaben, beispielsweise die Gerichtsbarkeit, wurden z. B. keineswegs nur von der königlichen Zentralgewalt, sondern von der ganzen adligen Oberschicht wahrgenommen. Das Recht „privater", auch gewaltsamer Selbsthilfe hatte im Fehdewesen (Kap. 12) ein im Vergleich zu heute ungeheures Ausmaß.

Wegen der Gefahr ungewollter Verfälschung der mittelalterlichen Realitäten durch moderne Begrifflichkeit wurde gefordert, nur noch Begriffe aus den mittelalterlichen Quellen selbst zu verwenden (O. Brunner), was jedoch schon deshalb nicht zu verwirklichen ist, weil unbekannte zeitgenössische Begriffe ebenso wie die damit bezeichneten Sachverhalte stets in unseren Sprachgebrauch und unser Verständnis übertragen werden müssen. Das Wissen um die Andersartigkeit der mittelalterlichen Welt sollte uns vor allzu schnellen Schlüssen bewahren.

Wichtige Begriffe

Periodisierung	Lebensformen
	Mentalität
Heilsgeschichte	Geschlechtsvormundschaft
Zentrum und Peripherie	Konsensehe
Adel	Personenverbandsstaat

Literaturhinweise

Periodisierung:

H. Heimpel, Die Epochen der mittelalterlichen Geschichte. In: ders., Der Mensch in seiner Gegenwart, 1957².

H. Pirenne, Mahomet und Karl der Große. Untergang der Antike und Aufstieg des germanischen Mittelalters, 1963.

Th. Schieder, Europa im Wandel von der Antike zum Mittelalter. In: Handb. der europ. Geschichte, Bd. 1, 1976, 22–50.

A. Esch, Zeitalter und Menschenalter. Die Perspektiven historischer Periodisierung. HZ 239 (1984), 309–351.

Weltbild:

Geschichtsdenken und Geschichtsbild im MA, hg. v. W. Lammers 1961 (WdF 21). [Sammelband mit Aufsätzen].

A.-D. von den Brincken, Mappa mundi und Chronographia. DA 24 (1968), 118–186. [Geographisch-kartographisches Weltbild].

A. J. Gurjewitsch, Das Weltbild des mittelalterlichen Menschen, 1978 (Nachdruck 1982).

F. Graus, Lebendige Vergangenheit. Überlieferung im Mittelalter und in den Vorstellungen vom Mittelalter, 1975.

K. Arnold, Das „finstere" Mittelalter. Zur Genese und Phänomenologie eines Fehlurteils. Saeculum 32 (1981), 287–300.

Soziale Schichtung:

K. Bosl, Kasten, Stände, Klassen im mittelalterlichen Deutschland. Zur Problematik soziologischer Begriffe und ihrer Anwendung auf die mittelalterliche Gesellschaft. ZBLG 32 (1969), 477–494.

K. Bosl, Die Grundlagen der modernen Gesellschaft im MA. Eine deutsche Gesellschaftsgeschichte des MAs, 2 Bde, 1972.

L. White jr., Die mittelalterliche Technik und der Wandel der Gesellschaft, 1968.

M. Mollat, Die Armen im Mittelalter, 1984.

K. Schmid, Zur Problematik von Familie, Sippe und Geschlecht, Haus und Dynastie beim mittelalterlichen Adel. ZGO 105 (1957), 1−62.

K. F. Werner u. a., Adel. In: LexMA 1 (1980) Sp. 118−141.

K. Schreiner, Adel oder Oberschicht? Bemerkungen zur sozialen Schichtung der fränk. Gesellschaft im 6. Jh. VSWG 68 (1981), 225−231.

T. Struve, Pedes rei publicae. Die dienenden Stände im Verständnis des Mittelalters. HZ 236 (1983), 1−48.

W. Rösener, Bauern im Mittelalter, 1986^2.

H. Hoffmann, Kirche u. Sklaverei im frühen MA. DA 42 (1986), 1−24.

Lebensformen

F. Curschmann, Hungersnöte im Mittelalter, 1900.

A. Borst, Lebensformen im Mittelalter, 1973.

K. Arnold, Kind und Gesellschaft im MA und Renaissance. Beiträge und Texte zur Geschichte der Kindheit, 1980.

Europäische Sachkultur des Mittelalters. Gedenkschrift aus Anlaß des 10jähr. Bestehens des Instituts f. mittelalterliche Realienkunde Österreichs, 1980.

Die Erforschung von Alltag und Sachkultur des MAs. Methode-Ziel-Verwirklichung (Veröffentl. des Inst. f. mittelalterl. Realienkunde Österreichs 6). 1984.

Gastfreundschaft, Taverne und Gasthaus im MA, hg. v. H. C. Peyer, 1983 (Schriften des Historischen Kollegs. Kolloquien 3).

H. Schipperges, Der Garten der Gesundheit. Medizin im MA. 1985.

N. Ohler, Reisen im MA. 1986.

H.-W. Goetz, Leben im Mittelalter. Vom 7. bis zum 13. Jahrhundert. 1986.

Mentalitäten im Mittelalter. Methodische und inhaltliche Probleme, hg. v. F. Graus, 1987 (Vorträge u. Forschungen 35).

Frauen

Shulamith Shahar, Die Frau im MA, 1981.
Heide Dienst, Rollenaspekte von Männern und Frauen im MA in zeitgenössischer Theorie und Praxis. In: Weiblichkeit oder Feminismus? Hg. v. Claudia Opitz, 1983, 137–157.
Edith Ennen, Frauen im MA, 1985².
Women of the Medieval World. Essays in Honor of J. H. Mundy, hg. v. J. Kirshner u. S. F. Wemple, 1985.
Frauen in der Geschichte. 7. Interdisziplinäre Studien zur Geschichte der Frauen im Frühmittelalter. Methoden–Probleme–Ergebnisse, hg. v. W. Affeldt und A. Kuhn, 1986.

A Das Fränkische Reich (bis zur Mitte des 9. Jahrhunderts)

Literaturhinweise:

E. Mühlbacher, Deutsche Geschichte unter den Karolingern, 1896. (2. Aufl. mit neuer Bibliographie, 1959).
F. Steinbach, Das Frankenreich. In: Handbuch der dt. Geschichte, hg. v. O. Brandt, A.-O. Meyer, L. Just, Bd. 1, 1957, 2—90.
Siedlung, Sprache und Bevölkerungsstruktur im Frankenreich, hg. v. F. Petri, 1973 (Wdf 49) [Aufsatzsammlung].
P. Riché, Die Welt der Karolinger, 1984^2 [Alltagsleben].
R. Schneider, Das Frankenreich, 1982 (Oldenbourg-Grundriß der Geschichte 5).
E. Ewig, die Merowinger und das Frankenreich. 1988.

Karte 1 Das Frankenreich Karls des Großen

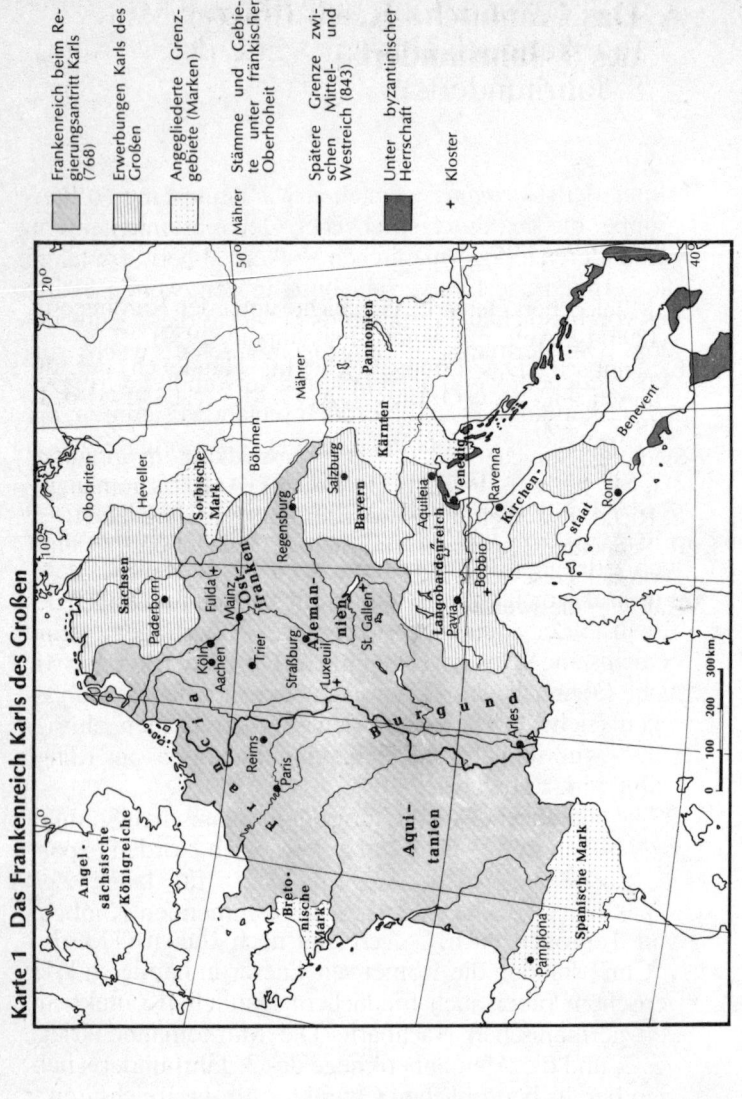

2 Völkerwanderung und frühes Frankenreich (bis zur Mitte des 8. Jahrhunderts)

Unter den *Germanen* verstehen wir heute eine Völkergruppe, die sich durch sprachliche Gemeinsamkeiten von den anderen indogermanischen Völkern abhebt; vor allem die germanische Lautverschiebung in der zweiten Hälfte des vorchristlichen Jahrtausends bewirkte diese Entwicklung. Die germanische Sprachgemeinschaft wuchs aus verschiedenen, wenn auch kulturell verwandten Gruppen in Südskandinavien und Norddeutschland zusammen; ein „urgermanisches" Volk hat es wohl ebensowenig gegeben wie ein indogermanisches Urvolk.

In der Antike taucht der Name zum ersten Mal im letzten vorchristlichen Jahrhundert auf. Ursprünglich betraf er wohl nur einen kleinen Stamm (am Niederrhein?), dann wurde er (vor allem von Caesar) auf alle Stämme östlich des Rheins, der neuen Reichsgrenze, übertragen. Eine gemeinsame Selbstbezeichnung der Germanen kennen wir nicht. Dennoch wird, u. a. wegen gemeinsamer Herkunftssagen (siehe Q 1), auf ein gewisses Zusammengehörigkeitsbewußtsein geschlossen, das historisch allerdings kaum wirksam wurde.

Die allmähliche Ausbreitung der germanischen Stämme nach Süden und Westen traf auf das nach Norden expandierende römische Reich. Nach dem für lange Zeit singulären Einfall der aus Jütland stammenden Kimbern und Teutonen nach Gallien und nach Italien (113–101 v. Chr.) standen die Römer seit Caesar in häufigem kriegerischem (aber auch friedlichem Handels-)Kontakt mit den germanischen Nachbarn. Die Markomannenkriege des 2. und die Alemannenkriege des 3. Jahrhunderts nahmen bereits bedrohlichen Charakter für die Reichsgrenze an. Auch in der Absicht, die Bedrohung zu mildern, wurden seit Marc Aurel († 180) Germanen in wachsender Zahl in das Heer aufgenommen, welche seit Konstantin († 337) in höchste militärische Ränge aufstiegen. Damals hatte das

Heer bereits vorwiegend germanischen Charakter, und Kaiser Julian wurde 360 in germanischer Weise durch Schilderhebung zum Kaiser ausgerufen. Germanen wurden zudem als Kolonen an Rhein und Donau, in Gallien und Italien angesetzt, was zu einer „Barbarisierung" der Grenzzonen führte.

Die Germanen waren in *Stämmen* (gentes) organisiert. Die Mitglieder dieser Personenverbände glaubten sich durch Blutsverwandtschaft verbunden, meist durch Herkunft von einem gemeinsamen Ahnen. Anders konnte man sich damals eine Zusammengehörigkeit offenbar nicht vorstellen; allerdings beruhte auch der Stammes- und Volksbegriff der Romantik und des neuzeitlichen Nationalismus noch auf dieser Vorstellung. Dagegen wissen wir heute (besonders durch die Arbeiten von R. Wenskus), daß die germanischen Stämme historische Gebilde waren: sie konnten entstehen durch Abspaltungen von größeren Stammeseinheiten, durch Angliederung und „Ansaugungsvorgänge" besonders während der Wanderungen oder bei Landnahmen und damit fast immer einhergehenden Überschichtungsprozessen. Wenn trotzdem in manchen Fällen Name und Tradition eines Stammes über viele Jahrhunderte erhalten blieben, ist dies auf einen „Traditionskern" innerhalb des Stammes zurückzuführen, der die überlieferte Identität weitergab. Konkret verständlich werden diese Vorgänge erst bei Betrachtung der inneren Stammesstrukturen, die teilweise genossenschaftlichen, teilweise herrschaftlichen Charakter hatten: der Sippe und der Gefolgschaft.

Die *Sippe* beruht in der Tat auf gemeinsamer Abstammung und Verwandtschaft. Sie war der ursprüngliche Friedensverband: ihre Mitglieder sollten untereinander Frieden halten, sich gegenseitig Schutz gewähren und nach außen bei Fehde und Blutrache gemeinsam auftreten. Aber ihre Bedeutung ist bei den Rechtshistorikern lange überschätzt worden; sie trat gegenüber herrschaftlich organisierten Formen immer mehr in den Hintergrund. Für die Stammesgeschichte wird die *Gefolgschaft* wichtiger, die zum ersten Mal von Tacitus (1. Jh. n. Chr.) geschildert wird; es handelte sich in der Regel um freie Leute, auch

Verbannte und Flüchtlinge, die in ein Treue- und Vertragsverhältnis zu einem adligen Herrn eintraten, ihm „Rat und Tat" *(consilium et auxilium)* schuldeten, von ihm dagegen Schutz und Unterhalt erhielten. Fähige, im Krieg und beim Beutemachen erfolgreiche Fürsten *(principes)* konnten besonders in der Wanderungszeit große Gefolgschaften als Heerhaufen um sich sammeln; diese wurden die Kristallisations- und Traditionskerne mancher Stämme, die zu wahren „Wanderlawinen" anschwellen konnten. Durch diese Vorgänge wurden aus den ursprünglichen Kleinstämmen (Tacitus nennt etwa 50 davon) die Großstämme der Völkerwanderung und des frühen Mittelalters.

Als Gründe für die Wanderbewegungen der germanischen Stämme nennt die Forschung Klimaverschlechterungen, Sturmfluten an der Nordsee, Überbevölkerung und Suche nach bebaubarem Land. Die Beutezüge über die römische Reichsgrenze hatten nachweislich häufig das Ziel, Menschen als abhängige Hörige zur Landbebauung zu gewinnen; das spricht eher für Menschen- als für Landmangel. Gewiß hatten die Gebiete des wirtschaftlich und kulturell entwickelten und klimatisch begünstigten römischen Reiches eine besondere Anziehungskraft. Den entscheidenden Anstoß zum Beginn der großen Völkerwanderung gaben jedoch äußere Vorgänge. Der Druck der Hunnen – eines reiternomadischen Volkes aus Innerasien – auf die Goten, deren großes Reich nördlich des Schwarzen Meeres (unter Ermanarich) sie zerstörten, veranlaßte einen Teil dieses Stammes, im Jahre 375 über die Donau in das Reichsgebiet einzudringen. In Form einer Kettenreaktion wurden auch andere Stämme von der Bewegung erfaßt. Mit den Goten wurden zum ersten Mal Germanen als „Bundesgenossen" *(foederati)* innerhalb der Reichsgrenzen als geschlossene Völkerschaft angesiedelt. Damit wurde die Gründung faktisch selbständiger *Germanenreiche* auf Reichsboden eingeleitet.

Nur die bedeutendsten seien hier erwähnt: das Reich der Westgoten in Südgallien (tolosanisches Reich) und später auf der iberischen Halbinsel (toletanisches Reich), das Reich der Ostgoten in Italien, das Reich der Burgunder, das Wandalenreich in der ehemaligen römischen Provinz

Afrika, das Frankenreich der Merowinger und als letztes das Langobardenreich in Italien (seit 568). Auch die Eroberung Britanniens durch Angeln und Sachsen (seit 444) gehört in diesen Zusammenhang.

Meist erfolgte die Ansiedlung der Germanen gemäß römischer Einquartierungsgesetze: das Land wurde aufgeteilt. So bekamen z. B. die Ostgoten in Italien ⅓ des Ackerlandes, während der Rest den alten grundbesitzenden Senatorenfamilien verblieb. Für die abhängige Bevölkerung änderte sich nichts, auch nichts an den wirtschaftlichen Verhältnissen. Dabei wurden überhaupt nur kleinere Landschaften von der Aufteilung erfaßt, denn zahlenmäßig waren die Germanen der einheimischen Bevölkerung trotz aller römischer Verluste weit unterlegen. Nach glaubwürdigen Berichten setzte der Wandalenkönig Geiserich 429 mit 80 000 Personen, darunter 15—20 000 Panzerreitern, nach Afrika über: das war höchstens ¹⁄₂₀ der einheimischen Bevölkerung seines späteren afrikanischen Reiches. Ost- und Westgoten schätzt man auf 100—150 000 Personen. Im großen Westgotenreich Eurichs (466—484) waren dies etwa 2 % der Bevölkerung! Die Überlegenheit der germanischen Eroberer bestand einfach darin, daß sie fast ausschließlich den Kriegerstand bildeten, was faktisch schon in spätrömischer Zeit so gewesen war.

Zwischen Germanen und Römern bestanden jedoch auch konfessionelle und rechtliche Schranken. Die meisten Stämme hatten, den Goten folgend, die arianische Form des Christentums übernommen, wie sie im Osten des Reiches gerade weit verbreitet war. Die auf einen alexandrinischen Priester Arius († 336) zurückgehende theologische Richtung wertete den Sohn (Christus) gegenüber dem Vater (Gott) ab; er ist mit dem Vater nicht wesensgleich, sondern nur sein (höchstes) Geschöpf. Der Arianismus grenzte die Germanen von der romanischen Bevölkerung ab und verhinderte eine Integration beider Bevölkerungsteile. Dennoch blieben die arianischen Herrscher in der Regel der katholischen Kirche gegenüber tolerant.

In den meisten Reichen lebten die Germanen nach eigenem Gewohnheitsrecht, die übrige Bevölkerung weiter nach römischem Recht (Personalitätsprinzip). Der bedeutendste Westgotenkönig, Eurich († 484), oder sein Nachfolger Alarich II. († 507) ließ als erster das Recht seines Stammes aufschreiben; dieser Praxis folgten im Lauf der Zeit fast alle anderen germanischen Stämme des Kontinents.

Die römische Verwaltung arbeitete unter den meisten Herrschern weiter, wenn auch mit gewissen Einschränkungen. Überhaupt hatten die herrschenden Germanen keineswegs die Absicht, das römische Reich als solches zu zertrümmern. Der letzte Wunsch des großen Ostgotenkönigs Theoderich an seine Goten war, sie sollten ihren König ehren, den Senat und das römische Volk lieben und, nächst Gott, sich den Kaiser des Ostreichs immer freundlich und gnädig erhalten. Unter seiner Regierung (471–526) war Rom noch einmal zum politischen Mittelpunkt des Westens geworden, und die antike Wirtschaft und Kultur hatte in Italien ihre letzte Nachblüte erlebt. Formell leugnete Theoderich die Oberhoheit des Kaisers nicht, in der Praxis aber handelte er wie ein selbständiger Herrscher.

Eine gewisse Ausnahme bildeten allerdings die Wandalen unter König Geiserich (428–477). Sie vertrieben im Hinterland Karthagos alle römischen Großgrundbesitzer, vertraten einen fast fanatischen Arianismus und verfolgten die Katholiken; dem Reich gegenüber waren sie feindlich gesinnt; sie besaßen seine ehemalige „Kornkammer" und verfügten über eine Flotte, mit der sie 455 bei Rom landeten und die Stadt plünderten (der darauf zurückgehende Ausdruck „Wandalismus" taucht jedoch erst im 18. Jahrhundert im Zusammenhang mit der Französischen Revolution auf).

Die Scheidung der Aufgaben für beide Bevölkerungsgruppen und die geringe Volkszahl der Germanen erschwerten allerdings nicht nur bei den Wandalen die Versuche zur Synthese und waren Gründe für die kurze Lebensdauer der Völkerwanderungsreiche. Wandalen- und Ostgotenreich fielen der militärischen Restitutionspolitik Kaiser Justinians (527–565) zum Opfer, der ein letztes Mal das römische Reich im westlichen Mittelmeer wiederherstellte.

Das *Frankenreich* weist Gemeinsamkeiten, aber auch bedeutsame Unterschiede zu den erwähnten Reichen auf. Nach der Mitte des 5. Jahrhunderts herrschten noch Kleinkönige über fränkische Teilstämme (um Köln, Tournai, Cambrai), die teilweise als Föderaten unter römischer Kontrolle waren und sich erst allmählich emanzipierten. Der Aufstieg der Könige von Tournai aus dem Geschlecht der Merowinger begann zunächst in Zusammenarbeit mit den römischen Heermeistern Nordgalliens, denen sie als Kommandanten nachgeordnet waren, dann in Konfrontation mit ihnen. 486/87 schlug König Chlodwig den letzten von ihnen, den selbst schon autonomen „König der Römer" Syagrius, und eroberte Nordgallien. Nach der Beseitigung fränkischer Nachbarkönige griff Chlodwig die Westgoten an, mußte dann aber den Rheinfranken gegen einen Angriff der Alemannen beistehen. In den Zusammenhang der Alemannenschlacht 496/97 (bei Zülpich?) gehört der Übertritt Chlodwigs zum katholischen Christentum, ein Schritt von großer Tragweite. In der siegreichen Schlacht hatte sich für den Franken der christliche Gott als der Stärkere erwiesen. Die Entscheidung für das katholische Christentum lag nahe, Arianer gab es in Nordgallien nicht, die Ehefrau Chlodwigs war schon Katholikin. Die Entscheidung war auch politisch sinnvoll, denn die „Rechtgläubigkeit" Chlodwigs verlieh ihm eine bessere Stellung bei seinen katholischen Untertanen und gegenüber den arianischen Nachbarkönigen. Sie ermöglichte schließlich die spätere germanisch-romanische Synthese im Frankenreich. Auch die germanischen und romanischen Bevölkerungsanteile waren hier ausgeglichener. Denn im Unterschied zu den ostgermanischen Stämmen hatten die Franken ihren ursprünglichen Siedlungsraum nie verlassen, sondern ihn nur ausgeweitet. Da schon in römischer Zeit zahlreiche Germanen in Nordgallien angesiedelt worden waren, war die Herrschaftsübernahme durch Chlodwig in dieser Beziehung kein besonders tiefer Einschnitt.

Die Expansionsrichtung der Franken zielte nun (zunächst gemeinsam mit den Burgundern) auf den Süden: Alemannen (506) und Westgoten (Schlacht bei Vouillé

507) wurden geschlagen. Nur das Eingreifen Theoderichs sicherte den Goten zu seinen Lebzeiten ihren Besitzstand in der Küstenregion Südgalliens und ihren Einfluß im alemannischen Raetien. Der Ostgotenkönig hatte ein Bündnissystem gegen die expansiven Franken und die mit ihnen verbündeten Oströmer errichtet, das neben den Westgoten die Burgunder, die Heruler, das Thüringerreich und vorübergehend auch das Wandalenreich umfaßte. Wenige Jahre nach seinem Tod kam es unter dem Merowingerkönig Theudebert (534–548) zu einer zweiten fränkischen Expansionswelle: das Burgunderreich wurde endgültig unterworfen, das Thüringerreich im Osten zerstört, die Provence und der Rest Alemanniens von den Ostgoten erworben, das Alpenvorland bis nach Pannonien besetzt. Die Franken stießen bis Venetien vor, offenbar war die Eroberung Italiens geplant. Aber Theudebert starb 547, und seit 568 besetzten die Langobarden große Teile Italiens und begründeten dort das letzte der sogenannten Völkerwanderungsreiche. Zu ihrem Vorstoß trug auch der Druck eines neuen steppennomadischen Volkes, der Awaren, auf ihre früheren Siedlungsgebiete in Pannonien bei.

Der kometenhafte Aufstieg Chlodwigs vom fränkischen Kleinkönig zum Herrscher eines Großreichs ist nur zu verstehen, wenn wir uns den Zuwachs an Machtmitteln aus den Trümmern des römischen Reiches in Gallien vergegenwärtigen: Reste der römischen Heeresorganisation, ein teilweise noch funktionierendes Verwaltungs- und Steuersystem, alle kaiserlichen Domänen und einen Teil des senatorischen Großgrundbesitzes. Mit der verbliebenen Senatorenschicht in Gallien arbeiteten die fränkischen Könige zusammen, stützte doch jene mit ihren römischen Staatsvorstellungen das Königtum. Allerdings wurden neben Franken und Romanen bald auch Burgunder, Alemannen, Thüringer und Bayern in das Reich einbezogen, die ihm ein germanischeres Aussehen verliehen. Eine feste Sprachgrenze gab es im Merowingerreich noch nicht: zwischen dem vorwiegend germanisch geprägten rechtsrheinischen Gebiet und dem vorwiegend romanisch verbliebenen Raum südlich der Loire und im rätischen Alpenraum lag eine sprachliche Mischzone.

Die frühen Merowinger haben die rechtsrheinischen Gebiete zunächst nur als ein Vorfeld des Reiches gesehen, dennoch dort erheblichen Einfluß ausgeübt. Neben den Franken hatten sich in diesem Raum in der Völkerwanderungszeit weitere Großstämme herausgebildet, die zwar mit den frühen Kleinstämmen nur wenig gemein hatten, deren Namen und Traditionen jedoch teilweise weit zurückverfolgt werden können: die Sachsen werden schon im 2. Jh. n. Chr. zum ersten Mal genannt, die Alemannen und Franken im dritten Jahrhundert, die Thüringer um 400, während der jüngste Stammesname der Bayern erst im 6. Jahrhundert auftaucht; dieser Stamm bildete sich erst in merowingischer Zeit aus verschiedenen, auch nichtgermanischen Bevölkerungsgruppen im ehemaligen römischen Noricum heraus. Am wenigsten verändert haben sich die schon im ersten nachchristlichen Jahrhundert erwähnten Friesen. Die rechtsrheinischen Stämme lebten im Frankenreich nach eigenen Stammesrechten. Ihre Herzöge *(duces)* waren teilweise von den Merowingern eingesetzt oder standen unter fränkischem Einfluß; in der Schwächezeit des Königtums wurden sie zu praktisch selbständigen Stammesherzögen.

Chlodwig teilte (wie alle späteren fränkischen Könige) das Reich gleichmäßig unter seine Söhne auf, auch wenn es im Prinzip Gemeinbesitz blieb oder bleiben sollte. Das zeigt sich auch in der Art der Teilung: die vier Söhne Chlodwigs erhielten je einen Teil der Francia (des fränkischen Kernlandes in Nordgallien) und je einen Anteil an Aquitanien (Südgallien). Soissons, Reims, Paris und Orléans wurden bevorzugte Königssitze. Genealogische Zufälle und die historische Entwicklung führten schließlich zur Herausbildung dreier Teilreiche, die seit Ende des 6. Jahrhunderts eigene Interessen zu verfolgen begannen: Austrasien (Ostland) mit Reims und Metz, Neustrien (Neu-Westland?) mit Soissons und Paris und ein dritter Burgund genannter Reichsteil mit Chalons. Beim Ostreich ist ein Eigenbewußtsein am frühesten zu fassen, vielleicht als germanisch-aristokratische Reaktion gegen das „römisch" regierende Königtum zu verstehen. Der die spätere Merowingerzeit bestimmende Gegensatz zwischen dem Königtum, das durch zahlreiche innermerowingische Kämpfe geschwächt wurde, und dem aufsteigenden Adel wird besonders eindringlich in den Kämpfen um die austrasische Königin Brunichild sichtbar. Die aus dem Westgotenreich stammende Brunichild († 613) vertrat kompromißlos die Sache des Königtums, unterlag jedoch schließlich dem Bunde des Adels mit Chlothar II., der das Gesamtreich noch einmal vereinigte. Sein Sohn Dagobert I. (623–638) war der letzte bedeutende Merowingerkönig.

Ein zweiter die Zeit bestimmender Gegensatz war die wachsende Entfremdung und der Antagonismus zwischen Austrasien und Neustrien. Die Anführer des Adels und die Führer Austrasiens waren Mitglieder derjenigen Familie, die wir die *Karolinger* nennen. Sie waren die größten Grundherren im Ostreich (an Maas und Mosel) und bestimmten als Hausmeier *(maior domus)* der machtlosen austrasischen Könige schon in der Mitte des 7. Jahrhunderts die Politik Austrasiens. Durch die siegreiche Schlacht über den neustrischen Hausmeier bei Tertry (687) sicherte sich der Karolinger Pippin der Mittlere die Herrschaft im Gesamtreich. Der Sieg der Karolinger ist kein Zufall, sondern das Ergebnis eines langen, auch wirtschaftlichen Umschichtungsprozesses, der ein Übergewicht Austrasiens und seines Adels zur Folge hatte. Ein erster Versuch der Karolinger im 7. Jahrhundert, zum Königtum aufzusteigen, war gescheitert (sog. Staatsstreich des Grimoald); jetzt, von 687 bis 751, regierten sie als Hausmeier, meist mit merowingischen Schattenkönigen. Dies wird auch mit der weitverbreiteten Vorstellung von der Geblütsheiligkeit der alten Königssippe erklärt, der die Karolinger zunächst keinen Herrschaftsanspruch mit gleicher Legitimität entgegenstellen konnten.

Mit der Festigung der Herrschergewalt durch die Karolinger ging eine Konsolidierung und neue Ausdehnung des Frankenreiches Hand in Hand. Nachdem Pippin der Mittlere die Reichseinheit wiederhergestellt hatte, sicherte sein unehelicher Sohn Karl Martell („der Hammer"), der von 714 bis 741 regierte, in harten Kämpfen die Karolingerherrschaft gegen Neustrien, Sachsen und Friesen und unterwarf erneut die Alemannen. Sein bedeutendster Erfolg gelang ihm 732 bei Poitiers gegen die in Aquitanien eingedrungenen islamischen Araber. Sie hatten nach Errichtung des arabischen Weltreiches und der Eroberung Nordafrikas im 7. Jahrhundert im Jahre 711 die Meerenge von Gibraltar überquert, im selben Jahr das Westgotenreich zerstört und beherrschten in der Folgezeit fast ganz Spanien. Wenn auch Karl Martells Sieg nicht ganz mit der Abwehrleistung der Byzantiner im Osten gegenüber der geballten arabischen Macht (718) zu vergleichen ist, so ist dadurch doch der bisher unaufhaltsamen islamischen Expansion im Westen ein Ende gesetzt worden.

Zwar war mit Chlodwig gleichzeitig auch eine beträchtliche Zahl von Franken getauft worden, aber von einer auch nur äußeren *Missionierung* des Stammes konnte nicht die Rede sind. Erst ganz allmählich begann sich die Kirche, von Aquitanien aus, in Nordgallien zu regenerieren; eine Mission setzte von den Bischofssitzen aus ein. Am Ende des 6. Jahrhunderts tauchen die ersten germanischen Bischofsnamen auf. Die sich herausbildende fränkische „Landeskirche" hatte wenig Beziehungen zu Rom. Das Papsttum selbst stand unter der zeitweise drückenden Oberhoheit des Kaisers in Konstantinopel und befand sich im Konflikt mit dem dortigen Patriarchen, der sich dem römischen Bischof mindestens gleichrangig fühlte.

Zu erwähnen ist der erste „mittelalterliche" Papst Gregor I. (590—604). Obwohl aus vornehmer römischer Familie stammend, gehörte er der spätantiken Bildungstradition nur noch bedingt an. Er war der erste der Mönchspäpste und hinterließ ein umfangreiches literarisches Werk. Besonders einflußreich waren sein ‚Bischofsspiegel' und sein Hiob-Kommentar; auf das Kirchenrecht wirkte sein Briefwerk ein. Bei der schriftstellerischen Arbeit fühlte er sich von göttlicher Inspiration geleitet. In populärer Form brachte er dem Mittelalter die Gedanken des großen Kirchenvaters Augustin nahe, ja, er selbst wurde neben Ambrosius († 397), Hieronymus († 420) und Augustinus († 430) als der vierte große Kirchenvater angesehen. Kein Papst ist später so häufig zitiert worden wie er. In Rom wurde Gregor zum weltlichen Herrscher, der die Lebensmittelversorgung organisierte und politische Verhandlungen mit den Rom bedrohenden Langobarden führte. Und er war schließlich der erste Papst, der sich die Germanenmission zur Aufgabe machte; besonders die Missionierung der Angelsachsen in Britannien sollte später große Rückwirkungen auf den Kontinent haben. Damit schuf Gregor die Grundlagen für die spätere Stellung des Papsttums im Westen. Auch das war allerdings erst eine Fernwirkung des „Musterpapstes"; denn nach seinem Pontifikat versank das Papsttum, von Byzanz abhängig, zunächst einmal wieder in Bedeutungslosigkeit.

Einen neuen kirchlichen Impuls für das Frankenreich gab in dieser Zeit die *irische Mission.* In Irland hatte sich im 6. Jahrhundert eine spezifisch keltische Landeskirche entfaltet, die sich um große Klöster, nicht um Bischofskirchen, organisierte und sich auch in der Liturgie, den Mönchsregeln oder im Ostertermin von der kontinentalen Kirche schied. Die irischen Mönche verbanden den geforderten Weg in die Fremde *(peregrinatio)* mit der Missionsidee. 591/92 landete der irische Mönch Columban mit zwölf Genossen im Frankenreich und entfaltete, in Zusammenarbeit mit den merowingischen Königen, eine rege Missionstätigkeit. Seine Klostergründungen in Luxeuil (Burgund) und Bobbio (Norditalien) entwickelten in der Folgezeit eine ungeheure Ausstrahlungskraft. Columbans Schüler und Nachfolger, Iren, Franken und Galloromer, trugen Mission und Klosterkultur zu den Alemannen und Bayern (z. B. Gallus in St. Gallen, Pirmin auf der Reichenau, Kilian in Würzburg, Emmeram, Corbinian und Rupert in Bayern). Am Ende des 7. Jahrhunderts gelten Franken, Alemannen und Bayern als im wesentlichen missioniert; von innerer Aneignung des Christentums kann freilich nicht die Rede sein. Soweit wir es erkennen, war das Verständnis der neuen Religion außerordentlich formal. Auf die Rituale wurde streng geachtet. Die Merowingerkönige, die in der sittlichen Verwilderung des 6. Jahrhunderts bei Verwandtenmord keinerlei Skrupel zeigten, hüteten sich dennoch stets, ihre Patenkinder anzugreifen.

Die Iren, die mit ihrem religiösen Ernst und mit besonderen seelsorgerischen Mitteln (wie der Ohrenbeichte oder den gestaffelten Bußtarifen) Erfolg hatten, legten wenig Wert auf die kirchliche Organisation, die ihrer Arbeit erst Dauer verliehen hätte. Dies sollte die Leistung der angelsächsischen Missionare werden.

Quellen

Q 1 Tacitus über die Germanen, die Sippe und die Gefolgschaft

Die *Germania* des römischen Geschichtsschreibers Tacitus (veröffentlicht 98 n. Chr.) ist nach wie vor die wichtigste schriftliche Quelle zur germanischen Frühgeschichte. Es ist schon lange erkannt worden, daß der Blickwinkel des Römers und die Funktion der Schrift (als ethnographisches Werk, als Sittenspiegel für die römische Gesellschaft oder als Tendenzschrift aus aktuellem politischen Anlaß?) besonders zu beachten sind. Mit Hilfe neuerer archäologischer Erkenntnisse versucht man, die Angaben des Tacitus zu überprüfen.

1 Germanien insgesamt ist von den Galliern, den Rätern und den Pannoniern durch die Flüsse Rhein und Donau, von den Sarmatern und Dakern durch wechselseitige Furcht oder durch Gebirgszüge abgegrenzt; die übrigen Gebiete umgibt das Meer...
2 Die Germanen selbst sind Ureinwohner, wie ich glaube, und durch Zuwanderung und Aufnahme fremder Stämme gar nicht vermischt; denn wer einst sein Wohngebiet zu wechseln suchte, kam nicht auf dem Landweg, sondern zu Schiff... Wer hätte überhaupt, abgesehen von der Gefahr eines schaurigen und unbekannten Meeres, Asien, Afrika oder Italien verlassen und Germanien ansteuern mögen, das so ungestalte Landschaften, so rauhes Wetter besitzt und in Anbau und Aussehen so unfreundlich ist — es sei denn, es sei sein Heimatland? In alten Liedern, der einzigen Art geschichtlicher Überlieferung bei ihnen, preisen sie Tuisto, einen der Erde

entsprossenen Gott. Ihm schreiben sie einen Sohn Mannus zu, den Ahnherrn und Begründer ihres Volkes, dem Mannus wiederum drei Söhne, nach deren Namen sich die Stämme der Meeresküste Ingaevonen, die in der Mitte des Landes Herminonen, die übrigen Istaevonen nennen. Manche behaupten auch – die Urzeit läßt hier ja freien Spielraum –, der Gott habe mehr Söhne gehabt und es gebe daher mehr Stammesnamen, die Marser, Gambrivier, Sueben und Vandilier, und das seien die echten alten Namen. Die Bezeichnung Germanien dagegen sei noch neu und erst kürzlich gegeben worden; ursprünglich seien nämlich nur diejenigen, die als erste den Rhein überschritten und die Gallier verdrängt hätten, die jetzigen Tungrer, Germanen genannt worden...

7 Ihre Könige nehmen sie aufgrund edler Abkunft, ihre Heerführer aufgrund persönlicher Tapferkeit. Die Könige besitzen keine unumschränkte oder willkürliche Gewalt, und die Heerführer wirken mehr durch gutes Beispiel als durch Machtbefugnis, nämlich durch die Bewunderung, wenn sie einsatzfreudig sind und sich auszeichnen, wenn sie vor der Front handeln. Übrigens ist keinem erlaubt, jemanden hinrichten oder gefangensetzen oder auch nur schlagen zu lassen... Darin liegt aber der entscheidende Ansporn zur Tapferkeit, daß nicht eine zufällig zusammengewürfelte Masse den Reitertrupp oder den Angriffskeil bildet, sondern die Hausgenossenschaften und Sippen. Auch sind ihre Angehörigen ganz in der Nähe; von dort ist das Schreien der Frauen und das Weinen der Kinder zu hören. Sie sind die heiligsten Zeugen, sie die größten Lobspender: zu ihren Müttern, zu ihren Frauen kommen sie mit ihren Wunden, und diese zählen und untersuchen ohne Scheu die Verletzungen und bringen den Kämpfenden Nahrung und Ermutigung.

11 Über weniger wichtige Angelegenheiten entscheiden die Fürsten, über wichtigere alle, allerdings in der Weise, daß auch die Fälle, über die das Volk zu befinden hat, bei den Fürsten vorberaten werden...

13 Hoher Adel oder große Verdienste der Väter verschaffen auch schon ganz jungen Leuten die Wertschätzung eines Gefolgsherrn. Man reiht sie unter die anderen ein, die schon kräftiger sind und sich seit langem bewährt haben. Es ist keine Schande, unter den Gefolgsleuten gesehen zu werden; auch innerhalb der Gefolgschaft gibt es Rangstufen, je nach dem Ermessen des Gefolgsherrn. Unter den Gefolgsleuten

herrscht daher reger Wettstreit, wer bei seinem Herrn den ersten Rang innehat, und unter den Gefolgsherrn, wer die meisten und draufgängerischsten Gefolgsleute hat. Es bedeutet Ansehen und Macht, immer von einer zahlreichen Schar ausgesuchter junger Männer umgeben zu sein; im Frieden ist es eine Ehre, im Krieg ein Schutz. Nicht nur im eigenen Stamm, sondern auch bei den Nachbarstämmen ist jeder bekannt und berühmt, wenn er durch Zahl und Tüchtigkeit seiner Gefolgschaft hervorragt...

14 Wenn es zum Kampf gekommen ist, ist es für den Gefolgsherrn eine Schande, sich in der Tapferkeit übertreffen zu lassen, eine Schande für das Gefolge, es dem Fürsten an Tapferkeit nicht gleichzutun. Schmach und Vorwurf für das ganze Leben bringt es, den Kampf aufgegeben und den Gefolgsherrn überlebt zu haben; ihn zu verteidigen und zu schützen, auch die eigenen tapferen Taten seinem Ruhm zuzuschreiben, das ist ihr besonderer Treueschwur. Die Gefolgsherren kämpfen für den Sieg, die Gefolgsleute für ihren Herrn. Wenn der Stamm, in dem sie geboren sind, in langer Friedensruhe erlahmt, suchen die meisten der jungen Adligen andere Stämme auf, die gerade einen Krieg führen; denn die Ruhe behagt ihnen nicht, und in gefährlichen Situationen wird man leichter berühmt. Eine große Gefolgschaft läßt sich nur durch Gewalttaten und Krieg zusammenhalten. Von der Freigebigkeit ihres Herrn verlangen sie nämlich ihr Kriegspferd, ihren blutigen siegreichen Speer; als Sold gelten nur die Lebensmittel und anspruchslose, doch reichliche Zuwendungen. Die Mittel für das Geschenkemachen werden durch Krieg und Raubzüge gewonnen. Man kann sie nicht so leicht dazu bringen, den Acker zu pflügen oder die Ernte abzuwarten, als dazu, Feinde herauszufordern und sich Wunden zu verdienen; ja, es gilt sogar als faul und unfähig, das mit Schweiß zu erarbeiten, was man mit Blut erringen kann.

(P. C. Tacitus, Germania. Bericht über Germanien, hg. u. übers. v. J. Lindauer, 1977)

Q 2 Chlodwigs Bekehrung

Der wichtigste Chronist der Merowingerzeit, der Bischof Gregor von Tours († 594), schrieb *Zehn Bücher Geschich-*

ten im typischen Vulgärlatein seiner Zeit. Seine lebendige Darstellung ist in manchen Partien durch legenden- und sagenhafte Züge gefärbt.

Die Königin [Chrotegild] aber ließ nicht ab, in ihn zu dringen, daß er den wahren Gott erkenne und ablasse von den Götzen. Aber er konnte auf keine Weise zum Glauben bekehrt werden, bis er schließlich einst mit den Alemannen in einen Krieg geriet; da zwang ihn die Not zu bekennen, was er vorher aus freien Stücken verleugnet hatte. Als die beiden Heere zusammenstießen, kam es zu einem gewaltigen Blutbad, und Chlodwigs Heer war nahe daran, vernichtet zu werden. Als er das sah, erhob er seine Augen zum Himmel, sein Herz wurde gerührt, seine Augen füllten sich mit Tränen, und er sprach: ‚Jesus Christus, Chrotegild sagt, du seist der Sohn des lebendigen Gottes, Hilfe sollst du den Bedrängten geben, Sieg denen, die auf dich hoffen – demütig flehe ich dich um deinen Beistand an: gewährst du mir jetzt den Sieg über diese meine Feinde und erfahre ich so jene Macht, die das Volk, das sich deinem Namen weiht, an dir erfahren haben will, so will ich dir glauben und mich in deinem Namen taufen lassen. Denn ich habe meine Götter angerufen, aber ihre Hilfe ist weit, wie ich erfahre. Ich meine daher, sie haben keine Macht, jenen zu helfen, die ihnen dienen. Dich rufe ich nun an, dir wünsche ich zu glauben, wenn du mich nur den Händen meiner Widersacher entreißest.' Und als er dies gesprochen hatte, wandten sich die Alemannen zur Flucht...

Darauf ließ die Königin heimlich den heiligen Remigius, den Bischof von Reims, rufen und bat ihn, er möchte das Wort des Heils dem König offenbaren. Der Bischof aber ließ ihn im Geheimen zu sich bitten und fing an, ihn zu überreden, er solle an den wahren Gott, den Schöpfer Himmels und der Erden glauben und den Götzen abschwören, die weder ihm noch anderen helfen könnten. Er aber sprach: ‚Gern würde ich auf Dich hören, heiligster Vater, aber eins macht mir noch Bedenken: das Volk, das mir anhängt, läßt nicht zu, seine Götter zu verlassen; doch werde ich gehen und mit ihm nach deinem Wort sprechen.' Als er darauf mit den Seinigen zusammentraf, rief alles Volk gleichzeitig, noch ehe er den Mund öffnete (denn die göttliche Macht kam ihm zuvor): ‚Wir verlassen die sterblichen Götter, frommer König, und sind bereit, dem unsterblichen Gott zu folgen, den Remigius verkündet.' Solches wurde dem Bischof gemeldet, und er befahl hocherfreut, das Taufbad zu bereiten.

(MGH SS rer. Merov. 1, 2. Aufl. hg. von B. Krusch 1937—51, 75—77)

Q 3 *Stammesrecht*

Die Stammesrechte der fränkischen Zeit sind wichtige Quellen zur Sozial- und Rechtsgeschichte. Reines germanisches Gewohnheitsrecht bieten sie allerdings nicht. Denn einmal gibt es, wie die neuere rechtshistorische Forschung feststellte, zahlreiche Beziehungen zum weströmischen Vulgarrecht, und zweitens sind die Stammesrechte unter Einwirkung des Königtums und zunehmend auch der Kirche verfaßt worden. Der folgende Text zu Totschlag und Wergeldzahlung stammt aus der *Lex Ribuaria*, dem Recht der sogenannten ribuarischen Franken (im Kölner Raum), das wahrscheinlich um 633/34 entstanden ist.

(1) Wenn ein Freier einen Freien schlägt, wird er zu einem Schilling schuldig gesprochen, wenn zweimal, zu 2 Schilling, wenn dreimal, zu 3 Schilling.

(2) Wenn ein Freier einen Freien schlägt, so daß Blut austritt und die Erde berührt, wird er zu 18 Sch. schuldig gesprochen; wenn er leugnet, soll er mit 6 [Eidhelfern] schwören.

(7) Wenn einer einen freien Ribuarier tötet, wird er zu 200 Sch. schuldig gesprochen; wenn er leugnet, muß er mit 12 schwören.

(8) Wenn einer einen Unfreien (servus) tötet, wird er zu 36 Sch. schuldig gesprochen oder er muß mit 6 schwören, daß er es nicht getan hat.

(9) Wenn einer einen königlichen Dienstmann tötet, wird er zu 100 Schilling schuldig gesprochen oder er muß mit 12 schwören.

(12) 1. Wenn jemand eine ribuarische Frau tötet (nachdem sie zu gebären begonnen hat bis zu ihrem 40. Jahr), wird er zu 600 Sch. schuldig gesprochen. Wenn er leugnet, soll er mit 72 schwören.

(13) Wenn jemand ein ribuarisches Mädchen tötet, wird er zu 200 Sch. schuldig gesprochen. Wenn er leugnet, soll er mit 12 schwören.

(40) 1. Wenn ein Ribuarier einen anderen zugewanderten Franken tötet, wird er mit 200 Sch. schuldig gesprochen.

2. Wenn ein Ribuarier einen zugewanderten Burgunder tötet, wird er mit 160 Sch. bestraft.

3. Wenn ein Ribuarier einen zugewanderten Romanen tötet, werde er mit 100 Schillingen bestraft.

4. Wenn ein Ribuarier einen zugewanderten Alemannen, Friesen, Bayern oder Sachsen tötet, wird er zu 160 Sch. schuldig gesprochen.

5.–9. Wenn jemand einen freigeborenen Kleriker tötet, wird er zu 100 Sch. schuldig gesprochen. [Bei Tötung eines Subdiakons 200 Sch., eines Diakons 300 Sch., eines Priesters 600 Sch., eines Bischofs 900 Sch.]

11. Wenn jemand Wergeld zahlt, so gebe er einen gehörnten, sehenden und gesunden Ochsen statt 2 Schillingen, eine gehörnte, sehende und gesunde Kuh statt 1 Sch., ein sehendes und gesundes Pferd statt 7 Sch., eine sehende und gesunde Stute statt 3 Sch. Ein Schwert samt Scheide gebe er statt 7 Sch., ein Schwert ohne Scheide statt 3 Sch. Eine gute Brünne gebe er statt 12 Sch., einen guterhaltenen Helm für 6 Sch., einen Schild mit Lanze statt 2 Sch., gute Beinschienen für 6 Sch., einen ungezähmten Falken gebe er statt 3 Sch., einen gebeizten Kranich gebe er statt 6 Sch., einen schon gemauserten Falken gebe er statt 12 Schilling.

12. Wenn er aber mit Silbergeld zahlen will, dann 12 Pfennig für 1 Schilling, wie es seit altersher festgesetzt ist.

(MGH LL I, Bd. 3 II, hg. v. F. Beyerle u. R. Buchner, 1954, 73, 77–79, 92–95)

Q 4 Columban im Frankenreich

Nur wenige Jahrzehnte nach dem Tod des Columban (615) verfaßte der Mönch Jonas aus Bobbio eine Lebensbeschreibung des Heiligen (um 640), meist nach Mitteilungen von Augenzeugen und Gefährten Columbans. Die Vita ist also aus der Sicht seiner Anhänger und Schüler geschrieben.

Der heilige Mann war der Gnade so übervoll, daß er, in welchem Haus er auch immer nur eine kleine Weile verbrachte, die Herzen aller zur Pflege der Religion veranlaßte.

6. So gelangte der Ruf Columbans auch zum Hofe König Sigiberts [in Wahrheit: Guntramns], der damals über die beiden fränkischen Königreiche der Austrasier und Burgunder geachtet herrschte. Ihr Name gilt als hochgerühmt vor allen übrigen Völkern, die in Gallien wohnen. Als der heilige Mann mit den Seinen nun zu ihm gekommen war, war er dem König und seinen Hofleuten wegen der Fülle seiner Gelehrsamkeit sehr willkommen. Schließlich begann ihn der König zu bitten, er solle sich doch innerhalb der Grenzen der gallischen Länder niederlassen, sie nicht verlassen, um zu anderen Völkern weiterzureisen; alles, was er wünsche, werde er ihm erfüllen. Darauf antwortete er dem König, er wolle sich nicht durch die Hilfe anderer bereichern, sondern, soweit es die Schwäche seines Fleisches zulasse, dem Beispiel jenes Wortes entsprechen: ‚Wer mir nachfolgen will, verleugne sich selbst, nehme sein Kreuz auf sich und folge mir.' Auf diese Antwort erwiderte ihm der König: ‚Wenn du Christi Kreuz aufnehmen und ihm folgen willst, dann suche dir am besten einen stillen, abgelegenen Ort. Sieh aber zu, daß du unser Herrschaftsgebiet nicht verläßt und nicht ins Gebiet unserer Nachbarn gelangst, so wirst du größeren Lohn für dich haben und für unser Heil sorgen.' Das versprach er ihm und suchte, wie es ihm der König geraten hatte, einen unbewohnten Ort. Es gab damals ein weites unbewohntes Gebiet, das Vogesen heißt, in dem eine einst zerstörte Befestigung lag, die nach alter Überlieferung den Namen Annegray trug. Als der heilige Mann dorthin gekommen war, ließ er sich mit den Seinen dort nieder . . .

10. Als die Gemeinschaft der Mönche dort zu zahlreich wurde, gedachte er einen Platz in jener einsamen Gegend zu suchen, der sich noch besser für eine Klostergründung eignen würde, und fand nur etwa acht Meilen vom obengenannten Ort entfernt einen einst stark befestigten Burgplatz, der in alten Zeiten Luxeuil genannt wurde. Hier waren mit riesigem Aufwand Bäder für warme Quellen errichtet worden, und in den benachbarten Waldschluchten lagen noch immer die steinernen Bildnisse herum, die die alten Heiden in törichter Weise abergläubisch verehrt und bei denen sie ihre verdam-

menswerten Zeremonien abgehalten hatten. Jetzt aber trieben sich dort nur wilde Tiere herum, Scharen von Bären, Auerochsen und Wölfen. Dort ließ sich der erhabene Mann nieder und begann ein Kloster zu erbauen, auf dessen Ruf hin das Volk bald von überall her herbeiströmte und sich einem frommen Lebenswandel weihen wollte, so daß die Mönche bald so zahlreich geworden waren, daß sie nicht länger in nur einem Kloster bleiben konnten. Denn auch die Söhne der Adligen eilten von überall hierher in der Absicht, die Verlockungen der Welt und den trügerischen Glanz irdischen Reichtums zu verachten und dadurch den ewigen Lohn zu erringen.

(MGH SS rer. Germ. in us. schol., hg. von B. Krusch, 1905, S. 162 f., 169 f.)

Fragen, Probleme und Anregungen

1) Worin liegt das Hauptproblem bei der Auswertung der „Germania" des Römers Tacitus als Quelle zur germanischen Frühgeschichte?

2) Wie stellten sich die Zeitgenossen, wie die moderne Forschung die germanische Stammesbildung vor?

3) Die Rolle der Germanen unter den Völkerwanderungsreichen. Worin unterschied sich das Frankenreich von ihnen, worin glich es ihnen?

4) Die Auswirkungen des fränkischen Erbteilungsprinzips auf die Geschichte des Frankenreiches.

5) Worin lag die Bedeutung Papst Gregors des Großen für die mittelalterliche Geschichte?

6) Wie ist der relativ rasche Erfolg der Missionierung bei den germanischen Stämmen zu erklären?

Wichtige Daten

375	Die Westgoten überschreiten die Reichsgrenze. Beginn der Völkerwanderung.

471–526	Theoderich der Große
482–511	Chlodwig I.
527–565	Kaiser Iustinian. Wiederherstellung des Reiches im Westen.
seit 568	Die Langobarden in Italien.
590–604	Papst Gregor d. Große
687	Schlacht von Tertry. Die Karolinger an der Macht.
um 700	Franken, Alemannen und Bayern sind missioniert.
732	Die Franken schlagen die Araber bei Poitiers.

Wichtige Begriffe

Stamm	Sippe
Gefolgschaft	Föderaten
Arianismus	Kirchenvater

Literaturhinweise

Römisches Reich und Germanen

H. Dannenbauer, Die Entstehung Europas. Von der Spätantike zum Frühmittelalter, 2 Bde., 1959.

R. Menghin, Kelten, Römer und Germanen. Archäologie und Geschichte, 1980.

H. Wolfram, Die Aufnahme germanischer Völker ins Römerreich: Aspekte und Konsequenzen. In: Settimane di Studio 29 (1983), 87–117.

J. Martin, Spätantike und Völkerwanderung, 1987 (Oldenbourg-Grundriß der Geschichte 4).

Germanische Vor- und Frühgeschichte/Tacitus

E. Norden, Die germanische Urgeschichte in Tacitus' Germania, 1959[4].

H. Jankuhn, Archäologische Bemerkungen zur Glaubwürdigkeit des Tacitus in der Germania. Nachrichten Akad. Göttingen 10, 1966.

R. Much, Die Germania des Tacitus, unter Mitarbeit von H. Jankuhn hg. v. W. Lange, 1967³.

H. Jankuhn, Vor- und Frühgeschichte vom Neolithikum bis zur Völkerwanderungszeit, 1969 (= Dt. Agrargeschichte, Bd. 1).

A. K. G. Kristensen, Tacitus' germanische Gefolgschaft, 1983 (Historiskfilosofiske Middelelser 50, Nr. 5).

H. Ament, Der Rhein und die Ethnogenese der Germanen. Prähistorische Zeitschrift 59 (1984), 37−47.

Die Germanen. Gesch. u. Kultur der germanischen Stämme in Mitteleuropa. Ein Handbuch in 2 Bänden. Hrg. v. B. Krüger, 1976/1983.

Stämme und Reiche der Völkerwanderungszeit

L. Schmidt, Geschichte der deutschen Stämme bis zum Ausgang der Völkerwanderung, Bd. 1: Ostgermanen, 1934². Bd. 2: Westgermanen, 1938−40². [Immer noch grundlegend]

W. Enßlin, Theoderich der Große, 1959².

H.-J. Diesner, Das Vandalenreich. Aufstieg und Untergang, 1966.

F. Altheim, Geschichte der Hunnen, 5 Bde, 1969 ff.

D. Claude, Geschichte der Westgoten, 1970.

H. Wolfram, Geschichte der Goten. Von den Anfängen bis zur Mitte des 6. Jahrhunderts, 1980².

Burgunden. In: RLGA 4 (1981), 224−271.

W. Menghin, Die Langobarden. Archäologie und Geschichte, 1985.

Stamm, Sippe, Gefolgschaft

W. Schlesinger, Herrschaft und Gefolgschaft in der germanisch-deutschen Verfassungsgeschichte. HZ 176 (1953), 225−275 (auch in: ders., Beiträge zur dt. Verfassungsgesch. des MAs. Bd. 1, 1963.)

K. Kroeschell, Die Sippe im germanischen Recht. ZRG
  GA 77 (1960), 1–25.
R. Wenskus, Stammesbildung und Verfassung. Das Werden
  der frühmittelalterlichen gentes, 1961. [Grundlegend.]
H. Kuhn/R. Wenskus, Adel. In: RLGA 1 (1973), 58–77.

Kirche und Mission

W. von den Steinen, Chlodwigs Übergang zum Christentum.
  Eine quellenkritische Studie. MIÖG, Erg.-Bd. 12 (1933),
  Neudruck 1969 (Libelli 103).
A. Angenendt, Taufe und Politik im frühen MA. In: Früh-
  mittelalterliche Studien 7 (1973), 143–168.
Bekehrung und Bekehrungsgeschichte. In: RLGA 2 (1976),
  175–205.
Kirchengeschichte als Missionsgeschichte. Bd. II/1, hg. v.
  K. Schäferdiek, 1978.
A. M. Ritter, Arianismus. In: TRE 3 (1978), 692–719.
Christentum der Bekehrungszeit. In: RLGA 4 (1981),
  501–599.
Die Iren und Europa im früheren Mittelalter, hg. v. H. Löwe,
  2 Bde, 1982.
M. Richter, Irland im Mittelalter. Kultur u. Geschichte,
  1983.
H. Haupt, Columban. In: LexMA 3 (1986), Sp. 65–67.

Frankenreich und Westgermanen

E. Zöllner, Geschichte der Franken bis zur Mitte des 6. Jahr-
  hunderts, auf der Grundlage des Werkes von L. Schmidt
  unter Mitwirkung von J. Werner, 1970.
H. H. Anton, Chlodwig. In: RLGA 4 (1981), 478–485.
Alemannen. In: RLGA 1 (1973), 137–163.
Zur Geschichte der Alemannen, hg. v. W. Müller, 1975
  (WdF 100).
M. Weidemann, Kulturgeschichte der Merowingerzeit nach
  den Werken Gregors von Tours, 1982 (Röm.-Germani-
  sches Zentralmuseum, Vor- und Frühgeschichte,
  Monogr. 3, 1+2).
Die Bajuwaren. Von Severin bis Tassilo 488–788, hg. von
  H. Dannheimer u. H. Dopsch, 1988 [Ausstellungskata-
  log].

3. Das karolingische Großreich

„Es sei besser, den als König zu bezeichnen, der die Macht habe, statt den, der ohne königliche Macht blieb", so antwortete nach dem Bericht der fränkischen Reichsannalen Papst Zacharias auf eine Anfrage des karolingischen Hausmeiers Pippin des Jüngeren. Gestärkt durch die Autorität des Papstes, ließ sich Pippin von den fränkischen Großen 751 zum König wählen; das war der rechtlich entscheidende Akt. Aber auch die neue kirchlich-sakrale Legitimation war von großer Bedeutung: sie manifestierte sich in der erstmals angewandten, wohl von den Westgoten entlehnten Königssalbung. Sie sollte die merowingische Geblütsheiligkeit durch das Gottesgnadentum ersetzen: die Söhne Pippins trugen als erste den Titel „König von Gottes Gnaden" *(Dei gratia rex)*.

Der Wandel der Herrschaftslegitimation deutet darauf hin, daß die Verchristlichung des Frankenreiches Fortschritte gemacht hatte; sie ist auch ein Resultat der bedeutsamen Verbindung des Papsttums mit den Karolingern. Das Interesse daran ging zunächst von den Päpsten aus, die, von den Langobarden bedrängt, bei Byzanz keine Hilfe mehr fanden. Der Langobardenkönig Aistulf hatte, gerade 751, den byzantinischen Exarchat von Ravenna erobert und bedrohte Rom; Papst Stephan III. erschien 754 hilfesuchend im Frankenreich. Hier erneuerte er die Salbung des Königs und seiner Söhne; Pippin wurde zum „Schutzherrn der Römer" *(patricius Romanorum)* erklärt. Pippin versprach ihm die Übergabe bisher byzantinischer Gebiete (Schenkungsversprechen von Quierzy). Ob dem fränkischen König bereits damals die „Konstantinische Schenkung" *(Constitutum Constantini)* vorgelegt wurde, auf die sich die Päpste später beriefen, ist eher unwahrscheinlich. Diese Fälschung ist wohl erst etwas später in Rom verfaßt worden. Sie behauptet, der erste christliche Kaiser Konstantin habe bei der Verlegung seiner Residenz nach Konstantinopel dem damaligen Papst Silvester, der ihn vom Aussatz geheilt hatte, zum Dank die kaiserliche

Stellung und die kaiserlichen Gebiete im Westen des Reiches übertragen.

Die Franken nahmen nun den Hilferuf des Papstes zum Anlaß, militärisch in Italien einzugreifen; sie zwangen Aistulf zur Rückgabe der eroberten Gebiete, die Pippin 756 dem heiligen Petrus (als Patron der römischen Kirche) übereignete. Das waren die Anfänge des Kirchenstaates!

Die Verbindung des karolingischen Reiches mit dem Papsttum ist schon vor 751 durch die angelsächsischen Missionare, vor allem durch ihren wichtigsten Vertreter, *Winfried-Bonifatius* aus Wessex, vorbereitet worden; er war es wahrscheinlich auch, der Pippin zum König salbte. – Die angelsächsische Kirche hatte sich schon seit Papst Gregor I. der römischen Tradition geöffnet. Bonifatius hatte seine missionarische und kirchenorganisatorische Tätigkeit im östlichen Frankenreich seit 719 immer im Auftrag und in engem Kontakt mit dem Papst durchgeführt. Drei Reisen unternahm er nach Rom, wo er schließlich zum Missionserzbischof und zum päpstlichen Legaten für Germanien ernannt wurde (Q 1). Aber erst das gute Verhältnis zu den karolingischen Hausmeiern ermöglichte ihm seine große Wirksamkeit: bei der hessisch-thüringischen Mission, bei der Gründung von Klöstern (das berühmteste war Fulda), der Einrichtung von Bistümern in Würzburg, Büraburg, Erfurt und Eichstätt und bei der Reform der fränkischen Kirche, die er auf mehreren Reformsynoden voranzutreiben und auf römische Normen auszurichten suchte. Eine bayerische Diözesanorganisation schuf er nach dem Willen des bayerischen Herzogs Odilo. Bonifatius, der in seinen letzten Jahren auf immer mehr Widerstand der einheimischen fränkischen Bischöfe gestoßen war, erlitt 754 bei der Friesenmission in Dokkum den Märtyrertod und wurde in Fulda beigesetzt.

Pippins Sohn, *Karl der Große,* gilt als eine „Schlüsselfigur der europäischen Geschichte" (J. Fleckenstein). Er war der Vollender des fränkischen Großreiches, aus dem später die ersten europäischen Nationen entstehen sollten.

Unter seiner Regierung (768–814) erreichte das Reich

seine größte äußere Ausdehnung. Sobald Karl die Alleinherrschaft innehatte (sein Bruder Karlmann, mit dem er nach fränkischem Brauch zunächst die Herrschaft teilte, starb 771), begann eine expansive Phase fränkischer Politik bis etwa 800. Die langwierigsten Kämpfe bestanden die Franken mit den Sachsen, dem letzten nichtchristlichen germanischen Stamm Mitteleuropas. Kämpfe hatte es an der rheinnahen Grenze schon seit dem 6. Jahrhundert gegeben, jetzt ging es aber um die Beseitigung der sächsischen Selbständigkeit und um die Missionierung des Stammes. Er war aristokratisch verfaßt, ein Königtum hatte sich noch nicht ausgebildet. Die sächsische Bevölkerung bestand aus drei sozialen Schichten: den halbfreien Lazzen, den Frilingen (Freien) und den Edelingen (Adligen), in denen man die Angehörigen des Ursachsenstammes vermutet, die sich erobernd über die anderen germanischen Stämme der Region geschoben hatten. Der Adel war am ehesten bereit, sich mit den Franken zu arrangieren und dadurch seine Stellung zu erhalten. Der zähe Widerstand der Frilingen und Lazzen, die mit dem Westfalen Widukind einen fähigen Führer gewannen, hatte also auch eine soziale Komponente. Erbitterung löste wohl vor allem die Verbindung der fränkischen Zwangsmission mit Tribut- und Zehntforderungen aus. Im Krieg kam es nur selten zu regelrechten Feldschlachten; der Widerstand trug eher die Züge eines Guerillakampfes. Aufstände loderten nach Unterwerfungen immer wieder in verschiedenen Teilen Sachsens auf. Fränkische Strafexpeditionen, Deportationen, aber auch eine Massenhinrichtung in Verden brachen allmählich den Widerstand. Erst nach 30 Jahren (803) waren die Sachsen endgültig unterworfen und befriedet.

Den Anlaß zum Eingreifen in Italien gaben Karl die Hilferufe des Papstes, der vom Langobardenkönig Desiderius heftig bedrängt wurde. 774 wurde die Königsstadt Pavia von einem fränkischen Heer unter Karl erobert, das langobardische Reich wurde durch Personalunion mit dem Frankenreich verbunden. Karl nannte sich jetzt offiziell „König der Franken und Langobarden". Die Geschichte des selbständigen Langobardenreiches war damit zu Ende, auch wenn sich in Benevent langobardische Machthaber noch lange hielten.

Der Zusammenbruch der langobardischen Macht beraubte den letzten selbständig regierenden Herzog Bayerns, Tassilo III., der Rückendeckung seines bisherigen Verbündeten. Als Karl auch den größten Teil des bayerischen Adels auf seine Seite gebracht hatte, wurde Tassilos Position unhaltbar. Karl entmachtete ihn 788 nach einem Schauprozeß und ließ ihn in ein Kloster einweisen.

Die Einbindung Bayerns in das Reich konfrontierte Karl mit der awarischen Macht östlich der bayerischen Grenze, die vorher von Tassilo in Schach gehalten worden war. Nach wechselvollen Kämpfen wurde schließlich 795/96 das Machtzentrum der durch innere Kämpfe geschwächten Awaren, das Lager *(hring)* in der Theißebene, von fränkischen Heeren eingenommen und zerstört, eine ungeheure Menge an Beutegut ins Frankenreich gebracht. Der Name der Awaren verschwand wenig später aus der Geschichte. Zu den aufwendigen Vorbereitungen dieser Feldzüge gehörte eine geplante, aber nicht vollendete Kanalverbindung zwischen Main und Donau.

Nach der Vernichtung der Awaren bildeten sich im Südosten des Reiches locker abhängige slawische Fürstentümer heraus. Die bayerische Siedlung setzte (als früheste Phase der „Ostsiedlung") im Raum der späteren Ostmark und im östlichen Alpengebiet ein; die Mission wurde von den kirchlichen Zentren Passau, Salzburg und Aquileia verstärkt nach Osten vorangetragen.

Es lag wohl nicht nur an der Beseitigung der Awarengefahr durch Karl, daß sein Name bei allen West- und Südslawen zur Bezeichnung für den königlichen Herrscher schlechthin wurde (z. B. *král* im Tschechischen, *król* im Polnischen für „König"), sondern auch am Eingreifen seiner fränkischen Heere in das Slawenland. Die Westslawen waren im 6. Jahrhundert in die von den Germanen weitgehend verlassenen Gebiete in Mitteleuropa eingewandert (ungefähr bis zur Elbe-Saale-Linie, zum Böhmerwald und in die Ostalpen herein), teilweise auch im Schlepptau der awarischen Eroberungen. Die slawische Wanderung war im Grunde ein weiterer wichtiger Akt der europäischen

Völkerwanderung, die das neue ethnische Bild Europas formte. Zunächst hatten die Slawen noch Jahrhunderte lang unter der Bedrückung der Awaren gelebt, nur vorübergehend unterbrochen von einer ersten eigenen Reichsbildung im 7. Jahrhundert mit dem fränkischen Kaufmann Samo an der Spitze.

Karl hatte nun mit verschiedenen Feldzügen gegen die Wilzen, Sorben und Böhmen ein Vorfeld locker abhängiger slawischer Kleinstämme als Grenzschutz geschaffen, damit bei ihnen auch seine Autorität als König und Schiedsrichter begründet.

Im Südwesten des Reiches hatte der fränkische König Aquitanien wieder fest an das Reich angeschlossen und dort die Sarazenengefahr endgültig gebannt; ein Feldzug gegen die spanischen Muslime über die Pyrenäen hinweg (778) war jedoch erfolglos (die Niederlage einer Nachhut gegen die Basken im Gebirge bildet den historischen Kern des Rolandsliedes). Dennoch konnten die Franken ihre Schutzherrschaft später teilweise bis zum Ebro vorschieben (sog. spanische Mark).

Mit Ausnahme zweier Jahre stand das fränkische Heer unter Karl dem Großen jedes Jahr im Feld; dennoch war es kein stehendes Heer. Was waren die Gründe seiner Überlegenheit? Die Quellen geben uns darüber nur spärliche Auskunft. Doch steht fest, daß die Reitertruppe das wichtigste Element der relativ kleinen Heere war. Zwei- bis dreitausend Reiter und sechs- bis zehntausend Mann Fußtruppen gelten bereits als große Armee. Der Übergang vom alten Volksaufgebot mit Fußkämpfern zur Kavallerie wurde schon von Karl Martell eingeleitet, der sich mit den gepanzerten Reitern der Sarazenen auseinandersetzen mußte. Zwar sind offenbar noch die Reiterkrieger Pippins d. J. zum Kampf abgesessen, aber die Einführung des Steigbügels im 8. Jahrhundert scheint schnell die technischen Voraussetzungen für den modernen Kampf zu Pferde geliefert zu haben. Auch die größere Kriegsstärke und die eindeutig bessere Bewaffnung der Franken (mit Brünne und Schwert) verlieh ihnen Überlegenheit gegenüber Sachsen, Langobarden, Awaren und Slawen. Die Entstehung des Panzerreiterheeres und die höheren

Rüstungskosten hatten allerdings beträchtliche sozialgeschichtliche Auswirkungen (siehe nächstes Kapitel). Karls Feldzüge waren im übrigen strategisch meist gut angelegt; in der Regel rückten stets mehrere Heeressäulen aus verschiedenen Richtungen auf das Machtzentrum des Gegners vor. Die Aufteilung hatte allerdings auch noch andere Gründe: ein Heer von mehr als 10 000 Mann konnte nicht mehr verpflegt und versorgt werden.

Karl hatte in seinem Reich schließlich fast alle christlichen Länder des Westens vereint; nur das westgotische Asturien, Irland und die angelsächsischen Reiche lagen außerhalb. Der Gedanke an ein westliches *Kaisertum* ist im Umkreis Karls offensichtlich bereits vor 800 aufgekommen: der Hofgelehrte Alkuin nannte das Frankenreich seit 798 „christliches (Kaiser-)Reich" *(imperium Christianum)* und rechnete Karl neben dem Papst und dem byzantinischen Kaiser zu „den drei höchsten Personen in der Welt". Eine Vorstufe zum Kaisernamen war der Patriziustitel, den Karl schon seit der Eroberung des Langobardenreiches (774) trug. Das Papsttum selbst strebte bereits seit Jahrzehnten danach, aus der nominell immer noch bestehenden Oberhoheit der Byzantiner herauszukommen, die ihm keinen Rückhalt mehr bieten konnten. Byzanz selbst freilich, das in der ununterbrochenen Tradition des römischen Reiches stand, beharrte darauf, es könne nur *ein* legitimes Kaisertum geben. Immer noch war das byzantinische Reich eine geachtete Großmacht, und sein prächtiger Kaiserhof blieb für die Franken und ihre deutschen Nachfolger noch für Jahrhunderte ein bewundertes und oft nachgeahmtes Vorbild. Zum ideologischen Gegensatz zwischen Byzanz und dem Frankenreich kam allerdings jetzt noch die Überschneidung machtpolitischer Interessen in Italien.

Der Anlaß der Kaiserkrönung war ein Aufstand gegen Papst Leo III. (795−816), der zu Karl nach Paderborn floh und ihn um Intervention gegen seine Gegner bat. Nachdem sich der Papst in einem Verfahren in Rom unter Vorsitz Karls von den ihm vorgeworfenen Verfehlungen gereinigt hatte, krönte er den fränkischen König zu Weihnachten 800 in St. Peter zum Kaiser (Q 2). Karls von seinem Biographen Einhard bezeugte Verärgerung nach dem Kirchgang kann sich nur auf die Umstände der Krönung bezogen haben, wohl auf die Tatsache, daß die Römer und nicht die Franken als akklamierendes Volk aufgetreten waren und daß sich der Papst bei der Zeremonie selbst zu stark in den Vordergrund gespielt hatte.

Ein „römisches" Kaisertum im engeren Sinne hatte Karl nicht angestrebt, und Rom hat er nach dem Krönungszug nicht mehr betreten. Seine Rücksicht auf Byzanz wird in dem komplizierten Titel deutlich, den er sich nun zulegte: „Karl der allergnädigste, erhabene, von Gott gekrönte, große und friedebringende Kaiser, der das römische Reich regiert, und durch die Barmherzigkeit Gottes König der Franken und Langobarden" *(Karolus serenissimus augustus a Deo coronatus magnus et pacificus imperator Romanum gubernans imperium qui et per misericordiam Dei rex Francorum et Langobardorum).* Dennoch empfand Byzanz die Kaiserkrönung als Usurpation; es kam zu langwierigen Verhandlungen und sogar zu militärischen Auseinandersetzungen im adriatischen Raum. Erst 812 kam ein Ausgleich zustande: Karl verzichtete auf das eroberte Venetien und Dalmatien und auf den Titel „Kaiser der Römer", der fortan von den byzantinischen Kaisern geführt wurde. Das Ostreich erkannte dafür das westliche Kaisertum an und verzichtete (stillschweigend) auf Rom.

Nach dem „außenpolitischen" Überblick stellt sich nun die Frage, wie das heterogene und nach damaligen Verhältnissen riesige Frankenreich Karls beherrscht und verwaltet wurde.

Der *Königshof* war das Zentrum der Herrschaft. Man verwendet diesen Begriff in zweifacher Bedeutung: einmal ist mit dem Hof die personelle Umgebung des Königs gemeint, zum zweiten der Aufenthaltsort dieser Personengruppe. Die Karolinger sind wesentlich mehr gereist als die Merowinger, auch wenn Aachen seit 794 teilweise als Residenz Karls anzusehen ist. Der König hielt sich in der Regel in seinen Pfalzen *(palatium)* auf: das waren meist nur leicht befestigte größere Königshöfe, die für den Zweck des königlichen Aufenthalts ausgebaut waren.

Neben den untergeordneten Amtsträgern in den einzelnen Pfalzen befanden sich am reisenden Königshof, also ständig in Umgebung des Herrschers, die Inhaber der großen Hofämter, die man nach heutiger Terminologie als Minister bezeichnen könnte: der Seneschall oder Truchseß, der Stallgraf oder Marschall, der Schenk, der Kämmerer und der Pfalzgraf, jeweils mit zahlreichen untergebenen königlichen Dienstleuten. Ihre Funktionen, die in Hinkmars Schrift über die Pfalzordnung (Q 4) beschrieben werden, erwuchsen letztlich aus der Haus-Herrschaft; daher kann man sagen, das Reich sei wie ein Großbauernhof verwaltet worden. So erklärt sich übrigens auch die besondere Rolle der Königin in der Reichsverwaltung; denn die freien fränkischen Frauen hatten eine leitende Funktion im Hause. Das alte Amt des Hausmeiers haben die Karolinger freilich abgeschafft.

Zur Hofbeamtenschaft zählt auch die *Hofkapelle;* die Gesamtheit der Geistlichen am Hofe. Die Kapläne hatten nicht nur die wichtigste fränkische Reichsreliquie, den Mantel *(cappa)* des hl. Martin zu bewahren (daher rührt auch ihr Name) und die gottesdienstlichen Aufgaben am Hof zu erfüllen, sondern sie übernahmen jetzt auch die wichtigen Kanzleiarbeiten für den König. Seit den Karolingern sind also die ursprünglich getrennten Personengruppen der Kanzlei und Hofkapelle verbunden, vor allem deswegen, weil seit dieser Zeit nur noch Geistliche schreiben und lesen konnten.

Manche Kapläne gehörten daher zum engsten ständigen Beraterkreis des Königs *(consilium regis),* über den wir allerdings sonst nur wenig wissen. Neben der Personengruppe, die sich ständig am Hof (oder in den jeweiligen Pfalzen) aufhielt, gab es stets einen wechselnden Personenkreis, der sich vorübergehend in der Umgebung des Königs befand: weltliche und geistliche Große, vor allem Bischöfe und Grafen, Mitglieder also der fränkischen Reichsaristokratie, die ihre Interessen am Hof vertreten wollten und als Berater, Diplomaten und Politiker am Reichsregiment teilnahmen. Ohne sie konnte auch ein König vom Zuschnitt Karls nicht regieren!

Deutlich wird dies besonders in der *herrschaftlichen*

Erfassung des Reiches durch die wichtigsten königlichen Amtsträger, die Grafen (Herzöge gab es nach der Absetzung des bayerischen Tassilo im Frankenreich nicht mehr). Das früher in der Wissenschaft gezeichnete Bild eines lückenlosen Netzes von Grafschaften, das wie bei modernen Verwaltungsbezirken das Reich überzogen hätte, ist sicher falsch. Die Grafschaftsverfassung ist eher als ein System königlicher Stützpunkte zu sehen, von denen eine herrschaftliche Erfassung des Reiches erst hätte ausgehen sollen. Die Grafschaften (im Gesamtreich waren es nach K. F. Werner etwa 500) lehnten sich im Westen und Süden an die alten Civitasbezirke, im germanischen Osten an die Gaue *(pagus)* und Siedlungskammern an, ohne immer mit ihnen identisch zu sein.

Der Graf war kein Beamter im modernen Sinn, sondern selbst ein adliger Herr. Auch wenn der König gern Landesfremde (die ihm stärker verpflichtet sein würden) in die Grafschaften einsetzte, gelang dies keineswegs immer und überall. Man wird sich die Einführung der Grafenverfassung durch den Herrscher in der Regel doch als Kompromiß und in Absprache mit den lokalen adligen Machthabern vorstellen müssen. Der Graf war in erster Linie Königsrichter, aber er hatte auch die Aufsicht über das Königsgut in seiner Grafschaft, er bot den Heerbann auf und befehligte ihn, er sollte im Namen des Königs Frieden und Recht wahren.

Ein zweiter Pfeiler königlicher Reichsverwaltung waren die Bistümer und Bischöfe, die schon seit der Merowingerzeit als Stadt- und Grundherren große Bedeutung erlangt hatten (s. Kap. 8). Überhaupt war die gleichmäßige Heranziehung geistlicher und weltlicher Amtsträger ein karolingischer Grundsatz, der sich auch bei der Einrichtung der Königsboten *(missi dominici)* zeigt: sie sollten die Kontrollorgane des Königs in den Reichsprovinzen sein. In der Regel war einer von ihnen ein Geistlicher (meist Bischof), der andere ein Laie (meist Graf). Diesem Herrschaftsinstrument war jedoch nur geringer Erfolg beschieden; es wurde jedenfalls nicht zu einem wirksamen „Transmissionsriemen" königlichen Willens.

Das Mittelalter hat in Karl den großen Gesetzgeber gesehen. Zu seiner Zeit sind die letzten Stammesrechte aufgeschrieben worden (für die Sachsen, Thüringer und Friesen), sehr viel größere Bedeutung gewannen jedoch seine Anordnungen und Erlasse für das Gesamtreich, die Kapitularien (so nach den Kapiteln = Paragraphen genannt). Sie betreffen die unterschiedlichsten Sachen und sind auf keinen inhaltlichen Nenner zu bringen. Das spätere gewiß verfälschende Bild Karls als eines allgegenwärtigen Hausvaters, der sich selbst um die kleinsten Kleinigkeiten in seinem Reich gekümmert habe, mag auf die zahlreichen detaillierten Bestimmungen der Kapitularien zurückgehen. Deutlich ist meist Karls Bemühen um die christliche Ordnung seines Reiches: dieses Ziel suchte er durch Verordnen einheitlicher und nivellierender Normen zu erreichen. Wie schwierig die Durchsetzung dieser Vorstellungen mit Hilfe schriftlicher Verordnungen gerade in einer Gesellschaft sein mußte, die nur sehr geringe Schriftlichkeit besaß, läßt sich leicht denken. Das Scheitern mancher aus den Kapitularien erschließbaren Ziele Karls mag auf diese Schwierigkeiten zurückzuführen sein (Q 3). Im Hinblick darauf verwundert es nicht, wenn unter den ungleich schwächeren Nachfolgern Karls die Kapitulariengesetzgebung allmählich erlosch und erst Jahrhunderte später wieder königliche Verordnungstätigkeit – in anderer Form – nachzuweisen ist.

Der Muster- und Vorbildcharakter Karls des Großen für das Mittelalter und die Bedeutung des Frankenreichs als Ausgangspunkt der weiteren geschichtlichen Entwicklung Europas (schon Zeitgenossen nannten Karl den „Vater Europas"!) bewogen die Historiker vielfach, dem Frankenkönig eine entsprechende politische Konzeption zu unterstellen. Aber auch hier empfiehlt es sich, Wirkungen und Folgen historischer Phänomene strikt von den Motiven der Handelnden zu trennen. Denn in den zeitgenössischen Quellen ist eine solche große Konzeption nicht zu erkennen. Das Frankenreich ist wohl zutreffend als „expansives Reich mit repressiv-okkasioneller Staatstätigkeit" (L. M. Hartmann) gekennzeichnet worden, d. h., seine Politik nach außen speiste sich aus machtpolitischen Motiven, während der König die inneren Probleme des Riesenreichs nicht systematisch, sondern mit „Aushilfen von Fall zu Fall" anging, wobei er, wie Karls Enkel Nithard einmal schrieb, erfolgreich „durch gemäßigten Schrecken" regierte. Andere Möglichkeiten hatte er auf der gesellschaftlichstaatlichen Entwicklungsstufe seiner Zeit ohnehin nicht.

Schon Karls späte Regierungsjahre sind von einem gewissen Ermatten fränkischer Aktivitäten gekennzeichnet; dänische Normannen, Bretonen und Venezianer machten dem Reich zu schaffen. Aus der Offensive ging man in die Defensive über. Die zentrifugalen Tendenzen im Reich nahmen mit dem Feudalisierungsprozeß (Kap. 4) zu. Die Nachfolgefrage wurde zu einem grundsätzlichen Problem, denn mit dem Kaisertum war der Gedanke der Reichseinheit dem alten fränkischen Teilungsprinzip der Herrschaft entgegengetreten. Die Nachfolge Karls löste sich allerdings dadurch, daß, außer Ludwig, alle legitimen Söhne des Kaisers noch vor seinem Tod starben. 813 machte Karl Ludwig durch eine Kaiserkrönung in Aachen zum Mitkaiser.

Ludwig der Fromme (814–840) hatte drei, später vier überlebende Söhne; das Ringen zwischen den Vertretern der Reichseinheit und einer eher altfränkischen Partei, die eine Aufteilung des Reiches anstrebte, setzte ein. Ludwig hatte zunächst mit der Ordinatio imperii von 817 (Q 5) der Einheitspartei zum Sieg verholfen, seine ersten Regierungsjahre ließen sich erfolgreich an. Besonders die schon von Karl begonnene Kirchenreform, die Ludwigs religiöskirchlicher Gesinnung entsprach, führte er mit Nachdruck weiter. Die seit den zwanziger Jahren einsetzenden Schwierigkeiten Ludwigs sind auf die erwähnten Parteienkämpfe am Hof und auf die erbitterten Rivalitäten und Machtansprüche der Kaisersöhne zurückzuführen, aber auch auf die damit zusammenhängenden wachsenden Selbständigkeitsbestrebungen in den Grenzgebieten des Reiches und auf die erstarkten äußeren Feinde (Normannen, Slawen und Sarazenen). 833 wurde der Kaiser von seinem Heer, das er gegen seine Söhne geführt hatte, schon vor der Schlacht, auf dem Lügenfeld bei Colmar verlassen und vorübergehend abgesetzt. Das Ansehen Ludwigs, der offenbar den Kontakt mit der Reichsaristokratie weitgehend verloren hatte, war schwer erschüttert. Eine starke gesamtfränkische Zentralgewalt konnte auch in Zukunft nicht mehr wiederhergestellt werden.

Quellen

Q 1 Winfried-Bonifatius

Aus einem Brief Papst Gregors III. an Bonifatius (um 732). Bonifatius wird darin zum Missionserzbischof mit bestimmten Rechten ernannt. Wie sorgfältig, ja, ängstlich er sich an römische Normen halten wollte, wird aus den päpstlichen Antworten auf seine Anfragen deutlich.

Dem ehrwürdigen und heiligen Bruder und Mitbischof Bonifatius, der zur Erleuchtung des Volkes von Germanien und ringsum zu den noch im Todesschatten lebenden, im Irrglauben befangenen Völkern von dieser apostolischen Kirche Gottes ausgesandt worden ist, Gregor, Knecht der Knechte Gottes.
  Große Freude hat uns erfüllt, als wir das Schreiben deiner heiligen Brüderlichkeit lasen, weil darin zu finden war, daß durch die Gnade unseres Herrn Jesus Christus sehr viele Menschen von dir vom Heidentum und Irrglauben zur Erkenntnis des wahren Glaubens bekehrt worden sind. Weil wir nun durch göttliche Belehrung im Gleichnis wissen, daß der, dem fünf Pfund anvertraut waren, fünf andere dazugewann, so spenden wir samt der ganzen Kirche Beifall für ein so gewinnbringendes Geschäft. Daher haben wir dir mit Recht das Geschenk des heiligen Palliums [ein Kleidungsstück als Abzeichen der erzbischöflichen Würde] übersandt, das du kraft der Autorität des seligen Apostels Petrus annehmen und anlegen sollst. Wir ordnen nach Gottes Rat an, daß man dich zu den Erzbischöfen zählen soll. Wie du es verwenden sollst, wirst du durch apostolischen Auftrag erfahren, nämlich nur dann, wenn du die heilige Messe feierst, oder im Falle einer Bischofsweihe. Weil aber in diesen Gegenden, wie du erwähnst, durch des Herrn Gnade massenhaft Bekehrungen zum rechten

Glauben erfolgt sind und du nicht allem nachkommen, nicht alles Heilsnotwendige ausüben und mitteilen kannst, so verfügen wir, da in diesen Gegenden durch Christi Gnade der Glaube an ihn sich weit und breit ausdehnt: Du darfst überall, wo die Zahl der Gläubigen stark angewachsen ist, nach den Vorschriften der heiligen Kanones kraft Vollmacht des apostolischen Stuhles Bischöfe einsetzen, doch erst nach gewissenhafter Überlegung, damit die Bischofswürde nicht mißachtet werde . . .

Du hast berichtet, daß etliche Leute Fleisch vom Wildpferd essen, viele auch vom Hauspferd. Das darfst du, heiliger Bruder, in Zukunft keineswegs zulassen, sondern unterbinde das auf alle möglichen Arten mit Christi Hilfe völlig und lege ihnen die verdiente Buße auf; denn es ist eine unreine und fluchwürdige Sache. Wegen der Verstorbenen hast du gefragt, ob man Opfer darbringen dürfe. Die heilige Kirche hält es so, daß jeder für seine Toten, wenn sie wahre Christen waren, Opfer darbringt und der Priester ihrer gedenkt. Und obwohl wir alle den Sünden unterliegen, gehört es sich doch, daß der Priester nur der katholischen Toten gedenkt und für sie betet, nicht aber für die Unfrommen, auch wenn sie Christen waren. Auch verordnen wir, daß diejenigen getauft werden, die daran zweifeln, ob sie getauft worden sind oder nicht, und auch diejenigen, die von einem Priester getauft worden sind, der dem Jupiter opfert und Opferfleisch ißt. Wir setzen fest, daß jeder seine Verwandtschaft bis zur siebenten Generation beachte [bei der Eheschließung]. Und wenn du kannst, dann verhindere, daß einer, dessen Frauen gestorben sind, mehr als zwei Ehen eingehe . . . Es wird unter anderen Verbrechen, wie du sagst, auch dieses in jenen Gegenden begangen, daß einige Gläubige ihre Sklaven an die Heiden zur Opferung verkaufen. Wir ersuchen dich, diese eindringlich zurechtzuweisen und es in Zukunft nicht mehr zuzulassen; denn es ist ein gottloses Verbrechen. Lege denen, die das verbrochen haben, eine gleiche Buße wie den Mördern auf.

(MGH Epp. sel. I, hg. von M. Tangl, 1916, Nr. 28)

Q 2 Kaiserkrönung

Die offiziösen fränkischen Reichsannalen berichten von der Untersuchung gegen Papst Leo III., der sich durch einen im mittelalterlichen Gerichtsverfahren üblichen „Reinigungseid" von den Vorwürfen entlastete, und, erstaunlich knapp, von der Krönung selbst.

Der König berief eine Versammlung ein, offenbarte allen, warum er nach Rom gekommen war, und bemühte sich dann Tag für Tag darum, seine Pläne auszuführen. Das wichtigste und schwierigste seiner Vorhaben nahm er zuerst in Angriff: die Untersuchung über die dem Papst zur Last gelegten Verbrechen. Da jedoch niemand die Wahrheit dieser Beschuldigungen beweisen wollte, bestieg dieser in der Kirche des seligen Apostels Petrus vor allem Volk mit dem Evangelienbuch den Ambo [erhöhter Platz für den Prediger] und reinigte sich unter Anrufung der heiligen Dreifaltigkeit durch einen Eid von den ihm zu Last gelegten Verbrechen ...

Als der König sich am heiligen Weihnachtstag vom Gebet vor dem Grab des sel. Apostels Petrus zur Messe erhob, setzte ihm Papst Leo eine Krone aufs Haupt, und vom ganzen Volk der Römer wurde ihm akklamiert: ‚Dem erhabenen Karl, dem von Gott gekrönten großen und friedebringenden Kaiser der Römer Leben und Sieg!' Nach diesen Laudes wurde er vom Papst nach der Sitte der alten Kaiser geehrt und fortan, unter Weglassung des Titels Patrizius, Kaiser und Augustus genannt.

b) Die Darstellung der Krönung durch Einhard, den Biographen Karls, etwa 30 Jahre später:

So hoch er aber Rom auch ehrte, so kam er während der siebenundvierzig Jahre seiner Regierung doch nur viermal dorthin, um sein Gelübde zu erfüllen und um zu beten. Seine letzte Reise hatte nicht darin allein ihren Grund, sondern sie wurde auch dadurch veranlaßt, daß Papst Leo wegen der vielen Mißhandlungen, die er von seiten der Römer erlitten hatte – sie hatten ihm nämlich die Augen ausgestochen und die Zunge ausgerissen –, sich genötigt sah, den König um Schutz anzuflehen. Er kam also nach Rom und verbrachte dort den ganzen Winter, um die Kirche aus der überaus großen Zerrüttung, in die sie verfallen war, zu reißen. Damals war es, daß er den Namen Kaiser und Augustus annahm; das war ihm zuerst so zuwider, daß er versicherte, er hätte an diesem Tage, obwohl es ein hohes Fest war, die Kirche nicht betreten, wenn er die Absicht des Papstes hätte vorherwissen können. Den Haß der römischen Kaiser, die ihm die Annahme des Kaisertitels sehr verübelten, trug er mit großer Gelassenheit. Mit der Hochherzigkeit, in der er fraglos weit über ihnen stand, besiegte er ihren trotzigen Widerstand, indem er häufig durch Gesandtschaften mit ihnen verkehrte und sie in seinen Briefen als Brüder anredete.

(Reichsannalen MGH SS rer. Germ. in us. schol., hg. von F. Kurze 1895, S. 110−112 / Einhard, Vita Caroli MGH SS rer. Germ. in us. schol., 6. Aufl. hg. von O. Holder-Egger, 1911, S. 32 f.).

Q 3 Heeresaufgebot

Der Text aus dem *Capitulare missorum de exercitu promovendo* Karls d. Großen (808) bietet Einblicke in die Probleme der Heeresaufstellung wie überhaupt in die Vorstellungen des fränkischen Hofes zur Realisierung königlicher Verordnungen.

Ein Kapitulare, welches die Königsboten besitzen müssen, um das Heer aufstellen zu können.

1. Jeder freie Mann, der vier Hufen bestelltes Land zu eigen oder von irgend jemand zu Lehen hat, muß bereit sein, in eigener Person zu Feld zu ziehen, entweder mit seinem Herrn, wenn dieser nämlich mit auszieht, oder mit seinem Grafen. Wer drei Hufen zu eigen hat, dem werde einer beigesellt, der eine Hufe hat und der ihn unterstützen soll, damit er für beide ausziehen kann. Wer aber nur zwei Hufen hat, werde mit einem anderen zusammengetan, der ebenfalls zwei Hufen hat, und einer von beiden rücke mit Unterstützung des anderen gegen den Feind aus. Wer aber nur eine Hufe zu eigen besitzt, mit dem sollen drei andere zusammengetan werden, die auch nur eine haben, und einer soll ins Feld ziehen, die anderen ihn aber unterstützen. Die drei aber, die ihn unterstützen, sollen zu Hause bleiben.

2. Wir wollen und befehlen, daß unsere Boten sorgfältig untersuchen, wer sich im vergangenen Jahr der Dienstpflicht

entzogen hat über die Anordnung hinaus, die wir oben für Freie und ärmere Leute verfügt haben. Und wer seinen Genossen beim Ausmarsch nicht unserem Befehl entsprechend unterstützt hat, der soll Strafe für unseren Heerbann zahlen ...

7. Wir wollen, daß unsere Königsboten, die in dieser Gesandtschaft tätig sind, eine Aufstellung von Leuten anfertigen, die ins Feld ausrücken sollten und nicht ausgerückt sind. Ebenso sollen sie eine Liste aufstellen von den Grafen, ihren Stellvertretern und Centenaren [Unterbeamte des Grafen], die einverstanden waren, daß diese Dienstpflichtigen zu Hause blieben, sowie von allen, die den im vergangenen Jahr von uns erlassenen Marschbefehl unwirksam gemacht haben.

8. Wir wollen, daß vier Exemplare dieses Kapitulars geschrieben werden: eins sollen unsere Boten erhalten, das zweite der Graf, in dessen Amtsbezirk solches geschehen ist, damit weder unser Bote noch der Graf anders handeln, als es von uns in den Bestimmungen verordnet ist. Das dritte sollen diejenigen Königsboten erhalten, die über unser Heer eingesetzt werden sollen. Das vierte behalte unser Kanzler.

(MGH Capit. 1, hg. von A. Boretius, 1883, Nr. 50, S. 136–138).

Q 4 Der Königshof

Erzbischof Hinkmar von Reims hat in seiner 882 verfaßten Schrift über die Pfalzordnung *(De ordine palatii)* die Informationen über den Aufbau des Hofes einer älteren verlorenen Schrift des Adalhard von Corbie († 826), eines Verwandten Karls, entnommen.

Der Königshof war im Gefüge der gesamten Verwaltung des Reiches folgendermaßen eingerichtet: den Vorrang nahmen der König und die Königin mit ihren erlauchten Nachkommen ein ...

Nach ihnen [dem obersten Kaplan und dem Kanzler] wurde der königliche Hof noch durch folgende Amtsträger verwaltet: durch den Kämmerer, den Pfalzgrafen, den Seneschall, den Mundschenk, den Stallgrafen, den Quartiermeister, vier oberste Jäger und einen Falkner... Der Pfalzgraf war neben schier unzähligen anderen Dingen vornehmlich damit beschäftigt, alle Rechtsstreitigkeiten, die, anderswo entstanden, wegen eines gerechten Urteils an den Hof gebracht wurden, rechtmäßig und vernünftig zu entscheiden oder ungerechte Urteile auf den Weg der Gerechtigkeit zurückzuführen...

Für die würdige Ausstattung der Hofes und besonders für den königlichen Schmuck, aber auch für die Jahresabgaben der Vasallen — abgesehen von der Versorgung mit Speise und Trank und dem Unterhalt der Pferde — waren vornehmlich die Königin und unter ihr der Kämmerer zuständig; und je nach Art einer jeden Sache waren sie bestrebt, immer rechtzeitig den künftigen Bedarf vorauszuplanen, damit nichts im gegebenen Augenblick, wenn es benötigt würde, irgendwo fehlte. Auch die Geschenke der verschiedenen Gesandtschaften verwaltete der Kämmerer, falls es nicht auf Geheiß des Königs um Dinge ging, die besser von der Königin mit ihm zusammen behandelt werden sollten. Alle diese und ähnliche Regelungen zielten darauf ab, daß der Herr König, frei von jeder Sorge um Haus oder Pfalz (soweit dies vernünftigerweise und passend zu erreichen war), seine Hoffnung beständig auf den allmächtigen Gott richten und seinen Geist bereit halten konnte zur Lenkung und Bewahrung des gesamten Reiches.

Drei Hofbeamten aber, nämlich dem Seneschall, dem Schenk und dem Stallgrafen, kam es nach Art und Umfang ihres Amtes zu, in gemeinsamer Absprache und nach ihrer jeweiligen Zuständigkeit tatkräftig Weisungen zu erteilen, damit alle Amtleute des Königs so früh wie möglich im voraus wußten, wo der König zu dieser oder jener Zeit für so oder so lange zu verweilen hatte, und alles herbeischaffen und vorbereiten konnten; falls sie es nämlich zu spät erfahren, würde alles zu unpassender Zeit und in zu großer Eile angefordert und die königlichen Hintersassen kämen durch diese Nachlässigkeit ohne Not in Bedrängnis. Obwohl diese Sorge auch den Mundschenk und den Stallgrafen betraf, lag doch die größte Verantwortung beim Seneschall, denn er war für alles zuständig außer für die Getränke und das Futter für die Pferde.

(Hinkmar v. Reims, De ordine palatii, hg. u. übers. von Th. Groß und R. Schieffer, 1980, MGH Fontes iur. Germanici antiqui, S. 56, 64, 70–76)

Q 5 Reichseinheit und Reichsteilung

In der *Ordinatio imperii* Ludwigs des Frommen (817) wird dem Einheitsprinzip der Vorrang gegeben; allerdings wird deutlich, daß ein völliger Konsens darüber in der Reichsaristokratie nicht erzielt werden konnte.

Im Namen Gottes und unseres Heilandes Jesu Christi Ludwig durch göttliche Vorsehung erhabener Kaiser ...
  Es erschien uns und denjenigen, die vernünftig denken, keineswegs richtig, aus Liebe zu den Söhnen die Einheit des Reiches, das Gott für uns unversehrt bewahrt hat, durch eine menschliche Teilung aufzuspalten, damit nicht bei einer solchen Gelegenheit Zwietracht in der heiligen Kirche entstehe und wir uns selbst den Zorn dessen zuziehen, auf dessen Macht die gerechte Herrschaft aller Königreiche beruht. Daher hielten wir es für notwendig, mit Fasten, Gebeten und Almosen durch ihn zu erreichen, was unsere Schwäche nicht wagte. Als wir dies, wie es sich gehört, drei Tage so gehalten hatten, ist es, wie wir glauben, auf Geheiß des allmächtigen Gottes geschehen, daß sich unsere und des ganzen Volkes Stimmen auf die Wahl unseres lieben erstgeborenen Sohnes Lothar vereinigten. Ihn, der durch göttlichen Ratschluß bezeichnet worden war, haben wir mit unserem und unseres ganzen Volkes Willen in feierlicher Weise mit dem kaiserlichen Diadem gekrönt und zum Teilhaber und Nachfolger im Kaisertum, wenn Gott es will, eingesetzt. Wir hielten auch für richtig, seine Brüder, nämlich Pippin und Ludwig, der unseren Namen trägt, durch allgemeine Zustimmung mit dem Königstitel zu versehen und die unten beschriebenen Gebiete festzulegen, in denen sie nach unserem Tod unter der Oberhoheit des älteren Bruders mit königlicher Macht herrschen sollen, gemäß den unten angeführten Kapiteln, die die Bedingungen enthalten, wie wir sie zwischen ihnen festgesetzt haben. Diese Kapitel haben wir zum Nutzen des Reiches, um des beständigen Friedens zwischen ihnen willen und als Schutz

für die ganze Kirche mit allen unseren Getreuen beraten, aufschreiben lassen und mit eigener Hand bestätigt, damit sie mit Hilfe Gottes so, wie sie durch gemeinsame Abstimmung beschlossen wurden, von allen in einmütiger Ergebenheit unverbrüchlich bewahrt würden zum beständigen Frieden für sie und das ganze christliche Volk; unbeschadet freilich unserer kaiserlichen Gewalt in allen Dingen über die Söhne und unser Volk, in aller Ehrerbietung, die dem Vater von den Söhnen und dem Kaiser und König von seinen Völkern zukommt.

Kap. 1. Wir wollen, daß Pippin Aquitanien habe und die Gascogne und die ganze Grenzmark von Toulouse und außerdem 4 Grafschaften, nämlich in Septimanien Carcassonne, in Burgund Autun, Avallon und Nevers.

Kap. 2. Ludwig soll Bayern und die Kärntner besitzen, die Böhmen, Awaren und Slawen an der Ostgrenze Bayerns und außerdem zu seinen Diensten zwei Königsgüter im Nordgau, nämlich Lauterhofen und Ingolstadt.

Kap. 3. Wir wollen, daß diese beiden Brüder, die den Königsnamen führen, innerhalb ihres Herrschaftsbereiches alle Ämter aus eigener Vollmacht besetzen; bei Bistümern und Klöstern soll allerdings die kirchliche Ordnung bewahrt, bei den anderen Ämtern die Würde und der Nutzen beachtet werden.

(MGH Capit. 1, hg. von A. Boretius, 1883, S. 270 f.)

Fragen, Probleme und Anregungen

1) Wie kam es zur Verbindung des fränkischen Reiches mit dem Papsttum?

2) Mit welchen Mitteln suchten die Karolinger die Geblütsheiligkeit der merowingischen Könige zu ersetzen?

3) Welche historischen Voraussetzungen führten zum Kaisertum Karls, welche Interessen vertraten die beteiligten Kräfte (der fränkische Königshof, Papsttum, Byzanz)?

4) Institutionen und Personengruppen am Hof (siehe auch Quelle 4).

5) Grafen und Bischöfe in der Reichsverwaltung.
6) Bedeutung und Probleme des fränkischen Heeresaufgebots zur Zeit Karls (siehe auch Quelle 3).

Wichtige Daten

751	Königswahl und Salbung Pippins
719–754	Winfried-Bonifatius im Frankenreich
768–814	Karl der Große
800	Kaiserkrönung Karls in Rom

Wichtige Begriffe

Geblütsheiligkeit   Königssalbung
Gottesgnadentum   Konstantinische Schenkung
Hofkapelle   Königsboten
Kapitularien

Literaturhinweise:

W. Affeldt, Untersuchungen zur Königserhebung Pippins. Das Papsttum und die Begründung des karolingischen Königtums im Jahr 751. In: Frühmittelalterliche Studien 14 (1980), 95–187.

H. Fichtenau, Das karolingische Imperium. Soziale und geistige Problematik eines Großreiches, 1949.

J. Fleckenstein, Das Großfränkische Reich. Möglichkeiten und Grenzen der Großreichsbildung im MA. HZ 233 (1981), 265–294.

Karl der Große. Lebenswerk und Nachleben, hg. von W. Braunfels, 4 Bde., 1965–67. [Grundlegendes Sammelwerk mit heutigem Forschungsstand].

Biographien

S. Epperlein, Karl d. Große. Eine Biographie, 1971.
W. Braunfels, Karl d. Große in Selbstzeugnissen und Bilddokumenten, 1972.
J. Fleckenstein, Karl d. Große (768–814). In: Kaisergestalten des Mittelalters, hg. v. H. Beumann, 1984, 9–27.
J. Semmler, Ludwig d. Fromme (814–840), ebd., 28–49.

Italien/Kaisertum/Byzanz

K. Schmid, Zur Ablösung der Langobardenherrschaft durch die Franken. In: Quellen u. Forschungen aus italienischen Archiven u. Bibliotheken 52 (1972), 1–36.
P. Classen, Karl d. Große, das Papsttum und Byzanz. In: Karl d. Große 1 (1965), 537–608. Erweiterte Sonderausgabe, hg. von H. Fuhrmann u. C. Märtl, 1985 [Grundlegend].
Zum Kaisertum Karls d. Großen, hg. v. G. Wolf, 1972 (WdF 38).
W. Ohnsorge, Abendland und Byzanz. Gesammelte Aufsätze zur Geschichte der byzantinisch-abendländischen Beziehungen u. des Kaisertums, 1958.
J. Koder, Der Lebensraum der Byzantiner, 1984 (Byzantin. Geschichtsschreiber Erg.-Bd. 1).
Byzantinisches Reich. In: LexMA Bd. 2 (1983), Sp. 1227–1327.

Innere Strukturen

R. Wenskus, Die deutschen Stämme im Reich Karls d. Großen. In: Karl d. Große 1 (1965), 178–219.
S. Epperlein, Herrschaft und Volk im karolingischen Imperium, 1969.
J. Fleckenstein, Adel und Kriegertum und ihre Wandlung im Karolingerreich. In: Settimane di Studio 27 (1981), 67–94.
H.-W. Goetz, „Nobilis". Der Adel im Selbstverständnis der Karolingerzeit. VSWG 70 (1983), 153–191.

K. Brunner, Oppositionelle Gruppen im Karolingerreich, 1979.

F. L. Ganshof, Frankish Institutions under Charlemagne, 1970.

D. Willoweit/E. Wadle, Graf, Grafschaft. In: HRG 1 (1971), Sp. 1775–1795.

H. K. Schulze, Die Grafschaftsverfassung der Karolingerzeit in den Gebieten östlich des Rheins, 1973.

J. Hannig, Pauperiores vassi de infra palatio? Zur Entstehung der karolingischen Königsbotenorganisation. MIÖG 91 (1983), 309–374.

J. F. Verbruggen, L'armée et la stratégie de Charlemagne. In: Karl. d. Große 1 (1965), 420–436.

F. L. Ganshof, L'Armée sous les Carolingiens. In: Settimane di Studio 15 (1968), 109–130.

H. H. Hoffmann, Fossa Carolina. In: Karl d. Große 1 (1965), 437–453.

Ders., Kaiser Karls Kanalbau, 1969.

F. L. Ganshof, Was waren die Kapitularien?, 1961.

R. Schneider, Schriftlichkeit und Mündlichkeit im Bereich der Kapitularien. In: Recht u. Schrift im Mittelalter, hg. v. P. Classen, 1977, 257–279 (Vorträge u. Forschungen 23).

Kirche und Mission

E. Caspar, Das Papsttum unter fränkischer Herrschaft. ZKG 54 (1935), 132–264. Neudruck separat, 1956.

Th. Schieffer, Winfried-Bonifatius und die christliche Grundlegung Europas, 1954 [Klassische Darstellung].

Bonifatius (Winfried). In: LexMA, Bd. 2 (1983), Sp. 417–421.

J. Jarnut, Quierzy und Rom. Bemerkungen zu den „Promissiones donationis" Pippins und Karls. HZ 220 (1975), 265–297.

Th. F. X. Noble, The Republic of St. Peter. The Birth of the Papal State (680–825), 1984.

H. Büttner, Mission und Kirchenorganisation des Frankenreiches bis zum Tode Karls d. Großen. In: Karl d. Große 1 (1965), 454–487.

H. Fuhrmann, Das Papsttum und das kirchliche Leben im Frankenreich. In: Settimane di Studio 27 (1981), 419−456.

Ostgrenze

M. Hellmann, Karl und die slawische Welt zwischen Ostsee und Böhmerwald. In: Karl d. Große 1 (1965), 708−718.
J. Deér, Karl d. Große und der Untergang des Awarenreiches. Ebendort, S. 719−791. Auch in ders., Byzanz u. das abendländische Herrschertum. Ausgew. Aufsätze, hg. v. P. Classen, 1977.
Avaren. In: LexMA, Bd. 1 (1980), Sp. 1283−1287.

4. Grundstrukturen der mittelalterlichen Gesellschaft: Grundherrschaft und Lehenswesen

In den Quellen des frühen und hohen Mittelalters taucht der Begriff *Grundherrschaft* nicht auf; er ist eine moderne Bezeichnung für eine fundamentale soziale und wirtschaftliche Organisationsform der mittelalterlichen Gesellschaft: die Herrschaft eines adligen Herrn „über Leute und Land" (F. Lütge), d. h. über den Personenverband (die *familia*), der auf seinem Grundeigentum lebte und arbeitete. Grundherrschaft ist jedoch etwas anderes und mehr als Grundeigentum; auch ein wohlhabender freier Bauer konnte nie Grundherr werden. Hinzutreten mußten die adlige Standesqualität und die daraus hergeleiteten ursprünglichen adligen Herrschaftsrechte, die vor allem als Gerichtsgewalt (aber auch als andere Herrschaftsformen) über die Hintersassen oder *Grundholden* der Grundherrschaft in Erscheinung traten. Die Grundherrschaft war daher auch ein eigener Gerichtsbezirk mit eigenen hofrechtlichen Bestimmungen. Der Grundherr übernahm also Aufgaben, die wir heute als „staatlich" oder „öffentlich-rechtlich" bezeichnen würden.

Zur Bewirtschaftung und eigenen Nutzung gab der Herr Grund und Boden an Bauern, meist auf Lebenszeit, aus, schützte sie und vertrat sie nach außen, dafür schuldeten sie ihm Treue, Abgaben (zunächst in Naturalien) und Frondienste, die ihm den herrschaftlichen Lebensunterhalt, die kostspielige Rüstung und die adlige Repräsentation ermöglichten. Damit soll freilich nicht das Bild einer harmonischen Arbeitsteilung gezeichnet werden; andererseits waren die Auseinandersetzungen um die Leistungen der Familia durch das Schutzbedürfnis der Hintersassen und das Interesse des Herrn an der Erhaltung seiner Grundholden in der Regel begrenzt.

Zu den adligen Grundherren zählte auch der König, ebenso die Bischöfe und Äbte. So bildete die Grundherrschaft mit den in ihr organisierten abhängigen Bauern und Handwerkern die soziale und wirtschaftliche Basis der mittelalterlichen Feudalgesellschaft.

Man unterscheidet drei Hauptformen: die Villikation, die Zins- oder Rentengrundherrschaft sowie die Gutsherrschaft. Die Villikation besteht aus zwei Teilen: der Eigenwirtschaft des Herrn auf dem Herrenhof und den grundherrlich abhängigen Bauernhufen. Bei der Zinsgrundherrschaft fehlt die Eigenwirtschaft des Herrn, der nur von den Abgaben der Bauernhöfe lebt; die Gutsherrschaft schließlich besteht nur aus einer herrschaftlichen Eigenwirtschaft, die mit Hofgesinde und Landarbeitern betrieben wird.

Alle drei Typen kommen nebeneinander vor, doch dominiert im Frühmittelalter die klassische Form der Villikation: Um den Herrenhof liegt das in Eigenwirtschaft stehende *Salland (terra dominicalis);* es wird bearbeitet einmal von dem am Herrenhof oder in seiner Nähe wohnenden Hofgesinde. Dazu gehörten in den großen Grundherrschaften der Frankenzeit auch regelrechte Sklaven, die man sich durch den Sklavenhandel oder durch Kriegsgefangenschaft beschaffte. Zweitens wird das Salland mit Hilfe von Frondiensten der auf eigenen Höfen lebenden abhängigen Bauern bearbeitet. Die Größe des Sallands konnte beträchtlich sein; 500 ha sind nicht selten. Am Herrenhof als dem grundherrschaftlichen Zentrum leben in der Regel auch die Handwerker, die vor allem für die Belange des Herrn tätig sind.

Das Hufenland wird von selbständig wirtschaftenden Bauern von eigenen Höfen aus bearbeitet. Die Hufe *(mansus)*, deren Entstehung bisher ungeklärt ist, stellt eine Art landwirtschaftlicher Grundeinheit für eine Vollbauernstelle von etwa 20–50 Morgen (einschließlich der Hofstatt) dar, die auch als Bemessungsnorm für Abgaben diente. Die Rechtsqualität und damit die Abgabenbelastung der Hufen und ihrer bäuerlichen Besitzer war sehr unterschiedlich: neben unfreien (Knechts-)Hufen *(mansi serviles)*, die hohe Frondienste und Abgaben zu leisten hatten, gab es freie Hufen *(mansi ingenuiles)* innerhalb der Grundherrschaft, deren freie Inhaber ursprünglich nur Zinsen leisteten, daneben zahlreiche (halbfreie) Mischformen. Der Rechtsstand der Hufen stimmte übrigens nicht immer mit dem Rechtsstand ihrer Inhaber überein.

Die Grundherrschaft des Bischofs von Augsburg zum Beispiel umfaßte im 9. Jahrhundert 1507 Hufen, davon etwa ⅔ freie. In solchen größeren Grundherrschaften gab es, dem Herrenhof unterstellt, Fronhöfe mit Verwaltern (Meiern) an der Spitze, wo die Frondienste des betreffenden Bezirks abgeleistet und die betreffenden Abgaben eingesammelt wurden (mehrstufige Grundherrschaft). Die Grundherrschaft des Klosters Werden/Ruhr, von mittlerer Größe, besaß im 9. Jahrhundert immerhin 22 Fronhöfe. Häufig bildeten die Grundherrschaften übrigens keine geschlossenen Güterbezirke, von Territorien mit festen Grenzen ganz zu schweigen. Vielfach bestanden sie aus Streubesitz in Gemengelage mit dem Besitz anderer Grundherren.

In der wissenschaftlichen Diskussion wurde gegen den Begriff Grundherrschaft vor allem die Tatsache angeführt, daß nicht die Herrschaft über Grund und Boden, sondern die Herrschaft über Menschen (Leibeigenschaft) das historisch Primäre gewesen ist. Denn es gab zunächst keinen Mangel an Boden, sondern an Menschen, die ihn bebauen konnten. Die Entstehung der fränkischen Grundherrschaft begann wohl mit der Verteilung des unbebauten oder beschlagnahmten Landes durch den fränkischen König an seine Gefolgsleute, die sich dann dort mit ihren Leibeigenen niederließen.

Allerdings hat es spätantike wie germanische Vorformen der Grundherrschaft gegeben; über die Bedeutung beider Komponenten gibt es in der Forschung unterschiedliche Ansichten. Teilweise wird schon von spätantiker Grundherrschaft gesprochen: die Ansiedlung von Pächtern (coloni) mit selbständiger Wirtschaft auf den Latifundien der Großgrundbesitzer in Gallien hatte sich in spätrömischer Zeit verstärkt und die Sklavenwirtschaft zurückgedrängt, auch hatten die Großgrundbesitzer allmählich manche personalen Herrschaftsrechte über die Kolonen ihres Grundeigentums ausgebildet.

Eine Bestimmung der germanischen Vorformen ist

wegen der ungünstigen Quellenlage sehr viel schwieriger. Die Frage ist eng mit dem vieldiskutierten Problem der altgermanisch-frühmittelalterlichen Sozialverfassung verknüpft: dem *Problem der Freien und der Adelsherrschaft.*

Die klassische Theorie der (Rechts-)Historiker des 19. Jahrhunderts ging von einer großen Zahl freier Bauernkrieger bei den Germanen aus, die den Kern der Volksstämme bildeten; dem Adel und seinem Großgrundbesitz wurde nur eine geringe Rolle zugebilligt (z. B. H. Brunner). Diese bis ins 20. Jahrhundert herrschende Lehre von den „Gemeinfreien" und der „Militärdemokratie" wird heute (mit Modifikationen) von der marxistischen Geschichtswissenschaft weitergeführt.

Im Widerspruch zur klassischen Theorie (die letztlich auf Vorstellungen der Revolution von 1848 beruhte) entstand die These von der starken Adelsherrschaft schon in altgermanischer (taciteischer) Zeit (z. B. H. Dannenbauer 1941, K. Bosl): der Adel herrschte mit Hilfe der Grundherrschaft und der Burgen über die Masse der abhängigen Bevölkerung. Zum Teil wird die Existenz von Gemeinfreien oder Altfreien überhaupt bestritten; die bezeugten Freien des Frühmittelalters werden als „Rodungsfreie" oder als „Königsfreie" gedeutet, d. h. als Personen, die durch Rodung im Rahmen des Siedlungsausbaus oder durch Königsdienst (z. B. als Militärkolonisten) eine freiere Rechtsstellung erreicht hatten.

Auch gegen diese (wohl ebenfalls zeitgebundene) Theorie erheben sich zunehmend Einwände: so wird man die Existenz von Altfreien nicht bestreiten können. Auch eine weitere Behauptung der „Adelsherrschaftstheorie" wird kritisiert: daß alle mittelalterlichen Herrschaftsformen aus einer einheitlichen germanischen Hausherrschaft des Adels hervorgegangen seien. Im übrigen lassen die unterschiedlichen Schriftzeugnisse und die archäologischen Ergebnisse große Unterschiede in der Sozial- und Agrarverfassung einzelner germanischer Stämme vermuten. Die Diskussion dieses Problems ist allerdings noch nicht abgeschlossen.

Im gesamten Mittelalter hat es Freie außerhalb der

Grundherrschaft gegeben, ihre Zahl ist in nachfränkischer Zeit jedoch als eher gering zu veranschlagen; abgesehen von den späteren Gebieten der Ostsiedlung (Kap. 16), waren sie nur von regionaler Bedeutung (Nordseeküste, Alpenraum). Gerade während der Karolingerzeit sind jedoch zahlreiche Freie in die Grundherrschaft eingetreten: um sich dem häufigen Heeresaufgebot zu entziehen, durch wirtschaftliche Not oder durch Druck der Grundherren gezwungen.

Die hier mehrfach verwandte Berufsbezeichnung „Bauer" für die Masse der in der grundherrlichen Landwirtschaft Tätigen, darauf sei hingewiesen, fehlt in den frühmittelalterlichen Quellen: es gibt (noch) keinen „Bauernstand". Nach zeitgenössischer Vorstellung kennzeichnet und unterscheidet die Angehörigen der Grundherrschaft rechtlich nicht der Beruf, sondern das Maß der „Freiheit". Dieses Kriterium sollte allerdings im Verlauf der Entwicklung an Bedeutung verlieren. Wichtiger für den einzelnen wurde die faktische Abgabenbelastung seines Besitzes.

Aus der Grundherrschaft ist ein weiteres für das frühere Mittelalter bis zum 12. Jahrhundert wichtiges Phänomen zu erklären: das *Eigenkirchenwesen*. Die Eigenkirche ist „ein Gotteshaus, das dem Eigentum oder besser einer Eigenherrschaft derart unterstand, daß sich daraus nicht bloß die Verfügung in vermögensrechtlicher Beziehung, sondern die volle geistliche Leitungsgewalt ergab" (U. Stutz 1895). Die von einem Herrn auf seiner Grundherrschaft errichtete Kirche blieb mit den zugehörigen Grundstücken und Einkünften in seiner vollen Verfügungsgewalt, ging also nicht in diejenige des kirchenrechtlich zuständigen Bischofs über. Der Grundherr konnte sie verkaufen, tauschen, verschenken oder vererben; er konnte den Geistlichen einsetzen: häufig einen Unfreien aus seiner Herrschaft, der von ihm abhängig blieb. Dem Bischof verblieb nur das Recht, die Kirche zu weihen.

Die Einkünfte einer Pfarrkirche bestanden aus den Opfergaben (Oblationen), aus den Gebühren für gottesdienstliche Handlungen (Stolgebühren) und aus dem Zehnt, der mittelalterlichen Form der Kirchensteuer. Die von der Kirche nach biblischen Vorschriften des Alten Testaments geforderte Abgabe betrug ursprünglich den zehnten Teil der Erträge aus Landwirtschaft und Viehzucht. Im 8. Jahrhundert wurde das Zehntgebot von den ersten karolingischen Königen Pippin und Karl dem Großen als Reichsverordnung verkündet und durchgesetzt.

Zur Erhaltung der Kirchengebäude und zur Versorgung des Pfarrers wurde in der Regel ⅓ der Einkünfte verwendet, ⅔ flossen dem Eigenkirchenherrn zu. Gründung und „Betrieb" einer Kirche war für die Grundherrn des Frühmittelalters eine außerordentlich günstige Kapitalanlage! Dieser Anreiz trug freilich zu einer schnelleren Ausbreitung der Kirchen auf dem Land bei. Neben Eigenkirchen bestanden auch Eigenklöster adliger Grundherren. Auch König und Bischöfe besaßen zahlreiche Eigenkirchen und -klöster. Über diese verfügten die Bischöfe auf Grund ihrer Eigenschaft als Grundherren, nicht als geistliche Oberhäupter ihrer Diözesen!

Vom gelegentlichen Widerstand einiger Bischöfe abgesehen, hatte die Kirche vom 8. bis ins 11. Jahrhundert das Eigenkirchenrecht hingenommen und faktisch akzeptiert; deutliche Kritik wurde gegen Ende des 11. Jahrhunderts laut, im 12. Jahrhundert verschärfte sich der kirchliche Widerstand. In der großen Kirchenrechtssammlung Gratians (1140) wurde Kirchenbesitz von Laien schließlich für unerlaubt erklärt. Das Eigenkirchenrecht wandelte sich in der Folgezeit allmählich zum Patronatsrecht um, das im wesentlichen nur noch das Recht des Grundherrn umfaßte, den Kandidaten für die Pfarrstelle vorzuschlagen; es lebte in seinen letzten Ausläufern bis in unser Jahrhundert fort.

Die zweite große Organisationsform des Mittelalters ist das *Lehnswesen*. Obwohl es manche analogen Erscheinungen zur Grundherrschaft aufweist, ist es von dieser grundsätzlich zu unterscheiden. Es betrifft in seiner ausgebildeten Form einen anderen Personenkreis: die freie (d. h. adlige) Oberschicht; es läßt sich als „eine Gesamtheit von Institutionen definieren, die zwischen einem Freien, genannt ‚Vasall', und einem anderen Freien, genannt ‚Herr', Verbindlichkeiten zweifacher Art schaffen und regeln: der

‚Vasall' ist dem ‚Herrn' gegenüber zu Gehorsam und Dienst – vor allem zum Waffendienst – verpflichtet und der ‚Herr' dem ‚Vasallen' gegenüber zur Gewährung von Schutz und Unterhalt. Meistens genügte der Herr seiner Unterhaltspflicht durch Verleihung eines Gutes, genannt ‚Lehen'" (F. L. Ganshof).

Das sich im 8. Jahrhundert herausbildende Lehenswesen stellt nach allgemeiner Auffassung eine Verbindung dreier älterer Elemente dar: der gallo-römischen Vasallität, der in der germanischen Gefolgschaft üblichen gegenseitigen Treueverpflichtung und dem Lehensgut als dem materiellen Element.

Die Vasallität der Spätantike und der Merowingerzeit war ein Abhängigkeitsverhältnis eines „Vasallen" (von keltisch *gwas* = Knecht) zu einem Herrn, das durch einen symbolischen Ergebungsakt *(Kommendation)* begründet wurde. Der soziale Aufstieg der ursprünglich unfreien Vasallen und die Weiterentwicklung der Vasallität wurde durch politische Umstände der Merowingerzeit bewirkt: Ursprünglich hatten alle fränkischen Adligen das Recht besessen, sich kriegerische Gefolgschaften (siehe Kap. 2) zu halten. Die merowingischen Könige hatten die Gefolgschaft jedoch beim Königtum monopolisiert („Antrustionen") und dem Adel das Recht zur Gefolgschaftsbildung entzogen. Die großen Adelsfamilien des Frankenreiches ersetzten daraufhin die Gefolgschaftskrieger durch vasallitisch Abhängige. Aus der Gefolgschaft übernahmen sie jedoch die gegenseitige Treueverpflichtung, die allmählich an die Stelle des vasallitischen unbedingten Gehorsams trat. Seit der Mitte des 8. Jahrhunderts leisteten die freien Vasallen neben der Kommendation immer einen Treueid – ein deutliches Zeichen für die inzwischen gehobene soziale Stellung der Vasallen.

Die Vasallenschaft der Karolingerfamilie war offensichtlich bald stärker als die königlichen Antrustionen. Entscheidend beigetragen hatte dazu die Neuerung des Lehens. Wahrscheinlich war es zuerst Karl Martell, der seine Vasallen mit Grund und Boden ausstattete und dadurch seiner Unterhaltspflicht genügte. Diese Lehen bestanden meist aus Grundherrschaften, in welchen nun der Vasall wiederum Grundherr war. Der Hausmeier hatte sie dem Königsgut der Merowinger oder dem Kirchengut entnommen. Die oben erwähnte „staatliche" Einführung des Zehnten durch die Karolinger wird als Entschädigung für diese umfangreichen Säkularisationen gedeutet.

Aus den karolingischen Vasallen und deren Untervasallen rekrutierte sich im wesentlichen das neue Panzerreiterheer (siehe Kap. 3). Die Zahl der direkten Vasallen Karls des Großen schätzt man auf 1 500 bis 2 000, die der Untervasallen auf rund 30 000 (K. F. Werner). Das Volksaufgebot trat trotz der Bemühungen Karls (Kap. 3 Q 3) zurück, nicht zuletzt wegen der großen finanziellen und zeitlichen Belastung der freien Bauern.

Aber Karl, und teilweise schon sein Vater Pippin, begannen, das Lehenswesen noch in andere Bereiche auszuweiten und ihrer Herrschaft dienstbar zu machen. Damit wurde es erst zum wichtigsten Ordnungsfaktor der mittelalterlichen Verfassung.

Ein erstes Ziel des Königs war es, auch den Hochadel, der selbst Vasallen hatte, durch Lehen und Treueid an sich zu binden. Der Adel hatte Interesse an zusätzlichem Lehensbesitz; um diesen zu erhalten, trugen manche adlige Herren dem König ihren Eigenbesitz (das *Allod*) auf, um ihn ebenfalls als Lehen zurückzuerhalten. In diesen Fällen konnte der König seinen Herrschaftseinfluß über das verlehnte Gut hinaus erweitern.

Schon der fränkische König begann damit, auch das Grafenamt und andere Ämter in das Lehenswesen einzubeziehen. Der Graf bekam also die Amtsgewalt als Lehen verliehen, das ihn, in Verbindung mit dem Treueid, enger an den König binden sollte. Das Amtslehen konnte dem Belehnten bei Verletzung seiner Vasallenpflicht wieder entzogen werden, sonst allerdings war er nach Lehensrecht im Besitz desselben geschützt. Im Osten des Reiches setzte sich diese Entwicklung allerdings erst sehr viel später, in deutscher Zeit, durch: konsequent durchgeführt war hier die Feudalisierung der Reichsverfassung erst im 12. Jahrhundert.

Das Lehenswesen bot dem König noch eine dritte Möglichkeit, seinen Einfluß auszuweiten: außerhalb des

Reiches auf die benachbarten Herrscher. Außenpolitische Verbindungen bestanden bisher entweder in bloßen (meist unverbindlichen) Freundschaftsbündnissen oder in der Form tributärer Abhängigkeit. Die erzwungenen Tributzahlungen (von Stämmen oder Fürsten im Vorfeld des Reiches) waren das deutlichste Zeichen politischer Unterwerfung. Die nun praktizierten außenpolitischen Lehensabhängigkeiten standen sozusagen auf höherer Stufe: sie waren Verbindungen zwischen prinzipiell Gleichgestellten. Zwar wurde dadurch eine Anerkennung der Oberherrschaft des Reiches ausgesprochen, Tribute jedoch waren in einem Lehensverhältnis ausgeschlossen. Auch in die inneren Verhältnisse der Herrschaft des auswärtigen Vasallen griff der König in der Regel nicht ein; er hatte auch gar nicht die Möglichkeit dazu. Ludwig der Fromme hat als erster einen ausländischen Herrscher, den dänischen König Harald, zu seinem Lehensmann gemacht (826).

Das Lehenswesen sollte sich für die königliche Zentralgewalt und die „staatliche" Entwicklung im Mittelalter als zweischneidige Erscheinung erweisen. Es funktionierte im Sinne des Königtums nur unter starken Königen: der Adel wurde bis in die frühe Zeit Ludwigs des Frommen in der Tat näher an das Königtum herangezogen, die königliche Machtposition dadurch gestärkt, vor allem durch das Vasallenheer. In Zeiten schwacher Königsherrschaft entwickelte das Lehenssystem jedoch zentrifugale Tendenzen. Einmal waren es die entstehenden „Doppelvasallitäten", die von Karl und Ludwig noch klug verhindert worden waren: das Band zwischen Vasall und Herrn mußte sich lockern, wenn der Vasall zwei (oder mehrere) Lehensherren hatte; gerieten diese z. B. miteinander in Konflikt, blieb der Vasall neutral und unterstützte keinen von beiden. In diesem Fall erbrachte er für sein Lehen keinerlei Gegenleistung. Noch einschneidender war die von den Vasallen angestrebte Erblichkeit der Lehen, die sich schon im 9. Jahrhundert im Westfrankenreich zu verbreiten begann. Um seine Vasallen zur Teilnahme an einem Italienzug zu bewegen, mußte der westfränkische König Karl der Kahle schon 877 zugestehen, daß beim Tod eines Vasallen auf dem Feldzug sein Sohn das Lehen besitzen sollte. Die Tendenz zur Erblichkeit schwächte die Bindungen zum König weiter ab; als Endziel der Vasallen kann die „Allodialisierung" ihrer Lehen gesehen werden, d. h. die Überführung in das volle Eigentum ohne jede Bindung an einen Lehensherrn.

Diese für die Zentralgewalt negativen Tendenzen sind im ostfränkischen, später deutschen Reich zunächst noch kaum aufgetreten; dies war einer der Gründe für seine frühe Überlegenheit gegenüber dem Westreich. Ein Blick in die folgenden Jahrhunderte zeigt jedoch eine Umkehr der Verhältnisse: während der französische König seit dem Hochmittelalter das Lehenswesen für seine Zentralisierungspolitik nutzen konnte, verstärkte es im deutschen Reich die Macht der reichsfürstlichen Vasallen und förderte die zentrifugalen Kräfte.

Die lateinischen Bezeichnungen für Lehen lauten *beneficium* oder *feudum* (von germanisch *fe-od* = Vieh-Besitz!) Von letzterem ist der Begriff *Feudalismus* abgeleitet, der zunächst nichts anderes als Lehenswesen bedeutete. Neben dieser engeren Definition wird unter Feudalismus auch in einem weiteren Sinn die „Feudalgesellschaft" verstanden. Diese Bedeutung entstand in der französischen Revolution zunächst als abwertende Bezeichnung für das alte „régime féodal", wurde später jedoch auch in der Wissenschaft übernommen als Bezeichnung für eine Gesellschaftsform mit bestimmten Merkmalen, die nicht nur in Europa, sondern in ähnlicher Weise auch in anderen Kulturen zu beobachten ist (M. Weber, O. Hintze, M. Bloch). Über die Vergleichbarkeit verschiedener „Feudalismen" und über ihre wichtigsten Merkmale gibt es jedoch unterschiedliche Ansichten. In eine Bestimmung der abendländischen, im Frankenreich entstandenen Feudalgesellschaft müßte neben dem Lehenswesen im engeren Sinn gewiß der Gesamtkomplex der Erscheinungen einbezogen werden, die wir oben mit dem Begriff Grundherrschaft zusammengefaßt haben.

Einen noch größeren Stellenwert hat der Feudalismus in diesem Sinn für das marxistische Geschichtsverständnis; denn dort wird er als unerläßliche Gesellschaftsformation im Ablauf der Weltgeschichte zwischen der Sklavenhaltergesellschaft und der bürgerlich-kapitalistischen Gesellschaft gesehen; wie die umfangreiche marxistische Fuedalismusdiskussion zeigt, ließ sich diese Annahme nur schwer mit dem konkreten historischen Befund in Übereinstimmung bringen.

Quellen

Q 1 Die königliche Großgrundherrschaft

Das *Capitulare de villis* ist das berühmteste Kapitular Karls des Großen; es stellt die wichtigste Quelle zur Verwaltung und Organisation des Königsgutes im Frankenreich (mit Ausnahme Italiens) dar. Entstanden ist es im letzten Jahrzehnt des 8. Jahrhunderts mit dem Ziel, Mißbräuche abzustellen, nicht, wie man früher meinte, um eine Neuorganisation durchzuführen. Nur einige der 70 Kapitel können hier aufgeführt werden.

1. Wir befehlen: Unsere Güter, die wir eingerichtet haben, um unseren Hof zu beliefern, sollen allein unserem Bedarf dienen und niemandem sonst.
2. Unsere Familia soll wohl versorgt sein und darf von niemandem in Schuldknechtschaft gebracht werden.
3. Die Amtleute sollen es nicht wagen, unsere Familia in ihren eigenen Dienst zu stellen; sie dürfen sie nicht zu Frondiensten, zum Holzfällen oder zu anderen Arbeiten zwingen und keine Geschenke von ihnen annehmen: weder Pferd, Ochsen, Kuh, Schwein, Hammel, Ferkel, Lamm noch sonst etwas, außer Getränken, Gemüse, Obst, Hühnern oder Eiern.
4. Hat ein Angehöriger unserer Grundherrschaft unserem Eigentum durch Diebstahl oder Nachlässigkeit Schaden zugefügt, so muß er den vollen Wert ersetzen und soll überdies nach Hofrecht durch Prügel bestraft werden; dadurch kann man das Strafgeld ersetzen, außer bei Totschlag und Brandstiftung ...
5. Wenn unsere Amtmänner Arbeiten wie Säen, Pflügen,

Ernten, Heumachen oder Weinlesen für uns durchführen müssen, so soll ein jeder zur Zeit der Arbeit überall nach dem Rechten sehen und genaue Anweisungen zur Durchführung geben, damit alles erfolgreich abläuft ...

6. Wir wollen, daß unsere Amtmänner den vollen Zehnten von allen Erträgen an die Kirchen auf unseren Gütern abliefern; an Kirchen eines anderen Herrn darf der Zehnt nicht geleistet werden, außer es ist von altersher so festgelegt. Nur Kleriker aus unserer Familia oder unserer Hofkapelle sollen diese Kirchen innehaben.

9. Jeder Amtmann soll in seinem Amtsbezirk ein Eichmaß für Scheffel, Sester – acht Seidel pro Sester – und für Körbe in der Größe haben, wie wir sie in der Pfalz besitzen.

10. Unsere Meier, Förster, Gestütsverwalter, Kellermeister, Dekane, Zöllner und die übrigen Dienstleute sollen Pflugreihendienst leisten und Ferkel aus dem Ertrag ihrer Hufen abliefern, statt Frondiensten sollen sie ihre Ämter gut versehen. Und wenn ein Meier ein Amtslehen hat, soll er seinen Stellvertreter schicken, damit dieser für ihn Fron- und andere Dienste leistet.

16. Was wir oder die Königin einem Amtmann befehlen bzw. was unsere Dienstleute, der Seneschall oder der Schenk, in unserem oder der Königin Auftrag den Amtleuten befehlen, das sollen sie so erfüllen, wie es ihnen aufgetragen wurde ...

23. Auf jedem unserer Güter sollen die Amtleute einen möglichst großen Bestand von Kühen, Schweinen, Schafen, Ziegen und Böcken halten, fehlen dürfen sie niemals. Außerdem sollen sie Kühe haben, um damit die anfallenden Arbeiten durch unsere Knechte durchführen zu lassen, so daß sich der Bestand an Kühen und Wagen für unsere Wirtschaft keinesfalls vermindert. Und wenn sie Hofdienst leisten, müssen sie zur Fütterung der Hunde Fleisch von lahmenden, aber nicht kranken Ochsen, von Kühen und Pferden ohne Räude oder von anderem, nicht kranken Kleinvieh haben. Aber wie gesagt: der Bestand an Kühen und Fuhrwerken darf deswegen nicht vermindert werden.

26. Die Meier sollen nicht mehr unter ihrer Leitung haben, als was sie an einem Tag umgehen und beaufsichtigen können.

43. An unsere Frauenarbeitshäuser soll, wie festgesetzt, zur rechten Zeit folgendes geliefert werden: Flachs, Wolle, Waid,

Scharlach, Krapp, Wollkämme, Kardendisteln, Seife, Fett, Gefäße und andere kleine Geräte, die man dort braucht.

49. Unsere Frauenarbeitshäuser sollen in guter Ordnung gehalten werden, die Wohnhäuser wie die Werkstuben, die gedeckten Schuppen bzw. Webkeller. Sie sollen auch mit festen Zäunen umgeben sein und feste Türen haben, damit die Frauen unsere Arbeitsaufträge ungestört erfüllen können.

62. Jeder Amtmann soll jährlich über unseren Gesamtertrag berichten: was die Rinderhirten mit den Ochsen einbrachten, was von den Hufen, die Pflugdienst leisten, einkam, was an Schweine- und sonstigem Zins, was an Bußgeldern wegen Treu- und Friedensbruch und wegen Wilderei in unseren Wäldern, was an verschiedenen Strafgeldern einlief, was an Abgaben von Mühlen, Forsten, Weiden, an Brücken- und Schiffszöllen, was von Freien und den Centbezirken [Gerichtsbezirke], die uns dienen, einkam, was an Marktgebühren, an Erträgen aus den Weinbergen und von den Weinzinspflichtigen, wieviel Heu, Brennholz, Fackeln, Schindeln und anderes Bauholz, was von Ölmühlen einkam, wieviel Hülsenfrüchte, Hirse, Wolle, Flachs und Hanf, Obst, Wal- und Haselnüsse, was von gepfropften Bäumen, aus Gärten, Rübenäckern und Fischteichen, wieviel Häute, Felle, Gehörne, Honig und Wachs, Talg und Fett, Seife, Brombeerwein ... – das alles haben sie uns in einer detaillierten, genau geordneten Aufstellung bis Weihnachten mitzuteilen, damit wir wissen, was und wieviel wir von den einzelnen Dingen haben.

Q 2 Das Inventar eines Fronhofbezirks

Das Inventar des Hofes Staffelsee (Oberbayern) ist in den Jahren nach 801, wahrscheinlich in der königlichen Kanzlei, geschrieben worden, nachdem das ursprüngliche kleine Bistum Staffelsee mit dem Bistum Augsburg vereinigt worden war.

Wir fanden [auf der Insel Stefanswert] einen Fronhof und einen Eigenhof, der mit den übrigen Gebäuden zur obengenannten Kirche gehört. Zu dem Fronhof gehören 740 Tagwerk Ackerland und Wiesen mit einem Ertrag von 610

Fuder Heu. An Getreide fanden wir nichts außer dreißig Fudern, die wir den Pfründnern [dem Hofgesinde] gegeben haben; diese, 72 an der Zahl, bekommen Unterhalt bis zum Johannistag [24. Juni]. Weiter fanden wir 12 Scheffel Malz, 1 Pferd, 26 Ochsen, 20 Kühe, 1 Bullen, 61 Färsen, 5 Kälber, 87 Schafe, 14 Lämmer, 17 Ziegenböcke, 58 Ziegen, 12 Zicklein, 40 Schweine, 50 Ferkel, 63 Gänse, 50 Hühner, 17 Bienenstöcke. Weiter 20 Speckseiten, ebensoviel Würste, 27 Pfund Schmalz, 1 geschlachteten und aufgehangenen Eber, 40 Käse; ½ Sekel Honig, 2 Sekel Butter, 5 Scheffel Salz, 3 Sekel Seife; eine Bettdecke mit 5 Federkissen, 3 eherne und 6 eiserne Kessel, 5 Kesselhaken, 1 eisernen Leuchter, 17 mit Eisen gehaltene Zuber, 10 große und 17 kleine Sicheln, 7 breite Hacken, 7 Äxte, 10 Bockshäute, 26 Schaffelle, 1 Fischnetz. Es gibt dort eine Tuchmacherei, in der 24 Frauen arbeiten; wir fanden in ihr 5 Wollgewänder mit 4 Gürteln und 5 Hemden. Es gibt dort auch eine Mühle, die jährlich 12 Scheffel Abgaben leistet.

Es gehören zu demselben Hof 23 ausgegebene freie Hufen. 6 von ihnen zinsen jährlich jeweils 14 Scheffel Getreide, 4 Ferkel, Flachs im Wert eines Pfennigs, 2 Hühner, 10 Eier, 1 Metze Leinsamen, 1 Metze Linsen. Sie leisten jährlich 5 Wochen Frondienste, pflügen drei Tagwerk, schneiden 1 Fuder Heu auf der Herrschaftswiese und bringen es ein, leisten Botendienst. Von den übrigen aber haben 6 jährlich jeweils 2 Tagwerk zu ackern, zu säen und einzubringen, auf der Herrschaftswiese 3 Fuder Heu zu schneiden und einzubringen sowie 2 Wochen zu fronen. Je 2 geben einen Ochsen als Kriegssteuer, wenn sie nicht ins Feld ziehen, jede leistet ungemessenen Reiterdienst. 5 Hufen geben jährlich 2 Ochsen und leisten ungemessenen Reiterdienst. Es gibt 4 Hufen, deren Inhaber jährlich jeweils 9 Tagwerk ackern, säen und ernten und auf der Herrschaftswiese 3 Fuder Heu schneiden und einbringen; jeder front jährlich 6 Wochen, leistet Dienste beim Weintransport, düngt auf dem Herrenland ein Tagwerk und liefert 10 Fuder Brennholz. Es gibt noch einen Hufe, deren Inhaber jährlich 9 Tagwerk ackert, sät und einfährt, auf den Herrschaftswiesen 3 Fuder Heu schneidet und einbringt, Botendienst leistet, 1 Pferd stellt und jährlich 5 Wochen front.

Von den 19 unfreien Hufen gibt jeder Inhaber jährlich 1 Ferkel, 5 Hühner und 10 Eier, mästet 4 Jungschweine des

Herrn, pflügt ein halbes Tagwerk, front wöchentlich 3 Tage, macht Botendienste, stellt ein Pferd. Seine Frau fertigt 1 Hemd und 1 Chorrock, braut Malz und bäckt Brot.

Es bleiben in dem Bistum noch sieben Fronhöfe, von denen hier ein Verzeichnis fehlt, aber in der Gesamtzahl ist alles enthalten: das Bistum Augsburg besitzt insgesamt 1 006 besetzte und 35 unbesetzte freie Hufen, 421 besetzte und 45 unbesetzte unfreie Hufen, zusammen also 1 427 besetzte und 80 unbesetzte Hufen.

(MGH Capitularia I, Nr. 128, S. 251 f.).

Q 3 Ein Bischof als Grundherr

Die von einem Paderborner Mönch erst im 12. Jahrhundert geschriebene, aber auf vorzüglichen schriftlichen Quellen und mündlicher Tradition beruhende Vita des Bischofs Meinwerk von Paderborn (1009–1036) bietet einen Einblick in Alltagsprobleme einer Grundherrschaft. Bemerkenswert ist neben dem Verhalten des für den Autor vorbildlichen bischöflichen Grundherrn die nicht unbedeutende Rolle der Fronhofsverwalter (Meier).

Kap. 146. Nachdem wir von seiner Charakterstärke gehört haben, auf die er bei der Ausübung seiner Gerichtsbarkeit wie ein Löwe vertrauen konnte, wollen wir etwas über die Zeichen seiner Demut und Frömmigkeit hören: die Fronhöfe des Bistums besuchte er häufig, besserte Verfallenes wieder aus, festigte das Wiederhergestellte sorgfältig durch seine Schutzmaßnahmen, ebenso tüchtig bei den Erwerbungen wie gewissenhaft im Bewahren der Besitzungen. Die harten Bedingungen der alten Knechtschaft der Liten linderte er durch einen neuen Gnadenerweis seiner väterlichen Fürsorge und setzte fest, daß sie zur Erntezeit von den Meiern mit Speise und Trank versorgt würden, was zuvor nicht geschehen war.

148. Einmal kam er und fand einen Garten mit Ausnahme eines kleineren Platzes in der Mitte bedeckt mit Brennesseln, Ranken und anderem Unkraut; die Frau des Meiers ließ er daraufhin ihres eitlen Gewands entkleiden und solange durch

den ganzen Garten schleifen, bis das Unkraut, das in die Höhe gewachsen war, dem Erdboden gleichgemacht war. Die traurige Frau tröstete er mit den von ihm gewohnten schmeichelnden Worten und heiterte sie mit seiner Freundlichkeit wieder auf. Als er im nächsten Jahr den ganzen Garten mit aller Sorgfalt und allem Vermögen gepflegt vorfand, erwies er ihr noch mehr Gunst und beschenkte sie reich.

150. In der Adventszeit, wenn die Meier ihre Schweineabgabe abzuliefern pflegen, stand er einmal auf der Laube des Bischofshauses und sah eine Frau mit ihrem einzigen Sohn bitterlich weinend hinter einem Schwein hergehen; er rief sie sofort zu sich und fragte sie teilnahmsvoll, warum sie denn so weine. Sie klagte, ihr Mann sei gestorben und sie sei von jeder menschlichen Hilfe verlassen und weil der Meier von Enenhus, der für sie zuständig war, mit Gewalt ein Schwein von ihr verlangte, habe sie es von dem Brot gemästet, das ihr Sohn zusammenbettelte. Da seufzte der Bischof tief, schlug sich mit eigenen Händen auf die Brust und sprach unter Tränen: Weh dir, du elender Bischof Meinwerk! So stoßen die unglückseligen Menschen aus Gewinnsucht deine Seele in die Hölle! Da er das Schriftwort kannte: ‚Wer sich des Armen erbarmt, der leihet dem Herrn', rief er den Meier, übergab ihm die Hufe der Witwe, befreite sie mit ihrem Sohn aus dessen Amtsgewalt und befahl, sie auf Lebzeiten von seinen Almosen zu versorgen.

151. Als seinerzeit eine große Hungersnot ausgebrochen war, schickte er Abgesandte, um in Köln Getreide zu kaufen, ließ zwei beladene Lastkähne in die Niederlande bringen und ordnete an, wie die Meier an der Velva und in Testerbant das Getreide verteilen sollten: ein Teil an die Eigenleute, ein Teil den Bedürftigen der Familia nach der Zahl der Hausbewohner, der dritte Teil sollte Saatgut sein, der vierte für die Bettler. Diese Anordnung des Bischofs suchte der Meier an der Velva treu zu erfüllen, jener aber in Testerbant scheute sich nicht, den für die Armen vorgesehenen Teil zu unterschlagen. Als der Bischof dies hörte, empfand er Mitleid nicht für den Betrogenen, sondern für den Betrüger und sagte ihm voraus, daß nach der vierten Generation keiner seiner Nachkommen mehr das Amt seiner Vorfahren innehaben würde.

(Vita Meinwerci, hg. von F. Tenckhoff 1921, MGH SS rer. Germ. in us. schol., S. 77–80).

Q 4 Eigenkirchen und Bischofsgewalt

Wegen Streitigkeiten zwischen Bischöfen und Eigenkirchenherren beauftragte der westfränkische König Karl der Kahle den Erzbischof Hinkmar von Reims († 882) mit der Abfassung eines Gutachtens zur Frage der Eigenkirchen. Die Schrift des Kirchenrechtlers Hinkmar stellt trotz abwägend gemäßigter Formulierungen eine Verteidigung des Eigenkirchenwesens dar.

Man kann weder beim hl. Gregor noch bei einem anderen römischen Papst noch in Synodalbestimmungen einen Beschluß finden, daß Kirchen von ihren Gründern dem Bischof, als der Mutterkirche, übergeben werden müssen aus dem Grund, weil sie vom Bischof geweiht worden sind; denn die Weihe ist eine Gnade, die man nicht um einen Lohn austeilen darf. Auch kann man nirgends finden, sie [die Kirchen] sollten so unter die Herrschaft des Bischofs gestellt werden, daß die Erbauer der Kirchen ihrer Kirchenherrschaft und des ihnen geschuldeten Gehorsams gänzlich beraubt werden sollten. Denn auch auf den Gütern von auswärtigen Bistümern oder von Klöstern wurden seit altersher und werden noch heute bei günstiger Gelegenheit Kirchen zum Vorteil für das Volk errichtet mit Zustimmung des Diözesanbischofs, wie es die heiligen Kanones fordern; und man findet nirgends, daß diese Kirchen, mit Kirchengut ausgestattet, wegen der Weihe den zuständigen Bischofskirchen übergeben werden müßten ... Von Königen und von freien Männern bzw. Frauen sind Kirchen mit Zubehör an Bistümer oder Klöster durch Testamentsurkunden verschenkt, oder auch untereinander mitsamt den Gütern getauscht worden und unsere Vorfahren haben dem nicht widersprochen ... Die im Amtsbezirk eines Bischofs liegenden Kirchen, die entweder königliche Eigenkirchen, oder Eigenkirchen eines auswärtigen Bistums oder eines Klosters, oder Eigenkirchen irgendeines freien Mannes sind, sollen, unbeschadet der Rechte des rechtmäßigen Eigentums, zur geistlichen Amtsgewalt des Bischofs, in dessen Diözese sie liegen, gehören, d. h. was die regelrechte Weihe betrifft ...

(Hinkmar v. Reims, De ecclesiis et capellis, hg. von W. Gundlach, Zs. f. Kirchengesch. 10 (1889), S. 110, 113 f.)

Q 5 Treue und Lehenswesen

Der zur gelehrten Elite seiner Zeit gehörende Bischof Fulbert von Chartres († 1028), Theologe und Jurist, gab auf Bitten des Herzogs Wilhelm V. von Aquitanien 1020 eine Art Gutachten über das Wesen der *fidelitas;* das Dokument ist eine grundlegende Quelle zum Verständnis der klassischen Lehensbeziehung bis zum 11. Jahrhundert.

An Wilhelm, den glorreichen Herzog der Aquitanier, Bischof Fulbert mit einer Fürbitte. Ihr hattet mich gebeten, etwas über das Wesen der Lehenstreue zu schreiben; so habe ich Euch das Folgende, gestützt auf die Autorität der Bücher [gemeint ist wohl Kirchenväterliteratur], aufgezeichnet. Wer seinem Herrn den Treueid leistet, muß folgende sechs Punkte immer im Gedächtnis haben: gesund und unversehrt, sicher, ehrenhaft, nützlich, leicht, möglich. Gesund und unversehrt: daß der Herr durch ihn an seinem Körper keinen Schaden erleide. Sicher: daß er seinem Herrn nicht durch Verrat seines Geheimnisses oder seiner Befestigungen, die seine Sicherheit garantieren, Schaden zufüge. Ehrenhaft: daß er die Gerichtsbarkeit seines Herrn oder andere ihm zustehende und zur Ehre gereichenden Rechte nicht antaste. Nützlich: daß er den Besitz seines Herrn nicht schädige. Leicht und möglich: daß er seinem Herrn nicht erschwere, Gutes zu tun, wenn dieser es leicht tun könnte, und daß er nicht unmöglich mache, was seinem Herrn möglich wäre. Es gehört sich von Rechts wegen, daß der Vasall diese Schädigungen vermeide. Aber sein Lehen verdient er damit noch nicht; denn es genügt nicht, sich des Schlechten zu enthalten, sondern man muß das Gute tun. Er soll also die sechs genannten Forderungen so erfüllen, daß er seinem Herrn treu Rat und Hilfe (consilium et auxilium) leiht, wenn er seines Lehens würdig erscheinen und seinen Treueschwur halten will. Der Herr muß sich auf allen diesen Gebieten seinem Lehensmann gegenüber genauso verhalten. Täte er es nicht, so würde er mit gutem Recht für treulos erklärt; ebenso würde sich ein Vasall, den man dabei ertappt, wie er durch Tat oder Billigung seine Pflichten verletzt, der Untreue und des Meineids schuldig machen.

(The Letters and Poems of Fulbert of Chartres, hg. von F. Behrends 1976, S. 90, Nr. 51)

Fragen, Probleme und Anregungen

1) Worin liegt der Unterschied zwischen Grundherrschaft und Grundeigentum (Grundbesitz)?

2) Inwiefern kann die Grundherrschaft als die Basis der mittelalterlichen Feudalgesellschaft bezeichnet werden?

3) Die drei Wurzeln des fränkischen Lehenswesens.

4) Wie unterscheidet sich die grundherrliche Abhängigkeit von der Lehensbeziehung?

5) Was ist unter „Feudalisierung" und „Allodialisierung" zu verstehen?

Wichtige Daten

8. Jhd.	Herausbildung des fränkischen Lehenswesens
12. Jhd.	Volle Feudalisierung der deutschen Reichsverfassung
8.–11./12. Jhd.	Herrschaft des Eigenkirchenwesens

Wichtige Begriffe

Grundherrschaft	Familia / Grundholden
Villikation	Hufe
Gemeinfreie	Eigenkirche
Lehen	Vasall
Allod	Feudalismus

Literaturhinweise:

Grundherrschaft

Siehe auch in Handbüchern und übergreifenden Darstellungen zur Sozial-, Wirtschafts-, Agrar-, Verfassungs- und Rechtsgeschichte (S. 10/11).

G. Seeliger, Die soziale und politische Bedeutung der Grundherrschaft im frühen Mittelalter, 1903.
H. K. Schulze, Grundherrschaft. In: HRG 1 (1971), Sp. 1824–1842.
Ders., Grundstrukturen der Verfassung im MA, Bd. 1, 1985, S. 95–157.
K. Schreiner, „Grundherrschaft". Entstehung und Bedeutungswandel eines geschichtswissenschaftlichen Ordnungs- und Erklärungsbegriffs. In: Die Grundherrschaft im späten MA, hg. v. H. Patze, Bd. 1, 1983, 11–74 (Vorträge u. Forschungen 27).

Adelsherrschaftstheorie/Gemeinfreienlehre

A. Dopsch, Wirtschaftliche und soziale Grundlagen der europäischen Kulturentwicklung aus der Zeit von Caesar bis auf Karl d. Großen, 1923/24^2.
H. Dannenbauer, Adel, Burg und Herrschaft bei den Germanen. HJb 61 (1941), 1–50, auch in: Herrschaft und Staat im MA, hg. v. H. Kämpf, 1956.
E. W. Böckenförde, Die deutsche verfassungsgeschichtliche Forschung im 19. Jh. Zeitgebundene Fragestellungen und Leitbilder, 1961.
E. Müller-Mertens, Karl d. Große, Ludwig d. Fromme und die Freien, 1963.
F. Irsigler, Untersuchungen zur Geschichte des frühfränkischen Adels, 1969 (Rheinisches Archiv 70).
H. K. Schulze, Rodungsfreiheit und Königsfreiheit. Zu Genesis und Kritik neuerer verfasssungsgeschichtl. Theorien. HZ 219 (1974), 529–550.
J. Schmitt, Untersuchungen zu den Liberi Homines der Karolingerzeit, 1977.

Eigenkirche

U. Stutz, Eigenkirche, Eigenkloster. In: Realenzyklopädie f. protest. Theologie u. Kirche, Bd. 23 (1913), 364–377.
H. E. Feine, Ursprung, Wesen u. Bedeutung des Eigenkirchenwesens. MIÖG 58 (1950), 195–208.

K. Schäferdiek, Das Heilige in Laienhand. Zur Entstehungsgeschichte der fränkischen Eigenkirche. In: Festschrift G. Krause, 1982, 122−140.
P. Landau, Eigenkirchenwesen. In: TRE, Bd. 9 (1982), 399−404.
W. Hartmann, Der rechtliche Zustand der Kirchen auf dem Lande: Die Eigenkirche in der fränkischen Gesetzgebung des 7.−9. Jhs. In: Settimane di Studio 28 (1982), 397−441.
R. Schieffer, Eigenkirche, Eigenkirchenwesen. In: LexMA Bd. 3 (1986), Sp. 1705−1708.

Lehenswesen

H. Mitteis, Lehnrecht und Staatsgewalt. Untersuchungen zur mittelalterl. Verfassungsgeschichte, 1933 (Nachdruck 1974).
Studien zum mittelalterlichen Lehenswesen, 1960. (Vorträge u. Forschungen 5).
I. Scheiding-Wulkopf, Lehnsherrliche Beziehungen der fränkisch-dt. Könige zu anderen Staaten (9.−12. Jh.), 1948.
K. H. Spieß / V. Rödel / G. Köbler, Verschiedene Artikel zum Lehenswesen in: HRG, Bd. 2 (1978), Sp. 1686−1755.
K. H. Burmeister, Allod. In: LexMA Bd. 1 (1980), Sp. 440 f.
F. L. Ganshof, Was ist das Lehenswesen?, 1983[6].

Feudalismusbegriff/Feudalgesellschaft

O. Hintze, Wesen und Verbreitung des Feudalismus, 1929; auch in: Staat und Gesellschaft. Ges. Abh. z. allg. Verfasssungsgeschichte, hg. v. G. Oestreich, 1970[3].
M. Bloch, Die Feudalgesellschaft, 1982 [Dt. Ausg. d. französ. Werks v. 1939.]
O. Brunner, „Feudalismus". Ein Beitrag zur Begriffsgeschichte, 1958 (Mainzer Akad. der Wiss. u. d. Lit., Abh. d. geistes- u. sozialwiss. Klasse 10, 592−627).

H. Neubauer, Feudalismus. In: Sowjetsystem u. demokratische Gesellschaft, Bd. 2 (1968), Sp. 477–490.
O. Brunner, Feudalismus. In: Geschichtliche Grundbegriffe, Bd. 2, 1975, 337–350.

5. Kirche und kulturelle Erneuerung in der Karolingerzeit

Kirche, Kultur und Bildung waren seit der Spätantike eng miteinander verflochten und sind auch in dieser Verbindung von den Germanen übernommen worden. Das bedeutete vor allem die Übernahme der lateinischen Sprache und der lateinischen Schrift und die Verbreitung dieser „Medien" über die römischen Reichsgrenzen hinaus auf die germanischen und westslawischen Gebiete – Grundvoraussetzungen für das Entstehen der lateinischen Christenheit! Sprache und Schrift erschlossen nun aber den Zugang zur übrigen antiken Kultur, die man sich bei dem vorhandenen Kulturgefälle allerdings erst ganz allmählich, in immer wieder neuen Anläufen sowie in fortwährender Auseinandersetzung mit den eigenen Traditionen und den sich wandelnden historischen Situationen anzueignen vermochte.

Zu den wichtigsten Vermittlern antiken Bildungsgutes und Lehrern des Mittelalters zählen, neben den Kirchenvätern als christlichen Vorbildern im engeren Sinne, vor allem drei herausragende Gestalten: der erste von ihnen, der Römer Boethius († 524), gehörte noch zur letzten Nachblüte der Antike im Italien des Ostgotenkönigs Theoderich. Der Einfluß seiner philosophischen und theologischen Schriften auf das Mittelalter war gewaltig, besonders geschätzt wurde sein philosophisches Testament „Über den Trost der Philosophie" *(De consolatione philosophiae)*. Er bearbeitete die sieben „freien Künste" *(artes liberales)* neu: dieser spätantike Bildungskanon wurde zum Lehr- und Bildungsstoff des Mittelalters und umfaßte Grammatik, Rhetorik, Dialektik (das *Trivium*) sowie Arithmetik, Geometrie, Musik und Astronomie (das *Quadrivium*).

Aus dem westgotischen Spanien, wo antike Kultur noch länger fortlebte, stammte Isidor, Erzbischof von Sevilla († 636). Die 20 Bücher seiner „Etymologien" sind eine Enzyklopädie des ihm noch bekannten antiken Wissens.

Vornehmlich aus diesem Werk schöpfte das Mittelalter seine Kenntnisse antiker Kultur. Die dritte dieser großen Persönlichkeiten ist der Angelsachse Beda Venerabilis, dessen Lebenszeit schon in das 8. Jahrhundert reicht († 735). In Britannien war die Tradition antiker Bildung allerdings längst abgerissen und wurde nun von Iren und Angelsachsen bewußt neu aufgegriffen. Beda, den noch Dante zu den großen Lehrmeistern der Welt zählte, ließ kaum ein Gebiet mittelalterlicher Wissenschaft unbeeinflußt. Neben Arbeiten zu den Artes liberales verfaßte er eine Kosmographie, hagiographische und theologische Werke sowie eine Kirchengeschichte des englischen Volkes. Größte Wirkung hatten seine Arbeiten zur Zeitrechnung.

Obwohl das frühe Merowingerreich noch Züge einer spätantiken Randkultur trug, verfielen das kirchliche Leben und die Bildung im Frankenreich des 7. und weithin auch des 8. Jahrhunderts immer mehr: die literarischen Quellen versiegen, die schriftliche Produktion ist gering, die Sprache der Texte schwankt in orthographischer und grammatischer Unsicherheit zwischen Schriftsprache und Vulgärlatein, die Schrift verwildert. Im kirchlichen Leben ist ein Prozeß der Barbarisierung zu beobachten; christliche und kirchliche Normen werden kaum befolgt. Auch die kirchlichen Schulen verfielen; zur gleichen Zeit wurden jedoch in Britannien neue begründet. Gerade Bonifatius und die Angelsachsen, die ins Frankenreich kamen, gaben wieder die ersten Reform- und Bildungsanstöße − sie sind in einigen Klöstern und Bistümern schon in der Mitte des 8. Jahrhunderts zu bemerken.

Man sollte freilich nicht übersehen, daß neben den schriftlichen Äußerungen lateinisch-christlicher Bildung ohne Zweifel auch die alte schriftlose Volkskultur weiterlebte: Heldenlieder und Sagen, Rechtsleben und Bräuche. Darüber wissen wir allerdings nur wenig und meist nur aus späteren schriftlichen Fixierungen.

Mit dem Aufstieg des karolingischen Königtums und besonders Karls des Großen waren die äußeren Rahmenbedingungen für einen *kulturellen Neubeginn* gegeben: der

Frieden im Inneren und eine festere Verbindung mit Italien, wo spätantik-christliche Traditionen noch lebendig waren. Auch wer die Rolle von Einzelpersönlichkeiten nicht überbewerten möchte, muß hier doch auf das persönliche Eingreifen Karls hinweisen; er war gewiß nicht gebildet im klassischen Sinne (nicht einmal schreiben konnte er), doch verfügte er über weitgespannte kulturelle Interessen und eine erstaunliche Wißbegier, wobei anzunehmen ist, daß er die Kulturtätigkeit im weitesten Sinn auch politisch nutzen wollte.

Karls kulturelle Maßnahmen begannen mit und nach seinem Italienzug von 780/81. Dort lernte er einige gelehrte Männer kennen, die er an seinen Hof und die Hofschule zog. Die Hofschule existierte bereits zur Zeit seines Vaters Pippin und war damals der Königin unterstellt. Karl versammelte nun an seinem Hof einen Kreis von Lehrern und Gelehrten, die, bezeichnend für den einheimischen Bildungsstand, meist von außerhalb des alten Frankenreichs stammten: den Grammatiker Petrus von Pisa und den Geschichtsschreiber, Dichter und Theologen Paulus Diaconus aus dem italienischen Langobardenreich, den Theologen und Dichter Theodulf von Orléans aus dem Westgotenreich, den irischen Schriftsteller Dungal und andere. Geistiger Kopf der Hofschule und des Hofkreises wurde der Angelsachse Alkuin († 804), ein vielseitiger Gelehrter vor allem auf dem Gebiet der Artes liberales und der Theologie sowie ein besonderer Förderer der Kirchenreform. Erst in etwas späterer Zeit kamen Franken wie der Hofdichter Angilbert oder – als der einzige gebildete Laie in diesem Kreis – der Leiter der kaiserlichen Bauten und Geschichtsschreiber Einhard († 840) hinzu.

Zentrum des Kreises blieb jedoch Karl selbst, der mit seinen Hofgelehrten einen geselligen und freundschaftlichen Umgang pflegte. Dieser Hof gab, wie es Karls Absicht war, zahlreiche direkte und indirekte Anstöße zur kulturellen Erneuerung im Reich. Da Kirche und christlich-lateinische Kultur eins waren, gehören dazu auch allgemeine Maßnahmen zur Förderung der Kirche. Karl begann, die Organisation der Kirchenprovinzen zu erneuern und zu vervollständigen: im später deutschen Raum die

Kirchenprovinzen Köln, Mainz, Salzburg, Trier; Hamburg kam erst 831 dazu. Der Leiter (Metropolit) der jeweiligen Kirchenprovinzen war seit dieser Zeit immer ein Erzbischof. Das Zehntgebot wurde eingeschärft, die Pfarrer sollten wirtschaftlich abgesichert sein und eine gewisse Unabhängigkeit vom Eigenkirchenherrn haben (Q 3), die Bischöfe ein größeres Aufsichtsrecht. Auf Reichssynoden, in Kapitularien oder in Briefen drang der König immer wieder auf eine Hebung des Bildungsgrades von Pfarrern und Mönchen (Q 2).

Für alle Bereiche des kirchlichen Lebens suchten Karl und sein Beraterkreis „richtige" und einheitliche Textgrundlagen wiederherzustellen. Um einen zuverlässigen und einheitlichen Bibeltext wiederzugewinnen, unterzogen ihn Theodulf und Alkuin einer Textrevision, die letztlich zur Grundlage unserer Vulgata wurde. Den „römischen Gesang" in den fränkischen Kirchen soll schon Pippin eingeführt haben, jetzt wurde mit dem sogenannten *Sacramentarium Gregorianum* ein Liturgiehandbuch aus Rom beschafft und von Alkuin redigiert. Es ist ebenso wie die *Collectio Dionysio-Hadriana* genannte Sammlung auf Veranlassung des Königs von Papst Hadrian I. an den Hof vermittelt worden; die Hadriana wurde zur meistbenutzten Kirchenrechtssammlung der Karolingerzeit − ein wichtiges Instrument zur Kirchenreform. Von Paulus Diaconus ließ Karl eine vorbildliche Predigtsammlung, ein Homiliar, zusammenstellen. Die Klosterregel des hl. Benedikt, die man für den Urtext hielt, verschaffte man sich aus dem Kloster Monte Cassino. „Wir bemühen uns, Irrtümer zu korrigieren, Überflüssiges abzuschneiden und das Richtige eindringlich einzuschärfen", so faßte Karl der Große selbst seine und des Hofes Reformbestrebungen zusammen (*Admonitio generalis* 789).

Voraussetzung für die Verbreitung und Wirksamkeit dieser reformerischen Werke war es allerdings, Lateinisch lesen und verstehen und in lateinischer Schrift schreiben zu können. Darauf konzentrierte sich die Bildungsarbeit dieser Zeit zunächst. Vom Hof ging wahrscheinlich auch der Anstoß zur Ausbildung einer gut lesbaren einheitlichen Schrift aus, der *karolingischen Minuskel*, die zur Grundlage der gesamten späteren abendländischen Schriftentwicklung wurde. Die Rechtschreibung wurde verbessert, aus dem wilden Merowingerlatein wurde nach 800 wieder ein korrektes Latein (das „Mittellatein"), das sein Vorbild freilich weniger in der klassischen Latinität als vielmehr in der kirchlich gefärbten spätantiken Sprache der Kirchenväter fand und nun zur „Vatersprache des Mittelalters" (W. v. d. Steinen) wurde. Ausgehend von der lateinischen Sprache, wurden die sieben *Artes liberales* zum wichtigsten Bildungsstoff der karolingischen „Wissenschaft"; dem Unterricht in diesen Disziplinen dienten in erster Linie die christlichen und heidnischen Autoren, die man nun wieder las und kopierte – was von großer Bedeutung war: denn unsere Kenntnis antiker Autoren verdanken wir in den meisten Fällen Handschriften des 9. Jahrhunderts! Vergil und Ovid waren die im Mittelalter wohl beliebtesten klassischen Schriftsteller.

Heute sind etwa noch 8000 der in der Karolingerzeit kopierten Handschriften erhalten (P. Riché); die wenigsten natürlich stammen vom Hof selbst, der oft als Anreger und Auftraggeber fungierte. Während aus der Mitte des 8. Jahrhunderts nur wenige Skriptorien (Schreibschulen) im Frankenreich bekannt sind, vervielfachte sich ihre Zahl in der Zeit Karls und danach an den Bischofskirchen und in den großen Klöstern; ebenso die Zahl der Bibliotheken. Das sind die eindrucksvollsten Belege für die erfolgreiche Pflege der lateinischen Schriftkultur.

Aber das Wiederaufgreifen römischer Vorbilder bedeutete für Karl und seinen Kreis keineswegs das Aufgeben der fränkisch-germanischen Traditionen. Das Sammeln germanischer Heldenlieder, die begonnene althochdeutsche Grammatik (von beidem ist uns nichts erhalten) oder die Eindeutschung der Monatsnamen (Q 1) bezeugen sein Interesse an der Volkssprache. Sein fränkisch-germanisches Selbstbewußtsein betonte der König durch das Tragen der herkömmlichen fränkischen Kleidung, vielleicht auch durch die Überführung des Reiterstandbilds des Theoderich, der als Germane über Rom geherrscht hatte, von Ravenna nach Aachen. Zu einem Zentrum althochdeutscher Literatur wurde der Königshof jedoch nicht. Der unhistorische, dennoch einst auch von Historikern betriebene Streit, ob der Franke Karl Franzose oder Deutscher gewesen sei, ist längst vorbei. Doch ist es vielleicht kein Zufall, daß das Wort „deutsch" (in der lateinischen Form *theodiscus*) erstmals zu seiner Zeit, 786 und 788, belegt ist; es ist an der germanisch-romanischen Sprachgrenze entstanden und bezeichnete die germanische Volkssprache, zu der unter anderem noch das Angelsächsische zählte. Aber in Karls Zeit hat man mit der Erneuerung des Schriftlateins auch die Eigenständigkeit der neuen romanischen Volkssprachen erkannt.

Über das Feld der Artes liberales griffen die Hofgelehrten mit theologischen Arbeiten hinaus. Mit der Streitschrift der *Libri Carolini* — heute meist Theodulf zugeschrieben — nahmen die Franken 791 polemisch und selbstbewußt, wenn auch ohne Kenntnis der genauen Zusammenhänge, Stellung im sogenannten Bilderstreit, einer heftigen theologisch-kirchenpolitischen Auseinandersetzung im byzantinischen Reich. Damit wollte das Westreich auch im Bereich der Gesamtchristenheit seinen Anspruch auf Gleichwertigkeit, ja sogar auf eine Führungsrolle anmelden.

Es gehörte zu Alkuins Bildungsvorstellungen, eine Schulbildung prinzipiell für eine Elite von Geistlichen *und* Laien vorzusehen (F. Brunhölzl); Theodulf wünschte sogar, die Priester sollten an den grundherrlichen Höfen und in den Dörfern Schule halten. Karl hatte jedoch nicht die Absicht, wie man dies früher gelegentlich meinte, eine Volksschule einzuführen. Das Vorbild der bildungseifrigen Königsfamilie selbst fand beim weltlichen Adel wenig Nachahmung. Der Lehrbetrieb der Hofschule, soweit er rekonstruierbar ist, wurde jedoch offenbar vorbildlich für die späteren Dom- und Klosterschulen. Wenn eine einzelne Nachricht verallgemeinert werden darf, so begannen die Schüler den Lateinunterricht an der Hofschule mit 14—15 Jahren. Das Ziel des Elementarunterrichts war zunächst das Erlernen von Lesen und Schreiben im Zusammenhang mit dem Auswendiglernen des lateinischen Vaterunsers, des Glaubensbekenntnisses und der Psalmen.

Die Artes liberales dienten dann der Fähigkeit, die Bibel zu verstehen und die Liturgie zu beherrschen. An ein institutionalisiertes Schulsystem im neuzeitlichen Sinn darf man freilich im Frühmittelalter nicht denken. Besonders die späteren Dom- und Klosterschulen hatten nicht organisierte Wissensvermittlung zum Ziel, sondern „eine im Kollektiv praktizierte Einübung in die religiöse Lebensform" (D. Illmer).

Auch im engeren Bereich künstlerischer Tätigkeit wird die karolingische Renovatio erkennbar; es ist bezeichnend, daß besonders die „Buchkunst" zur Blüte kam: die Buch- und Miniaturmalerei, die Elfenbein- und Goldschmiedearbeiten zur prächtigen Verzierung der Bucheinbände. Auch hier ist gelegentlich der direkte Auftrag Karls und seines Hofes zu belegen. Von anderer Kleinkunst ist einiges erhalten; die Münzen Karls mit seinem Porträt sind für mittelalterliche Verhältnisse von hervorragender Qualität. Originale Wand- und Deckenmalereien sind dagegen kaum auf uns gekommen, Großplastik überhaupt nicht.

Erhalten sind nur wenige Werke karolingischer Baukunst, doch zeigt sich auch hier ein Neuansatz und eine gewisse Vereinheitlichung, was kirchliche Großbauten anbetrifft. Da die Menschen des östlichen Frankenreichs ausschließlich Holz- und Fachwerkbauten kannten, war dort schon der Steinbau etwas völlig Neues. Er setzte einen bedeutenden technischen und künstlerischen Fortschritt voraus, wurde allerdings nur für die wichtigsten kirchlichen und königlichen Zentren verwendet. Die schon unter Pippin begonnene, 775 unter Karl geweihte Kirche von St. Denis griff zum ersten Mal auf das Vorbild der römischen Basilika (mit 3—5schiffigem Langhaus, Querhaus und runder Apsis) zurück, ebenso die (nicht erhaltene) gewaltige Klosterkirche von Fulda, die 790—819 errichtet wurde, und der von Erzbischof Virgil begonnene Dom in Salzburg, der um 800 der größte Kirchenbau nördlich der Alpen war. Mit der Aachener Pfalzanlage schuf sich Karl ein repräsentatives Zentrum seiner Herrschaft: neben römischen Traditionen hatte die Pfalzkapelle San Vitale in Ravenna, aber auch byzantinische Palastkapellen zum Vorbild, ist aber doch als eine Neuschöpfung zu sehen. Neu an den karolingischen Kirchen ist die Ausgestaltung des Westchores durch das sogenannte Westwerk, dessen Funktion noch nicht endgültig geklärt werden konnte, und die allmähliche Einbeziehung von Türmen in das Kirchengebäude.

Maßstäbe setzen sollte wohl auch der rationale Musterplan einer Klosteranlage: der berühmte St. Galler Klosterplan. Umstritten ist allerdings, ob er auf die Bestrebungen des Karlshofes zurückzuführen ist oder seine Entstehung der späteren Klosterreform Ludwigs des Frommen verdankt.

Zwei weitere aufsehenerregende bauliche Großprojekte Karls zeigen den königlichen Anspruch auf Beherrschung der Natur; sie scheiterten jedoch, vermutlich auf Grund technischer Unzulänglichkeiten: der oben erwähnte Kanalbau zwischen Main und Donau konnte nicht vollendet werden, eine bei Mainz errichtete hölzerne Rheinbrücke wurde noch zur Regierungszeit Karls von Hochwasser eingerissen.

Die kulturelle Erneuerung wurde auch unter Karls Nachfolger Ludwig dem Frommen (814–840), wenn auch mit anderen Akzenten, weitergeführt. Der Hof trat dabei in seiner Bedeutung zurück, die Schwerpunkte verlagerten sich auf die großen Klöster. Nach den Ansätzen der Karlszeit nahm die Klosterreform jetzt besonderen Aufschwung durch den Abt Benedikt von Aniane aus Aquitanien († 821), den Ludwig an seinen Hof berief: er gilt als der „Organisator des eigentlichen benediktinischen Mönchtums" (J. Semmler). Er hatte sich der Regel des hl. Benedikt als alleiniger Norm zugewandt, die vorher nur eine von mehreren Klosterregeln des Abendlandes gewesen war. Unter seiner Mitwirkung setzte Ludwig 816 diese Regel für die Mönche und Nonnen als verbindlich fest und verlieh den Klöstern, die erst seit dieser Zeit als Benediktinerklöster im eigentlichen Sinn gelten können, den Königsschutz, das Recht der Abtswahl und andere Privilegien. Auch für die Kanoniker und Kanonissen, die nicht Mönche im engeren Sinne waren, sondern dem Weltklerus angehörten, wurden genaue Bestimmungen erlassen. Im Osten wurden die Klöster Fulda, Reichenau und St. Gallen die wichtigsten Bildungszentren. In Fulda und in mehreren anderen Klöstern und Bischofssitzen wurde auch in althochdeutscher Sprache geschrieben. Der berühmteste Gelehrte Fuldas war der in Mainz geborene Hrabanus Maurus († 856), der vor allem theologisch tätig war. Genannt sei auch der Schwabe Walahfrid Strabo († 849), der als Dichter Hervorragendes leistete, und der Sachse Gottschalk († vor 870), dessen Prädestinationslehre ihn zu einem theologischen Außenseiter machte. Der bedeutendste Kirchenpolitiker der 2. Hälfte des 9. Jahrhunderts, der Erzbischof Hinkmar von Reims († 882), hinterließ zahlreiche kanonistische, theologische, zeitkritische und historische Schriften. Theologie, Geschichtsschreibung und Dichtung gewannen in dieser Zeit gegenüber den *Artes liberales* an Boden.

Auch die Höfe der Söhne Ludwigs des Frommen, der fränkischen Unterkönige, waren noch Bildungsstätten in bescheidenerem Rahmen, so der Hof des Westfranken Karls des Kahlen, wo der bedeutendste Theologe und Philosoph der Zeit, der Ire Johannes Scotus († 877), als Leiter der Hofschule wirkte.

Die Bruderkämpfe der späten Karolinger und die zunehmenden Einfälle äußerer Feinde, besonders der Normannen, auch in das fränkische Kerngebiet beeinträchtigten im Verlauf des 9. Jahrhunderts das kulturelle Leben der Höfe und Klöster, während die großen Bischofssitze und ihre Domschulen in Trier, Köln, Mainz und Salzburg nun stärker hervortraten, z. T. deswegen, weil sie von den Einfällen nicht erreicht wurden. Trotz aller Einbußen des späten 9. und frühen 10. Jahrhunderts ist das karolingische Kulturerbe für das weitere Mittelalter im wesentlichen erhalten geblieben; die Ottonenzeit des späteren 10. Jahrhunderts konnte daran anknüpfen.

Heute ist man davon abgekommen, die hier knapp skizzierte Erneuerungsbewegung, so erstaunlich sie ist, als „karolingische Renaissance" (E. Patzelt) zu bezeichnen; wohl zu Recht: wie wir sahen, ist sie keine Anknüpfung an das klassische Altertum nach Art der Renaissance des 15. Jahrhunderts, sondern im wesentlichen ein Rückgriff auf Elemente der christlichen Spätantike.

Daß alle Absichten und Ziele des kulturellen Neubeginns erreicht worden seien, wird man schwerlich behaupten können. Auch ist zweifellos festzustellen, daß er eine Sache der Oberschicht blieb und die breite Bevölkerung, wenn überhaupt, allenfalls durch etwas besser gebildete Pfarrer oder besser wirtschaftende Klöster Nutzen daraus ziehen konnte. Dennoch bildete der geistige Neuansatz des Frühmittelalters im Frankenreich die entscheidende Grundlage für die Bildungs- und Kulturentwicklung des europäischen Mittelalters.

Quellen

Q 1 Karls Bildungseifer

Über die weitgespannten kulturellen Interessen Karls des Großen berichtet Einhard, ein Mitglied seines Hofkreises, in der berühmten Vita des Königs. Diese in der Mitte der dreißiger Jahre abgefaßte Lebensbeschreibung, die Einhard nach dem Muster von Suetons Kaiserbiographien konzipierte, ist selbst ein bedeutendes Zeugnis der karolingischen Bildungsreform.

25. Er [Karl] war von außerordentlicher Beredsamkeit; was er wollte, konnte er auf das Klarste ausdrücken. Mit der Muttersprache ließ er es dabei nicht bewenden, sondern bemühte sich auch, fremde Sprachen zu lernen. Im Lateinischen brachte er es so weit, daß er es wie die Muttersprache redete; Griechisch konnte er allerdings besser verstehen als selber sprechen. Er war so beredt, daß er geradezu witzig wirkte. Die freien Wissenschaften (artes liberales) pflegte er auf das eifrigste, ihre Lehrer schätzte er hoch und erwies ihnen große Ehren. In der Grammatik nahm er bei dem alten Diakon Petrus von Pisa Unterricht, in den übrigen Disziplinen hatte er den ... Diakon Alkuin zum Lehrer, einen Sachsen aus Britannien, einen überaus gelehrten Mann; mit ihm brachte er viel Zeit und Mühe auf beim Erlernen der Rhetorik, Dialektik und besonders der Astronomie. Er lernte die Rechenkunst und erforschte mit Scharfsinn und großer Wißbegier den Lauf

der Gestirne. Er versuchte auch zu schreiben und pflegte dafür im Bett unter dem Kopfkissen Tafeln und Büchlein zu haben, um in der Mußezeit die Hand an das Schreiben von Buchstaben zu gewöhnen; darin hatte er nur wenig Erfolg, da er viel zu spät damit angefangen hatte.

26. Die christliche Religion, in die er von Jugend an eingewiesen worden war, pflegte er mit größter Ehrfurcht und Frömmigkeit. Daher erbaute er in Aachen das herrliche Gotteshaus und stattete es mit Gold und Silber, mit Leuchtern und mit ehernen Gittern und Toren aus. Da er die Säulen und den Marmor für das Bauwerk nicht woanders her bekommen konnte, ließ er sie aus Rom und Ravenna kommen. Die Kirche besuchte er häufig, früh und abends, auch zu den nächtlichen Horen und zur Messe, solange es ihm seine Gesundheit erlaubte; es war seine besondere Sorge, daß alle gottesdienstlichen Handlungen mit größter Würde geschähen; die Küster mahnte er häufig, sie sollten keinen Unrat oder Schmutz hineintragen oder liegen lassen. Er ließ eine solche Menge liturgischer Geräte aus Gold und Silber und priesterlicher Gewänder anschaffen, daß nicht einmal die Türsteher, der niederste kirchliche Weihegrad, in ihrer eigenen Kleidung dienen mußten. Um die Verbesserung des Lesens und des Psalmsingens kümmerte er sich auf das Sorgfältigste. Von beidem verstand er ziemlich viel, wenn er auch nicht öffentlich las und höchstens leise und im Chor sang...

29. ... er ließ von allen Volksstämmen unter seiner Herrschaft das noch nicht aufgeschriebene Recht niederlegen und schriftlich fixieren. Ebenso ließ er die uralten Lieder des Volkes, in welchen die Taten und Kriege der alten Könige besungen wurden, aufschreiben und der Nachwelt überliefern. Auch eine Grammatik der Muttersprache ließ er anfangen. Den Monaten, die bei den Franken vorher teils mit Worten aus der Volkssprache, teils in Latein bezeichnet worden waren, gab er Namen in der eigenen Sprache. Ebenso gab er den 12 Winden eigene Benennungen, obwohl man früher doch Namen von kaum 4 Windrichtungen gekannt hatte. Bei den Monaten nannte er den Januar Wintarmanoth, den Februar Hornung, den März Lentzinmanoth, den April Ostarmanoth, den Mai Winnemanoth ...

(Vita Caroli, MGH SS rer. Germ. in us. schol., hg. v. O. Holder-Egger, 1911[6], Kap. 25 f., 29).

Q 2 Klosterbildung

Der Brief Karls des Großen, wahrscheinlich von Alkuin konzipiert, richtete sich an Abt Baugulf und die Mönche von Fulda (784/85).

Wir sind mit unseren Getreuen zu dem Schluß gekommen, daß in den uns von Christus zur Herrschaft übertragenen Klöstern außer der Beachtung der Ordensregel und der christlichen Lebensweise auch Wert auf die Pflege der Wissenschaften gelegt werden soll bei denen, die durch die Gabe Gottes die Fähigkeit besitzen, zu lernen, je nach ihrer geistigen Fassungskraft. Wie die Normen der Klosterregel die Lebensweise ehrenhaft ordnen und zieren, so soll beharrliches Lehren und Lernen dasselbe im Bereich der Worte bewirken, so daß diejenigen, die Gott durch ein rechtes Leben gefallen wollen, ihm auch durch rechten Gebrauch der Worte gefallen. Denn es steht geschrieben: Deine Worte werden dich gerecht machen oder sie werden dich verdammen. Obwohl gutes Handeln besser als Wissen ist, so geht doch das Wissen dem Handeln voraus. Jeder muß also lernen, was er zu tun wünscht, um desto besser zu erkennen, was er tun muß... Uns wurden in diesen Jahren Briefe von einigen Klöstern geschickt, in denen berichtet wurde, was die dort lebenden Klosterbrüder mit heiligen und frommen Gebeten für uns getan haben; in vielen dieser Zuschriften stellten wir eine rechte Gesinnung, aber eine rohe Sprache fest. Was fromme Demut innerlich treu diktierte, konnte die ungebildete Sprache wegen der Vernachlässigung des Unterrichts nicht untadelig wiedergeben. Daher begannen wir zu fürchten, es ginge mit der mangelnden Erfahrung im schriftlichen Gebrauch der Worte ein noch geringerer Verstand bei der Erfassung der Heiligen Schrift einher. Und wir alle wissen gut, daß die Irrtümer der Sprache gefährlich sind, noch gefährlicher aber die Irrtümer der Gedanken. Deswegen ermahnen wir euch, das Studium der Wissenschaften nicht nur nicht zu vernachlässigen, sondern mit demütigem und gottgefälligem Sinn es im Lernen so weit zu bringen, daß ihr die Mysterien der Heiligen Schrift besser und richtiger zu erkennen in der Lage seid. Da man nämlich in den heiligen Schriften Schemata, Redefiguren und Tropen [Begriffe aus der Rhetorik] findet, kann keinem zweifelhaft sein, daß der

Leser den geistlichen Gehalt um so schneller erfaßt, je früher er in den Wissenschaften voll unterrichtet worden ist. Dazu soll man aber Männer auswählen, die den Willen und die Fähigkeit haben, andere zu unterrichten.

(Epistola de litteris colendis, Urkundenbuch des Klosters Fulda 1, hg. v. E. E. Stengel, 1958, Nr. 166.)

Q 3 Stellung der Pfarrer

Das Kirchenkapitular Ludwigs des Frommen (818/19) faßt die kirchenpolitischen Absichten Karls des Großen zur Absicherung der Pfarrer zusammen.

6. Über die Weihe von Unfreien, die, wie es weithin geschah, in unbesonnener Weise in kirchliche Würden befördert wurden, waren wir der Meinung, man müsse hier mit den heiligen Kanones übereinstimmen: daher wurde beschlossen, daß kein Bischof sie in Zukunft in den heiligen kirchlichen Stand erheben dürfe, bevor sie nicht von ihren eigenen Herren die Freiheit erlangt hätten ...
  10. Es ist beschlossen worden, daß jeder Kirche eine ganze Hufe ohne jede Dienstleistungspflicht zugeeignet werden solle, und die dort angestellten Priester dürfen für die Zehnten und die Gaben der Gläubigen, für die Gebäude, Innenhöfe und Gärten bei der Kirche und für die obengenannte Hufe nur kirchliche Dienste leisten...
  11. Nach der Erfüllung dieser Voraussetzungen, so wurde beschlossen, soll jede Kirche ihren eigenen Priester haben, wo dies nach Voraussicht des Bischofs nur möglich ist.

(MGH Capit. 1, Nr. 138, 275–280).

Fragen, Probleme und Anregungen

1) Worin bestand Bildung im Frühmittelalter, und wer nahm an dieser Bildung teil?
  2) Welche Rolle spielte der Hof bei der karolingischen Bildungsreform?

3) In welchen Bereichen wirkte sich diese Bildungsreform aus?

4) Wie ist der Anschluß der euorpäischen Länder außerhalb der römischen Reichsgrenzen an die antike Kultur im lateinischen Gewand letztlich zu erklären?

Wichtige Daten

636	Isidor von Sevilla †
735	Beda Venerabilis †
um 780	Beginn der Bildungsmaßnahmen Karls des Großen

Wichtige Begriffe

Artes liberales	Kirchenprovinz
Benediktinerregel	Skriptorium
Karolingische Minuskel	Mittellatein
Hofschule	Basilika

Literaturhinweise:

Zu Boethius, Benedikt von Nursia, Beda, Benedikt v. Aniane, Hinkmar v. Reims u. a. siehe die entsprechenden Artikel in: LexMA und TRE.

P. Lehmann, Das Problem der karolingischen Renaissance. In: Erforschung des MAs. Ausgewählte Abhandlungen u. Aufsätze, Bd. 2, 1959, 109–138.

P. E. Schramm, Karl d. Große, Denkart und Grundauffassungen – Die von ihm bewirkte Correctio („Renaissance"). HZ 198 (1964), 306–345.

E. Patzelt, Die karolingische Renaissance / C. Vogel, La réforme culturelle sous Pépin le Bref et sous Charlemagne, 1965.

Karl d. Große. Lebenswerk u. Nachleben. Hg. von W. Braunfels, Bd. 2: Das geistige Leben, hg. v. B. Bischoff, 1965. Neben anderen wichtigen Beiträgen darin: W. von den Steinen, Der Neubeginn, 9—27.

J. Fleckenstein, Karl der Große und sein Hof. In: Karl d. Große Bd. 1 (1965), 24—50.

Ders., Bildungsreform Karls des Großen. In: LexMA Bd. 2 (1983), Sp. 187—189.

Bildung und Erziehung

H. Grundmann, Litteratus-illitteratus. Der Wandel einer Bildungsnorm vom Altertum zum Mittelalter. AKG 40 (1958), 1—65.

D. Illmer, Formen der Erziehung und Wissensvermittlung im frühen MA. Quellenstudien zur Frage der Kontinuität des abendländischen Erziehungswesens, 1971.

A. Piltz, Die gelehrte Welt des Mittelalters, 1982 [Populärwiss.]

L. Boehm , Erziehungs- u. Bildungswesen. In: LexMA Bd. 3 (1986), Sp. 2196—2203.

A. Wendehorst, Wer konnte im MA lesen und schreiben? In: Schulen u. Studium im sozialen Wandel des hohen u. späten Mittelalters, hg. v. J. Fried, 1986 (Vorträge u. Forschungen 30), 9—33.

Kunst, Kultur, Literatur

M. Manitius, Geschichte der lateinischen Literatur des MAs, Bd. 1, 1911 (Handbuch der klass. Altertumswiss. IX 2, 1. Teil).

K. Hauck, Von einer spätantiken Randkultur zum karolingischen Europa. In: Frühmittelalterl. Studien 1 (1967), 3—93.

F. Brunhölzl, Geschichte der latein. Literatur des MAs, Bd. 1: Von Cassiodor bis zum Ausklang der karolingischen Erneuerung, 1975.

Karl der Große. Werk und Wirkung, hg. v. W. Braunfels, Ausstellungskatalog, 1965.

W. Braunfels, Die Welt der Karolinger u. ihre Kunst, 1968 (Kulturgesch. in Einzeldarstellungen).

Mönchtum und Kirche

F. Prinz, Frühes Mönchtum im Frankenreich, 1988².
Mönchtum u. Gesellschaft im Frühmittelalter, hg. v. F. Prinz, 1976 (WdF 312).
H. Mordek, Kirchenrechtliche Autoritäten im Frühmittelalter. In: Recht u. Schrift im MA, hg. v. P. Classen, 1977, 237−255 (Vorträge und Forschungen 23).
Ders., Dionysio-Hadriana. In: LexMA Bd. 3 (1986), 1074 f.
K. S. Frank, Benediktiner. In: TRE Bd. 5 (1980), 549−560.
R. Manselli / J. Semmler u. a., Benediktiner, -innen. In: LexMA Bd. 1 (1980), Sp. 1869−1902.

Deutsche Sprache

K. Matzel, Karl der Große und die lingua theodisca. Rheinische Vierteljahresblätter 34 (1970), 172−189.
I. Strasser, Diutisk-deutsch. Neue Überlegungen zur Entstehung der Sprachbezeichnung, 1984 (Sitzungsber. d. österr. Akad. d. Wiss. Phil.-hist. Klasse 444).

Karte 2 Das Reich in ottonisch-salischer Zeit

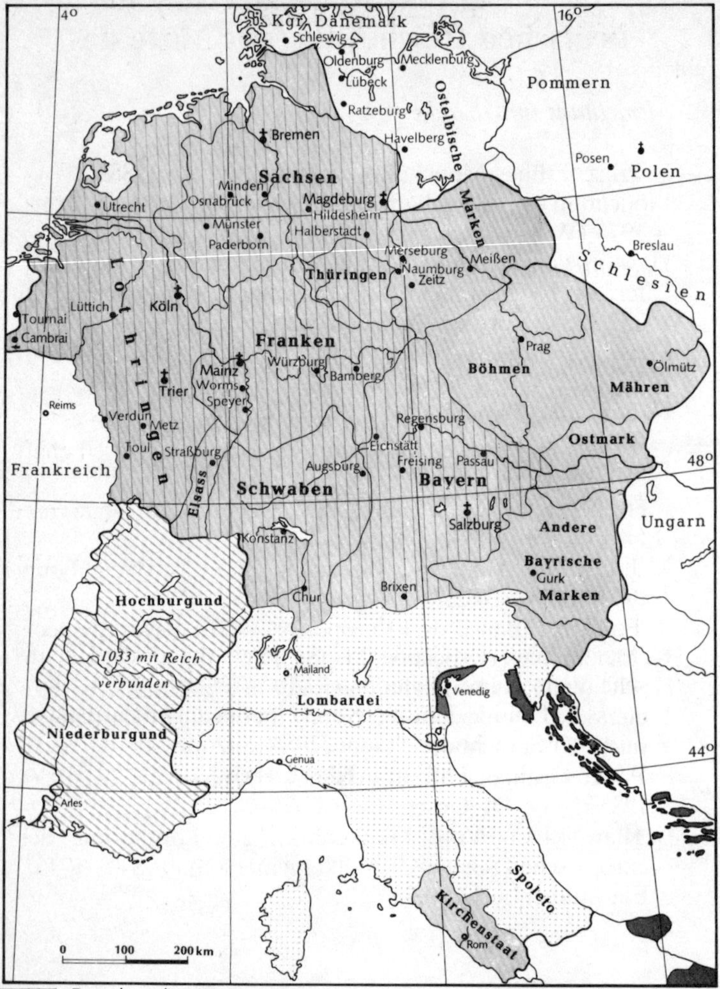

▨ Das deutsche Königreich (regnum Teutonicum)	▨ Königreich Burgund	■ Unter byzantinischer Herrschaft
▨ Stammesherzogtümer	▨ Königreich Italien	✝ Metropolitansitz
	— Reichsgrenze	• Bischofssitz

B Entstehung und Konsolidierung des deutschen Reiches (bis zur Mitte des 11. Jahrhunderts)

Literaturhinweise:

W. v. Giesebrecht, Geschichte der deutschen Kaiserzeit, 6 Bde., 1863–1880[4] [Klassische Darstellung].
R. Holtzmann, Geschichte der sächsischen Kaiserzeit (900–1024). 1961[4] (spätere Nachdrucke).
G. Duby, Die Zeit der Kathedralen. Kunst u. Gesellschaft 980–1420. Dt. Ausg. 1980.
J. Fleckenstein, Grundlagen und Beginn der deutschen Geschichte, 1980[2].
K. J. Leyser, Medieval Germany and its Neighbours (900–1250), 1982.
R. Fossier, Enfance de l'Europe, X^e–XIIe siècles. Aspects économiques et sociaux, 2 Bde., 1982.
H. Fichtenau, Lebensordnungen des 10. Jahrhunderts. Studien über Denkart und Existenz im einstigen Karolingerreich, 2 Bde., 1984.
F. Prinz, Grundlagen und Anfänge. Deutschland bis 1056, 1985 (Neue Dt. Geschichte 1).
E. Hlawitschka, Vom Frankenreich zur Formierung der europäischen Staaten- u. Völkergemeinschaft (840–1046). Ein Studienbuch, 1986.

6. Das Ostfrankenreich und die Ausbildung der Stammesherzogtümer

Der vielschichtige Prozeß der Auflösung des Karlsreiches und die damit einhergehende allmähliche Ausbildung der Nachfolgereiche, die das künftige Bild Europas bestimmen sollten, dauerte insgesamt fast ein Jahrhundert. Diese Entwicklung läßt sich in einigen Etappen sichtbar machen, die hier kurz nachgezeichnet werden sollen.

Zwar hatte die *Ordinatio imperii* Ludwigs des Frommen (817) versucht, den fränkischen Rechtsgrundsatz der Herrschaftsteilung mit dem Reichseinheitsgedanken des Kaisertums zu verbinden und letzterem das Übergewicht zu geben, aber der Kaiser stieß diese Regelung selbst um, als er seinem nachgeborenen Sohn Karl aus seiner zweiten Ehe mit der Welfin Judith ebenfalls ein Erbteil verschaffen wollte. Der Widerstand der älteren Söhne und ihre Rivalitäten führten zu immer neuen Teilungsprojekten und Kämpfen in verschiedenen Konstellationen, welche die Zentralgewalt zunehmend schwächten. Nach dem Tod Ludwigs des Frommen (840) brach der Krieg zwischen den überlebenden Kaisersöhnen Lothar, Ludwig und Karl erneut aus. Lothar I., der Kaiser, beanspruchte dabei die Oberherrschaft im Sinn der Ordinatio, wurde aber von Ludwig und Karl, den Unterkönigen im Osten und Westen, in Fontenoy 841 schwer geschlagen. Dabei erlitt die militärische Kampfkraft der Franken insgesamt schwere Einbußen. 842 bekräftigten Karl und Ludwig ihr Bündnis mit den *Straßburger Eiden* (Q 1), die Ludwig in altfranzösischer, Karl in althochdeutscher Sprache schwor, um jeweils vom Heer des Bündnispartners verstanden zu werden – ein bemerkenswertes Zeugnis für die sprachliche Differenzierung, noch nicht aber für ein nationales Eigenbewußtsein.

Der geschlagene Lothar mußte sich zu einer Neuverteilung der Herrschaftsgebiete im Vertrag von Verdun (843) verstehen. Allerdings behielt er den Kaisertitel und erhielt die Kaiserstädte Aachen und Rom in einem langgestreckten Mittelreich von Friesland bis nach Italien, wobei der Rhein und die Alpen etwa die Ostgrenze, Schelde, Maas, Saône und Rhone etwa die Westgrenze bildeten. Den Osten bekam Ludwig (der Deutsche), den Westen Karl (der Kahle). Die Teilung wurde von einer Kommission in erster Linie nach wirtschaftlichen Gesichtspunkten, d. h. nach Lage und Verbreitung des Königsgutes, vorgenommen; die Sprachgrenzen blieben dabei unberücksichtigt.

Der Vertrag von 843 sollte nicht das Frankenreich als solches teilen, sondern den drei Königen bestimmte Zuständigkeitsbereiche zuweisen und eine brüderliche Gesamtherrschaft ermöglichen. Dies erwies sich jedoch später als Illusion; auch sollte es nach 843 keine dauerhafte Wiedervereinigung des Reiches mehr geben.

Nach dem Tode Lothars I. (855) wurde das Mittelreich wiederum geteilt: den Norden erhielt Lothar II.; nach ihm wurde „Lothringen" benannt. Ludwig II. übernahm die Herrschaft in Italien und wurde Kaiser. Ein Versuch Ludwigs des Deutschen, sich des westlichen Reichsteils zu bemächtigen, scheiterte 858 an der Loyalität des westfränkischen Episkopats, die dem Teilkönig Karl, nicht mehr dem Gesamtreich galt.

Als Lothar II. ohne legitimen Erben starb, teilten ost- und westfränkisches Reich den lothringischen Pufferstaat etwa an der Maas- und Mosellinie untereinander auf (Vertrag von Meerssen 870).

Nach dem Tode Karls des Kahlen (877) begann im Westfrankenreich die Epoche der schwachen Könige, die sich gegenüber dem erstarkten Adel kaum noch durchsetzen konnten. Im „zurückgebliebenen" Ostreich blieb das Königtum dagegen noch unerschüttert; seine politisch-militärische Überlegenheit zeigte sich auch im Vertrag von Ribémont (880), in dem auch die Westhälfte Lotharingiens an das Ostreich fiel: die in Verdun gezogene Westgrenze des Mittelreiches wurde nun zur Westgrenze des ostfränkischen und später des deutschen Reiches für fast das ganze Mittelalter!

Zur Krise und Auflösung des Reiches, aber auch zum Aufkommen neuer regionaler Herrschaftsgewalten im

Reich trugen die *äußeren Feinde* des späten Karolingerreichs wesentlich bei: die Normannen (Wikinger), Sarazenen, Slawen und Ungarn.

Die Wander- und Raubzüge der skandinavischen Nordgermanen und ihre Landnahmen kann man als Fortsetzung der Völkerwanderung sehen, obwohl ihr Höhepunkt erst im 9. und 10. Jahrhundert lag. Landnot war nur in wenigen Fällen die Ursache; eher lockte die Freude an Kampf und Abenteuer, die Aussicht auf Beute und Tribut. Dabei ging es den Normannen auch um Beherrschung der Handelswege; die Grenzen zwischen Fernhändler und kriegerischem Räuber waren fließend. Ein weiterer Grund für Auswanderung war die in Dänemark, Norwegen und Schweden im 9. Jahrhundert einsetzende Ausbildung einer königlichen Zentralgewalt, der viele Wikinger, die meist der Oberschicht angehörten, ausweichen wollten. An Disziplin, Organisation und kriegerischer Tüchtigkeit waren die meist noch heidnischen Gefolgschaften und ihre Häuptlinge ihren damaligen Gegnern auf den britischen Inseln und auf dem Kontinent weit überlegen. Ihre neuentwickelte Segeltechnik bot die Voraussetzungen für ihre weiten Reisen; gekämpft haben sie allerdings zu Lande. Obwohl es kriegerische Fahrten schon lange vorher gegeben hatte, gilt der Überfall norwegischer Wikinger auf die nordenglische Abtei Lindisfarne 793 allgemein als Beginn der eigentlichen Normannenzüge.

845 eroberte ein dänischer König vorübergehend Hamburg; auch Friesland wurde immer wieder von Normannen angegriffen, und Lothar I. sah sich genötigt, ihnen einige friesische Grafschaften für 40 Jahre zu Lehen zu geben, um dadurch Frieden zu erreichen. Das Westreich war jedoch viel stärker betroffen: an den Mündungen der großen Ströme errichteten die Normannen ihre Standlager, von wo aus sie die Umgebung verheerten und den Flußläufen entlang tief ins Landesinnere vorstießen. Der westfränkische Widerstand war zunächst schwach und erfolglos.

Die Sarazenen bedrohten den Süden des Reiches; sie hatten Sizilien besetzt und in Süditalien Fuß gefaßt. Unter ihren Raubzügen hatten vor allem die tyrrhenische Küste Italiens und die Provence zu leiden, 846 zerstörten sie sogar

St. Peter vor den Mauern Roms. Die Karolinger vermochten der sarazenischen Bedrohung nicht dauerhaft Herr zu werden.

Auch die östliche Reichsgrenze zu den Slawen hin wurde in unserem Zeitraum unruhiger, doch konnte die alte Grenze an der Elb-Saale-Linie gehalten werden. Im Südosten war jedoch nach dem Ende der Awaren, zunächst unbemerkt, ein Herrschaftsgebilde entstanden, das als erster westslawischer „Staat" angesprochen werden kann: das Großmährische Reich. Um 830 ist es bereits eine ansehnliche Macht unter Herzog Mojmir. Es umfaßte später neben Mähren auch die Südslowakei und Teile Pannoniens, dazu zeitweise die Oberherrschaft über Böhmen. Erst die archäologischen Ausgrabungen der letzten Jahrzehnte haben uns einige Kenntnis von den inneren Verhältnissen und dem beachtlichen kulturellen Stand Großmährens verschafft. Der Fürst, der eine vergleichsweise starke Stellung hatte, herrschte mit seiner kriegerischen Gefolgschaft und burgähnlichen Anlagen über die abhängige Bevölkerung.

Großmähren entwickelte sich unter seinen Fürsten Rastislaw und Svatopluk († 894) zum großen Gegenspieler des ostfränkischen Reiches im Donauraum; Ludwig dem Deutschen gelang es auch in mehrmaligen militärischen Auseinandersetzungen nicht, seine Oberherrschaft nachhaltig zur Geltung zu bringen. Bei den mährischen und böhmischen Slawen hatte eine fränkisch-bayrische Mission längst eingesetzt; nun versuchte Rastislaw, sich von der fränkischen Kirche abzusetzen, und wandte sich an Byzanz, das zwei griechische Missionare, Konstantin-Cyrill und Methodius, nach Mähren schickte. Die beiden „Slawenapostel" führten die slawische Sprache in Schrift, Liturgie und Predigt ein (Altkirchenslawisch) und verdrängten zeitweise die lateinischen Kleriker, die aus Bayern kamen. Im Wirken Cyrills und Methods zeigt sich das Ringen der byzantinisch-orthodoxen mit der römischen Kirche um die zu missionierenden Slawenstämme; doch bemühten sich Cyrill und Method mit wechselndem Erfolg und in ständigen Spannungen mit der ostfränkischen Kirche, auch die Zustimmung des Papstes für die unkanonische Sprache zu erlangen. Der westliche Einfluß setzte sich jedoch später wieder durch, und Svatopluk selbst verwies Methodius und seine Schüler des Landes.

Das großmährische Reich erlag schließlich dem Ansturm der Ungarn (um 900), einer (nach den Hunnen und Awaren) neuen Welle steppennomadischer Viehzüchter aus dem Raum des Ural. 862 tauchten sie zum ersten Mal im ostfränkischen Reich auf, um 896 rückten sie unter ihrem Großfürsten Árpád in ihre neuen Wohnsitze in Pannonien ein. Sie verknechteten die vorgefundene meist slawische Bevölkerung und begannen, alle Gebiete des alten Frankenreiches, aber auch Byzanz, mit ihren Raub- und Beutezügen in Angst und Schrecken zu versetzen.

Es war nur das Ergebnis dynastischer Zufälle, daß das Frankenreich noch einmal unter Karl III. (dem Dicken), dem jüngsten Sohn Ludwigs des Deutschen, für einige Jahre wiedervereinigt wurde (885−887). Karl wurde jedoch bald abgesetzt, weil er gegenüber einer neuen großen normannischen Angriffswelle offenkundig versagte: trotz aussichtsreicher militärischer Lage erkaufte er den Abzug der Normannen vor Paris mit Tributen.

887/888 bedeutet einen weiteren Einschnitt in der späten Karolingerzeit: zwar wurde im ostfränkischen Reich wieder ein − wenn auch nichtehelicher − Karolinger, der tüchtige Arnulf von Kärnten, zum König erhoben, in den anderen Teilreichen setzten sich bereits Nichtkarolinger an die Spitze: Odo von Paris im Westfrankenreich, andere Fürsten in Italien, in Hoch- und Niederburgund. Die Abkehr von den Karolingern ist ein Beweis für ein zunehmendes Eigenbewußtsein der neuen Teilreiche. Einen Anschein von Gemeinsamkeit und Legitimität verschafften sich die neuen Machthaber dadurch, daß sie ihre Länder vom Karolinger Arnulf zu Lehen nahmen. Dieser beschränkte sich allerdings auf die Festigung des ostfränkischen Reiches; er hatte Erfolg gegen die Normannen (siegreiche Schlacht bei Löwen) und wurde als letzter Karolinger 896 in Rom zum Kaiser gekrönt.

Mit dem Ausbruch seiner Krankheit und seinem Tod (899) und in der Regierungszeit seines unmündigen Sohnes, Ludwig des Kindes, verfiel die königliche Zentralgewalt endgültig. Mit dem Tode Ludwigs (911) endete die Karolingerzeit auch im ostfränkischen Reich. Diese letzten Jahre der alten Dynastie waren jedoch für die Verfassung des entstehenden deutschen Reiches von großer Bedeutung: jetzt setzten sich die regionalen Gewalten durch, deren Aufstieg schon lange im Gange war. Es entstanden die *jüngeren Stammesherzogtümer,* mit Herzögen an ihrer Spitze, die nicht wie die früheren merowingischen Herzöge vom König eingesetzt wurden, sondern autogene Fürsten waren.

Die neuen Herzogtümer verdankten ihre Entstehung einerseits der Schwäche des Königtums, andererseits der wachsenden äußeren Bedrohung, die mehr Selbsthilfe, d. h. ein schnelles militärisches Eingreifen mit regionalen Kräften erforderlich machte. So setzten sich an der gefährdeten Ostgrenze des Reiches, in Sachsen und Bayern, die ursprünglichen Markgrafen als Herzöge durch: am frühesten in Sachsen, um das sich die ostfränkischen Könige weniger kümmerten, die Familie der Liudolfinger, im Kampf mit Normannen, Slawen und Ungarn. Die Bayern hatten nach der Vernichtung des großmährischen Reiches die schwere Last der Ungarnabwehr zu tragen. Ihr militärischer Führer, Markgraf Liutpold, fiel 907 in der Schlacht bei Preßburg, wo das bayrisch-mährische Heer vernichtend geschlagen wurde. Sein Sohn Arnulf nannte sich Herzog der Bayern *(dux Baiuvariorum);* die Ungarngefahr festigte seine autonome Herrschaftsposition.

Komplizierter lagen die Verhältnisse in Schwaben und Franken. Dort rivalisierten jeweils zwei Adelsgruppen um die Vormacht. In Franken gewannen in erbittertem Kampf die Konradiner mit Hilfe des Königtums über die Babenberger die Oberhand (906). In Schwaben war eine Entscheidung beim Tod Ludwigs des Kindes noch nicht gefallen; neben den beiden Adelssippen des Hunfrid und des Pfalzgrafen Erchanger besaßen gerade im Zentrum des Stammesgebietes, im Bodenseeraum, die königstreuen Geistlichen, der Bischof von Konstanz und die Äbte von St. Gallen und Reichenau, eine starke Machtposition.

Die Lothringer schlossen sich 911 unter Führung des mit den Konradinern verfeindeten Grafen Reginar dem westfränkischen Reich an, wo im selben Jahr wieder ein Karolinger an die Regierung gelangt war. (Ihre Herrschaft endete in Frankreich endgültig erst 987.)

Die Königswahl eines Nichtkarolingers, des fränkischen Herzogs Konrad aus der nach ihm benannten Adelssippe, durch die Vertreter der vier Stämme der Franken, Sachsen, Schwaben und Bayern in Forchheim (911) bedeutete eine weitere wichtige Etappe zur endgültigen Verselbständigung des ostfränkisch-deutschen Reiches.

Die Regierung Konrads I. blieb jedoch glücklos; weder konnte er Lothringen zurückgewinnen noch die Ungarngefahr bannen. Sein Versuch, mit Hilfe der Kirche im Sinne eines „karolingischen" Königtums gegen die neuen Stammesherzöge zu regieren, schlug fehl. Die Hinrichtung der schwäbischen Grafen Berthold und Erchanger — dieser hatte sich gegen den Willen des Königs und der Kirche zum Herzog aufschwingen wollen — verschaffte nur ihrem Gegner, dem Hunfridinger Burchard, die schwäbische Herzogswürde. Die süddeutschen Herzogtümer entglitten dem König. Konrad I. starb 918 ohne Nachkommen.

Die Gründe für die Auflösung des fränkischen Großreichs und seine Transformierung in die fünf neuen Teilreiche Frankreich, Deutschland, Hoch- und Niederburgund sowie Italien sind vielfältig. Neben der äußeren Bedrohung und dem fränkischen Reichsteilungsgrundsatz mit den daraus resultierenden Bruderkämpfen ist die Größe des Reiches zu nennen: seine wirkliche herrschaftliche Erfassung war mit der bescheidenen „staatlichen" Organisation offensichtlich nicht dauerhaft möglich. Das Lehenswesen, als Mittel des Zusammenhalts zwischen König und Adel gedacht, entfaltete bei der zunehmenden Schwäche des Königtums bald zentrifugale Tendenzen; große Adelsfamilien emanzipierten sich von der Zentralgewalt. Die Reichsteile schließlich standen auf verschiedener gesellschaftlicher, wirtschaftlicher und kultureller Entwicklungsstufe und entwickelten bzw. führten eigene Identitäten fort, wobei möglicherweise auch schon das Bewußtsein der Sprachverschiedenheit eine Rolle zu spielen begann.

Quellen

Q 1 Straßburger Eide

Also kamen am 14. Februar Ludwig und Karl in der Stadt zusammen, die einst Argentaria, jetzt aber im Volksmund Straßburg heißt, und sie schworen die unten aufgeführten Eide, Ludwig in romanischer, Karl aber in deutscher Sprache. Und sie sprachen vor dem Eid das versammelte Volk an, der eine in deutscher, der andere in romanischer Sprache. Der ältere Ludwig begann zuerst: Ihr wißt, wie oft Lothar mich und diesen meinen Bruder nach dem Tod unseres Vaters verfolgte und zu vernichten versuchte ... Aus dieser Auseinandersetzung sind wir, wie ihr wißt, durch Gottes Barmherzigkeit als Sieger hervorgegangen ... Wenn ich aber, das sei ferne, den Eid, den ich meinem Bruder schwören werde, brechen sollte, spreche ich jeden von euch vom Gehorsam und vom Treueid, den ihr mir geschworen habt, frei ... Und als Karl dieselben Worte in romanischer Sprache gesprochen hatte, schwor Ludwig, da er der Ältere war, zuerst, daß er dies halten wolle: ‚Pro deo amur et pro Christian poblo et nostro commun saluament, d'ist di in auant, in quant Deus sauir et podir me dunat, si saluarai eo cist meon fradre Karlo et in aiudha et in cadhuna cosa, si cum om per dreit son fradra salvar dist, in o quid il mi altresi fazet; et ab Ludher nul plaid numquam prindrai, qui meon uol cist meon fradre Karle in damno sit' (‚Aus Liebe zu Gott und zu des christlichen Volkes und unserem gemeinsamen Heil, vom jetzigen Tag bis in die Zukunft, soweit mir Gott Wissen und Macht gibt, will ich diesem meinem Bruder Karl helfen und mich zu ihm in jeder anderen Sache so verhalten, wie man dies von Rechts wegen seinem Bruder tun soll, wenn er sich genauso zu mir verhält; und mit Lothar will ich auf keine Abmachung eingehen, die mit meinem Willen meinem Bruder Schaden zufügen könnte'). Als dies Ludwig gesprochen hatte, schwor Karl mit denselben Worten in deutscher Sprache: ‚In Godes minna ind in thes Christianes folches ind unser bedhero gealtnissi, fon thesemo dage frammordes, so fram so mir Got geuuizci indi mahd furgibit, so haldih tesan minan bruodher, soso man mit rehtu sinan bruodher scal, in thiu thaz er mig sosoma duo; indi mit Ludheren in nohheiniu thing ne gegango, zhe minan uuillon imo ce scadhen uuerhen'. Der Eid aber, den das Heer der beiden, jedes in seiner eigenen Sprache, schwor, lautete in . . . deutscher Sprache: ‚Oba Karl then eid, then er sinemo bruodher Ludhuuuige gesuor, geleistit, indi Ludhuuuig min herro, then er imo gesuor, forbrihchit, ob ih inan es iruuenden ne mag, noh ih noh thero nohhein, then ih es iruuenden mag, uuidhar Karle imo ce follusti ne uuirdhit'. (‚Wenn Karl den Eid, den er seinem Bruder Ludwig schwor, hält, und mein Herr Ludwig seinen Eid nicht hält und ich ihn davon nicht abbringen kann, werde weder ich noch irgendeiner, den ich davon abbringen kann, ihm wider Karl irgendeinen Beistand leisten.').

(Nithardi historiarum libri IIII, SS rer. Germ. in us. schol., hg. von E. Müller 1907, S. 35–37).

Q 2 *Aufstand des Stellingabundes*

Im Zusammenhang mit den Bruderkämpfen vor dem Vertrag von Verdun steht ein später von Ludwig dem Deutschen niedergeworfener Aufstand der nichtadligen Sachsen gegen ihre adligen Herren: ein Beleg für soziale Spannungen, vielleicht auch für Tendenzen einer heidnischen Reaktion. Der Bericht stammt vom Geschichtsschreiber Nithard († 844), einem Enkel Karls des Großen, der auf Seiten Karls und Ludwigs gegen Lothar stand.

Die Sachsen hat, wie allen Bewohnern Europas bekannt ist, Kaiser Karl, der von allen Völkern zu Recht der Große genannt wird, mit großer Anstrengung vom eitlen Götzendienst zum wahren Glauben an Gott und Christus bekehrt. Sie zeichneten sich von Anfang an durch Adel und Kriegstüchtigkeit aus, wie sie vielfach bewiesen. Der Volksstamm ist in drei Stände geteilt: in ihrer Sprache heißen sie Edlinge, Frilinge und Lazzen, d. h. Adlige, Freie und Unfreie. Jener Teil, den sie für adlig halten, hatte sich im Streit Lothars und seiner Brüder in zwei Gruppen gespalten, die eine hing Lothar, die andere Ludwig an. So verhielt es sich hier, und als Lothar erkannte, daß nach dem Sieg der Brüder das Volk auf seiner Seite abzufallen drohte, suchte er gezwungenermaßen Hilfe, wo und wie er sie finden konnte. So verteilte er Reichsgut für seine eigenen Zwecke, den einen gewährte er die Freiheit, den anderen versprach er sie nach seinem Sieg. Nach Sachsen schickte er zu den Frilingen und den Lazzen, deren Zahl ungeheuer groß ist, und versprach ihnen, wenn sie sich ihm anschlössen, sollten sie die Rechte, die ihre Vorfahren zur Zeit des Götzendienstes besaßen, in Zukunft wieder eingeräumt bekommen. Danach waren sie übermäßig begierig; sie legten sich den neuen Namen der ‚Stellinga' [= Alteingesessene?] zu, rotteten sich zusammen, warfen ihre Herren fast aus dem Land und lebten in der alten Weise, jeder nach dem Gesetz, das er sich wünschte. Obendrein hatte Lothar die Normannen zu Hilfe gerufen, ihnen einen Teil der Christen unterstellt und die Erlaubnis gegeben, die übrigen Christen zu berauben. Daher fürchtete Ludwig, daß sich die Normannen und die Slawen mit den Sachsen, die sich Stellinga nannten, verbünden, das Reich erobernd angreifen und die christliche Religion in diesen Gebieten vernichten könnten.

(Nithardi historiarum libri IIII, SS rer. Germ. in us. schol., hg. von E. Müller 1907, S. 41 f.)

Q 3 Ungarngefahr

Die Regensburger Fortsetzung der Fuldaer Annalen schildert in folgendem Bericht zum Jahr 900 die ersten schweren Einfälle der Ungarn in Bayern und den Versuch, ihnen (trotz der Schwäche des Königtums) mit regionalen Kräften zu begegnen.

Inzwischen hatten die Awaren, die man Ungarn nennt, ganz Italien verwüstet und viele Bischöfe getötet; in einer Schlacht an einem Tag fielen 20 000 Italiener, die sich gegen sie verteidigen wollten. Sie selbst zogen den gleichen Weg, auf dem sie Italien betreten hatten, zurück und verwüsteten den größten Teil Pannoniens. Zu den Bayern schickten sie betrügerische Friedensboten, die das Land auskundschaften sollten. Das brachte, o welcher Schmerz! dem bayrischen Reich zum ersten Mal Unglück und verursachte einen Schaden, wie man ihn vorher noch nie gesehen hatte. Sie griffen also unvermutet, mit starker Mannschaft und einem sehr großen Heer über die Enns vorstoßend, das bayrische Reich feindlich an und machten im Umkreis von 50 Meilen an einem Tag alles mit Feuer und Schwert mordend und plündernd nieder. Als dies die weiter entfernt wohnenden Bayern erfuhren, beschlossen sie in ihrem Schmerz, ihnen schnell entgegenzurücken; aber die Ungarn erkannten dies vorher und kehrten mit der Beute in ihre Wohnsitze zurück, woher sie gekommen waren.

Ein Teil aber ihres Heeres war inzwischen nördlich der Donau vorgestoßen, um jene Gegend zu verwüsten. Als dies Graf Liutpold erfuhr und nicht dulden wollte, zog er einige bayrische Adlige [mit ihren Kriegern] zusammen und setzte, nur vom Passauer Bischof begleitet, über die Donau, um sie zu verfolgen. Er stieß mit ihnen zusammen, kämpfte rühmlich und triumphierte noch rühmlicher. Denn beim ersten kriegerischen Zusammenstoß fand man, durch die Gnade Gottes, unter den Toten und den in der Donau Ertrunkenen 1 200 Heiden. Kaum einen Christen fand man tot in Kriegsrüstung ... Schließlich kehrten sie, nach einem solchen Sieg, froh zu ihren Genossen nach Hause dorthin zurück, woher sie gekommen waren, und umgaben auf das schnellste eine starke Befestigung am Ufer der Enns [Ennsburg] zum Schutz für das Reich mit einer Mauer.

(Annales Fuldenses, SS rer. Germ. in us. schol., hg. von F. Kurze 1891, S. 134 f.)

Fragen, Probleme und Anregungen

1) Die Etappen der Auflösung des fränkischen Reiches.

2) Welche äußeren und inneren Gründe dürfte die relativ rasche Auflösung des Frankenreiches gehabt haben?

3) Wie ist die Entstehung der neuen Herzogsgewalt in den fünf „Stammesherzogtümern" des Ostens zu erklären?

Wichtige Daten

793	Beginn der Wikingerangriffe in Europa
um 830–um 900	Großmährisches Reich
843	Vertrag von Verdun
885–887	Letzte Vereinigung des Frankenreiches
seit 896	Die Ungarn in Pannonien
911	Ende der Karolingerherrschaft im Ostreich

Wichtige Begriffe

„Jüngeres" Stammesherzogtum

Literaturhinweise

Ostfrankenreich/Herzogtümer

E. Dümmler, Geschichte des Ostfränkischen Reiches, 3 Bde. 1887/88³ [Ausführlichste Gesamtdarstellung].
F. L. Ganshof, Zur Entstehungsgeschichte u. Bedeutung des Vertrages von Verdun (843). DA 12(1956), 313–330.
W. Schlesinger, Die Auflösung des Karlsreiches. In: Ders., Karl der Große. Bd. 1 (1965), 792–858.
E. Hlawitschka, Lotharingien und das Reich an der Schwelle der dt. Geschichte, 1968 (Schriften der MGH 21).
E. Müller-Mertens, Der Stellingaaufstand. Seine Träger und die Frage der politischen Macht. Zeitschr. f. Geschichtswiss. 20(1972), 818–842.
H.-W. Goetz, Dux und Dukatus. Begriffs- und verfassungsgesch. Untersuchungen zur Entstehung des sog. „jüngeren" Stammesherzogtums an der Wende vom 9. zum 10. Jh., 1977.
Die Entstehung des Deutsches Reiches. Deutschland um 900, hg. v. H. Kämpf, 1980⁵ (WdF 1) [Aufsatzsammlung].

K. F. Werner, Vom Frankenreich zur Entfaltung Deutschlands und Frankreichs. Ursprünge-Strukturen-Beziehungen. Ausgewählte Beiträge, 1984.

Normannen/Großmähren/Ungarn

A. d'Haenens, Les invasions normandes dans l'Empire franc au IX^c siècle. In: Settimane di Studio 16 (1969), 233–298.
F. D. Logan, Die Wikinger in der Geschichte, 1987.
K. Bosl, Das Großmährische Reich in der politischen Welt des 9. Jahrhunderts, 1966.
Das Großmährische Reich, Red. von F. Graus, J. Filip, A. Dostál, 1966 (Tagungsprotokoll 1963).
Großmähren. Ein versunkenes Slavenreich im Lichte neuer Ausgrabungen, 1967.
F. Dvornik, Les Slaves, Byzance et Rome au IX^c siècle. 1926; mit neuer Einl. v. P. Charaniss, 1970.
H. Löwe, Cyrill und Methodius zwischen Byzanz und Rom. In: Settimane di Studio 30 (1983), 631–699.
S. de Vajay, Der Eintritt des ungarischen Stämmebundes in die europäische Geschichte (862–933), 1968.

7. Der Aufstieg der königlichen Zentralgewalt. Die Grundlagen des deutschen Königtums seit Otto I.

Mit der – durch die Vertreter der Franken und Sachsen in Fritzlar (919) erfolgten – Wahl des Sachsenherzogs Heinrich zum König kam zum ersten Mal ein nichtfränkischer Herrscher an die Regierung. Das bedeutete eine weitere entscheidende Etappe auf dem Weg vom ostfränkischen zum deutschen Reich. Die Herzöge Schwabens und Bayerns hatten sich an der Wahl Heinrichs allerdings nicht beteiligt. Herzog Arnulf ließ sich von den Bayern sogar zum König ausrufen; dabei scheint es sich eher um ein geplantes bayrisches Sonderkönigtum als um ein deutsches Gegenkönigtum gehandelt zu haben. Die bekannte Nachricht der älteren Salzburger Annalen von König Arnulf „im Reich der Deutschen" *(in regno Teutonicorum)* dürfte erst in einer wesentlich späteren Abschrift des 12. Jahrhunderts eingefügt worden sein. Die ersten sächsischen Könige nannten sich in der Regel nur *rex* (König) ohne weiteren Zusatz. Festzuhalten bleibt jedoch, daß neben Franken nun ein weiteres Stammesgebiet, Sachsen, zur Kernlandschaft des Königtums zählte.

Die personelle Kontinuität am Königshof war bescheiden; nur einen Notar übernahm Heinrich nachweislich aus der Umgebung Konrads. Seine Ablehnung der kirchlichen Salbung ist als politische Distanzierung zur Kirche und den Bischöfen gedeutet worden, doch findet diese These in der späteren Politik des Königs keinen Anhaltspunkt. Allerdings hat er, anders als Konrad, die Stammesherzöge als Realitäten und Teilhaber der Reichsgewalt akzeptiert. In Verhandlungen und mit Kriegszügen erreichte er Huldigung und Lehenseid der süddeutschen Herzöge. Die lehensrechtliche Einbindung der Stammesherzöge wurde damit jetzt zu einem wichtigen Element der Reichsverfassung. Die Herrschaft über ihre Kirche mußte Heinrich den süddeutschen Herzögen allerdings zunächst belassen.

Neueste Forschungsergebnisse anhand von klösterlichen Verbrüderungsbüchern zeigen, daß (über die Stammesgrenzen hinwegreichende) vertragliche Freundschaftsbündnisse mit maßgeblichen Adelskreisen ein Grundprinzip der Regierung Heinrichs darstellten (G. Althoff).

Neu war gegenüber der fränkischen Zeit auch die fortan beachtete Unteilbarkeit des Reiches. Heinrich hatte sie in der sogenannten Hausordnung von 929 festgelegt, in der er seinen Sohn Otto mit Zustimmung des Adels zum alleinigen Nachfolger bestimmte. Dahinter stand vielleicht schon die Vorstellung von einer Eigenexistenz des Reiches, das nicht mehr Eigentum einer königlichen Familie war. Der Dynastiewechsel kann zu diesen Anfängen einer „transpersonalen Herrschaftsvorstellung" beigetragen haben. Es ist allerdings auch darauf hingewiesen worden, daß sich das auf Sachsen gestützte Königtum eine Teilung seiner Machtgrundlagen gar nicht mehr leisten konnte (K. J. Leyser). Die Unteilbarkeit setzte sich übrigens in ähnlicher Weise auch in den anderen Nachfolgestaaten des Frankenreichs im 10. Jahrhundert durch.

Heinrich hatte im Inneren des Reiches dem Königtum die Initiative wiedergewonnen, aber auch an den Grenzen erzielte er bedeutende Erfolge: Mit Lothringen, das sich unter Konrad dem Westfrankenreich angeschlossen hatte, gewann er unter Ausnützung französischer Thronkämpfe als fünftes Herzogtum eine alte karolingische Kernlandschaft sowie die Kaiserresidenz Aachen für das Reich zurück. Im Osten machte Heinrich eine Reihe slawischer Stämme tributpflichtig, dann unterwarf er zusammen mit Arnulf von Bayern den christlichen Herzog Böhmens, den Přemysliden Wenzel, seiner Oberhoheit. Diese Vorstöße könnten noch als Grenzsicherungsmaßnahmen gedeutet werden, denn sie hingen auch mit der weiterbestehenden Ungarngefahr zusammen. In einem neunjährigen Waffenstillstand mit den Ungarn, den Heinrich mit Tributen erkaufte, ließ er Grenzbefestigungen errichten und baute ein schlagkräftiges Reiterheer auf. In der Schlacht an der Unstrut (933) warf das aus allen Stämmen gebildete Heer Heinrichs die Ungarn zurück.

Heinrich konnte seinem Nachfolger ein im Inneren und

Äußeren konsolidiertes Reich hinterlassen. Mit der Designation seines zweiten Sohnes Otto hatte er die tendenziell erbrechtliche Seite der Königsnachfolge betont, die immer in besonderem Interesse eines starken Königtums lag. Der Bericht des sächsischen Chronisten Widukind von Corvey über Ottos Herrschaftsantritt (Q 1) zeigt uns exemplarisch die handgreifliche Symbolik einer Königserhebung und damit auch die Kräfte und Grundlagen des neuen Reiches: Die Wahl Aachens als Krönungsort und die fränkische Kleidung Ottos machen die karolingische Tradition deutlich. Widukind weist mit der etymologischen Herleitung des nahen „Jülich' von Julius Caesar sogar auf den altrömischen „Vorgänger" hin. Die „Kettenhandlung" der Königserhebung mit den weltlichen Akten der Wahl, der Huldigung, dem Treueid und der Akklamation des Volkes, mit den geistlichen Akten der Einkleidung, Salbung und Krönung, ferner mit der (doppelten) Thronsetzung, der Krönungsmesse und dem rituellen Festmahl stellt insbesondere die geistlichen Würdenträger (Erzbischöfe) und die Herzöge aller Stämme als Beteiligte heraus; mit dem akklamierenden Volk *(populus)* dürfte vornehmlich der übrige Adel gemeint sein.

Bei der Königserhebung sahen die Beteiligten letztlich Gottes Hand am Werk. Die Vorstellung des Gottesgnadentums sollte die Königsherrschaft nicht nur nach außen legitimieren, sie entsprach wohl auch dem Selbstverständnis der Könige, wie sich aus den Bezeichnungen der Urkundenformeln („König von Gottes Gnaden") oder auch aus den ottonischen Herrscherdarstellungen ergibt (H. Keller). Einzelne Quellen bezeugen, daß neben dem christlich-sakralen Charakter des Königs in der breiten Bevölkerung noch lange auch die alten charismatisch-magischen Vorstellungen des Königsheils weiterlebten (Q 3).

Die Herrschernachfolge war während des ganzen Mittelalters ein entscheidendes politisches Problem der königlichen Zentralgewalt und damit auch der Reichsverfassung; sie ist ausführlich untersucht worden. Die Wahl eines Königs und die sich aus dem Geblütsrecht herleitende Erblichkeit waren die beiden, an sich nicht zu vereinbarenden

Prinzipien; dennoch blieben beide, wenn auch mit wechselndem Gewicht, bis ins 15. Jahrhundert wirksam. Bei starken Dynastien im fränkischen und deutschen Reich sank die Wahl zur bloßen Bestätigung der erbrechtlichen Nachfolge ab, in Schwächephasen des Königtums und natürlich beim „Aussterben" einer königlichen Dynastie stieg sie schnell wieder zum entscheidenden Erhebungsakt auf.

Die Wähler des Königs entstammten der politisch führenden Gruppe des geistlichen und weltlichen Hochadels; bis ins 12. Jahrhundert sind sie jedoch weder zahlenmäßig noch rechtlich genau eingrenzbar. Bei der Wahl selbst wurde Einstimmigkeit angestrebt. Bei erwiesener Unfähigkeit des Königs hielten sich die fürstlichen Wähler für berechtigt, ihn abzusetzen. Dies ist mehrmals vorgekommen, z. B. bei Karl III. (887) oder Wenzel (1400).

Der allgemeine Konsens, der bei der Königserhebung Ottos I. deutlich wurde, hielt nicht lange vor: weder waren die Stammesherzöge bereit, ihre Selbständigkeit zugunsten eines starken Königtums einschränken zu lassen, noch fanden sich die engsten Verwandten des Königs damit ab, aufgrund der neuen Thronfolge von der Herrschaft ausgeschlossen zu sein. Anders als sein Vater suchte Otto eine über dem Adel stehende, stärkere Zentralgewalt aufzubauen. In einer ersten Phase der Aufstände widersetzten sich in verschiedenen Konstellationen dem König sein älterer Stiefbruder Thankmar, sein jüngerer Bruder Heinrich mit ihren sächsischen Freunden, Eberhard von Franken, später auch Giselbert von Lothringen. Die sich nach Frankreich ausweitenden Auseinandersetzungen wurden durch den Sieg des königstreuen Herzogs Hermann von Schwaben und seiner konradinischen Verwandten bei Andernach (939) beendet; Eberhard fiel, Giselbert ertrank im Rhein. Dem König bot sich nun als Ausweg an, die nach Herrschaft strebenden Verwandten mit den jetzt oder später freiwerdenden Herzogtümern abzufinden und diese dadurch stärker an das Königtum anzubinden: Heinrich erhielt das wichtige Bayern, der Sohn Liudolf Schwaben, der Lothringer Herzog Konrad der Rote wurde durch Heirat mit einer Tochter Ottos sein Schwiegersohn. Franken, das noch keine feste Herzogsgewalt ausgebildet hatte, wurde wie Sachsen unter direkte königliche Verwaltung genommen.

Zwar blieb die Verbindung der Königs- mit den Herzogsfamilien seit Otto eine für Jahrhunderte geübte nützliche Praxis für das Königtum; dennoch ging die Rechnung für Otto nicht ganz auf. Auch die neuen Herzöge übernahmen die politischen Tendenzen ihrer Herzogtümer. So führten Rivalitäten der süddeutschen Herzöge untereinander und mit dem König in der Oberitalienpolitik zur zweiten Aufstandswelle der Jahre 953 und 954, an der vor allem Liudolf von Schwaben und Konrad von Lothringen beteiligt waren.

Ein neuer Einfall der Ungarn, die wahrscheinlich durch die instabile Lage angelockt worden waren, brachte jedoch die Sache der Aufständischen, die man der Zusammenarbeit mit den gefährlichen Feinden verdächtigte, zu Fall. Angesichts der drohenden Gefahr kam es Ende 954 zum internen Friedensschluß. 955 erschienen die Ungarn erneut mit einem großen Heer, verwüsteten Bayern und belagerten Augsburg, das unter Leitung des Bischofs Ulrich tapfer verteidigt wurde. (Der bedeutende Ulrich wurde später der erste seitens der Kirche in einem förmlichen Verfahren kanonisierte Heilige.) In der Nähe der Stadt, auf dem Lechfeld, schlug schließlich das aus Sachsen, Franken, Schwaben, Bayern und Böhmen bestehende königliche Heer die Ungarn vernichtend. Nie wieder erschienen sie im Reich, der westliche Teil Europas war fortan von ihren Raub- und Plünderungszügen befreit. Für Ungarn selbst wurde die Niederlage zur Voraussetzung für die Christianisierung und „staatliche" Konsolidierung des Landes.

Die europäische Tragweite der Lechfeldschlacht war den Zeitgenossen durchaus bewußt. Widukind von Corvey berichtet, Otto sei von seinem Heer nach dem Sieg zum Imperator (= Kaiser?) ausgerufen worden. Die These eines „romfreien Kaisertums" ist in der Forschung nicht unumstritten, doch ist man sich einig darin, daß der Ungarnsieg Ottos eine entscheidende Grundlage für die *Erneuerung des Kaisertums* darstellte.

Erstrebt hatte Otto I. die Kaiserwürde allerdings bereits

vor 955, wie sich aus seiner *Italienpolitik* ergibt. – Schon seit Jahrzehnten kämpften in Italien in einer Phase politischer Regionalisierung verschiedene Fürsten meist fränkischer Herkunft um die Vormacht und damit um das italische Königtum. Der gegen den aus Burgund stammenden König Hugo opponierende Markgraf Berengar von Ivrea war nach Deutschland geflüchtet und hatte dort anscheinend Otto den Lehenseid geleistet. Nach dem Tode Hugos und seines Sohnes, König Lothars, riß Berengar die Macht und die Königskrone an sich; die Königin Adelheid nahm er fest. Ihr Hilferuf an Otto bot den Anlaß zum Eingreifen. Otto erschien 951 zum ersten Mal in Italien und machte sich in Pavia zum „König der Franken und Langobarden", gestützt auf das Eroberungsrecht und legitimiert durch die Heirat mit Adelheid. Bemühungen Ottos um die Kaiserkrönung in Rom scheiterten damals jedoch an den stadtrömischen Machthabern und am Papst. Als der Papst zehn Jahre später durch den wieder zur Macht gelangten Berengar in Bedrängnis geriet, rief er Otto zu Hilfe und versprach ihm die Kaiserkrone. Otto durchzog Italien ohne Widerstand und wurde am 2. Februar 962 von Papst Johannes XII. in Rom zum Kaiser gekrönt, vielleicht mit der Reichskrone, die heute noch in der Wiener Hofburg erhalten ist.

Die Erneuerung des Kaisertums selbst brachte keinen Machtzuwachs für den deutschen König mit sich. Seine Herrschaftsgewalt auch in Italien leitete sich in Zukunft vom deutschen Königtum ab; ebenso die Anwartschaft zur Kaiserkrone. Fortan sind nur deutsche Könige in Rom zum Kaiser gekrönt worden. Als zusätzliche Aufgabe des Kaisertums ist freilich der Schutz der römischen Kirche *(defensio ecclesiae Romanae)* – konkret des Papsttums und des Kirchenstaates – anzusehen. In den anderen europäischen Ländern brachte die Kaiserkrone dem deutschen König allenfalls Prestige, nie jedoch etwa die Anerkennung seiner Oberhoheit ein. Für das Selbstverständnis, die Politik und die Verfassung der deutschen Zentralgewalt sollten das Kaisertum und die mit ihm verbundene Italienpolitik jedenfalls tiefgreifende Folgen haben. Formell bestand das Kaisertum bis zum Ende des alten Reiches (1806).

Für Otto mochte die Herrschaft über Italien und das Kaisertum eine Folge der bewußt übernommenen karolingischen Tradition und die logische Anerkennung der Vormachtstellung des Reiches nach der Lechfeldschlacht darstellen. Daneben mußte es ihm darauf ankommen, die eigenmächtige Italienpolitik der süddeutschen Herzöge zu unterbinden, vielleicht auch mehr Einfluß auf den Papst als Haupt der Kirche zu nehmen. Denn päpstliche Unterstützung war für seine ehrgeizigen missionarischen und kirchenorganisatorischen Pläne wichtig. Keineswegs zu übersehen ist schließlich die Sogwirkung des politisch zerstrittenen, aber wirtschaftlich entwickelteren Italiens. Ökonomisch-herrschaftliche Interessen des Königs und des deutschen Adels lassen sich bei der schlechten Quellenlage nur vermuten. Bemerkenswert ist allerdings, daß sich Otto als derjenige Herrscher, von dem die Italienpolitik ausging, selbst bereits über 9 Jahre in Italien aufhielt.

In einem Vertrag mit dem Papst, dem *Pactum Ottonianum* (Q 2), suchte sich der Kaiser größeren Einfluß auf das Papsttum zu sichern und legte damit für ein Jahrhundert die Grundlage für das Verhältnis der beiden Gewalten. Er erneuerte zwar im ersten Teil der Urkunde – in Nachfolge der Karolinger – die Pippinsche Schenkung und bestätigte damit den Bestand des Kirchenstaats, jedoch wurden die künftigen Päpste verpflichtet, nach ihrer Wahl, aber noch vor der Weihe, einen Treueid zu leisten. Nach einem Aufstand der Stadt und des Papstes gegen Ottos Herrschaft in Rom wurden die Römer verpflichtet, keinen Papst ohne königliche Zustimmung zu wählen. Allerdings konnte sich der Kaiser in Rom nur durch Absetzung und Verbannung zweier Päpste und mit militärischer Gewalt schließlich durchsetzen.

Im dritten Italienzug (von 966 an) führte Otto die Expansion über Rom hinaus und drang nach Süden vor; dies brachte ihn in Konflikt mit dem byzantinischen Basileus. Otto erreichte die Anerkennung der Gleichrangigkeit, die durch die Heirat seines Sohnes mit der bedeutenden byzantinischen Prinzessin Theophanu (972) bekräftigt wurde; er gab aber die Ansprüche auf Apulien auf.

Über die Bewertung der mit Otto einsetzenden deutschen Italien- und Kaiserpolitik war im Deutschland des 19. Jahrhunderts (seit 1859) eine ausgedehnte Gelehrtenkontroverse entbrannt. Während großdeutsch-österreichisch orientierte Historiker (J. Ficker) die Politik der Könige billigten und verteidigten, wurde sie von kleindeutsch-preußischen Gelehrten getadelt, weil sie „ein ganz anderes Ziel als die Pflege der . . . Nation" verfolgt und „die Richtung auf schrankenlose Weltherrschaft" (H. v. Sybel) genommen habe. Die stark zeitgebundenen Antworten dieses Streits erweisen sich als ahistorische, den mittelalterlichen Verhältnissen unangemessene Alternativen.

Die entscheidenden Bedingungen für die Wirkungsmöglichkeiten des Königtums waren seine *materiellen Grundlagen*. Bei der immer noch überwiegenden Naturalwirtschaft bestanden sie weiterhin aus dem Reichsgut, d. h. aus der königlichen Grundherrschaft und weiteren wirtschaftlich nutzbaren Rechten, wobei vor allem Zoll und Münze zu nennen sind. Steuern im modernen Sinn gab es nicht. Vielleicht noch zu wenig gewürdigt ist die Bedeutung des Silberbergbaus für die relativ starke Stellung des sächsisch-deutschen Königtums. Der Beginn der unter königlicher Regie laufenden Silbergewinnung im Harz (Rammelsberg) wird auf das späte 10. Jahrhundert datiert. Schon der Hof Ottos I. soll nach einem zeitgenössischen Bericht täglich mehr als 30 Pfund Silber ausgegeben haben. Die Schatzfunde mit den ottonischen und frühsalischen Pfennig-Prägungen finden sich fast ausschließlich außerhalb des Reiches, was als Beleg für eine ausgesprochene Importwirtschaft anzusehen ist.

Das Königtum beherrschte in unserer Zeit, ebenso wie der übrige Hochadel, (noch) keine geschlossenen Territorien, sondern verfügte über mehr oder weniger gehäuften Streubesitz. Betrachtet man die besitzrechtliche Herkunft der königlichen Güter, so sind das Reichsgut im engeren Sinn und das Hausgut der königlichen Familie zu unterscheiden. Wir haben keine Hinweise darauf, daß beide Besitzkomplexe während der Regierungsphase einer Dynastie verschieden angesehen, behandelt oder verwaltet worden wären. Problematisch und umstritten war die notwendige Teilung immer erst bei einem Dynastiewechsel, z. B. 1024 (Ottonen/Salier) oder 1125 (Salier/Lothar v. Supplinburg bzw. Staufer).

Eine andere übliche, „funktionale" Gliederung des Reichsguts unterscheidet zwischen Reichslehensgut, Reichskirchengut und Königsgut. Während die beiden ersten Komplexe jene Güter umfassen, die an weltliche Vasallen und Amtsträger des Königs bzw. an die Träger der Reichskirche verlehnt oder vergeben wurden (dazu folgendes Kapitel), stellt das Königsgut das sozusagen in Eigenregie des Herrschers verbliebene Reichsgut dar. Es umfaßt die sogenannten Tafelgüter, die für die unmittelbare Versorgung des wandernden königlichen Hofes mit Lebensmitteln und Sachgütern vorgesehen waren (Q 4), sowie das übrige Königsgut, das sich allerdings bisher einer genauen Beschreibung und Definition entzieht.

Die Erforschung des Reichsguts und seiner Verbreitung liefert einen wichtigen Beitrag zum Verständnis mittelalterlicher Königsherrschaft. „Der Kampf um die Reichsverfassung war ein Kampf um das Reichsgut" (W. Schlesinger). Ähnliches gilt für die Untersuchung des königlichen Reiseweges, die sogenannte Itinerarforschung. Mehr noch als das fränkische, war das deutsche Königtum bis ins Spätmittelalter hinein ein *Reisekönigtum*. Dies galt im übrigen für viele europäische Herrscher jener Zeit. Auch wenn manche deutsche Könige besondere Vorlieben für einzelne Orte entwickelt hatten (z. B. Otto I. für Magdeburg, wo seine Anwesenheit 22mal bezeugt ist), haben sich höchstens Ansätze zur Residenzbildung ergeben.

Den wandernden Königshof schätzt man bereits im Normalfall, d. h. ohne wichtigen Hoftag oder Heereszug, auf mehrere hundert bis eintausend Personen. Der Bedarf des Hofes konnte bei der kaum entwickelten Geldwirtschaft noch lange nicht auf dem Markt gedeckt werden. Da die Beziehung zwischen Reichsgut und Reiseweg eng ist, der König sich also besonders oft und lange in denjenigen Landschaften aufhielt, wo Reichsgut gehäuft auftrat, entstand die „Abweidetheorie", die besagt, das königliche Itinerar sei ganz von der Möglichkeit der Versorgung des Hofes abhängig. Diese überspitzte These ist für die Erklärung des Reisekönigtums gewiß nicht ausreichend. Die Schwerpunktlandschaften des Königsguts waren gleichzeitig auch Schwerpunkte seines politischen Einflusses und seiner militärischen Macht. Im Rahmen des vorwiegend personal, noch längst nicht territorial strukturierten Herrschaftsgefüges des frühen und hohen Mittelalters war die Ausübung der Macht zudem eng mit der persönlichen Anwesenheit des Königs verknüpft: politische Verhandlungen, Konfliktlösung durch Gerichtsbarkeit, Exekution durch militärische Gewalt und Repräsentation konnten den Amtsträgern des Königs kaum delegiert werden; denn sie waren keine Beamten im neuzeitlichen Sinn, sondern adlige Herren.

Bei einigen der frühen deutschen Könige ist als besondere Reise der nach der Krönung unternommene Königsumritt zu nennen: als weiterer Akt des Regierungsantritts oder als endgültiger Herrschaftserwerb in Stammesgebieten und Landschaften, die bei der Wahl und Huldigung nicht vertreten gewesen waren.

Von den Historikern wird das Reich der Ottonen in der Regel *deutsches Reich* genannt. Geht man allerdings nach der amtlichen Selbstbezeichnung, so wurde ein „Deutsches Reich" erst 1871 gegründet. Im Mittelalter vermied die Reichskanzlei, welche die königlichen Urkunden ausstellte, diese Benennung. Der bis ins 11. Jahrhundert noch öfters verwandte Name „Reich der (Ost-)Franken" *(regnum Francorum orientalium)* belegt die Vorstellung von der Kontinuität mit dem Frankenreich, auf die mit Recht ausdrücklich hinzuweisen ist. Aber jetzt wurden – in einem allmählichen Prozeß – neben den Franken auch die anderen Stämme zu Trägern der Herrschaftsbildung und begannen, sich als Gesamtheit zu verstehen; dafür stand dann die Sprachbezeichnung ‚deutsch' zur Verfügung. Selbstverständlich umfaßte das entstehende Wir-Gefühl zunächst allenfalls die adlige Oberschicht und den gebildeten Klerus. Immerhin hatte schon Otto I. seine Landsleute einmal zusammenfassend ‚Deutsche' *(Teutonici)* genannt, und außerhalb der Kanzlei finden sich vereinzelt im 10. und 11. Jahrhundert auch bereits Belege für ‚deutsches Reich'; geläufig wird der Begriff außerhalb des amtlichen Sprachgebrauchs am Ende des 11. und im 12. Jahrhundert.

Verwendbar wird diese Bezeichnung allerdings nur dann, wenn wir uns von der Vorstellung eines neuzeitlichen Nationalstaats und Nationalbewußtseins freimachen. Große Teile der Reichsbevölkerung (und mit der Expansion des Reiches wurden es noch mehr) sprachen nicht Deutsch, sondern Romanisch oder Slawisch. Diese Tatsache, besonders aber die Herrschaft über Italien und das universal gedachte Kaisertum, machen es verständlich, warum die Kanzlei das Reich auch terminologisch nicht auf Deutschland beschränken wollte.

Quellen

Q 1 Königserhebung

Die Sachsenchronik des (adligen) Mönchs Widukind von Corvey bietet die früheste und in ihrer Ausführlichkeit für lange Zeit einzige Schilderung einer Königserhebung im deutschen Reich; der Verlauf der Handlung weist Ähnlichkeiten mit der westfränkischen Krönungsordnung auf.

Nachdem nun also der Vater des Vaterlandes und der größte und beste der Könige, Heinrich, gestorben war, wählte sich das ganze Volk der Franken und Sachsen dessen Sohn Otto, der schon vorher vom Vater zum König designiert worden war, zum Herrscher. Als Ort der allgemeinen Wahl bezeichnete und bestimmte man die Pfalz zu Aachen. Dieser Ort liegt nahe bei Jülich, das nach seinem Gründer Iulius Caesar benannt ist. Als man dorthin gekommen war, versammelten sich die Herzöge und die Ersten der Grafen mit der übrigen Schar der fürstlichen Vasallen im Säulenhof, der mit der Basilika Karls des Großen verbunden ist, und sie setzten den neuen Herrscher auf einen hier aufgestellten Thron; hier reichten sie ihm die Hände, gelobten ihm Treue, versprachen ihm Hilfe gegen alle seine Feinde und machten ihn so nach ihrem Brauch zum König. Während dies die Herzöge und die übrigen Amtsträger taten, erwartete der Erzbischof mit der gesamten Priesterschaft und dem ganzen Volk innen in der Basilika den Einzug des neuen Königs. Als dieser eintrat, ging ihm der Erzbischof entgegen, berührte mit seiner Linken die Rechte des Königs, während er selbst in der Rechten den Krummstab trug, bekleidet mit der Alba, geschmückt mit Stola und Meßgewand, und schritt dann vor bis in die Mitte des Heiligtums, wo er stehen blieb. Dann zum Volk gewandt, das ringsumher stand — es waren nämlich in der Basilika Säulengänge unten und oben rundherum — so daß er von allem Volk gesehen werden konnte, sprach er: ‚Seht, hier bringe ich euch den von Gott erkorenen und einst vom mächtigen Herrn Heinrich designierten, jetzt aber von allen Fürsten zum König gemachten Otto; wenn euch diese Wahl gefällt, so bezeugt dies, indem ihr die rechte Hand zum Himmel emporhebt.' Darauf hob alles Volk die Rechte in die Höhe und wünschte mit lautem Zuruf dem neuen Herrscher Heil. Dann schritt der Erzbischof mit dem König, der nach fränkischer Art mit enganliegendem Gewand bekleidet war, hinter den Altar, auf dem die königlichen Insignien lagen, das Schwert mit dem Gürtel, der Mantel mit den Spangen, der Stab mit dem Szepter und das Diadem. Erzbischof war zu dieser Zeit Hildebert, von Herkunft ein Franke, seines Standes ein Mönch, erzogen und gebildet im Kloster Fulda, verdientermaßen zur Würde des Abtes dieses Ortes aufgestiegen; darauf hatte er die höchste Stellung des erzbischöflichen Stuhles in Mainz erlangt ... Dieser trat an den Altar, nahm hier das Schwert mit dem Gürtel und sprach, zum König gewendet: ‚Nimm dieses Schwert und treibe mit ihm aus alle Widersacher Christi, die Heiden und schlechten Christen, da durch Gottes Willen alle Macht im ganzen Reich der Franken dir übertragen ist, zum bleibenden Frieden allen Christen.' Dann nahm er die Spangen und den Mantel und bekleidete ihn damit, indem er sagte: ‚Die bis auf den Boden herabreichenden Zipfel deines Gewandes sollen dich erinnern, von welchem Eifer im Glauben du entbrennen und in Wahrung des Friedens beharren mögest bis in den Tod.' Darauf nahm er Szepter und Stab und sprach: ‚Diese Abzeichen sollen dich ermahnen, mit väterlicher Zucht deine Untertanen zu leiten und vor allem den Dienern Gottes, den Witwen und Waisen die Hand des Erbarmens zu reichen; niemals möge deinem Haupt das Öl der Barmherzigkeit fehlen, um in Gegenwart und Zukunft mit ewigem Lohn gekrönt zu werden.' Darauf wurde er gleich mit dem heiligen Öl gesalbt und mit dem goldenen Diadem gekrönt von den Bischöfen Hildebert und Wichfried, und als nun die rechtmäßige Weihe vollzogen war, wurde er von denselben Bischöfen zum Thron geführt, zu dem man auf einer Wendeltreppe hinaufstieg, und er war zwischen zwei marmornen Säulen von wunderbarer Schönheit so errichtet, daß er von hier aus alle sehen und von allen wiederum gesehen werden konnte. Nachdem man das Gotteslob gesungen und das Meßopfer feierlich begangen hatte, stieg der König herab und ging in die Pfalz. Hier trat er an die marmorne, mit königlicher Pracht geschmückte Tafel und setzte sich mit den Bischöfen und allem Volk; die Herzöge aber warteten auf. Der Herzog der Lothringer, Giselbert, zu dessen Machtbereich dieser Ort gehörte, ordnete die ganze Feier. Eberhard [Herzog der Franken] besorgte den Tisch, Hermann der Franke [Herzog v. Schwaben] führte die Mundschenken an, Arnulf [Herzog v. Bayern] sorgte für den Ritterstand und für die Wahl und Absteckung des Lagers ... Der König aber ehrte danach jeden der Fürsten in königlicher Freigebigkeit mit jeweils angemessenen Geschenken und entließ die Menge mit aller Fröhlichkeit.

(MGH SS rer. Germ. in us. schol.60, 3. Aufl. hg. von P. Hirsch, 1935, S. 63—67).

Q 2 *Pactum Ottonianum*

Aus dem Vertrag Ottos I. mit Papst Johannes XII. vom 13. Februar 962. Große Teile der Urkunde, vor allem die Schenkungen und Bestätigungen des Kaisers betreffend, sind aus den früheren karolingischen Verträgen (z. B. dem *Pactum Ludovicianum* von 817) übernommen. Das Pactum Ottonianum ist in einer schönen Prunkausfertigung erhalten.

Ich Otto, von Gottes Gnaden Kaiser, zusammen mit Otto, dem ruhmreichen König, unserem Sohn: Unter dem Walten der göttlichen Vorsehung geloben und versprechen wir durch diesen Vertrag kraft unserer Bestätigung dir, heiliger Petrus, als dem Apostelfürsten und Schlüsselträger des himmlischen Reiches und durch dich deinem Statthalter, Herrn Johannes XII., dem höchsten Bischof und allgemeinen Papst das Folgende, wie Ihr es von Euren Vorgängern bis jetzt in Eurer Amtsgewalt und Verfügung gehalten und verwaltet habt: (1) Die Stadt Rom mit ihrem Herzogtum und ihren Vororten und allen Dörfern und Ländereien, ihren Berg- und Seegebieten, den Küsten und Häfen ... (14) Ferner bekräftigen wir, wie gesagt, durch diesen Bestätigungsvertrag alles zuvor Genannte so zu Euren Gunsten, daß es in Eurem Recht, Eurer Macht und Verfügung bleiben soll, und weder von uns noch von unseren Nachfolgern soll mit irgendeiner Begründung oder Machenschaft an irgendeiner Stelle Eure Amtsgewalt vermindert werden, noch soll Euch irgend etwas entzogen werden von den obengenannten Landschaften, Städten, Gemeinden, Ortschaften, Burgen, Dörfern, Inseln, Ländereien und Herrschaften sowie von den Zahlungen und Zinsleistungen, in der Weise, daß weder wir solches tun werden noch irgend jemandem zustimmen, der solches tun will; vielmehr bezeugen wir, daß wir für alles oben Nachzulesende ... zugunsten der Kirche des heiligen Apostels Petrus und zugunsten der Bischöfe, die auf diesem heiligsten Stuhl residieren, soweit wir können, Schützer sind; deswegen, damit sie dies in ihrer Verfügung zur Nutzung, zum Gebrauch und in ihrer Verwaltung fest behaupten können. (15) Dies gilt unbeschadet unserer Amtsgewalt, sowie derjenigen unseres Sohnes und unserer Nachfolger, so wie es in Vertrag, Erlaß und Versprechensbestätigung des Papstes Eugen und seiner Nachfolger enthalten ist, das heißt: Die ganze Geistlichkeit und der Adel des ganzen römischen Volkes soll sich wegen verschiedener Notwendigkeiten und zur Beseitigung unrechtmäßiger Härten der römischen Bischöfe gegen das ihnen unterstellte Volk mit einem Eid verpflichten, daß eine künftige Bischofswahl nach jedermanns Einsicht kanonisch und gerecht geschehe; und derjenige, der zu diesem heiligen und apostolischen Amte gewählt wird, soll nicht mit irgend jemandes Zustimmung zum Bischof von Rom geweiht werden, bevor er in Gegenwart unserer Gesandten oder der unseres Sohnes und der gesamten Allgemeinheit ein Versprechen geleistet hat, allen Genugtuung zu leisten und dies auch künftig zu beachten ...

(19) Wir erachten es auch als notwendig, diesem Erlaß hinzuzufügen, daß es stets Gesandte des Herrn Papstes und von uns geben soll, die uns oder unserem Sohn jährlich Bericht erstatten sollen, wie die einzelnen Herzöge und Richter dem Volk Gerechtigung wahren, wie sie diese kaiserliche Satzung beachten. Diese Gesandten sollen, so verfügen wir, zunächst alle Klagen, die durch die Säumigkeit der Herzöge und Richter aufgetaucht sind, zur Kenntnis des Herrn Papstes bringen, und dieser soll eines von beiden auswählen: entweder daß die Mißstände sofort durch diese Gesandten selbst beseitigt werden oder aber, falls uns einer unserer Gesandten Bericht erstattet, durch Gesandte, die von uns dann geschickt werden.

(MGH Constit.1, Nr. 12, 23—27)

Q 3 *Volk und Königsheil*

Die Vorfälle, welche die Geschichte der Äbte von Gembloux (bei Lüttich) zum Tode Heinrichs IV. (1106) berichten, liegen etwas später als der hier behandelte Zeitraum; doch sind sie deswegen um so bemerkenswerter; auch deshalb, weil es sich bei Heinrich IV. um den ersten von der Kirche heftig bekämpften und auch im Reich umstrittenen König handelte.

Kaiser Heinrich, des Reiches beraubt und unversöhnt mit dem apostolischen Stuhl, stirbt am 7. August in Lüttich. Kurz vor seinem Tod hatte er seinen Sohn, den König, der im Kampf gegen ihn Köln belagerte, beauftragt, ihn in Speyer beizusetzen; er schickte ihm seinen Ring [als Zeichen der Herrschaftsübergabe] durch Bischof Burchard von Münster zu. Inzwischen wurde er in der Kirche des hl. Lambert beigesetzt; aber Bischof Heinrich von Magdeburg verbot in päpstlicher Vollmacht als apostolischer Legat den Gottesdienst in dieser Kirche solange, bis sein Leichnam wieder ausgegraben und aus der Kirche geworfen würde. Also wurde er am 15. August in eine noch nicht geweihte und außerhalb der Stadt auf dem Corneliberg gelegene Kirche überführt und bestattet, bis er nach päpstlicher Absolution ein königliches

Begräbnis erhalten könnte. Als Gesandte kamen, die ihn zu seinem Sohn überführen sollten, wurde er schon 9 Tage später erneut exhumiert. Das Volk lief zusammen und begleitete seinen Leichnam in großer Zahl und mit übermäßigen Beifallsbekundungen in die Stadt, wo er gegen den Widerstand des Klerus wieder in die Lambertskirche gebracht wurde. Von einigen armen Klerikern, die bestochen worden waren, wurden dort für ihn nachts Totengebete gesprochen, obwohl in der Kirche kein Gottesdienst gehalten werden durfte. Aber die Kanoniker hielten sich vom tobenden Volk fern. Am folgenden Tag forderten die Leute, die gemeinsam mit den armen Klerikern mit gezogenen Schwertern am Leichnam gewacht hatten, lärmend, er müsse wieder in seinem früheren Grab beigesetzt werden; sie begannen auch schon damit und konnten selbst durch dringende Ratschläge einiger angesehenen Bürger kaum zurückgehalten werden. Sie waren in einer so maßlosen Begeisterung für ihn entbrannt, daß alle, die seine Bahre berührt hatten, des Glaubens waren, durch ihn geheiligt zu werden. Manche kratzten mit ihren Fingernägeln die Erde von seinem Grab, verstreuten sie wie zur Segnung über ihre Äcker und in ihren Häusern, andere warfen alte Getreidekörner auf seinen Sarg, vermischten sie mit neuen und säten sie aus; denn sie hofften, daraus werde eine reiche Ernte entstehen. Kaum konnte sein Leichnam den Abgesandten übergeben werden; denn das Volk klagte und widersprach: seine Abwesenheit würde Gefahr und Verödung für die Stadt mit sich bringen ...

(MGH SS 6, 371 f.)

Q 4 Das königliche Tafelgüterverzeichnis

Die Datierung der singulären Quelle ist umstritten (11.–12. Jh.). In letzter Zeit wird die erste Hälfte bis Mitte des 12. Jhs. angenommen. Sehr wahrscheinlich war die Versorgung des königlichen Hofes auch vor der schriftlichen Fixierung in dieser Weise organisiert. Die Servitien (Dienste) waren offenbar jährlich fällig.

Dies sind die Höfe, die zur Tafel des Königs der Römer gehören. In Sachsen mit all ihrem Zubehör: die Lausitz – sie gibt 5 königliche Servitien; der Milzengau; der Nisangau; Bautzen; Altenburg; Eisleben; Allstedt; Wolferstedt; Farnstedt; Wallhausen; Tilleda; Aschersleben; Werla; Goslar; Homburg; Pöhlde; Grone, dort gehören die Sichelschmiede des Königs dazu; Eschwege; Mühlhausen; Merseburg 40 Servitien. Diese Höfe in Sachsen geben also dem König soviel Servitien, wie Tage im Jahr sind, und noch 40 dazu. Wir geben euch bekannt, was ein königliches Servitium in Sachsen ist: Es sind 30 große Schweine, 3 Kühe, 5 Ferkel, 50 Hühner, 50 Eier, 90 Käse, 10 Gänse, 5 Faß Bier, 5 Pfund Pfeffer, 10 Pfund Wachs, Wein aus ihrem Keller überall in Sachsen.

Dies sind die Höfe in Rheinfranken: Tiel 2 königliche Servitien; Nymwegen 8; Aachen 8; Konzen 2; Düren 2; Remagen 2; Sinzig 2; Hammerstein 2; Andernach 2; Boppard 3; Ingelheim 3; Lautern 8; Die Burg Briey 8; Diedenhofen 3; Flörchingen 7; Zolver 7; Sierck 7; Haßloch 1; Nierstein 1; Trebur 4; Frankfurt 3. Dies sind die Höfe in Franken. Soviel geben sie: 40 Schweine, 7 saugende Ferkel, 50 Hühner, 5 Kühe, 500 Eier, 10 Gänse, 5 Pfund Pfeffer, 90 Käse, 10 Pfund Wachs, 4 große Fässer Wein. Dies sind die Höfe in Bayern: Nürnberg gibt 2 königliche Servitien; Gründlach 1; Schübelsberg 1; Pattenhofen 1; Weißenburg 1; die Burg Nürnberg 7; Hafenberg 7; Greding 5; Neuburg an der Donau 2; Creußen 3; Neumarkt mit 1 000 Hufen; Dornberg 2. Dies sind die Höfe in Bayern. Sie geben 26 königliche Servitien; sie sind so groß wie die in Franken.

Dies sind die Höfe in der Lombardei: Settimo gibt 2 königliche Servitien; Turin gibt sein Allod; Susa 2 000 Mark; die Burg Avigliana 1 000 Mark; Piossasco 500 Mark; Chieri 500 Mark; Testona 500 Mark; Revello 500 Mark; Saluzzo 200 Mark; Albenga 200 Mark; die Stadt Sitten 200 Mark; die Städte Tarvil, Cavallermaggiore, Canelli geben 8 Servitien. Annone 10 königliche Servitien; Revigniano 1; Sangiorgio 5; Gamondo 4; Marengo 8; Sezzè 3; Retorto 2; Pontecurone 2; Basaluzzo 2; der Edelhof Vigevano; der Edelhof Tromello; Lomello; Montiglio; Coriano mit großem Zubehör. Dies sind die Höfe der Lombardei. Sie geben soviel, wie keiner erzählen oder erfahren kann; es sei denn, wir kämen zuvor in die Lombardei.

(MGH Constitutiones I, Nr. 440, 646—649)

Fragen, Probleme und Anregungen

1) Worin unterschied sich das deutsche Reich in seiner Verfassung von seinem fränkischen Vorgänger? Wo knüpft es an die karolingische Tradition an?
2) Welche Gründe und Motive dürften Otto I. bewogen haben, das Kaisertum zu erneuern?
3) Welche Folgen und welche Wirkungen hatte das Kaisertum auf die deutsche Geschichte?
4) Worin bestanden die materiellen Grundlagen des deutschen Königtums?

Wichtige Daten

911	Wahl des ersten nichtkarolingischen Königs, Konrads I.
919	Wahl des ersten nichtfränkischen Königs, Heinrichs I.
936–973	Otto der Große
955	Schlacht auf dem Lechfeld
962	Kaiserkrönung Ottos d. Großen

Wichtige Begriffe

Transpersonale Herrschaftsauffassung
Königsheil
Reichslehensgut
Königsgut / Tafelgüter
Königsumritt

Designation

Reichsgut und Hausgut
Reichskirchengut
Itinerar

Literaturhinweise:

Heinrich I. und Otto I.

H. Büttner, Die Ungarn, das Reich und Europa bis zur Lechfeldschlacht des Jahres 955. ZBLG 19(1956), 433−458.

K. F. Werner, Heeresorganisation und Kriegführung im dtsch. Königreich des 10. u. 11. Jhs. In: Settimane di Studio 15(1968), 791−843.

J. Fleckenstein, Otto d. Große in seinem Jahrhundert. In: Frühmittelalterl. Studien 9 (1975), 253−267.

Otto der Große, hg. v. H. Zimmermann, 1976 (WdF 450).

W. Giese, Der Stamm der Sachsen u. das Reich in ottonischer und salischer Zeit, 1979.

L. Dralle, Zu Vorgeschichte und Hintergründen der Ostpolitik Heinrichs I. In: Europa Slavica−Europa Orientalis, hg. v. K. D. Grothusen u. K. Zernack, 1980, 99−126.

G. Althoff/H. Keller, Heinrich I. und Otto d. Große. Neubeginn und karolingisches Erbe, 2 Bde., 1985 (Persönlichkeit u. Geschichte 122/23 u. 124/25).

H. Beumann, Die Ottonen, 1987.

Kaisertum / Italien

C. Erdmann, Das ottonische Reich als Imperium Romanum. DA 6 (1943), 412−441.

F. Kempf, Das mittelalterliche Kaisertum. Ein Deutungsversuch. In: Das Königtum. Seine geistigen u. rechtl. Grundlagen, 1956, 225−242 (Vortr. u. Forschungen 3).

P. E. Schramm, Kaiser, Rom und Renovatio. Bd. 1, 1929, Bd. 2, 1957². [Grundlegend zur Kaiseridee]

E. Dupré-Theseider, Otto der Große u. Italien. In: MIÖG, Ergänzungsband 20,1 (1962), 53−69.

H. Löwe, Kaisertum und Abendland in ottonischer u. frühsalischer Zeit. HZ 196 (1963), 529−562.

W. Smidt, Dt. Königtum und dt. Staat des Hochmittelalters während u. unter dem Einfluß der ital. Heerfahrten. Ein 200jähriger Gelehrtenstreit im Licht der histor. Methode, 1964.

Thronfolge

P. E. Schramm, Die Krönung in Deutschland bis zum Beginn des salischen Hauses. ZRG, Kan. Abt. 55 (1935), 184–332.
H. Mitteis, Die deutsche Königswahl u. ihre Rechtsgrundlagen bis zur Goldenen Bulle. 1944² (Nachdruck 1969).
W. Schlesinger, Die Anfänge der dt. Königswahl. ZRG Germ. Abt. 66 (1948), 381–440. Auch in: ders., Beitr. z. dt. Verfassungsgeschichte des MAs (1963).
R. Schmidt, Königsumritt und Huldigung in ottonisch-salischer Zeit. In: Vorträge u. Forschungen 6 (1961), 97–233.
Königswahl u. Thronfolge in ottonisch-frühdeutscher Zeit, hg. v. E. Hlawitschka, 1971 (WdF 178) [Aufsatzsammlung].
H. Zielinski, Zur Aachener Königserhebung von 936. DA 28 (1972), 210–222.

Königsherrschaft / Reichsstruktur

H. C. Peyer, Das Reisekönigtum des Mittelalters. VSWG 51 (1964), 1–21.
E. Kaufmann, König. In: HRG Bd. 2 (1978), Sp. 999–1023.
E. Müller-Mertens, Die Reichsstruktur im Spiegel der Herrschaftspraxis Ottos d. Großen, 1980.
H. Keller, Reichsstruktur u. Herrschaftsauffassung in ottonisch-frühsalischer Zeit. Frühmittelalterl. Studien 16 (1982), 74–128.
K. J. Leyser, Herrschaft u. Konflikt. König und Adel im ottonischen Sachsen, 1984 (Veröff. des Max-Planck-Inst. f. Gesch. 76).
Curia regis [Königshof]. In: LexMA Bd. 3 (1986), Sp. 373–386.

Materielle Grundlagen

B. Heusinger, Servitium regis in der dt. Kaiserzeit. Untersuchungen über die wirtschaftlichen Verhältnisse des dt.

Königtums. AUF 8 (1923), 26—159 (Separatdruck, 1922).
W. Bornhardt, Geschichte des Rammelsberger Bergbaus, 1931.
H.-J. Rieckenberg, Königsstraße u. Königsgut in liudolfingischer u. frühsalischer Zeit (919—1056). AUF 17 (1941), 32—154 (Nachdruck 1965).
C. Brühl, Fodrum, gistum, servitium regis. Studien zu den wirtsch. Grundlagen des Königtums, 2 Bde., 1968.
W. Metz, Das Servitium regis, 1978 (Erträge der Forschung 89).
C. Brühl/Th. Kölzer, Das Tafelgüterverzeichnis des römischen Königs (Ms. Bonn 1559), 1979.
Die deutschen Königspfalzen. Repertorium der Pfalzen, Königshöfe u. übrigen Aufenthaltsorte der Könige im dt. Reich des MAs, red. Th. Zotz, Bd. 1 ff. (1983 ff.)

Geistige und rechtliche Grundlagen

H. Beumann, Die sakrale Legitimation des Herrschers im Denken der otton. Zeit. ZRG Germ. Abt. 66 (1948), 1—45. Auch in: Königswahl u. Thronfolge, hg. v. E. Hlawitschka. 1971 (WdF 178).
P. E. Schramm, Herrschaftszeichen u. Staatssymbolik. 3 Bde. 1954—56 (Schriften der MGH 13, 1—3).
Das Königtum. Seine geistigen u. rechtlichen Grundlagen. 1956 (Vorträge u. Forschungen 3).
P. E. Schramm, Die Kaiser aus dem Sächsischen Hause im Lichte der Staatssymbolik. MIÖG Erg.-Bd. 20, 1 (1962), 31—52.
G. Koch, Auf dem Weg zum Sacrum Imperium. Studien zur ideologischen Herrschaftsbegründung der dt. Zentralgewalt im 11. u. 12. Jh. 1972.
A. Erler, Königsheil. In: HRG Bd. 2 (1978) Sp. 1040 f.
P. E. Schramm, Die dt. Kaiser und Könige in Bildern ihrer Zeit: 751—1190. Neuauflage hg. v. F. Mütherich, 1983.
H. Keller, Herrscherbild und Herrschaftslegitimation. Zur Deutung der otton. Denkmäler. Frühmittelalterl. Studien 19 (1985), 290—311.

Deutsche Geschichte und Nation

Der Volksname „Deutsch". Hg. v. H. Eggers, 1970 (WdF 156).

E. Müller-Mertens, Regnum Teutonicum. Aufkommen u. Verbreitung der dt. Reichs- u. Königsauffassung im früheren MA. 1970.

C. Brühl, Die Anfänge der Deutschen Geschichte. 1972 (Sitz. ber. der Wiss. Gesellschaft an der Univ. Frankfurt 10, Nr. 5, 147–181).

H. Beumann, Regnum Teutonicum u. rex Teutonicorum in otton. und sal. Zeit. Bemerkungen zu einem Buch von E. Müller-Mertens. AKG 55 (1973), 215–223.

W. Schlesinger, Die Königserhebung Heinrichs I., der Beginn der dt. Geschichte u. die dt. Geschichtswissenschaft. HZ 221 (1975), 529–552.

W. Hartmann, Die Herausbildung der deutschen Nation im Reich des MA's. In: Deutsche Einheit, hg. v. H. Kreuzer u. D. Zerlin, 1986, 16–30.

8. Königtum und Reichskirche

Gelegentlich kann man den Begriff Reichskirchensystem für die Zeit von Konstantin d. Großen bis zum Ende des alten deutschen Reiches angewendet finden. Historisch sinnvoller ist seine Eingrenzung auf die Epoche von der fränkischen Zeit bis etwa zum Ende des 12. Jahrhunderts, wobei die Zeit der Ottonen und frühen Salier als eine Phase intensiver Verbindung zwischen königlicher Zentralgewalt und Reichskirche häufig als sogenanntes *ottonisch-salisches Reichskirchensystem* zusammengefaßt wird.

Unter Reichskirche ist freilich keineswegs eine Staats- oder Nationalkirche im neuzeitlichen Sinn zu verstehen; sie war auch keine geschlossene Organisation. Der Begriff *(ecclesia imperii* oder *regni)* bezeichnet in unseren Quellen einzelne bestimmte Kirchen, die in eine zusätzliche und besondere Rechts- und Herrschaftsbeziehung zum König traten. Dazu gehörten alle Bischofskirchen des Reiches, einige bedeutende Klöster und Stifte, daneben die kleineren königlichen Eigenkirchen. Sie alle standen in besonderem Schutz des Königs und waren Zubehör des Reiches.

Wir bezeichnen diese Kirchen zusammenfassend als Reichskirche im engeren Sinn, und um sie geht es bei diesem Thema. Unter Reichskirche im weiteren Sinn könnten dagegen alle Kirchen verstanden werden, die auf dem Gebiet des Reiches lagen, zum König als Reichsoberhaupt aber nur in einer allgemeinen Beziehung standen.

Schon in den Wirren der Spätantike und beim Verfall der römischen Staatsgewalt waren den Bischöfen weltliche, d. h. Verwaltungs- und militärische Aufgaben zugewachsen; faktisch wurden sie zu Stadtherren. Die Bischofssitze wurden zunächst von den Familien des senatorischen Adels, später auch des fränkischen Hochadels besetzt. Ihre bedeutende Stellung blieb im Rahmen der fränkischen Landeskirche erhalten, wurde allerdings durch die umfangreichen Säkularisationen von Kirchengut durch den Karolinger Karl Martell eingedämmt. Auch unter Karl dem

Großen spielte der Episkopat bei der Reichsverwaltung und am Hof eine beträchtliche Rolle, und Karl selbst herrschte mit und über die Kirchen. So erscheint Ottos Politik gegenüber den Bischöfen nicht gänzlich neu, sondern als Wiederaufnahme älterer Tendenzen der Verbindung zwischen königlicher Gewalt und Reichskirche, die, zumindest anfangs, nicht als langfristige Entwicklung geplant war.

Die zahlreichen Verleihungen der *Immunität* an Bischofskirchen und große Klöster durch die fränkischen Könige, besonders durch Ludwig d. Frommen, legten bereits entscheidende Grundlagen für die Stellung der Reichskirchen. Die Immunität verwehrte den königlichen Amtsträgern, d. h. den Grafen, das Betreten der kirchlichen Grundherrschaft *(introitus)*, die Einziehung von Abgaben *(exactio)* und die Gerichtsgewalt *(districtio)*. Statt dessen übernahmen der Bischof oder Abt als Immunitätsherren diese Funktionen oder ließen sie durch ihre Vögte wahrnehmen. Die von der Kirche gewählten oder vom König eingesetzten Vögte waren adlige Laien, die die Kirche in weltlichen Angelegenheiten unterstützen oder vertreten sollten; sie entwickelten sich später allerdings häufig zu konkurrierenden Gewalten im Bereich der kirchlichen Grundherrschaften.

Der König hatte die von ihm verliehene Immunität zu schützen und gewann dadurch an Einfluß; die betroffenen Kirchen sahen die Immunität als Befreiung vom Eingriff des weltlichen Adels und als Gleichstellung mit diesem an. Immunitätsverleihungen lagen daher im königlichen wie kirchlichen Interesse. Dagegen kommen königliche Immunitätsverleihungen an weltliche Herren fast gar nicht vor. Offenbar beanspruchte der Adel eine „natürliche Immunität" für seine Allodialgüter kraft ursprünglicher adliger Herrschaftsgewalt.

Ob für Otto den Großen die langwierigen Auseinandersetzungen mit den Herzogtümern ein wichtiges Motiv für den intensivierten Ausbau der Reichskirche zu einer zentralen Stütze für die Königsmacht (seit 953) darstellten, ist in der Forschung umstritten. Fest steht allerdings: Neben dem Königtum bildete die Kirche die einzige über den

Stämmen stehende Instanz im Reich. Die kanonisch verordnete (wenn auch oft nicht faktische) Ehelosigkeit des geistlichen Standes verhinderte eine Vererbung und Allodialisierung des Reichskirchenguts, was bei weltlichen Amtsträgern des Königs in der feudal strukturierten Gesellschaft des frühen und hohen Mittelalters eine ständige Gefahr darstellte.

Um die Reichskirche beherrschen zu können, mußte der König den entscheidenden Einfluß bei der Einsetzung *(Investitur)* haben. Zwar sollte ein Bischof nach kanonischer Vorschrift durch Klerus und Volk gewählt werden, und formal hielt man sich auch jetzt an diese Bestimmung; dennoch bestritt bis in die Mitte des 11. Jahrhunderts kaum jemand grundsätzlich dem König das faktische Recht der Einsetzung. Selbst Papst Johannes X. erklärte 921 in einem Brief an den Kölner Erzbischof, es sei zwar an der kanonischen Wahl festzuhalten, nach altem Gewohnheitsrecht aber „dürfe keinesfalls geschehen, daß ein Bischof in seinem Amtsbezirk ohne Anordnung des Königs geweiht würde."

Die weitverbreitete Vorstellung von der sakralen Qualität des Königtums hat der Kirche die Unterordnung unter einen Herrscher erleichtert, der durch die kirchliche Salbung über die Laien emporgehoben war. So erfolgte die Investitur eines Geistlichen durch den König mit der Überreichung der geistlichen Symbole, des Hirtenstabes und (seit Heinrich III. bezeugt) des Ringes als Zeichen der Vermählung mit der Kirche.

Die Auswahl der geeigneten Kandidaten ist seit Otto I. (nach 965) eng mit der Hofkapelle (siehe Kap. 3) verknüpft. Die Vertrautheit mit der Politik des königlichen Hofes besonders bei den in der Kanzlei tätigen Kapellänen und die Bekanntschaft mit dem König selbst erklären leicht, warum diese (inzwischen gründlich untersuchte) Institution zur wichtigsten Rekrutierungsstätte des Reichsepiskopats wurde. Otto I. erhob 14 Kapelläne zu Bischöfen, unter Heinrich II. und Konrad II. stammten ein Drittel, unter Heinrich III. fast die Hälfte der Bischöfe aus der Hofkapelle. Ihre Ausbildung hatten die späteren Bischöfe jetzt in der Regel an einer Domschule erhalten, viele traten daraufhin eine Stelle als Domherren an. Wenn sie in den Königsdienst als Kapelläne eintraten, behielten sie ihre Pfründe; auf diese Weise finanzierte die Kirche einen beträchtlichen Teil des Hofes. Bischöfe aus dem (eher unpolitischen) Mönchtum wurden in unserem Zeitabschnitt immer seltener.

Neben Studiengang und Königsdienst blieb die soziale Herkunft von grundlegender Bedeutung: mit wenigen Ausnahmen entstammten Bischöfe und Reichsäbte den führenden Familien des Hochadels. Fast ein Viertel von ihnen zählte sogar zu den zumindest weitläufig „Verwandten des Königs" *(consanguinei regis)*! Neuere Untersuchungen der Bischofswahlen haben ergeben, daß neben der hochadligen Herkunft häufig auch Beziehungen zu einflußreichen Personen am Hof, Studienfreundschaften, Lehrer-Schülerverpflichtungen ausschlaggebend für den Erfolg waren (H. Zielinski).

Mit zahlreichen *Schenkungen* bauten Otto und seine Nachfolger die kirchlichen Grundherrschaften zu leistungsfähigen Herrschaftskomplexen aus: verliehen wurden Grundherrschaften mit abhängigen zinspflichtigen Bauern und Handwerkern, Markt- und Münzrechte, Zollfreiheit und -einnahmen, andere wirtschaftlich nutzbare Hoheitsrechte und sonstige Einkünfte. Besonders zu erwähnen sind neben der meist schon vorhandenen Immunität mit niederer Gerichtsbarkeit die Hochgerichtsbarkeit und die sogenannten Bannimmunitäten, die über den Bereich der kirchlichen Grundherrschaft ausgriffen und Besitz anderer Herren miteinschlossen. Weiterhin wurden Grafschaften, sogar Herzogtümer verliehen. Auch hierbei war offensichtlich die entsprechende Gerichtsgewalt das Entscheidende. Sie diente, ebenso wie Jagd-, Forst- und Rodungsrechte, in einer späteren historischen Phase zum Aufbau bischöflicher Herrschaftsterritorien.

Die königlichen Schenkungen wurden nicht undifferenziert allen Reichskirchen gewährt: politische, auch strategische Gesichtspunkte spielten eine Rolle. In unseren Quellen werden die Verleihungen meist mit besonderen Verdiensten des Empfängers für König und Reich begründet. Häufig wird auch die Sorge um das Seelenheil der königlichen Familie als Motiv angeführt – sicher nicht in jedem Fall nur eine ideologische Verbrämung! (Q 2a–c)

Der Begriff ‚Schenkung' ist allerdings nicht in unserem Sinne zu verstehen. Auch wenn der geschenkte Besitz nach kanonischem Recht der Kirche nicht mehr entfremdet werden durfte, so erhob der König selbstverständlich Anspruch auf Leistungen aus diesem zu Recht so genannten Reichskirchengut.

Was die persönlichen Dienste der Prälaten anbetrifft, so waren *Hoffahrt* und *Heerfahrt* die wichtigsten Pflichten, wobei vor allem ersteres auch als Recht zur Teilnahme am Reichsregiment zu deuten ist. Als politische Berater am Hof, als Diplomaten bei Gesandtschaften und in Verhandlungen, auch als Hofrichter waren Bischöfe, seltener Reichsäbte, häufig anzutreffen. Zur Reichsheerfahrt stellten sie beträchtliche militärische Kontingente, die sie teilweise selbst anführten; ihre gepanzerten Reiter rekrutierten sich im wesentlichen aus den Vasallen *(milites)* der Reichskirchen. Aus der Zeit Ottos II. ist uns aus den Jahren 980–82 ein einzigartiges Dokument erhalten (Q 3), ein Truppenaufgebot von etwa 2 000 Panzerreitern, wovon der hohe Klerus drei Viertel stellte! Obwohl umstritten ist, ob es sich hierbei um das reguläre oder ein Ersatzaufgebot handelte, und wir die Quelle mit anderen Zahlenangaben nicht hinreichend kontrollieren können, ist von einer starken Mitwirkung der Reichskirche am königlichen Heer auszugehen. Christliche Tradition und auch in der Ottonen- und Salierzeit wiederholte Rechtssatzungen verboten die persönliche Beteiligung der Kleriker im Kampf. Die Wiederholung der Bestimmungen und andere konkrete Nachrichten bezeugen, daß dieser persönliche Kampfeseinsatz zwar häufig vermieden wurde, dennoch keineswegs selten war.

Ein weiterer Faktor der reichskirchlichen Leistungen war schließlich die Versorgung des wandernden königlichen Hofes mit Lebensmitteln und anderen Naturalien, der Königsdienst *(servitium regis)* im engeren Sinn. Noch die Ottonen hatten sich allerdings, wie die Karolinger, meist auf ihren Pfalzen aufgehalten, sich also vorzugsweise vom Königsgut versorgt. Erst seit Heinrich II. (ab 1002) hatten die Bischöfe die Hauptlast der *Königsgastung* zu tragen (Q 4). Nicht zuletzt deswegen gilt Heinrich als der eigentliche Vollender des Reichskirchensystems.

Die Leistungen der relativ selten besuchten Klöster waren festgelegt: z. B. mußte die Abtei Werden/Ruhr in der Mitte des 11. Jahrhunderts jährlich 8 Kühe, 68 Schweine, 15 Ferkel, 8 Pfauen, 195 Hühner, 95 Käse, 870 Eier, 41 ½ Malter Brot, 95 Scheffel Hafer, 172 Krüge Bier, 485 Schüsseln und 147 Becher abliefern. Die wichtigeren bischöflichen Servitien waren dagegen nicht fixiert und bemaßen sich offensichtlich nach dem Aufenthalt des Hofes. Selbstverständlich legten Bischöfe und Äbte ihre Servitialpflicht auf die Angehörigen ihrer Grundherrschaft um.

Zu den Leistungen der Kirche ist schließlich auch das später so genannte *Spolien- und Regalienrecht* zu rechnen, d. h. der Anspruch des Königs auf den beweglichen Nachlaß eines Bischofs und auf die bischöflichen Einkünfte während einer Sedisvakanz. Es sind Fälle bezeugt, in welchen der König deswegen die Neubesetzung eines Bischofsstuhls hinauszögerte.

Der wichtigste geistliche Ratgeber Ottos I. und zugleich die erste Verkörperung des ottonischen Typs eines Reichsbischofs war sein jüngster Bruder Brun. Er gehörte zu den Gelehrten am Hofe, übte als Kanzler und Erzkaplan des Königs wachsenden politischen Einfluß aus, wurde 953 als Erzbischof von Köln eingesetzt. Im selben Jahr wurde ihm die Verwaltung des Herzogtums Lothringen übertragen. Die ungewohnt enge Verbindung seiner innerkirchlichen Arbeit mit dem politischen Einsatz für den König stieß bei seinen Zeitgenossen keineswegs nur auf Zustimmung, obwohl Brun in beidem Außergewöhnliches leistete (Q 5). Der Widerspruch zwischen kanonischen Normen, dem tradierten Bild des Bischofsamtes, und der neuen Realität bestand ja nicht nur bei der persönlichen Heeresfolge der Bischöfe, sondern auch bei kanonischer Wahl und königlicher Einsetzung oder bei der Seelsorge, die mit den weltlichen Geschäften in Konflikt geraten konnte. Dennoch blieb dieser Widerspruch bis zum Investiturstreit im allgemeinen latent; Mentalität und Verhaltensweise der meisten hohen Geistlichen blieben zunächst stärker durch ihre aristokratische Herkunft und die Beziehung zum König geprägt.

Die durch die neuere personengeschichtliche Forschung (J. Fleckenstein, H. Zielinski) herausgestellte persönliche Komponente im Verhältnis Königtum-Episkopat läßt den Systemcharakter dieser Beziehung überhaupt fraglich erscheinen; als festgefügte, von persönlichen Bindungen freie Institution läßt sie sich in der Tat nicht verstehen.

Verschieden bewertet wird auch das Verhältnis des Reichskirchensystems zum Eigenkirchenwesen, das etwa in derselben Zeit in Hochblüte stand. Während eine These die Ausbildung der ottonischen Reichskirche als ein Übergreifen eigenkirchlicher Vorstellungen auf die Bischofskirchen versteht, überwiegt doch die Auffassung, sie müsse von der „staatlichen", d. h. königlichen Kirchenherrschaft abgeleitet werden. Naheliegt freilich, in beidem „zwei Erscheinungsformen desselben Weltverständnisses" (H. Lippelt) zu sehen.

Das Reichskirchensystem ist durch den Investiturstreit erschüttert, aber nicht aufgehoben worden. Den staufischen Königen des 12. Jahrhunderts gelang es wiederum, den Reichsepiskopat zu einer wichtigen Stütze des Königtums zu machen. Erst die Thronwirren um 1200, die konsolidierte Stellung der Bischöfe als Reichsfürsten und vor allem ihr nun vorwiegendes Interesse am Aufbau der eigenen Landesherrschaft sollten diese Verbindung lösen. Allerdings ist die Ausbildung der geistlichen Fürstentümer, die im Reich bis zum Anfang des 19. Jahrhunderts existierten und eine deutsche Sonderentwicklung darstellten, ohne das früh- und hochmittelalterliche Reichskirchensystem nicht denkbar.

Abschließend sei darauf hingewiesen, daß königliche (fürstliche) Kirchenherrschaft in Europa keineswegs auf das Reich beschränkt war; aber sie war sonst weniger grundsätzlich und umfassend. So konnte es etwa dem französischen König gar nicht gelingen, Reich und Kirche zur Deckung zu bringen. Er beherrschte im 10. und 11. Jahrhundert nur 15 von 75 Bistümern seines Reiches, die anderen waren in der Verfügung seiner Thronvasallen. Der quantitative Unterschied ging folgerichtig in einen qualitativen über (J. Fleckenstein).

Quellen

Q 1 Reichskirche und Investitur

Der Chronist Thietmar, hochadliger sächsischer Abstammung, selbst Bischof von Merseburg († 1018), vertritt Auffassungen eines typischen ottonischen Reichsbischofs und liefert hier ein anschauliches Beispiel einer Bischofserhebung (Walthard wird Erzbischof von Magdeburg, 1012):

In Bayern regierte damals Herzog Arnulf, ausgezeichnet an Geist und Leib, der über die einzigartige Gewalt verfügte, alle in seinem Land bestehenden Bistümer mit eigener Hand vergeben zu können. Aber als er nach vielen hervorragenden Taten sein Leben beendete, konnte er seinen Nachfolgern dieses Recht nicht hinterlassen. Vielmehr nehmen es ganz allein unsere Könige und Kaiser wahr, die auf unserem irdischen Lebensweg zu Stellvertretern des höchsten Lenkers eingesetzt sind. Nur sie stehen zu Recht über allen Hirten, denn es wäre sehr unpassend, wenn die von Christus als die Ersten auf Erden Eingesetzten einer anderen Herrschaft unterständen als derjenigen, die nach dem Vorbild des Herrn durch den Ruhm der Salbung und den Glanz der Krone alle Sterblichen überragt . . .

(MGH SS rer. Germ. NS 9, hg. von R. Holtzmann, 1935, Kap. I 26, S. 32f.)

Am Samstag trafen wir in der Königspfalz Grone ein. Wir suchten sofort den König auf, der uns gnädig empfing und nach einer kurzen Unterredung in unsere Herberge entließ. Wir wohnten nämlich damals vor der Pfalz an einem Wäldchen, wo heute die Alexanderkirche steht. Der nächste Tag war ein Sonntag und das Fest des Märtyrers St. Veit. Sehr früh sang ich für meine Brüder die Messe; dann rief man uns in die Pfalz, und wir betraten die Kemenate des Königs. Doch nur Walthard wurde vorgelassen, und bis zur dritten Stunde verhandelten sie allein. Als Walthard herauskam, trug er an seiner Hand den Ring, zeigte ihn uns und erklärte: ‚Hier seht ihr das Unterpfand künftiger Huld!' Dann versammelten wir uns alle vor dem König und wählten nach seinem Urteil und auf seinen Vorschlag hin den Genannten zum geistlichen Vater, und alle weltlichen Großen stimmten zu. Darauf erhielt er vom König den Hirtenstab. Nachdem er dem König den Treueid geschworen hatte, führte man ihn in die vom König erbaute Kirche, die sein Vorgänger geweiht hatte, und die Anwesenden sangen ein Tedeum ... Auf Geheiß des Königs inthronisierte Bischof Arnulf den Erzbischof Walthard am nächsten Samstag [in Magdeburg]. Beide wurden dort ehrenvoll und mit großer Freude empfangen. Am folgenden Tag wurde Walthard gesalbt von Eid, dem hochwürdigen 3. Bischof der Meißner Kirche, unter Assistenz seiner Amtsbrüder Wigo, Hildeward, Erich und von mir ...

(ebd., Kap. VI 66, S. 356)

Q 2 Königliche Schenkungen

Die drei Beispiele königlicher Urkunden für das Reichsbistum Würzburg stammen aus verschiedenen Jahrhunderten (822/1030/1168); sie machen den Wandel des Schenkungsobjekts und der Interessen der Beteiligten deutlich:

a) Ludwig, durch Gottes Vorsehung erhabener Kaiser ... Es sei allen unseren gegenwärtigen wie zukünftigen Getreuen bekannt, daß uns der verehrte Würzburger Bischof Wolfger eine Immunitätsurkunde unseres Herrn und Vaters Karl, des allergnädigsten Kaisers seligen Angedenkens, vorgelegt hat. In ihr steht, daß nicht nur der genannte unser Herr und Vater, sondern auch seine königlichen Vorgänger dem genannten Bischofssitz mit allen Gütern und Menschen, die ihm rechtmäßig zugehören, vollen Schutz und Immunität gewährten.

Der vorgenannte Bischof bat uns, aus Liebe zum Gottesdienst und zum Heil für unsere Seele dies durch unsere Autorität zu bekräftigen. Dieser Bitte folgten wir gern und haben diese Immunitätsurkunde für diesen Bischofssitz und seine Prälaten ausstellen lassen. Hiermit verfügen wir, daß kein öffentlicher Richter oder irgend jemand auf Grund seiner Gerichtsgewalt die Kirchen, Ortschaften, Äcker und die übrigen Güter des genannten Sitzes, die er jetzt in den verschiedenen Gauen oder Gebieten unseres Reiches rechtmäßig innehat oder welche die göttliche Milde in Zukunft dieser Kirche hinzufügen will, jemals betreten darf: weder, um Gericht abzuhalten, noch um Bußen wegen Friedensbruch einzuziehen, noch um Herberge und Bewirtung zu verlangen, noch um Bürgen zu nehmen, noch um die Eigenleute der Kirche oder die Anwohner irgendwie zu bedrücken, noch unter einem sonstigen unerlaubten Vorwand, und er darf die genannten Dinge keineswegs fordern. Aber der erwähnte Bischof und seine Nachfolger sollen die Güter der genannten Kirche unter unserem Schutz ungestört besitzen und unserer Reichsgewalt gehorchen. Es wird uns erfreuen, wenn sie für unsere, unserer Gattin und unseres Kindes Unverletztheit beständig die Gnade des Herrn anrufen.

(Monum. Boica Bd. 37, 1864, Nr. V, S. 4f.)

b) Im Namen der heiligen und unteilbaren Dreifaltigkeit. Konrad durch Gottes Gnaden erhabener Kaiser der Römer. Wir sind der Meinung, in allen Dingen dem Gemeinwesen und dem allgemeinen Nutzen der Menschen dienen zu müssen und glauben fest, uns dabei einen nicht geringen ewigen Lohn zu verdienen. Deswegen sei allen Gegenwärtigen und Künftigen bekannt, daß wir auf Fürsprache unserer geliebten Gemahlin Gisela, der erhabenen Kaiserin und unseres edlen Sohnes, König Heinrichs, auf Bitten unseres lieben getreuen Bischofs Meginhard v. Würzburg ihm dort die öffentliche Münze, das Fährgeld, den täglichen Markt, den Zoll und die Banngewalt in der ganzen Stadt, wie es schon vor unserer Zeit festgelegt worden war, in seine und seiner Nachfolger Herrschaftsgewalt übergeben, dies bestätigen und bekräftigen. Darüberhinaus haben wir aus Liebe zu diesem unserem getreuen Bischof seligen Angedenkens dort einen Jahrmarkt vom 17. bis 24. August abzuhalten erlaubt. Für alle, die dorthin zusammenkommen, sich dort aufhalten und von dort zurückkehren, haben wir gesetzlichen Frieden und gerechte Behandlung angeordnet und bekräftigen dies durch unsere kaiserliche Urkunde. Wer gegen diese Schenkungsbestimmungen verstößt, hat dem Bischof oder seinen Nachfolgern die höchste königliche Bannbuße zu zahlen.

(MGH DK II. Nr. 154, S. 206f.)

c) Friedrich durch Gottes Gnade immer erhabener Kaiser der Römer ... Dem Bischof Herold und seinen Nachfolgern geben, gewähren und bestätigen wir für immer und ewig durch die Rechtskraft dieses Privilegs — wegen der glänzenden Verdienste seiner Treue und seiner Dienstleistungen, auf Fürsprache des heiligen Kollegiums seiner Kirche, bewogen durch die unermüdlichen Bitten der Edelfreien und Dienstmannen — : alle Rechtshoheit und die volle Amtsgewalt, Gerichtsbarkeit überall im ganzen Bistum und Herzogtum Würzburg auszuüben, überall in den Grafschaften, die in diesem Bistum und Herzogtum liegen, bei Raub und Brand, bei Allod und Lehen, bei Leuten und bei der Todesstrafe. Dabei stellen wir kraft kaiserlichen Willens fest und entscheiden durch eine Verordnung, die für immer und ewig gültig sein soll: Kein Geistlicher oder Weltlicher darf frevelhaft gegen die Verfügungen der alten Herrscher, gegen den langjährigen und rechtmäßigen Besitz der Würzburger Kirche und gegen unsere unverletzlichen Erlasse angehen und irgendwo im ganzen Bistum und Herzogtum Würzburg und in den Grafschaften innerhalb der Grenzen von Bistum und Herzogtum künftig richterliche Gewalt bei Beute, Brand, Allod und Lehen oder gegen Leute ausüben, ausgenommen der Würzburger Bischof und Herzog allein oder wen er selbst beauftragt.

(MGH DF I. Nr. 546, S. 3—7)

Q 3 Heeresaufgebot

Das Verzeichnis der Panzerreiter *(Indiculus loricatorum)* ist ein Gesamt- oder ein Ersatzaufgebot, das Otto II. auf seinem Italienzug erlassen hatte; es wird unterschiedlich auf die Jahre 980—982 datiert.

Bischof Herkenbald soll 100 Panzerreiter schicken. Der Abt von Murbach soll selbst 20 anführen. Bischof Balzzo soll 20 schicken. Bf. Hildebald soll 40 anführen. Der Abt von Weißenburg soll 50 schicken. Der Abt von Lorsch soll 50 anführen. Der Mainzer Erzbischof soll 100 schicken. Der Kölner Erzbischof soll 100 schicken. Der Würzburger Bischof schicke 60, der Abt von Hersfeld 40. Graf Heribert führe 30 an, der Sohn seines Bruders soll entweder mit 30 kommen oder 40 schicken. Megingaus führe mit Unterstützung von Burchard 30 an, Kuno Kunos Sohn 40. Vom Herzogtum Elsaß sollen 70 geschickt werden. Bezolin der Sohn des Ernst führe 12 an, Azolin Rudolfs Sohn schicke 30, Otto Gebizos Sohn schicke 20. Graf Hezel führe 40 an. Der Abt von Fulda schicke 60. Graf Guntram führe 12 an, Unger 20. Herr Sicco, Bruder des Kaisers führe 20 an, Otto 40. Herzog Karl soll, weil als Schirmherr des Landes nach Hause entlassen, Boso mit 20 schicken. Der Lütticher Bischof schicke 60 mit Hermann oder Immo. Der Bischof von Cambrai schicke 12. Geldulf führe mit Unterstützung der Äbte von Inden und Stablo 12 an. Graf Dietrich schicke seinen Sohn mit 12, Graf Ansfred schicke 10, die Markgrafen Gottfried und Arnulf 40. Der Sohn des Grafen Sicco soll 30 mit sich führen. Der Abt von Prüm führe 40 an, der Erzbischof von Trier 70, der Bischof von Verdun 60. Der von Toul soll 20 schicken. Der Salzburger Erzbischof schicke 70, der Regensburger ebensoviel, Abraham [Bf. v. Freising] 40. Bischof Reginald führe 50 an, Bischof Alboin 20, der Bischof der Stadt Augsburg 100. Der Konstanzer Bischof schicke 40. Der Bischof von Chur führe 40 an, der Abt der Reichenau 60, der Abt von St. Gallen 40, der Abt von Ellwangen 40, der Abt von Kempten 30.

(Indiculus loricatorum, MGH Constit. 1, Nr. 436, S. 633)

Q 4 Königsgastung

Eine der wenigen Nachrichten über die Organisation der bischöflichen Königsgastung stammt von einem anonymen Eichstätter Domherren (11. Jh.). Er zeichnete den dortigen Bischof Megingaud († 1014) als humorvolles Original, dem der König, obwohl mit ihm verwandt, ein armes Bistum übertragen hatte. Aus dem Text wird auch das hochadlige Selbstverständnis und trotz der Kritik an der Höhe des königlichen Servitiums (der einzigen, die wir aus dieser Zeit kennen!) die Nähe zum König deutlich.

Als Kaiser Heinrich seligen Angedenkens, der Gründer des Bistums Bamberg, einmal ein Fest und feierliche Spiele für sich und andere veranstalten wollte, wies er unseren Bischof, seinen Verwandten, ja teilweise Blutsverwandten, an, ihm auf dem Weg nach Regensburg ein volles Servitium zu liefern, dessen sich nicht einmal ein Erzbischof zu schämen hätte. Als nun der königliche Bote im einzelnen großartig aufzählte, was zu geben sei, und schließlich zu der ungeheuren Menge Wein kam, rief der Bischof aus: ‚Das ist sehr übel! Dein Herr ist offenbar wahnsinnig geworden! Woher soll ich ihm ein so großes Servitium geben, der ich mich selbst kaum ernähren kann? Ich war ihm von Geburt gleich, aber er selbst hat mich zu einem armen Pfarrer gemacht und jetzt will er das königliche Servitium? Woher soll ich so viele Fässer Wein hernehmen? Ich habe gar keinen Wein außer einem kleinen Fäßchen, das mir mein Kollege, der Augsburger Bischof, dieser Teufel, für die Meßfeier gegeben hat' — hier redete er von Bruno, einem leiblichen Bruder des Kaisers — , ‚beim heiligen Willibald, kein Tropfen dieses Weins soll durch die Kehle deines Herrn rinnen!' Als sich sein Zorn gelegt hatte, schickte er dem Kaiser einige wertvolle Pelze und sprach zu dem Boten: ‚Das wollte dein Herr, das soll er haben, das ist für die Eichstätter Bischöfe mehr als das volle königliche Servitium.'

Wenn er an den Hof kam und der Weg schmutzig war, pflegte er bis an die Tür des königlichen Schlafgemachs zu reiten. Als die anderen Bischöfe dies für unpassend erklärten, brachte er sie mit den Worten zum Schweigen: ‚Ihr Dummköpfe, soll ich mich wegen Eurer komischen Ideen wie ein billiger Leibeigener mit Dreck bespritzen? Wozu habe ich ein Reitpferd, wenn ich wie ein schmutziger Fußgänger an den Hof kommen soll? Als der Kaiser vorüberging und die anderen Bischöfe sich in schuldigem Respekt erhoben, blieb er sitzen. Die anderen kritisierten sein Verhalten, aber er erklärte einfach: ‚Ich bin sein älterer Verwandter und die

Älteren soll man ehren, so schreiben es die heidnischen und die heiligen Schriften vor.'

(Anonymus von Herrieden, MGH SS 7, S. 260)

Q 5 Zeitgenössische Kritik

Der dem Erzbischof Brun († 965) nahestehende Kölner Kleriker Ruotger beschreibt Reaktionen auf den neuartigen Typus des ottonischen Reichsbischofs und verteidigt die Verbindung geistlicher und weltlicher Gewalt. Die Hauptkritik kam vom Mainzer Erzbischof Friedrich.

[Otto I.] schickte seinen Bruder Brun in dieser gefährlichen Zeit als Beschützer, Sachwalter und sozusagen als Erzherzog nach Westen und gab ihm folgende Aufträge: ‚Wir hatten immer ein- und dieselbe Auffassung und niemals wichen unsere Meinungen in irgendeiner Angelegenheit voneinander ab; so freue ich mich unaussprechlich, lieber Bruder und das ist es, was mich in diesen Widerwärtigkeiten am meisten tröstet, wenn ich sehe, daß durch die Gnade des allmächtigen Gottes das königliche Priesteramt unserer Herrschaft hinzugefügt worden ist. Denn in dir lebt zugleich priesterliche Frömmigkeit und königliche Tatkraft ... Ich weiß, mein Bruder, ich weiß, daß niemand deiner Klugheit einreden kann, es sei nicht deine Sache, wenn verkehrte Menschen sich des Verderbens der Guten rühmen, auch wenn sie ihre wahren Absichten durch schöne Worte verdecken.

Vielleicht sagen sie, dies sei nur mit militärischer Gewalt zu unterdrücken und das stehe dir nicht zu; es passe nicht zur Würde deines Amtes. Du siehst doch, wie viele der Erzbischof dieser Stadt [Mainz] mit trügerischen und prahlsüchtigen Worten dieser Art verlockte, wie viele er zum wütenden Bürgerkrieg verführte! Wenn er sich aus dem Streit und der Kriegsgefahr hätte heraushalten wollen, wie er vorgibt, um sich der religiösen Muße hinzugeben, dann hätte er doch besser das, was wir ihm aus königlicher Großzügigkeit übertragen haben, uns und unserem

Gemeinwesen zurückgeben sollen anstatt den Feinden...'

Auf Drängen des Kaisers übernahm er, wie gesagt, die Reichsgeschäfte bei den Lothringern und obwohl er jedem der Großen und der Amtsträger seine ihm zustehenden Aufgaben übertrug, gab es doch nichts, worum er sich nicht auch selbst kümmerte. Dabei achtete er fürsorglich und wachsam besonders darauf, was allen nützen konnte. Aber vielleicht machen ihm einige Leute, die die göttliche Ordnung nicht begreifen, Vorwürfe und fragen, warum denn ein Bischof Politik und gefährliche Kriege betreibe, obwohl er doch nur die Aufgabe der Seelsorge habe. Die Sache selbst kann diesen Leuten, wenn sie nur etwas Verstand haben, Antwort geben: sie sehen doch, wie das große und diesen Gegenden ungewohnte Gut des Friedens durch den Beschützer und Lehrer des gläubigen Volkes weithin ausgebreitet wurde... Und die weltliche Regierung war auch für die Lenker der heiligen Kirche Gottes weder neu noch ungebräuchlich – Beispiele gibt es genügend, wenn man sie sucht. Wir aber wollen uns anderen Dingen zuwenden und überlassen es jedem, wie er über diesen frommen Mann rede oder urteile; es gibt unseres Wissens niemanden mit einem klaren Kopf, der das deutlich sichtbare gute Ergebnis durch irgendeine schändliche Verleumdung verdunkeln möchte. Denn ehrenvoll und nützlich für unser Reich war alles, was er tat.

(Vita Brunonis, MGH SS rer. Germ. NS 10, hg. v. I. Ott, 1951, S. 19f., 23f.)

Fragen, Probleme und Anregungen

1) Königtum und Reichskirche – Leistungen und Gegenleistungen.

2) Reichskirchensystem – staatliche Institution oder Geflecht persönlicher Beziehungen?

3) Christliche Überzeugung – Motiv der Verbindung des Königtums mit der Reichskirche oder bloße Ideologie?

4) Wie ist die enge Verbindung der geistlichen und weltlichen Gewalt im Mittelalter letztlich zu erklären?

Wichtige Daten

953	Erzbischof Brun v. Köln wird Herzog von Lothringen
1002–24	Vollendung des „Reichskirchensystems" durch Heinrich II.
um 1200:	Ende des „Reichskirchensystems"

Wichtige Begriffe

Reichskirchensystem
Immunität/Bann-Immunität
Investitur
Königsgastung

Reichsepiskopat
Kirchenvogtei

Servitium regis
Spolien- und Regalienrecht

Literaturhinweise:

Neben den übergreifenden Darstellungen zur Kirchengeschichte (siehe S. 10):

A. Werminghoff, Verfassungsgeschichte der dt. Kirche im MA, 1913[2] (Grundriß der Geschichtswiss. II, 6).
A. Schulte, Der Adel und die dt. Kirche im MA, 1922[2].
Bischof, Bischofsamt. In: LexMA Bd. 2 (1983), Sp. 228–238.

Fränkische Zeit

F. Prinz, Klerus u. Krieg im früheren MA. Untersuchungen zur Rolle der Kirche beim Aufbau der Königsherrschaft, 1971.

G. Scheibelreiter, Der Bischof in merowingischer Zeit, 1983.
Ders., Der frühfränkische Episkopat. Bild und Wirklichkeit. Frühmittelalterl. Studien 17 (1983), 131−147.

Ottonen- und Salierzeit

L. Santifaller, Zur Geschichte des ottonisch-salischen Reichskirchensystems, 1964² (Sb. d. österr. Akad. d. Wiss. Phil.-hist. Kl. 229,I).
O. Köhler, Die Ottonische Reichskirche, Adel und Kirche. In: Festschrift G. Tellenbach, 1968, 141−204 [Forschungsbericht].
H. Lippelt, Thietmar v. Merseburg. Reichsbischof und Chronist, 1973.
J. Fleckenstein, Zum Begriff der ottonisch-salischen Reichskirche. In: Festschrift C. Bauer, 1974, 61−71.
Ders., Brun I., Erzbischof v. Köln. In: LexMA Bd. 2 (1983), Sp. 753−755.
H. Zielinski, Der Reichsepiskopat in spätottonischer u. salischer Zeit (1002−1125), Teil I, 1984.

Einzelaspekte

J. Fleckenstein, Königshof und Bischofsschule unter Otto d. Großen. AKG 38 (1956), 38−62.
Ders., Die Hofkapelle der deutschen Könige, Bd. 2, 1966 (Schriften der MGH 16,2).
E. Schrader, Bemerkungen zum Spolien- und Regalienrecht, ZRG German. Abt. 84 (1967), 128−171.
L. Auer, Der Kriegsdienst des Klerus unter den sächsischen Kaisern. MIÖG 79 (1971), 316−407 und 80 (1972), 48−70.
D. Willoweit, Immunität. In: HRG Bd. 2 (1978), Sp. 312−330.

Stauferzeit

K. Bosl, Würzburg als Reichsbistum. Verfassungsgesch. Grundlagen des staufischen Reichskirchenregiments. In: Festschrift Th. Mayer Bd. I, 1954, 161–181.
P. Hilsch, Die Bischöfe von Prag in der frühen Stauferzeit. Ihre Stellung zwischen Reichs- und Landesgewalt, 1969.

9. Das frühe deutsche Reich im europäischen Zusammenhang

Zu den ersten Zielen der Herrschaftsausbreitung des Reiches gehörten die östlich der Elbe-Saale-Linie bis zur Oder sich erstreckenden Gebiete, die von den noch heidnischen *elb-ostseeslawischen* Stämmen bewohnt waren; auch sie zählen zu den Vorfahren der späteren Deutschen. Die Forschung der letzten Jahrzehnte (besonders in der DDR) beschäftigte sich eingehend mit ihnen. Da wir keine schriftlichen Quellen von slawischer Seite besitzen, gewinnen archäologische Erkenntnisse besonders große Bedeutung. Die wichtigsten Stämme der Elb-Ostseeslawen waren die Abodriten im Nordwesten des Bereichs, die Wilzen oder Liutizen im Nordosten, die Heveller im Havelland und die Sorben im Süden. Auch in das Gebiet des oberen Main sickerten slawische Gruppen ein (Main- oder Reichswenden).

Die Elb-Ostseeslawen besaßen eine adlige Oberschicht, teilweise auch Stammesfürsten auf Burgen mit gefolgschaftsähnlichen Kriegerverbänden (*družina*). Häufig waren die Burgen, die zum Teil aus kunstvollen Holz-Erde-Konstruktionen bestanden, Herrschaftsmittelpunkte von Siedlungsbezirken, die voneinander durch Sümpfe und Wälder getrennt waren. Auch wenn einige Stämme bereits stärker herrschaftlich strukturiert waren (Abodriten), so dominierte insgesamt der kleinräumige „Stammesstaat", der jeweils meist auch mit dem Kultbereich einer heidnischen Gottheit identisch war. Die Zahl der im Elbe-Oderraum lebenden slawischen Bevölkerung wird für die Zeit um 1000 auf etwa 250 000 geschätzt.

Nach der Lechfeldschlacht setzte die Expansion des Reiches in diesen Raum und seine herrschaftliche Erfassung voll ein. Unter Otto I. wurde in zahlreichen Feldzügen die Herrschaft bis zur Oder vorgeschoben; die slawischen Stämme wurden zumindest tributär abhängig gemacht. Zwei energische Markgrafen, Hermann Billung und Gero, waren vom König als seine wichtigsten Helfer eingesetzt worden. Im südlichen sorbischen Bereich gelang es, offenbar nach Vernichtung der einheimischen Führungsschicht, eine Burgward-(Burgbezirks-)verfassung einzurichten und das Gebiet rasch zu befrieden. Die Kirchenorganisation wurde planmäßig aufgebaut — ihr Schlußstein war die Erhebung Magdeburgs zum Metropolitansitz einer neuen (sechsten) Kirchenprovinz (968). Mit der Mission wurde begonnen.

Gerade die enge Verbindung von Herrschaft und Mission — für den König und die Kirche eine Selbstverständlichkeit — war es, die eine friedliche Christianisierung außerordentlich erschwerte; sie war ein Grund für den teilweise erbitterten Widerstand der slawischen Stämme.

Im Gegensatz zum Elbe-Oderraum entstanden in den anderen Gebieten Ostmitteleuropas in der zweiten Hälfte des 10. Jahrhunderts die selbständigen und relativ stabilen Herrschaftsgebilde, deren Tradition bis heute reicht: *Polen, Böhmen/Mähren und Ungarn*. Auch im polnischen und böhmischen Raum hatten zunächst zahlreiche Kleinstämme das Feld beherrscht. Aber in einem Zentralisierungsprozeß setzte sich in Polen der Stamm der Polanen (an der mittleren Weichsel), in Böhmen der Stamm der Tschechen (in Mittelböhmen) durch: sie wurden zu Kernen der Reichsbildung und lieferten den neuen Gesamtnamen.

Der erste namentlich bekannte polnische Herzog von Gnesen, Mieschko I. aus der Familie der Piasten, breitete seine Herrschaft über eine Reihe anderer Stämme aus und nahm 966/67 nach Heirat mit einer böhmischen (christlichen) Herzogstochter das Christentum an. Von Böhmen ging auch die erste Missionierung Polens aus. Spätestens 968 wurde Posen als erstes Missionsbistum gegründet, wohl unter Einfluß der Reichskirche. Auch Mieschko wurde schon in die Reichspolitik hineingezogen; er beteiligte sich an Thronkämpfen im Reich, war auch zeitweise Vasall des deutschen Königs. Vermutlich 991 begründete er mit der Übereignung des Landes an den hl. Petrus das enge polnische Verhältnis zur römischen Kurie und grenzte sich damit gleichzeitig in gewisser Weise von Reich und Reichskirche ab. Die nächsten Jahrzehnte waren vor allem von der Gegnerschaft und den Kämpfen zwischen Polen und Böhmen geprägt.

Politischer und wirtschaftlicher Mittelpunkt Böhmens wurde früh die Burg Prag, der Sitz der tschechischen Fürsten, die sich nach einem sagenhaften Ahnherrn Přemysliden nannten. Die Missionierung des Landes ging schon im 9. Jahrhundert vom großmährischen Reich und von Bayern (Regensburg) aus. Ende des 9. Jahrhunderts regierte der erste christliche Přemyslide in Prag; zum heiligen Fürsten und Märtyrer und zur böhmischen Identifikationsfigur wurde jedoch erst der ermordete Herzog Wenzel († 929 oder 935). Nach Vernichtung der noch konkurrierenden Slawnikiden (995) errang die Přemysliden-Familie unter Boleslaw II. die Alleinherrschaft. Schon Wenzel war durch den Feldzug Heinrichs I. unter die Oberhoheit des Reiches geraten, erneut Boleslaw I. nach 14-jährigen Kämpfen unter Otto I. (950). Im Gegensatz zu Polen und Ungarn gehörte damit Böhmen/Mähren zum Reich und verblieb darin, allerdings mit einer verfassungsmäßigen Sonderstellung. Diese Verbindung erwies sich offenbar auch für die Přemysliden als vorteilhaft. 973 wurde Böhmen von Regensburg kirchlich unabhängig: das Bistum Prag wurde im Zusammenwirken mit Kaiser und Papst gegründet. Nach den Auseinandersetzungen mit Otto I. trat der böhmisch-polnische Gegensatz in den Vordergrund.

In Ungarn sind erste Missionsversuche erst nach der Lechfeldschlacht erfolgt, die aus dem byzantinischen Reich und aus Bayern (Passau) vorgetragen wurden. Am Ende des 10. Jahrhunderts war die ungarische Oberschicht bereits christianisiert. Seit 997 regierte der kurz vorher auf den Namen Stephan getaufte erste christliche Herrscher Ungarns aus der Arpadenfamilie. Der mit einer ottonischen Prinzessin vermählte Stephan, der eine starke Königsgewalt errichtete, wurde später zum ‚heiligen König' der Ungarn.

Kennzeichnendes gemeinsames Merkmal dieser drei neuen Staatengebilde (und ein Unterscheidungsmerkmal zu den Elb-Ostseeslawen!) waren also in der ersten Phase ihrer Entwicklung die relativ starke Fürstenmacht, die auf kriegerischer und beutegieriger Gefolgschaft, teilweise auch auf der Erfassung des Landes durch Burgen beruhte und ihre Legitimation nach innen und außen durch die Übernahme des Christentums verstärkte. Erst als der ursprüngliche Gefolgschaftsadel lokale Herrschaften zu errichten begann (Feudalisierung) und damit auf den Fürsten weniger angewiesen war, setzte eine Krise der vorher expandierenden Reiche ein.

Die Weiterentwicklung des deutschen Reiches ist in der Zeit *Ottos II.* (973—983) durch einen Rückschlag der ottonischen Herrschaft gekennzeichnet. Zwar setzte sich Otto im Reich durch; erfolgreich war er auch bei der Zurückweisung eines französischen Versuchs, Lothringen erneut für das Westreich zu gewinnen: die überraschende Einnahme Aachens durch den karolingischen König Lothar wurde mit einem Vergeltungszug bis vor Paris beantwortet. Am Status quo änderte sich nichts. Das Übergewicht des frühen deutschen Königtums über das französische blieb weiterhin bis ins 11. Jahrhundert gegeben. Dazu trugen die langwierigen Thronkämpfe in Frankreich zwischen Kapetingern und Karolingern bis zum Aussterben der letzteren bei (987). Nur noch ein Zehntel des Landes konnten die französischen Könige im 10. und 11. Jahrhundert wirklich kontrollieren, das übrige Gebiet lag in Händen von etwa einem Dutzend großer Kronvasallen. Immerhin gelang es den ersten kapetingischen Herrschern, den weiteren Machtzerfall des Königtums aufzuhalten und wenigstens die Krondomäne zu behaupten.

Der Plan Ottos II., Süditalien gegen die aus Sizilien eingefallenen Sarazenen und gegen die Byzantiner zu erobern, schlug jedoch fehl. Das deutsche Heer erlitt 982 am Kap Colonne in Kalabrien eine empfindliche Niederlage gegen die Sarazenen, bei welcher der Kaiser nur knapp mit dem Leben davonkam. Neue Rüstungen wurden durch den Tod Ottos, ein Jahr später, illusorisch.

Der große slawisch-dänische Aufstand von 983 gegen die ottonische Herrschaft wurde durch die Niederlage in Italien nicht verursacht, aber vielleicht veranlaßt. Träger des Aufstandes war in erster Linie der Stammesverband der

Liutizen, mit dem sich auch die Heveller und Abodriten verbündeten. Der Liutizenbund, der vier Stämme umfaßte, muß sich kurz vor 983 gebildet haben. Er war zunächst ein Kultverband mit einer zentralen Kultstätte in der Tempelburg Radogost. Bis zur Mitte des 12. Jahrhunderts sollte der Liutizenbund, der nicht herrschaftlich, sondern föderativ strukturiert war, einen hartnäckigen Kampf um seine Unabhängigkeit gegen die ihn umgebenden christlichen Staaten, das Reich, Polen und Dänemark, führen. 983 wurden alle deutschen Positionen im Norden des Elbe-Oderraums zerstört, nur mit Mühe konnte die Elbe-Saale-Linie gesichert werden. Die südlichen Marken, Lausitz und Meißen, konnten behauptet werden. Die dortige Bevölkerung hatte sich am Aufstand nicht beteiligt, weil sie offenbar herrschaftlich durch die Burgwardorganisation bereits stärker erfaßt worden war.

Die Dänen gewannen mit dem Aufstand Haithabu und das Land bis zur Eider zurück, die seit Karl dem Großen die Grenze gebildet hatte, und schüttelten die ohnehin nur formelle deutsche Oberhoheit ab. Später begannen mit Knut d. Großen († 1035), der ein nordisches Großreich mit England, Dänemark, Norwegen, Teilen Schwedens errichtete und Skandinavien dem Christentum öffnete, eigene dänische Angriffe auf das Elbslawengebiet. 1022/23 brachte Knut die südliche Ostseeküste unter seine Oberhoheit.

Die Regentschaft für den erst dreijährigen Otto III. übernahm seine Mutter, die Griechin Theophanu, zusammen mit seiner Großmutter Adelheid. Theophanu erwies sich als außerordentlich tatkräftige Herrscherin. Sie sicherte ihrem Sohn die Herrschaftsnachfolge und unternahm einen selbständigen Italienzug. Persönlichkeit und Herkunft befähigten sie zum erfolgreichen Umgang mit politischer Macht; doch spielten die Frauen der Herrscherfamilien seit der Ottonenzeit bis ins 12. Jahrhundert überhaupt eine wichtige, bisher zu wenig beachtete Rolle. Im 10. und 11. Jahrhundert entstanden Lebensbeschreibungen solcher Frauen (später nicht mehr), es ist darauf hingewiesen worden, daß immerhin 1/4 der überlieferten Porträts der ottonischen Zeit Frauen darstellen. Otto I.

nannte seine Frau Adelheid 962 zum ersten Mal ‚Teilhaberin an der Königsherrschaft' (*consors regni*), eine Formel, die aus Italien übernommen worden war und letztlich in die Antike zurückreicht. Damit wird eine gemeinsame Herrschaftsausübung von König und Königin vorausgesetzt. Zahlreiche Interventionen (Fürsprachen) der Königinnen im königlichen Urkundenmaterial dieser Zeit bestätigen diese Rolle. Die *Consors-regni*-Formel verschwindet wieder im 12. Jahrhundert, auch weibliche Reichsregentinnen gab es seit Kaiserin Agnes († 1077) nicht mehr. Die überdurchschnittlich höhere Lebenserwartung der Frauen der Ottonenfamilie wurde als Erklärung für ihre bedeutende Rolle genannt (K. J. Leyser); zugrunde liegt wohl auch die Vorstellung von der Geblütsheiligkeit der gesamten Königssippe, die in späterer Zeit durch eine mehr an Amt und Wahl orientierte Königsvorstellung abgelöst wurde.

Theophanus Sohn, *Otto III.*, regierte selbständig gerade 7 Jahre (995–1002); aber seine Persönlichkeit und Herrschaftsvorstellung fanden seit jeher größtes Interesse. In der Tat fällt er aus der Reihe deutscher Könige in vieler Hinsicht heraus. Der hochbegabte Otto war sehr sorgfältig erzogen worden. Als seine einflußreichsten Lehrer, Berater und Freunde gelten der Franzose Gerbert von Aurillac, der berühmteste Gelehrte seiner Zeit, und der spätere Märtyrer böhmischer Herkunft, Adalbert, Bischof von Prag. Während man Gerbert die Förderung der römisch-imperialen Vorstellungen zuschreibt, beeinflußte Adalbert den jungen König mit seiner asketischen, fast weltflüchtigen Frömmigkeit. Ottos Ziel war die ‚Erneuerung des Reichs der Römer' (*renovatio imperii Romanorum* lautet die Umschrift seiner Siegel), wobei er auch die karolingische und ottonische Tradition des römischen Kaisertums miteinbezog. Auf dem Palatin in Rom ließ er eine Pfalz errichten und umgab sich mit römisch-byzantinischem Zeremoniell. Rom sollte wirklich zur Residenz seiner Kaiserherrschaft werden, die er weit über die Königreiche (*regna)* zu erheben suchte. Die ideologische Konzeption des christlichen Kaiserreichs (*imperium Christianum*) mit seinem Missionsauftrag sollte zwar gemeinsam mit dem

Papst verwirklicht werden; aber Otto sah sich letztlich seinem Konkurrenten in Rom doch übergeordnet. Er schmückte sich selbst mit päpstlichen Epitheta („Diener Jesu Christi'), und die Konstantinische Schenkung, die dem Papst die Stadt Rom und den Kirchenstaat zugesprochen hatte, erklärte er als einziger deutscher König zur Fälschung. Mit Brun von Kärnten setzte er 996 den ersten deutschen Papst ein, später dann seinen Lehrer Gerbert als Silvester II. Die Römer und ihr Stadtadel akzeptierten Ottos römische Visionen jedoch nicht; der Kaiser mußte 1001 mitsamt dem Papst die Stadt nach einem Aufstand verlassen (Q 2). Andererseits wurden auch nördlich der Alpen kritische Stimmen gegen die Vernachlässigung der Deutschen und besonders der Sachsen durch den Kaiser laut.

Reale Folgen hatten jedoch andere Maßnahmen Ottos: die Einbeziehung Polens und Ungarns in die imperiale Renovatio-Politik. Im Zusammenhang mit einer feierlichen Pilgerreise nach Gnesen im Jahr 1000, wo die Gebeine seines als Märtyrer getöteten Freundes Adalbert lagen, wurde dort ein eigenes polnisches Erzbistum gegründet, die polnische Kirche also aus der Verbindung mit der Reichskirche herausgelöst; Herzog Boleslaw Chrobry (der Tapfere) von Polen wurde wahrscheinlich zum Patrizius, d. h. Stellvertreter des Kaisers, erhoben. Ähnlich wurde in Ungarn das Erzbistum Gran errichtet und Stephan, dessen Taufpate Otto gewesen war, zum König erhoben. Die politische und kirchliche Verselbständigung beider Länder in Zusammenarbeit mit dem Papst entsprach den missionarisch-imperialen Zielen Ottos und sicherte ihre Einbeziehung in den abendländischen Kulturkreis; die Reichskirche indes sah ihre Interessen verletzt.

Otto III. starb als knapp Zweiundzwanzigjähriger; ob seine Pläne eines christlichen Universalreichs, an denen er bis zum Schluß festhielt, überhaupt Chancen zur Verwirklichung gehabt hätten, ist sehr fraglich.

Heinrich II., Ottos Nachfolger aus der bayrischen Linie der Ottonen, schwenkte wieder auf die ältere ottonische Richtung der Politik ein. Mit der Siegelumschrift ‚Erneuerung des Reichs der Franken' (*renovatio regni Francorum*) gab er ihr programmatischen Ausdruck. Das deutsche Reich wurde wiederum zur Grundlage der Herrschaft, und Bayern wurde nun neben Sachsen und Franken verstärkt einbezogen. Im Schnittpunkt der neuen Verbindungslinien zwischen den königlichen Hauptorten Aachen, Magdeburg und Regensburg errichtete Heinrich mit dem Bistum Bamberg seine Lieblingsgründung, auf deren Betreiben er später (1146) zum Heiligen erhoben wurde. Die Reichskirche beherrschte er allerdings unumschränkter als seine Vorgänger, setzte sich aber auch ernsthaft für Klosterreformen ein.

Polen wurde zum außenpolitischen Hauptproblem seiner Regierungszeit. Boleslaw Chrobry hatte nach verschiedenen Eroberungen und mit der Einbeziehung Böhmens und Mährens in seinen Machtbereich ein slawisches Großreich errichtet. Da Heinrich eine solche Machtzusammenballung an der Ostgrenze nicht dulden wollte, kam es zu langjährigen Kämpfen mit Polen, vor allem um die Lausitz und das Meißener Land. Dabei schloß Heinrich, auch hier ganz Realpolitiker, sogar Bündnisse mit den heidnischen Liutizen gegen die christlichen Polen, was ihm Kritik der sächsischen Kirche und des sächsischen Adels zuzog. Der Friedensschluß von Bautzen (1018) war ein Kompromiß, wobei Boleslaw die Lausitz und die östliche Mark Meißen als Reichslehen belassen werden mußten.

Die Italien- und Kaiserpolitik wurde von Heinrich II. keineswegs aufgegeben. Wie Otto I. unternahm er drei Italienzüge, erwarb die Kaiserkrone und stieß bis an die Nordgrenze Apuliens vor.

Die ersten beiden salischen Könige, die dem kinderlosen Heinrich II. folgten, Konrad II. (1024—39) und Heinrich III. (1039—56), setzten diese Politik ihres Vorgängers fort. Nur auf die wichtigsten Ergebnisse und neu sich anbahnende Entwicklungen ihrer Regierungszeit sei hier hingewiesen:

Unter *Konrad II.* wurde, am Ende eines längeren historischen Prozesses, *Burgund* für das Reich gewonnen; seit 1033 umfaßte das Imperium also drei Königreiche: das deutsche Reich, Reichsitalien und Burgund. Hochburgund und Niederburgund waren am Ende des 9. Jahrhunderts als Zerfallsprodukte des Frankenreiches entstanden. Schon Heinrich I. hatte engere Beziehungen zum burgundischen Königtum aufgenommen; vom burgundischen König erwarb er die heilige Lanze. Das relativ schwache Königtum der welfischen Rudolfinger lehnte sich fortan meist an das Reich an, um gegen den mächtigen Adel bestehen zu können. Denn sein Einfluß reichte nicht über Hochburgund (bzw. das Gebiet zwischen Oberrhein und Genfer See) hinaus.

Rechtsgrundlage für die Herrschaftsübernahme Konrads II. waren die Huldigung König Rudolfs III. und der Erbfolgevertrag mit Konrads Vorgänger Heinrich II. Nach dem kinderlosen Tod Rudolfs (1032) wurde Konrad durch Designation, Wahl und Krönung burgundischer König, mußte jedoch noch fünf Jahre um seine Anerkennung kämpfen. Auch der deutsche König konnte im Lande keine starke Zentralgewalt ausbilden und blieb vielfach auf die burgundischen Großen angewiesen; nur wenige Könige haben sich später in Burgund krönen lassen. Die Hauptabsicht der Erwerbung war wohl, die Wege nach Italien ganz in die Hand zu bekommen und zu sichern. Aber Burgund erwies sich auch als ein wichtiger kultureller Kontaktraum, der vielfach ins Reich ausstrahlen sollte (Klosterreform, Gottesfriedensbewegung, ritterliche Lebensformen).

In Quellen der Zeit Konrads II. beobachten wir Anfänge einer Bewegung, die als erste große soziale Evolution des Mittelalters gelten kann: den Aufstieg der *Ministerialität*. Sie erwuchs aus einer Gruppe unfreier Dienstleute, die schon in den adligen und kirchlichen Grundherrschaften bestimmte höhere Funktionen wahrnahmen, z. B. als Verwalter oder Meier. Sie wurden nun vom König als Reichsgutverwalter, als Krieger zu Pferde oder für bestimmte Hofämter eingesetzt. Dies war deswegen nötig geworden, weil die Verbindung zwischen den adligen Vasallen, die ursprünglich als Amtsträger fungieren sollten, und dem König sich immer mehr gelockert hatten. Die vasallitischen Rechte am Lehensgut hatten sich immer mehr verstärkt (Erblichkeit), die Weitervergabe der Lehen die Beziehung zum Lehensherrn geschwächt. Es blieb ein

Grundübel der Königsgewalt in einer feudal strukturierten Gesellschaft ohne entwickelte Geldwirtschaft, daß Versorgung von Amtsträgern nur durch Verleihung von Grundherrschaften möglich war! Der König hoffte, mit der unfreien Reichsministerialität eine von ihm stärker abhängige „Beamtenschaft" aufbauen zu können. Aber auch die Ministerialen ließen sich letzten Endes nicht anders „besolden" als durch Gewährung eines (zunächst jederzeit entziehbaren) Dienstgutes. Daß gerade Konrad II. gegen den Hochadel vorsichtig an niedrigere soziale Schichten anzuknüpfen suchte, zeigt sich auch an seiner Unterstützung für die niederen Vasallen in Italien, wo die Verhältnisse allerdings schon viel weiter als in Deutschland gediehen waren (Q 4).

Feierte man früher die Regierungszeit *Heinrichs III.* (1039—56) als einen Höhepunkt deutscher Kaiserherrschaft und sah man in seinem frühen Tod den Anlaß oder sogar die Ursache zum folgenden Investiturstreit, so erkennt man heute deutliche Krisensymptome schon vor 1056. Zwar ist das äußere Bild glänzend: so konnten etwa Polen, Ungarn und Dänemark zeitweilig der Lehensoberhoheit des Reiches unterworfen werden. Aber die inneren Kämpfe zeigen wachsende Unzufriedenheit und den Widerstand des Adels an. Dazu mögen die düstere, unzugängliche Art des Königs, seine zahlreichen Güterkonfiskationen und die Bevorzugung der Ministerialen beigetragen haben, aber der offenkundige Machtzuwachs und die zunehmende Unabhängigkeit des Hochadels bilden den Hintergrund für diese Erscheinungen.

Ein Hauptinteresse der Forschung galt immer schon Heinrichs Verhältnis zur Kirchenreform. Kirchenreform war eine Grundströmung seiner Zeit; man führt sie vor allem auf das im französischen Herzogtum Burgund gelegene Kloster *Cluny* zurück. Der von Cluny gegründete Verband benediktinischer Klöster stellte eine der wichtigsten monastischen Reformbewegungen des Mittelalters dar. Die Verfassung Clunys (gegründet schon 910) beruhte auf Freiheit von Eingriffen der adligen Gründerfamilie, freier Abtswahl, nach langen Kämpfen errungener Freiheit von bischöflicher Diözesangewalt und auf der Unterstellung unter den Papst. Eine reiche Liturgie, die Marien- und Kreuzverehrung sowie das Totengedächtnis waren Hauptmerkmale cluniazensischer Lebensformen.

Das Reformzentrum Cluny (mit der damals größten Kirche des Abendlandes) brachte schließlich 1 200 Klöster unter seinen Einfluß, ohne indessen einen geschlossenen Orden zu errichten. An der Spitze des hierarchisch gegliederten Verbandes standen die Äbte von Cluny, die sich im übrigen fast durchweg durch lange Lebens- und Regierungszeiten auszeichneten. Abt Odilo etwa regierte von 994 bis 1048; er wurde von Zeitgenossen ‚König Odilo‘ genannt. Die Cluniazenser waren zunehmend konservative Reformer. Zwar haben sie die Freiheit der Kirche (*libertas ecclesiae*) propagiert und sich auch an der Gottesfriedensbewegung beteiligt; das Eigenkirchenwesen haben sie jedoch nicht grundsätzlich bekämpft, und in den politischen Auseinandersetzungen haben sie sich stark zurückgehalten.

Außer im Grenzland waren die eigentlich monastischen Ausstrahlungen Clunys auf das Reich zunächst gering; eine jüngere lothringische Reformbewegung um das Kloster Gorze hatte hier schon zu Zeiten Heinrichs II. wesentlich mehr Einfluß. Aber die Äbte von Cluny hatten enge Beziehungen zum deutschen Hof, Heinrich III. hatte eine Frau aus der Familie der Clunygründer, Agnes von Poitou, geheiratet.

Einer im Mittelalter nicht seltenen Verbindung von frommer Demut, religiösem Ernst und herrschaftlichem Selbstbewußtsein entsprechend, sah der König in der Verwirklichung christlicher Reformgedanken eine seiner Hauptaufgaben. Obwohl meist auf Kriegszügen, nahm er Gedanken der burgundischen Friedensbewegung auf, hielt selbst Friedenspredigten und trat nach Schlachten im Büßerhabit auf. Er verzichtete auf die Simonie, den Ämterkauf durch Bischöfe und Äbte, und damit auf königliche Einkünfte. Andererseits übte er die Investitur energisch aus. Als Höhepunkt königlicher Kirchenherrschaft und zugleich als Beginn der römischen Kirchenreform kann seine Synode von Sutri nördlich von Rom (1046) gelten: hier ließ er drei miteinander konkurrierende Päpste, die Protagonisten rivalisierender stadtadliger Parteien (der Creszentier und Tuskulaner) waren, absetzen. An ihre Stelle wurden in den nächsten Jahren deutsche Päpste eingesetzt, die in die römischen Querelen nicht verstrickt waren.

Der bedeutendste dieser Päpste war Leo IX. aus der Familie der elsässischen Grafen von Egisheim (1048–54). Er war der erste große Reformpapst, der die römischen und die lothringischen Reformer an der Kurie zusammenführte, und er war der erste „Reisepapst", der zahlreiche Reisen nach Frankreich, Deutschland und Süditalien unternahm. Sein erstes Laterankonzil (1049) richtete radikale Angriffe gegen die Simonie und die Priesterehe, Erscheinungen, die in der Kirche noch weit verbreitet, ja, Gewohnheit waren. Heinrich III. hat die Forderungen Leos offenbar akzeptiert; noch einmal schien die ideale Forderung der harmonischen Zusammenarbeit zwischen weltlicher und geistlicher Gewalt verwirklicht zu sein.

Quellen

Q 1 Sachsen und Slawen

Der Bericht Widukinds aus der Zeit Ottos I. zeigt die Erbitterung der Kämpfe und eine Einschätzung der Ereignisse aus sächsischer Sicht.

Aber die Barbaren, durch unsere Schwierigkeiten übermütig geworden, hörten nicht auf, bei jeder Gelegenheit mit Mord und Brand das Land zu verwüsten und trachteten danach, den Gero, den der König über sie gesetzt hatte, mit List zu töten. Er aber kam der List mit List zuvor und räumte an die dreißig Fürsten der Barbaren, die nach einem großen Gelage von Wein und Schlaf trunken waren, in einer Nacht aus dem Wege. Da er aber gegen alle Barbarenstämme allein zu schwach war – es hatten sich nämlich um diese Zeit auch die

Abodriten erhoben, unser Heer vernichtet und den Heerführer namens Haika erschlagen — so führte der König selbst mehrere Male ein Heer gegen sie, fügte ihnen viel Schaden zu und brachte ihnen fast die endgültige Niederlage bei. Nichtsdestotrotz zogen sie den Krieg dem Frieden vor, indem sie alles Elend der teuren Freiheit gegenüber gering achteten. Dieser Menschenschlag ist nämlich hart und scheut keine Anstrengung; gewohnt an dürftigste Nahrung, halten die Slawen geradezu für eine Lust, was den Unseren als schwere Last erscheint. Es vergingen wirklich viele Tage, während auf beiden Seiten mit verschiedenen Motiven gekämpft wurde, hier für Kriegsruhm und für Ausbreitung der Herrschaft, dort für Freiheit oder schlimmste Versklavung. Die Sachsen hatten überhaupt in jenen Tagen unter vielen Feinden zu leiden, Slawen im Osten, Franken im Süden, Lothringer im Westen, im Norden Dänen und gleichfalls Slawen; deshalb zog sich auch ihr Kampf mit den Barbaren so lang hin.

(Widukind v. Corvey, MGH SS rer. Germ. in us. schol. 60, 3. Aufl. hg. v. P. Hirsch, 1935, S. 84 f.)

Q 2 Otto III. und die Römer

In der Vita des Bischofs Bernward von Hildesheim wird eine Rede Ottos III. an die Römer nach ihrem Aufstand von 1001 überliefert. Auch wenn sie so nicht gehalten worden sein sollte, bleibt der Text ein eindrucksvoller Beleg für den Stellenwert des Romgedankens bei Otto.

Inzwischen bestieg der fromme und sanftmütige Kaiser mit wenigen Begleitern einen Turm und hielt an sie folgende Rede: „Hört die Worte eures Vaters, merkt auf und bewahrt sie sorgfältig in eurem Herzen! Seid ihr nicht meine Römer? Euretwegen habe ich mein Vaterland und auch meine Verwandten verlassen. Aus Liebe zu euch habe ich meine Sachsen und alle Deutschen, mein Blut, preisgegeben; euch habe ich in die entferntesten Teile meines Reiches geführt, wohin eure Väter, als sie den Weltkreis unterwarfen, niemals ihren Fuß gesetzt hatten. Das tat ich, um euren Namen und Ruhm bis an die äußersten Grenzen auszubreiten; euch habe ich als Söhne aufgenommen, euch allen vorgezogen. Eure Sache hat mir, da ich euch allen vorangesetzt habe, Neid und Haß aller zugezogen. Und nun verwerft ihr mich, euren Vater, zum Dank für dies alles, ihr tötetet grausam meine Freunde, schloßt mich aus, obwohl ihr mich dennoch nicht ausschließen könnt. Denn die ich mit väterlicher Zuneigung umfing, entlasse ich niemals aus meinem Herzen. Ich kenne die Anführer des Aufstands und bezeichne sie mit dem Blick meiner Augen: und sie schämen sich nicht, obwohl sie offen von allen gesehen werden . . ."

Durch diese Redeweise des Kaisers bis zu Tränen gerührt, versprechen sie Genugtuung, ergreifen zwei Männer, den Benilo und noch einen anderen, hauen sie grausam nieder, schleifen sie nackt an den Beinen über die Treppen und werfen sie auf dem genannten Turm vor den Kaiser

(Vita Bernwardi, MGH SS 4, hg. von G. H. Pertz, 1841, Kap. 25, S. 770)

Q 3 Herrschaftsvorstellung

Der Bericht der *Taten Konrads* des Wipo gilt als ein wichtiges Zeugnis für die Entwicklung einer sogen. transpersonalen Herrschaftsvorstellung. Nicht zufällig bezieht er sich auf Konrad II. Denn der erste salische König sah sich auch in Deutschland vor die Frage gestellt, was bei einem Dynastiewechsel aus dem gesamten königlichen Güterkomplex dem Reich, was den Erben der alten Königsfamilie zustand. Der Fall Pavia ist freilich auch im Zusammenhang mit der wachsenden kommunalen Bewegung in der Lombardei zu sehen.

Im ersten Jahr seiner Regierung feierte König Konrad den heiligen Pfingsttag in der Stadt Konstanz . . . Pavias Gesandte waren trotz einer Kränkung des Königs durch die Bürger mit Geschenken und Fürsprechern zu einem Sühneversuch erschienen, konnten freilich beim König nichts von ihrer Absicht erreichen. Ich will die Ursache dieser Kränkung kurz schildern: In der Stadt Pavia hatte die einst von König Theoderich herrlich erbaute Pfalz gestanden, die später Kaiser Otto

III. prächtig ausschmückte. Als nun der Tod von König Konrads Vorgänger Kaiser Heinrich bekannt wurde, stürzten die Paveser sofort unbedacht zu der friedlichen Hofburg – denn die Menschen pflegen immer bei einer neuen Wendung überstürzt zu handeln – rissen mit frechem Beginnen die Mauern der Königspfalz nieder und zerstörten den Palast bis auf die letzten Grundmauern, damit kein König in Zukunft auf den Gedanken kommen könnte, in ihrer Stadt eine Pfalz zu errichten. Dieser Übergriff verursachte einen langen, schweren Streit zwischen dem König und Pavia. Die Paveser erklärten: ‚Wen haben wir denn gekränkt?' Unserem Kaiser haben wir Treue und Ehre bis zu seinem Lebensende bewahrt. Als er gestorben war, hatten wir keinen König mehr; man kann uns also nicht rechtlich belangen, daß wir das Haus unseres Königs zerstört hätten.' Der König dagegen erwiderte: ‚Ich weiß, daß ihr nicht das Haus eures Königs zerstört habt, denn damals hattet ihr ja keinen. Aber ihr könnt nicht leugnen, daß ihr einen Königspalast zerstört habt. Ist der König tot, so bleibt doch das Reich bestehen, ebenso wie ein Schiff bleibt, dessen Steuermann gefallen ist. Es handelte sich um staatliche Gebäude, nicht um private; sie unterstanden fremder Hoheit, nicht eurer. Wer sich aber an fremdem Eigen vergreift, ist dem König haftpflichtig. Also seid ihr dem König haftpflichtig, weil ihr euch an fremdem Eigen vergriffen habt.' Die Gesandten antworteten daraufhin wortreich und hartnäckig, mußten aber ihren Versuch aufgeben, die Versöhnung herbeizuführen, und heimkehren. Die anderen Italiener aber zeichnete der König durch reiche Gaben aus und entließ sie in Frieden.

(Die Werke Wipos, MGH SS rer. Germ. in us. schol., hg. von H. Bresslau, 1915³, S. 29 f.)

Q 4 Königtum und niedere Vasallen

Mit dem Lehensgesetz vom 28. Mai 1037 (*Constitutio de feudis*) nahm Konrad II. Partei für die unteren ritterlichen Vasallen (*valvassores*) Italiens gegen die Großvasallen. Anlaß war ein Aufstand der Valvassoren gegen Erzbischof Aribert von Mailand (1035); sie wollten die Erblichkeit auch ihrer Lehen durchsetzen. Beide Parteien hatten den König als Schiedsrichter angerufen.

Zur Versöhnung der Lehensherren und Lehensmannen, damit sie stets in Eintracht leben und damit sie treu und beharrlich uns und ihren Lehensherren ergeben dienen, befehlen und verordnen wir fest: Kein Lehensmann von Bischöfen, Äbten oder Äbtissinnen oder von Markgrafen, Grafen und sonstigen, der ein Lehen aus unseren Reichsgütern oder aus dem Kirchenbesitz jetzt oder künftig besitzt oder früher ungerecht verloren hat – und zwar bei unseren höheren Valvassoren wie deren Lehensmannen – darf ohne klare und erwiesene Schuld sein Lehen verlieren, es sei denn aufgrund einer Verfügung unserer Vorgänger und einem Beschluß seiner Standesgenossen.

Wenn ein Streit zwischen Lehensherren und Mannen entsteht, soll der Lehensmann, – auch wenn seine Standesgenossen dem Verlust seines Lebens zustimmen, er jedoch dann erklärt, dies sei ungerecht und aus Haß geschehen, – sein Lehen weiter innehaben, bis der Lehensherr und der von ihm Beschuldigte mit seinen Standesgenossen vor unser Hofgericht kommen und dort die Sache gerecht entschieden werden kann. Wenn sich aber die Standesgenossen des Beschuldigten beim Beschluß den Lehensherren versagen, soll der Beschuldigte sein Lehen weiter innehaben, bis er mit seinem Lehensherrn und den Standesgenossen vor unser Hofgericht kommt. Der Lehensherr aber bzw. der beschuldigte Lehensmann, der den Entschluß faßt, zu uns zu kommen, soll es sechs Wochen, bevor er die Reise antritt, demjenigen, mit dem er den Streit hat, bekanntmachen. Dies soll bei den höheren Valvassoren beachtet werden. Bei den niederen im Reiche jedoch soll deren Streitsache vor den Lehensherren oder vor unserem Königsboten entschieden werden.

Wir befehlen auch, wenn ein Lehensmann – von den höheren oder von den niederen – aus dieser Welt scheidet, so soll sein Sohn dessen Lehen haben. Wenn er aber keinen Sohn mehr hat und einen Enkel von seinem Sohn her hinterläßt, so soll dieser in gleicher Weise das Lehen haben; dabei soll der Brauch der höheren Valvassoren beibehalten werden, ihren Lehensherren Pferde und Waffen zu stellen. Wenn er aber keinen Enkel von seinem Sohn her hinterläßt, doch einen ehelichen Bruder von Seiten des Vaters hat, und wenn der den

Lehensherrn beleidigt hat, aber ihm Genugtuung verschaffen und sein Lehensmann werden will, so soll er das Lehen haben, das seinem Vater gehörte.

Ferner verbieten wir völlig, daß es sich ein Lehensherr herausnimmt, über ein Lehen seiner Lehensmannen ohne deren Zustimmung einen Tausch, eine Landleihe oder einen Pachtvertrag abzuschließen. Die Güter aber, die sie selbst nach Eigentumsrecht besitzen, aufgrund von Anweisungen, aufgrund eines rechtmäßigen Pachtvertrags oder einer Landleihe, soll niemand ihnen ungerechtfertigt zu entziehen wagen.

Das Burgen-Fodrum [eine gastungsrechtliche Abgabe an den König], das unsere Vorgänger hatten, wollen wir auch haben; das aber, das sie nicht hatten, fordern wir keinesfalls.

Wenn einer diese Verordnung bricht, soll er 100 Pfund Gold als Bußgeld zahlen, die eine Hälfte an unsere Kammer, die andere an den, dem der Schaden zugefügt wurde.

(MGH DK II. Nr. 244, S. 336 f.)

Q 5 Aufstieg von Ministerialen

Ekkehard IV. von St. Gallen berichtet über Zustände in der Klosterherrschaft um 1040. Die Meier (*maiores*) waren ursprünglich die Verwalter der grundherrlichen Fronhöfe. Der Aufstieg dieser Amtsträger zu „ritterlichen" Lebensformen ist vor allem in kirchlichen Grundherrschaften bezeugt. Dies mag an der Quellenlage liegen; vielleicht war ein solches Vorgehen dort auch leichter möglich.

Hartmann aber starb zum größten Jammer der Unsrigen, nachdem er nur wenige Jahre regiert hatte. Und da er beharrlich der Zucht der Väter anhing und unermüdlich die Wissenschaft lehrte, ließ er unser Kloster in höchstem Ansehen zurück, abgesehen davon, daß er den Leuten, die unsere Ländereien bebauten und unseren weltlichen Besitz verwalteten, nicht ohne Schaden für St. Gallen zu wenig scharf auf die Finger sah. Tatsächlich war er allein um die innere Führung des Klosters besorgt; und die Frömmigkeit, die er lehrte, wahrten die Pröpste auch draußen in heiliger Einfalt strengstens; derweil begannen auf den Gütern die Meier − von denen das Wort gilt: Hält sie nicht Furcht in Bann, schwillt den Knechten der Kamm − blanke Schilde und Waffen zu führen, lernten die Hörner mit anderem Klang als die übrigen Bauern zu blasen, hielten sich Hunde, zunächst um Hasen zu jagen, zuletzt aber um nicht allein Wölfe, sondern gar Bären und, wie jemand sagte, etruskische Eber zu hetzen. ‚Die Kellermeister', sagten sie, ‚mögen Höfe und Äcker bestellen! Wir wollen uns um unsere Lehen kümmern und der Jagd frönen, wie es Männern ziemt!'

(Ekkehard IV., St. Galler Klostergeschichten, hg. und übers. von H. F. Haefele, Frh.-v.-Stein-Ausg. MA 10, 1980, S. 108 ff.)

Q 6 Kaiser Heinrich II. in Cluny

Der früher bestrittene Aufenthalt des Kaisers in Cluny, das außerhalb der Reichsgrenzen lag, fand 1022 statt (J. Wollasch). Er bezeugt die Attraktivität des Klosters, die auf seinem Totengedächtniswesen (Abt Odilo führte das Allerseelenfest in der Kirche ein), aber auch auf dem mönchischen Leben der Cluniazenser beruhte, das Heinrich offenbar als vorbildlich galt.

Als der heilige Mann Heinrich II. in Rom alles vom Herrn Papst erreicht hatte und mit dem apostolischen Segen bestärkt worden war, überschritt er die Alpen, entließ das Heer nachhause und begab sich mit wenigen Vertrauten nach Cluny, da er schon viel über das mönchische Leben und die freie Stellung des Ortes gehört hatte, um dort zu beten. Als er dort viele Zeichen frommen und heiligen Lebenswandels gesehen hatte, schenkte er, vom heiligen Geist entflammt, den Cluniazensern für die Messe am Fest Petri Stuhlfeier eine goldene mit kostbaren Edelsteinen geschmückte Krone, ließ sich in die Bruderschaft der Mönche aufnehmen und vertraute sich in höchster Demut und Zerknirschung des Herzens ihren Gebeten an; als Gegengabe übergab er dem Klosterverband zur

Unterstützung für ihren notwendigen Lebensunterhalt einige vorzügliche Güter im Elsaß.

(Vita et miracula s. Heinrici Imperatoris, MGH SS 4, S. 809)

Fragen, Probleme und Anregungen

1) Vergleichen Sie die Verfassung und das historische Schicksal der Elbslawenstämme mit denjenigen Polens und Böhmen/Mährens!
   2) Die besondere Herrschaftskonzeption Ottos III. und die Chancen ihrer Realisierung.
   3) Die Rolle der Frauen in der ottonischen und salischen Königsfamilie.
   4) Welches waren Motive und Ursachen der Entstehung der Reichsministerialität?
   5) Wie ist die Rolle des Königtums für die Kirchenreform zu bewerten?

Wichtige Daten

2. Hälfte 10. Jh.	Entstehung der christlichen „Staaten" Polen, Böhmen/Mähren, Ungarn
983	Slawenaufstand
995–1002	Otto III.
1033	Burgund fällt an das Reich
1046	Synode v. Sutri. Heinrich III. setzt drei Päpste ab.

Wichtige Begriffe

Ministerialität   Simonie

Literaturhinweise

Spätottonisch-frühsalisches Reich

P. E. Schramm, Kaiser, Rom u. Renovatio, 1929 [Vor allem zu Otto III.].
Th. Vogelsang, Die Frau als Herrscherin im hohen MA. Studien zur „consors regni"-Formel, 1954.
E. Boshof, Die Salier, 1987.
K. Bosl, Vorstufen der deutschen Königsdienstmannschaft. VSWG 39 (1952), 193–214, 289–315.
R. Schieffer, Heinrich III. (1039–1056) In: Kaisergestalten des MAs. Hg. v. H. Beumann, 1984, 98–115.

Elbslawen

Siedlung u. Verfassung der Slawen zwischen Elbe, Saale u. Oder, hg. v. H. Ludat. 1960 [Aufsatzsammlung].
H. F. Schmid, Otto I. und der Osten. MIÖG Erg.-Bd. 20, 1 (1962), 70–106.
H. Brachmann, Slawische Stämme an Elbe u. Oder. Zu ihrer Gesch. u. Kultur im 6.–10. Jh. – aufgrund archäologischer Quellen, 1978.
H. Ludat, Slaven u. Deutsche im MA, 1982 [Aufsätze].
B. Friedmann, Untersuchungen zur Gesch. des abodritischen Fürstentums bis zum Ende des 10. Jhs., 1986.
Welt der Slawen. Geschichte/Gesellschaft/Kultur, hg. v. J. Herrmann, 1986.
E. Bohm, Elb- und Ostseeslawen. In: LexMa Bd. 3 (1986), Sp. 1779–1788.

Nachbarn in Ost und Nord

F. Dvornik, The Making of Central and Eastern Europe, 1949.
F. Graus, Deutsche u. slawische Verfassungsgeschichte. HZ 197 (1963), 265–317.
Ders., Die Entstehung der mittelalterlichen Staaten in Mitteleuropa. Historica 10 (1965), 5–65.

Ders., Die Nationenbildung der Westslawen im MA, 1980.
The Cambridge History of Poland, hg. v. W. F. Reddaway, Bd. 1, 1959.
H. Hoffmann, Böhmen und das dt. Reich im Hochmittelalter. Jb. f. d. Gesch. Mittel- und Ostdeutschlands 18 (1969), 1–62.
F. Prinz, Böhmen im mittelalterlichen Europa. Frühzeit, Hochmittelalter, Kolonisationsepoche, 1984.
Th. von Bogyay, Grundzüge der Geschichte Ungarns, 1977³.
Handbuch der Geschichte Rußlands, hg. v. M. Hellmann u. a., Bd. 1 (bis 1569), 1982.
E. Hoffmann, Beiträge zur Gesch. der Beziehungen zwischen dem dtsch. u. dem dänischen Reich von 934–1035. In: 850 Jahre St. Petri-Dom zu Schleswig, hg. v. Ch. Radtke u. W. Körber, 1984, 105–132.

Nachbarn im Westen

K. J. Leyser, Medieval Germany and its Neighbours 900–1250, 1982.
W. Kienast, Deutschland u. Frankreich in d. Kaiserzeit (900–1270). Weltkaiser u. Einzelkönige, 1974/75².
B. Schneidmüller, Französische Lothringenpolitik im 10. Jahrhundert. Jb. f. westdeutsche Landesgesch. 5 (1979), 1–31.
L. Boehm, Geschichte Burgunds. Politik, Staatsbildungen, Kultur, 1979².

Cluny

J. Wollasch, Mönchtum des Mittelalters zwischen Kirche u. Welt, 1973.
Cluny. Beiträge zu Gestalt und Wirkung der cluniazensischen Reform, hg. v. H. Richter, 1975 (WdF 241).
K. S. Frank, Cluny. In: TRE Bd. 8 (1981), 126–132.

C Umbruch und Mobilität im hohen Mittelalter (bis zur Mitte des 13. Jahrhunderts)

Literaturhinweise:

J. Le Goff, Das Hochmittelalter, 1965. (Fischer-Weltgeschichte).

B. Töpfer/E. Engel, Vom staufischen Imperium zum Hausmachtkönigtum (1122–1314), 1976.

K. Bosl, Europa im Aufbruch, 1980 [Hochmittelalterl. Strukturwandel].

H. Fuhrmann, Deutsche Geschichte im hohen Mittelalter, 1983².

W. Goez, Gestalten des Hochmittelalters. Personengeschichtliche Essays im allgemeinhistorischen Kontext, 1983.

H. Jakobs, Kirchenreform und Hochmittelalter (1046–1215), 1984 (Oldenbourg-Grundriß der Geschichte 7).

A. Haverkamp, Aufbruch und Gestaltung. Deutschland 1056–1273, 1984 (Neue Dtsch. Geschichte 2).

H. Keller, Zwischen regionaler Begrenzung u. universalem Horizont. Deutschland im Imperium der Salier u. Staufer (1024–1250), 1986 (Propyläen-Geschichte Deutschlands 2).

10. Wandlungen von Wirtschaft und Gesellschaft / Die neuen Mittelschichten

Der in der mittelalterlichen Geschichte wichtigste Einschnitt ist, wie schon erwähnt (Kap. 1), für die Zeit des ausgehenden 11. und des nachfolgenden 12. Jahrhunderts anzusetzen. Den Zeitgenossen mag der ausbrechende Kampf zwischen päpstlichen und königlichen Anhängern im sogenannten Investiturstreit oder der Beginn der Kreuzzüge als Zeichen eines Wandels aufgefallen sein, ebenso die neue religiöse Strömung der Zeit, zu der auch die Gottesfriedensbewegung und die Ausbreitung der neuen Orden (Zisterzienser und Prämonstratenser) zählen. Andere Erscheinungen, die ein Menschenleben zeitlich weit überschritten, wie die Intensivierung von Ackerbau, Handwerk und Handel, die allmähliche Entwicklung einer marktorientierten (Geld-)Wirtschaft, die Auflösung bzw. Umformung der klassischen Grundherrschaft, die Stadtentstehung, der innere Landesausbau und die Ostsiedlung dürften eher unbemerkt vonstatten gegangen sein.

All dies ist ohne eine Bevölkerungszunahme nicht zu verstehen. Nach Jahrhunderten der Stagnation bzw. eines sehr langsamen Wachstums wuchs die Bevölkerung seit etwa 1000 in der Tat relativ rasch an. Absolute Zahlen beruhen freilich nur auf groben Schätzungen, die mit methodischen Unsicherheiten belastet sind: für das deutsche Reich und Skandinavien werden danach im Jahr 1000 etwa 4 Millionen, für das Jahr 1340 (vor der großen Pest) 11,6 Millionen Menschen angenommen. Nach einer anderen Schätzung soll sich in Sachsen die Bevölkerung zwischen 1100 und 1300 verzehnfacht haben (K. H. Blaschke). Sicher ist: diese Zeit war die Phase des stärksten Bevölkerungswachstums im Mittelalter.

Bevölkerungswachstum und zunehmende gesellschaftliche Arbeitsteilung waren nur durch eine Erhöhung der landwirtschaftlichen Produktion möglich. Diese geht z. T. auf die zunehmende Verbreitung verbesserter landwirtschaftlicher Gerätschaften zurück: Wendepflug statt Hakenpflug, Verwendung von Dreschflegeln, zunehmende Nutzung von Wind- und Wassermühlen, bessere Anschirrung der Zugtiere, besonders der Pferde, die jetzt auch mit Hufeisen versehen werden. Das System der Bodennutzung wurde durch die Dreifelderwirtschaft intensiviert, die sich seit der Karolingerzeit allmählich vom Rheinland nach Osten hin verbreitete: dabei wird die Markung in drei Großfelder (Zelgen oder Ösche) eingeteilt: eines wird mit Wintergetreide, das zweite mit Sommergetreide bestellt, das dritte bleibt als Brachland liegen und wird als Viehweide genutzt. Der Anbau wechselt jährlich. So bringen 2/3 der Ackerfläche einen Ertrag, während es bei der älteren ungeregelten Feld-Graswirtschaft nur die Hälfte war. Jeder Bauer mußte freilich je einen Anteil an den drei Zelgen haben, und diese mußten zur gleichen Zeit und gemeinsam bewirtschaftet werden (Flurzwang).

Wichtiger wahrscheinlich als die Intensivierung der Landwirtschaft war die Vergrößerung der Anbaufläche. Nach der Jahrtausendwende verstärkte sich der innere Landesausbau im Reich, der allmählich auch auf die waldreichen Mittelgebirge mit ihren schlechteren klimatischen und Bodenbedingungen übergriff. Im 12. Jahrhundert liegen ebenso die Anfänge der Ostsiedlung, die ihren Höhepunkt im 13. und im Anfang des 14. Jahrhunderts erreichte (Kap. 16).

Die Grundherrschaft bleibt auch im hohen und späten Mittelalter die wichtigste Organisationsform der Agrarverfassung; aber sie wandelt und differenziert sich, bedingt vor allem durch die Zunahme des Handels und der Geldwirtschaft. Regional bilden sich verschiedene Formen aus, aber es sind auch einige Gesamttendenzen der Entwicklung erkennbar: die Villikation, deren Ziel eher die Selbstversorgung war, tritt in ihrer Bedeutung zurück und lockert sich; die Zinsgrundherrschaft nimmt zu. Wegen der Möglichkeit, für den Markt zu produzieren und dort vor allem handwerkliche Waren zu kaufen, sind die Bauern (teilweise auch die Grundherren) mehr an Geldabgaben interessiert (Q 1). Die Fronarbeit tritt zurück; die Fronhöfe werden nicht selten an die Meier verpachtet, die in der Grundherrschaft schon lange nach größerer Selbständigkeit strebten. Die Abhängigkeit der Bauern vom Grundherrn lockert sich, seine Herrschaft spaltet sich häufig in verschiedene Herrschaftsrechte auf, die auf andere Herren übergehen konnten: Grundherrschaft im engeren Sinn, Gerichtsherrschaft, Leibherrschaft, Vogteiherrschaft, Kirchenherrschaft, später auch Landesherrschaft.

Die Besserung der bäuerlichen Situation im hohen Mittelalter war auch durch Landesausbau und Rodung bedingt. Es kann geradezu als Grundsatz gelten, daß Siedler zur schweren Rodungstätigkeit nur durch günstigere wirtschaftliche und rechtliche Bedingungen verlockt werden konnten, die dann wiederum auf das Altsiedelland ausstrahlten. Das Erbrecht mit Zinsverpflichtung (Erbzinsrecht) ist eine der wichtigsten, wenn auch nicht überall eingeführten Errungenschaften des 12. und 13. Jahrhunderts.

Die alten rechtlichen Unterschiede zwischen freien und unfreien bäuerlichen Grundholden werden jetzt zunehmend nivelliert und spielen eine immer geringere Rolle. In den Quellen wird nun der Begriff „Bauer" (*rusticus*) verwendet – erst jetzt entsteht ein rechtlich einheitlicher *Bauernstand!* Neben der gelockerten, aber fortbestehenden herrschaftlichen Bindung spielen für die Bauern genossenschaftliche Elemente im dörflichen Zusammenleben eine zunehmende Rolle. Gewöhnlich lebten in den Dörfern die Bauern verschiedener Grundherren zusammen; in der Auseinandersetzung mit ihnen entfalteten sich seit dem 11. Jahrhundert die Dorfgenossenschaft und die Dorfgemeinde. Freilich darf die Entstehung eines Bauernstandes nicht über die bestehenden wirtschaftlichen und sozialen Unterschiede innerhalb dieser neuen „Mittelschicht" hinwegtäuschen. Außerdem rekrutierte sich auch in den Dörfern ein Teil der Bevölkerung aus Unterschichten (z. B. Häusler, Seldner, Knechte, Mägde, Lohnarbeiter u. a.), deren Anteil im Spätmittelalter bedeutend zunahm.

Daß der Widerstand der Bauern zur Besserstellung ihres

Standes und zur Auflösung der alten Grundherrschaft beigetragen hat, ist kaum noch umstritten. Jetzt erst, in einer Zeit erhöhter Mobilität, hatten die in den Quellen bezeugten Widerstandshandlungen gegen hohe und ungemessene (nicht fixierte) Abgaben und gegen Frondienste überhaupt Aussicht auf Erfolg: konnten die Bauern doch nun in die entstehenden Städte oder in die Ostsiedlung abwandern, auch wenn ihnen dies immer wieder von neuem verboten wurde. Unter den gegebenen Bedingungen eines relativen Bevölkerungsdefizits konnten die Grundherren die Abwanderer meist nicht ersetzen (Q 2).

Wie unterschiedlich diese Entwicklungen allerdings regional verliefen, wird am Fall der freien Stedinger Bauern (bei Bremen) erkennbar, die gerade in der ersten Hälfte des 13. Jahrhunderts in neue Grundherrschaften gezwungen wurden (Kap. 14).

Die beiden anderen neuen „Mittelschichten" des hohen Mittelalters sind ebenfalls überwiegend aus der Grundherrschaft erwachsen: die Stadtbürger und das Rittertum. Entstehung und Emanzipation des Stadtbürgertums werden im Zusammenhang mit der Geschichte der Stadt (Kap. 15) behandelt — es war dies die für die Gesamtgesellschaft wohl folgenreichste Entwicklung.

Dem hohen Mittelalter drückte jedoch zunächst das *Rittertum* die eindrucksvollere Prägung auf. Seine Entstehung im Reich hängt mit der *Ministerialität* zusammen. Die ersten Anfänge der königlichen Dienstmannschaft haben wir schon unter der Regierungszeit Konrads II. (1024—39) beobachten können. Auch die anderen geistlichen und weltlichen Herren begannen nach dem Vorbild des Königs, sich eine eigene Dienstmannschaft aufzubauen: es waren meist Unfreie aus ihrer Grundherrschaft, in der Regel Leute, die am Herrenhof lebten, die sie zu besonderen Funktionen (*ministeria*) heranzogen, als Verwalter oder Aufseher auf ihren Gütern oder als Krieger zu Pferde. Für die Auswahl waren zunächst wohl die Fähigkeiten oder die besondere Nähe und Treue zum Grundherrn ausschlaggebend.

Die Absicht der großen Grundherren, sich auf diese Weise eine abhängige Schicht von Kriegern und „Funktionsträgern" zu schaffen, traf sich bald mit dem Aufstiegswillen der neuen, innerhalb der Grundherrschaft herausgehobenen Gruppe; herausgehoben in ihren eigenen Augen vor allem dadurch, daß sie keine Handarbeit im engeren Sinne, keine landwirtschaftlichen Tätigkeiten mehr verrichten mußte (Q 4). Die Ministerialen hatten als Krieger denselben „Beruf" wie die adligen Vasallen und mußten ebensowenig Abgaben leisten; sie hatten zwar kein echtes Lehen, aber immerhin ein Dienstlehen inne – kein Wunder, daß sie adlige Lebensformen und adliges Bewußtsein zu imitieren und durch Konnubium (Eheverbindung) Anschluß an den Adel zu gewinnen suchten. Die Aufwertung des Ministerialenstandes (von einem solchen kann man nach der Mitte des 11. Jahrhunderts sprechen) zeigt sich daran, daß zunehmend auch Freie in ihn eintraten. Im 13. Jahrhundert gelang einem großen Teil der Ministerialen schließlich der Aufstieg in den niederen Adel, mit dem sie im Spätmittelalter dann faktisch identisch waren. Zahlenmäßig schätzt man ihn auf etwa 80 % des Gesamtadels (A. Haverkamp). Dabei ist – allerdings regional verschieden – das Bewußtsein seiner ursprünglichen Unfreiheit teilweise noch sehr lange erhalten geblieben. Natürlich erstreckte sich die hier verkürzt dargestellte erste soziale Evolution des Mittelalters über viele Generationen.

Aber ein Reiterkrieger aus dem Ministerialenstand war kein Ritter! Es fehlten noch die spezifisch ritterlichen Lebensformen und die damit zusammenhängende *Ritterideologie*; sie beeinflußte nicht nur die Zeitgenossen außerordentlich stark, sondern auch die Jahrhunderte danach bis tief in die Neuzeit hinein und schwingt z. B. noch in unserem Wort „Ritterlichkeit" mit.

Das Ritterideal ist zunächst auf kirchlichen Einfluß zurückzuführen. Die Haltung der Kirche gegenüber dem Kriegerstand war zwar seit jeher ambivalent, doch galt seit der maßgebenden Doktrin Augustins eine Teilnahme am gerechten Verteidigungskrieg als legitim. Einerseits näherte sich nun die Kirche mit dem Wachsen ihres Einflusses im 11. Jahrhundert dem Krieg als Mittel auch ihrer Politik, andererseits begann sie mit dem Versuch, den Kriegerstand zu verchristlichen (C. Erdmann). Kirche und

Papst waren bestrebt, die adligen und nichtadligen Krieger vor allem Frankreichs vom anarchischen Fehde- und Kriegswesen abzuhalten, das auch der Kirche beträchtlichen Schaden zufügte. Die Krieger sollten ihre Energien auf Ziele richten, die von der Kirche formuliert wurden: auf den Kampf gegen die Heiden und die Feinde der Kirche. Im Inneren der Christenheit wurde dagegen der Einsatz für den Frieden, der Verzicht auf Rache, der Schutz der Waisen, Schwachen und Hilfsbedürftigen gefordert (Q 3). In der Cluniazenser- und vor allem der Kreuzzugsbewegung gelang es der Kirche, das gesellschaftliche Idealbild des christlichen Ritters aufzustellen. Wir beobachten diese Bewegungen, die noch in anderem Zusammenhang zu behandeln sind (*Kap. 12*), ebenfalls zuerst in Frankreich, wo die Entstehung des Rittertums früher und gleichsam naturwüchsiger als in Deutschland erfolgte; denn es bestand im 11. Jahrhundert keine starke Zentralgewalt und keine mit deutschen Verhältnissen vergleichbare Ministerialität. Der Dienstgedanke trat im französischen Rittertum also stärker zurück.

Im Bild des Rittertums sind freilich die weltlichen Motive mindestens so stark wie die kirchlichen vertreten, sichtbar besonders in seinen kulturellen Aspekten. Die Forschung ist heute allerdings nicht mehr der Meinung, die Entstehung der ersten mittelalterlichen Laienkultur hänge nur mit dem Aufstieg der ritterlich-ministerialischen Schicht zusammen, die daran allerdings in zunehmendem Maß beteiligt war. Die Mäzene dieser Kultur waren nämlich die Fürsten, obwohl sie in Deutschland, anders als in Frankreich, auch im 12. und 13. Jahrhundert noch im wesentlichen ungebildet (*illitterati*) waren, d. h. weder lesen noch schreiben konnten; an ihren kulturellen und literarischen Interessen änderte dies jedoch nichts. An den entstehenden großen Fürstenhöfen und in den neuen hochmittelalterlichen Adelsburgen hatten nun die „höfische" Kultur und die „höfische" Gesellschaft ihre Zentren. Dort breiteten sich ein aufwendigerer Lebensstil und eine entsprechende Sachkultur aus. Dort entfaltete sich das ritterlich-höfische Leben, dessen Elemente vielfach aus Frankreich übernommen wurden: die großen Hoffeste, das Zeremoniell der Schwertleite (die Waffenübergabe und damit die Aufnahme in das Rittertum), die verschiedenen Formen der Turniere. Das von den Zeitgenossen und der Nachwelt gerühmte Mainzer Hoffest Friedrich Barbarossas von 1184 war eine erste große Selbstdarstellung des deutschen Rittertums.

Die weltlich-höfische Komponente des ritterlichen Gesellschaftsideals wurde in der neuen volkssprachlichen Literatur propagiert, die meist an den Höfen vorgetragen oder vorgesungen wurde. In Deutschland übernahm man aus Frankreich vor allem die Gattungen des Minnesangs und des höfischen Romans; der Höhepunkt dieser literarischen Rezeption lag zwischen 1170 und 1220. Die Autoren dieser Werke waren, soweit man dies überhaupt in Erfahrung bringen kann, unterschiedlicher Herkunft: Adlige, Kleriker, Ritter, Ministeriale oder auch Berufsdichter. Der Minnesang – wer ihn ausübte, mußte nicht unbedingt schriftkundig sein – war zunächst eine Domäne des Adels. Die Epiker waren dagegen in der Regel *litterati*, aber gerade einer ihrer größten, Wolfram von Eschenbach, war „ungelehrt". Als weitere bedeutende Epiker sind Heinrich von Veldeke und Hartmann von Aue zu nennen; letzterer gehörte neben Walther von der Vogelweide, Friedrich von Hausen, Heinrich von Morungen und Reinmar von Hagenau auch zu den bekanntesten Minnesängern und Spruchdichtern. Alle Genannten lebten und wirkten in der hohen Zeit des deutschen Rittertums um 1200.

In den höfischen Epen wird meist eine irreale, märchenhafte Welt beschrieben, deren Bezüge zur Wirklichkeit für uns allenfalls in Details sichtbar werden – dennoch haben sie neben ihrem hochgeschätzten Unterhaltungswert auch eine Wirkung auf das Selbstverständnis des höfischen Ritters ausgeübt und zur Faszination des ritterlichen Ideals beigetragen. Eine zentrale Rolle spielten in diesem Idealbild der Frauendienst und die höfische Liebe – ein nicht leicht zu deutendes kulturgeschichtliches Phänomen. Es bestand in der Verherrlichung der Frau am Hof, deren Huld der dienende Ritter dadurch erringen sollte, daß er nach höfischer Vollkommenheit strebte. In der Tat spielten die Frauen an den Höfen eine besondere Rolle, vor allem als wesentlicher und besonders gebildeter Teil des Publikums der Minnesänger und Romandichter, aber auch in den Ritualen ritterlicher Repräsentation. So bemerkenswert die Preisung weiblicher Schönheit und Güte in ihrer positiven Rolle für die Ausbildung ritterlicher Tugenden aber auch ist — insbesondere wenn man sie mit der die Frauen meist abwertenden Tendenz der geistlichen Literatur vergleicht —, eine prinzipielle Besserung ihrer wirklichen Stellung in der hochmittelalterlichen Gesellschaft scheint sich für die Frauen dadurch nicht ergeben zu haben: „Man kann die höfische Liebe als ein Gegenprogramm zu den Verhältnissen der Wirklichkeit interpretieren" (J. Bumke).

Die neue Laienkultur hatte zwar die bisherigen Grenzen kirchlicher Bildung überschritten und die Volkssprachen in die Literatur eingeführt, sie beschränkte sich aber zunächst auf die adlig-ritterliche Oberschicht und blieb insofern eine Teilkultur.

Das ritterliche Idealbild umfaßte also drei Bereiche, die man miteinander zu verbinden suchte: den aus der Ministerialität und dem Lehenswesen herrührenden treuen Dienst für den Herrn, den Dienst für Kirche und Christenheit und den höfischen Frauendienst; der ideale Ritter sollte damit Gott und der Welt zugleich gefallen (Q 7). Dieses Ideal wurde natürlich nie verwirklicht — aber es verband im späten 12. und im frühen 13. Jahrhundert die Ritter aus dem Ministerialenstand mit dem alten Adel, den Fürsten und sogar dem König, der sich nun auch Ritter (*miles*) nannte. Das Rittertum war eine soziale, durch gemeinsame Lebensformen und kulturelle Ideale zusammengefaßte Bevölkerungsgruppe, jedoch eigentlich kein „Ritterstand", kein Rechtsstand in vollem Sinne. An seinem „unteren Rand" allerdings versuchte es sich von der bäuerlichen Bevölkerung, aus der es gerade emporgestiegen war, schon in der zweiten Hälfte des 12. Jahrhunderts rechtlich abzugrenzen; dadurch trug es auch zu einer Abgrenzung des Bauernstandes bei (Q 6).

Es konnten hier nur einige der tiefgreifenden Veränderungen angedeutet werden, die das Hochmittelalter zu einer Zeit des Umbruchs machen. Neben den sozialen Aufstiegsbewegungen (der „vertikalen" Mobilität) sei auch auf die „horizontale" Mobilität breiterer Schichten der Bevölkerung verwiesen — bedingt durch Landesausbau, Stadtentstehung und Neusiedlung, durch Zunahme von Handel und von Pilgerreisen oder durch die Kreuzzüge.

Quellen

1 Grundherrschaft und Geldwirtschaft

Die Villikation des Trierer Klosters St. Maximin war in dieser Zeit (vor Mitte des 11. Jahrhunderts) noch intakt; aber ein erstes entscheidendes Zugeständnis des Grundherren an die Weinbauern von Wasserbillig war offensichtlich die (teilweise) Umwandlung der Natural- in Geldabgaben. Die Winzer kamen zu Geld, da sie ihren Wein auf den Märkten von Wasserbillig und Trier selbst verkaufen konnten. Dadurch war ein Anreiz zur Vergrößerung der Produktion gegeben. Bemerkenswert sind die in dieser Quelle bezeugte Größe des Weinbauernortes, die Erblichkeit des Bauernbesitzes, aber auch die bereits fortgeschrittene Erbteilung.

Alle gegenwärtigen und künftigen Gläubigen sollen wissen, was der verehrte Vater Poppo, der bekannte und würdige Abt des Klosters St. Maximin, Berichtens- und Andenkenswertes zum Nutzen des ihm anvertrauten Gutes getan hat. Denn es ist eine Tatsache, daß die Angehörigen unserer Familia aus dem Dorf Wasserbillig bei der Leistung der Abgaben, des schuldigen Zinses und der Frondienste hartnäckig und beharrlich Widerstand geleistet haben und bisher fast unüberwindlich waren. Der genannte treue Vater, der kluge Verwalter im Hause Gottes, beriet sich, wie es die Sache erforderte, mit Herzog Heinrich, dem damaligen Vogt des Klosters und mit dessen Vasallen, dem Grafen Becelin, mit Wigerich und Gerard und beschloß, den hartnäckigen Widerstand der

Grundholden zu beenden, indem er ihnen vertragliche Rechtsbedingungen über die gesamten Zinsen und Dienstleistungen auferlegte, die für sie nicht unerträglich und für uns nicht zu ungünstig wären. Und da sie, wie man sagt, 60 Hofstellen mit Erbrecht innehaben, wurde beschlossen, daß die Besitzer dieser Hofstellen, seien es nun viele oder wenige, von jeder Hofstelle jährlich 3 Schilling, das sind insgesamt 9 Pfund, am Fest des hl. Paulinus [31. 8.] zahlen sollen sowie ein Ohm Wein nach Pippinschem Maß; mit der Bedingung, daß sie bei gutem Wachstum der Trauben (dies wird vom Verwalter des Herrengutes am Tag Mariae Himmelfahrt [15. 8.] überprüft) statt einem Schilling ein Ohm Wein liefern sollen nach dem gerechten Trierer Maß, wie es bei ihnen zur Zeit in Gebrauch ist. Ebenso soll es auch mit dem Ohm Wein nach Pippinschem Maß sein. Daraufhin ist auf das genaueste festgelegt worden, daß sie, wenn der Weinertrag es erlaubt, das obenerwähnte Geld nach Möglichkeit durch Weinlieferung ablösen sollen. Im übrigen sollen sie den vorgenannten Zins ohne Verzug und Widerspruch zahlen. Außerdem wurde beschlossen, sie sollten gemäß den alten Vorschriften die Fischwehre reparieren, Ackerfronden leisten und zum Burgwerk kommen.

(Mittelrheinisches Urkundenbuch I, hg. von H. Beyer 1860, Nr. 332).

Q 2 *Abgabenlast und Bauernwiderstand*

Erzbischof Friedrich von Köln über die Lage in der Grundherrschaft des Frauenklosters Maria im Capitol in Köln, 1158:

Während einst die genannte Kirche der ewigen Jungfrau in Blüte stand und viele Besitzungen hatte, wären durch die schlechten Zeiten und die Nachlässigkeit der Verwalter einige ihrer Fronhöfe fast zu verwüsteten Ruinen geworden – besonders Efferen und Fischenich sind offensichtlich zerstört und verheert –, wenn ihnen nicht die schon genannte Äbtissin geholfen und sie in einen besseren Zustand versetzt hätte. Denn die Eigenleute, die zu diesen Höfen gehörten, sowohl Männer wie Frauen, die ursprünglich die volle Abgabe, d. h. pro Kopf und Jahr 10 Pfennig, zahlten, sind wegen dieser Belastung in die Fremde gegangen – es sind ihrer jetzt so wenig und sie sind so arm, daß die Abgaben für die Kirche von den Fronhöfen und der Familia nicht mehr gezahlt werden können. Da also so wenig Eigenleute auf den beiden Fronhöfen waren, entschlossen sich die dortigen Hufenbauern, als sie vom Vogt und der Äbtissin, wie es rechtens war, zur Abgabe des vollen und schuldigen Zinses an die Kirche gezwungen wurden, zur Flucht, verließen ihre Hufen und so hatte die Kirche doppelten Schaden, bei den Eigenleuten und bei den Hufen. Diesem schweren und schädlichen Übel wollte die Dienerin Gottes, die Äbtissin Adelheid, nach dem Rat der Schwestern und der Brüder, sowie des erlauchten Grafen Wilhelm von Jülich und der vornehmen Kölner Geistlichkeit, der Pröpste und Äbte, abhelfen und versetzte die genannten Fronhöfe in ihren früheren Zustand und alten Ertrag, indem sie alle Eigenleute der beiden Höfe, die früher die volle Abgabe, d. h. 10 Pfennig pro Kopf, gezahlt hatten, zu Zinsleuten machte, die jeweils jährlich 2 Pfennig pro Kopf auf Dauer zahlen sollten. Nach dem Tod des Mannes soll der Hofverwalter das beste Stück Vieh oder, wenn er kein Vieh hatte, das beste Kleidungsstück und 6 Pfennig haben, ähnlich soll nach dem Tod der Frau der Hofschultheiß ihr bestes Kleid und 6 Pfennig erhalten. Für eine Eheerlaubnis sollen sowohl Mann wie Frau 6 Pfennig geben. Als Gegenleistung für die Besserstellung ihres Standes schworen die zu den genannten Höfen gehörenden Eigenleute, mit ihren Mitteln, zu dem die genannte Dienerin Gottes aus ihrem Besitz das meiste spendete, den Hof Efferen, seine Gebäude, seine Landwirtschaft und seine Rechte so wiederherzustellen, daß von diesem Hof jährlich 8 Mark Siber, 30 Malter Weizen und 7 Malter Gerste zur Unterstützung der Nonnen und Mönche und 15 Schilling zum Hof Fischenich entrichtet werden könnten.

(Quellen zur Gesch. des dtsch. Bauernstandes im Mittelalter, hg. und übers. v. G. Franz, Frh.-v.-Stein-Ausg. MA 31, 1974, Nr. 85)

Q 3 Schwertsegen

Die ursprünglich weltliche Zeremonie der Schwertleite wurde von der Kirche u. a. durch die Einführung des

Schwertsegens sakralisiert. Die Form der folgenden Segensformel stammt aus dem 11. Jahrhundert.

Die Segnung eines neu umgürteten Schwertes.

Höre, so bitten wir Dich, Herr, unsere Bitten und segne gnädig mit der rechten Hand Deiner Majestät dieses Schwert, mit dem sich Dein Diener N. zu umgürten wünscht, daß es ein Schutz und Schirm für die Kirchen, Witwen, Waisen und für alle Gott Dienenden sei gegen das Wüten der Heiden; für alle Feinde möge es Furcht, Schrecken und Angst bedeuten.

(Bei C. Erdmann, Die Entstehung des Kreuzzugsgedankens, 1935, S. 330)

Q 4 Ministerialenrecht

Aus dem Dienstmannenrecht von St. Peter des Erzbischofs von Köln (um 1165) ist der Aufstieg der unfreien Ministerialen deutlich zu erkennen; teilweise werden sie als Ritter (*milites*) bezeichnet, ihr Dienstlehen ist bereits erblich geworden.

(1) Die Ministerialen von St. Peter sollen ihrem Herrn, dem Erzbischof, ohne Ausnahme Treue versprechen und diese ihm gegenüber jedermann bewahren.

(2) Wenn jemand das Kölner Land oder die Grenzen des Bistums angreifen will, müssen alle Ministerialen, ob sie ein Lehen haben oder nicht, bei der Landesverteidigung ihrem Herrn, dem Erzbischof, beistehen und ihm bis zu den Bistumsgrenzen mit den Waffen folgen; wenn aber der Erzbischof darüberhinaus vorrücken will, müssen sie ihm nicht weiter folgen, es sei denn, sie tun es freiwillig oder ihr Herr hätte sich darum bei ihnen verdient gemacht. Wenn aber nutzbare Besitzungen des Erzbischofs, wo immer sie außerhalb des Bistums gelegen sind, von jemand gewaltsam angegriffen werden, müssen sie ihrem Herrn dorthin folgen, um diese Gewalttaten zu unterdrücken.

(3) Wenn der Erzbischof einem seiner Ministerialen aus irgendeinem Grund zürnt, ihm seine Huld verweigert und ihn seiner Güter enterbt, soll der Ministeriale den Adel des Landes und besonders diejenigen, die als höchste Amtsträger des Hofes bezeichnet werden, mit gehorsamen Bitten einladen,

bei seinem Herrn zu intervenieren, um ihm dessen Huld wieder zuzuwenden. Wenn er sie innerhalb eines Jahres nicht wiedererlangen kann, darf er sich nach Ablauf des Jahres zu einem anderen Herrn begeben, um ihm zu dienen ...

(4) Die Ministerialen von St. Peter sind verpflichtet, mit dem Erzbischof, ihrem Herrn, zur Kaiserkrönung über die Alpen zu ziehen, besonders jene, die Lehen mit Einkünften von über 5 Mark von ihm haben ... und der Erzbischof soll jedem von ihnen 10 Mark zur Rüstung geben und 40 Ellen Tuch, das man Scharlach nennt, damit er seine Knechte damit bekleiden kann, und je zwei Rittern ein Lastpferd mit Sattel ... und vier Hufeisen mit 24 Hufnägeln. Sobald die Alpen erreicht werden, soll jedem Ritter monatlich eine Mark aus der erzbischöflichen Kammer für seine Unkosten ausgezahlt werden ...

(9) Kein Archidiakon, kein Dekan, kein Kirchenmann soll die Ministerialen von St. Peter vor das [kirchliche] Synodalgericht laden oder sie wegen irgendeines Delikts, das sie in eigener Person begangen haben, exkommunizieren, außer wenn sie die Zehnten oder anderen Kirchenbesitz unrechtmäßig angreifen bzw. sich aneignen.

(10) Alle Ministerialen sind zu bestimmten Hofämtern geboren und bestimmt. Es gibt 5 Ämter; in ihnen dürfen nur Ministeriale von St. Peter dienen und besonders diejenigen von ihnen, die als die Angesehensten gelten. Diese dienen folgendermaßen: Jeder dient 6 Wochen ununterbrochen in seinem Amt, zu dem er geboren ist, nach Ablauf von 6 Wochen dürfen sie mit Erlaubnis ihres Herrn nachhause zurückkehren; andere treten an ihre Stelle, wie es die Ordnung vorschreibt ...

(11) An den drei großen Festen des Jahres, also an Weihnachten, Ostern und am Fest des hl. Petrus, soll der Erzbischof 30 Ritter aus seiner Familia neu einkleiden, und zwar mit folgender Kleidung: an Weihnachten, wenn es kalt ist, mit einem gesäumten grauen Pelzmantel ...

(12) Von den Söhnen, die ein Ministerialer von St. Peter hat, soll nach dem Tod des Vaters der älteste das Lehen haben und die Dienstpflicht am erzbischöflichen Hof in dem Amt, zu dem er geboren ist, wahrnehmen.

(L. Ennen/G. Eckertz, Quellen zur Gesch. der Stadt Köln I, 2. A. 1970, S. 211−217)

Q 5 Ritterdienst

Der aus England stammende, hochgebildete Philosoph Johannes von Salisbury († 1180 als Bischof v. Chartres) verfaßte mit seinem *Policraticus* die erste große Staatstheorie des Mittelalters. Daher vermutlich ist sein Bild des Ritters vorrangig am Dienst für den Herrscher und den „Staat" (*res publica*) orientiert. Johannes ist auch als Kritiker des höfischen Ritterlebens bekannt.

Der Privatmann wie der Krieger dienen Gott, wenn sie denjenigen treu lieben, der auf Gottes Veranlassung herrscht. Sie [die Ritter] schwören, sagte ich, alles das eifrig zu tun, was der Fürst befiehlt, niemals aus der Ritterschaft zu desertieren oder den Tod für das Gemeinwesen zu verschmähen, dessen Ritterschaft sie angehören. Wenn sie aber diesen Schwur abgelegt haben, werden sie mit dem Rittergürtel und den entsprechenden Vorrechten versehen ... Was ist denn die gewöhnliche Aufgabe der von Gott eingesetzten Ritterschaft? Die Kirche zu schützen, den Unglauben zu bekämpfen, das Priestertum zu verehren, Unrecht von den Armen abzuwehren, im Land Frieden zu schaffen, für seine Brüder (wie es der Wortlaut des Eides besagt) sein Blut zu vergießen und, wenn nötig, das Leben zu lassen. Mit dem Lobpreis Gottes im Munde und mit dem zweischneidigen Schwert in ihren Händen sollen sie Vergeltung üben gegen die heidnischen Stämme, die Völker tadeln, ihren Königen Fußfesseln und ihrem Adel Handschellen anlegen. Zu welchem Zweck? Um ihrem eigenen Wüten, ihrer eigenen Eitelkeit, ihrer Habsucht oder dem eigenen Mutwillen zu frönen? Keineswegs. Sondern: um an ihnen das festgelegte Urteil zu vollstrecken; dabei folgt jeder nicht so sehr seinem Urteil, sondern dem gerechten und allgemein nützlichen Urteil des Gottes der Engel und Menschen ...

Diese Vorschrift ist der ganzen Ritterschaft gegeben, daß zuerst Gott die geschuldete Treue zu leisten ist, dann soll sie dem Fürsten und dem Gemeinwesen unversehrt dienen ... Zu Recht hat die Ritterschaft viele Privilegien, wie sie auf Grund alten Rechts offenbar sind: denn sie sind freier und erfreuen sich vieler Immunitäten: von Fronarbeit und anderen Lasten, von schmutzigen Arbeiten sind sie frei, rechtliche

Beschränkungen ignorieren sie rechtmäßig, Burgvermögen, wenn es in ihrer Verfügung ist, können sie vererben und, was das größte ist, die Vorsorge der Allgemeinheit läßt nicht zu, daß sie Mangel leiden, und anderes dieser Art ...

(Johannes v. Salisbury, Policraticus, hg. von C. C. I. Webb, Bd. 2, 1909, S. 599a–601d)

Q 6 Abgrenzung des Rittertums

Im sogenannten Gesetz gegen die Brandstifter (1186) erläßt Kaiser Friedrich I., wahrscheinlich auch auf Veranlassung der Reichsministerialität, folgende Bestimmung:

20. Wir haben über die Söhne von Priestern, Diakonen und Bauern beschlossen, daß sie den Rittergürtel nicht annehmen dürfen, und die ihn schon angenommen haben, sollen durch den Landrichter aus der Ritterschaft ausgeschlossen werden. Wenn ihr Herr sie aber gegen das richterliche Verbot in seiner Ritterschaft zu behalten sucht, muß der Herr selbst dem Richter 10 Pfund als Strafe zahlen; der Unfreie aber soll seiner Rechte als Ritter verlustig gehen.

(MGH Const.1, Nr. 318, S. 449–452)

Q 7 Der ideale Ritter

In seiner epischen Dichtung *Der arme Heinrich* entwirft Hartmann von Aue († nach 1210) sein Bild des idealen höfischen Ritters:

> Er las diz selbe mære,
> wie ein herre wære
> ze Swâben gesezzen:
> an dem enwas vergezzen
> deheiner der tugende,
> die ein ritter in sîner jugende
> zu vollem lobe haben sol.
> man sprach dô niemen alsô wol
> in allen den landen.
> er hatte ze sînen handen
> und behielt ouch vaste den eit
> stæte unz an sîn ende.
> ân alle missewende
> stuont sîn êre und sîn leben.
> im was der rehte wunsch gegeben
> zu werltlîchn êren.
> die kunde er wol gemêren
> mit aller hande reiner tugent.
> er was ein bluome der jugent,
> der werlte fröude ein spiegelglas,

> geburt und dar zuo rîcheit:
> ouch was sîn tugent vil breit.
> swie ganz sîn habe wære,
> sîn geburt unwandelbære
> und wol den fürsten gelîch
> doch was er unnâch also rîch
> der geburt und des guotes
> so der êren und des muotes.
> Sîn name was erkennelich:
> er hiez der herre Heinrich
> und was von Ouwe geborn.
> sîn herze hâte versworn
> valsch und alle dörperheit
> stæter triuwe ein adamas,
> ein ganziu krône der zuht.
> er was der nôthaften fluht,
> ein schilt sîner mâge,
> der milte ein glîchiu wâge:
> ime enwart über noch gebrast.
> er truoc den arbeitsamen last
> der êren über rücke.
> er was des râtes brücke
> und sanc vil wol von minnen.
> alsus kund er gewinnen
> der werlte lop unde prîs:
> er was hövesch und dar zuo wis.

(Hartmann v. Aue, Der arme Heinrich, hg. u. übers. von H. de Boor, 1963)

Fragen, Probleme und Anregungen

1) Welche historischen Fakten berechtigen dazu, am Ende des 11. und im 12. Jahrhundert einen tiefen Einschnitt in der mittelalterlichen Geschichte zu sehen?

2) Voraussetzungen und Gründe für die Entstehung und den (partiellen) Aufstieg des Bauernstandes.

3) Aus welchen Personengruppen setzte sich das deutsche Rittertum zusammen, und was war ihnen gemeinsam?

4) Idee und Wirklichkeit des Rittertums.

5) Die Frauen in der höfischen Literatur und ihre Rolle in der sozialen Wirklichkeit.

Wichtige Daten

1184	Mainzer Hoffest Friedrichs I.
2. Hälfte 12. – Anfang 13. Jh.	Höhepunkt mittelhochdeutscher höfischer Dichtung.

Wichtige Begriffe

Dreifelderwirtschaft   Landesausbau
Erbzinsrecht   Konnubium
Rittertum   Schwertleite
Niederer Adel

Literaturhinweise:

Demographische Entwicklung

J. C. Russel, Die Bevölkerung Europas 500—1500. In: Bevölkerungsgesch. Europas, hg. v. C. M. Cipolla und K. Borchardt, 1971, 9—57. Auch in: Europäische Wirtschaftsgesch., hg. v. denselben, Bd. 1, Mittelalter, 1983.
Bevölkerung. In: LexMA Bd. 2 (1983), Sp. 10—21.

Bauernstand

Neben den oben S. 10/11 genannten Werken zur Bauern- und Agrargeschichte:
H. Fehr, Das Waffenrecht der Bauern im MA. ZRG Germ. Abt. 35 (1914), 111—211, 38 (1917), 1—114.
S. Epperlein, Der Bauer im Bild des MAs, 1975.
Deutsches Bauerntum im MA, hg. v. G. Franz, 1976 (WdF 416).
Wort und Begriff „Bauer", hg. v. R. Wenskus u. a., 1975 (Abh. Akad. d. Wiss. Göttingen, Phil.-hist. Klasse III, 89). [Wichtige Aufsatzsammlung, darunter: J. Fleckenstein, Zur Frage der Abgrenzung von Bauer und Ritter, 246—253.]
Ph. Dollinger, Der bayerische Bauernstand vom 9.—13. Jh., hg. v. F. Irsigler, 1982.
W. Rösener, Bauer u. Ritter im Hochmittelalter. Aspekte ihrer Lebensform, Standesbildung u. sozialen Differenzierung im 12. u. 13. Jh. In: Festschrift J. Fleckenstein, 1984, 665—692.

Bauernwiderstand/Stedinger

S. Epperlein, Bauernbedrückung u. Bauernwiderstand im hohen MA, 1960.
H. A. Schumacher, Die Stedinger, 1865.
L. Deike, Die Entstehung der Grundherrschaft in den Hollerkolonien an der Niederweser, 1959.
H. Gericke, Universitas Stedingorum, Diss. Halle 1960.

Dorf und Dorfgemeinde

K. S. Bader, Studien zur Rechtsgeschichte des mittelalterl. Dorfes, 3 Bde., 1957, 1962, 1973.
Die Anfänge der Landgemeinde und ihr Wesen, hg. von Th. Mayer. 2 Bde., 1964 (Vorträge u. Forschungen 7/8).
K. Kroeschell, Dorf. In: HRG Bd. 1 (1971), Sp. 764−774.
H. Wunder, Die bäuerliche Gemeinde in Deutschland, 1986.

Ministerialität und Rittertum

W. Erben, Schwertleite u. Ritterschlag, Zeitschr. f. histor. Waffenkunde 8 (1919), 105−167.
K. Bosl, Die Reichsministerialität der Salier u. Staufer. Ein Beitrag zur Gesch. des hochmittelalterl. dt. Volkes, Staates und Reiches, 2 Bde., 1950−51.
Ders., Über soziale Mobilität in der mittelalterl. „Gesellschaft". Dienst, Freiheit, Freizügigkeit als Motive sozialen Aufstiegs. VSWG 47 (1960), 306−332. Auch in: ders., Frühformen der Gesellschaft im mittelalterl. Europa, 1964.
J. van Winter, Rittertum − Ideal und Wirklichkeit, 1969.
J. Fleckenstein, Zum Problem der Abschließung des Ritterstandes. In: Hist. Forsch. f. W. Schlesinger, hg. v. H. Beumann, 1974, 252−271.
Das Rittertum im MA, hg. v. A. Borst, 1976 (WdF 349) [Aufsätze].
J. Fleckenstein, Die Entstehung des niederen Adels u. das Rittertum. In: ders. (Hg.), Herrschaft u. Stand, Untersu-

chungen zur Sozialgesch. im 13. Jh., 1977, 17—39 (Veröffentl. des Max-Planck-Inst. f. Gesch. 51).
J. F. Verbruggen, The Art of Warfare in Western Europe during the Middle Ages, 1977.
J. Fleckenstein, Miles, militia. In: HRG Bd. 3 (1984), Sp. 542—547.
G. Althoff, Nunc fiant milites, qui dudum extiterunt raptores. Zur Entstehung v. Rittertum u. Ritterethos. Saeculum 32 (1981), 317—333.
Das ritterliche Turnier im MA, hg. von J. Fleckenstein, 1985 (Veröffentl. des Max-Planck-Instituts f. Geschichte 80).

Höfische Kultur

H. Grundmann, Die Frauen u. die Literatur im MA. AKG 26 (1936), 129—161.
J. Fleckenstein, Rittertum und höfische Kultur. In: Jahrb. der Max-Planck-Gesellschaft 1976, 40—52.
J. Bumke, Höfische Kultur. Literatur u. Gesellschaft im hohen MA, 2 Bde., 1986 [Grundlegend].
Höfische Literatur/Hofgesellschaft/Höfische Lebensformen um 1200, hg. v. G. Kaiser u. J.-D. Müller, 1986 (Studia humaniora 6) [Aufsatzsammlung].

Nachleben des Rittertums

O. Brunner, Adeliges Landleben u. europäischer Geist, 1949.
J. Huizinga, Herbst des Mittelalters, 1975[11].

11. Die Kirchenreform und der Kampf zwischen geistlicher und weltlicher Gewalt

Üblicherweise wird der Kampf zwischen Reformpapsttum und deutschem Königtum als Investiturstreit bezeichnet; gelegentlich werden die Jahre von 1075 bis 1122 sogar als „Zeitalter des Investiturstreits" zusammengefaßt. Aber die Frage, wer Reichsbischöfe und -äbte investieren durfte, war nur einer von mehreren Streitpunkten, der freilich seit 1100 gänzlich dominierte (R. Schieffer). Der Streit geriet schnell zu einer grundsätzlichen Auseinandersetzung um die Stellung von Kaiser und Papst in der politischen Gemeinschaft des Mittelalters. Das Ergebnis war ein erstes Auseinandertreten, wenn auch keine völlige Trennung, von Kirche (*sacerdotium*) und „Staat" (*imperium*).

Die Gründe für diese Entwicklung waren vielfältig. Eine wirtschaftlich mächtigere und politisch einflußreichere Kirche wurde sich ihrer eigenen Stellung und Aufgabe bewußt, die sie für höherrangig hielt; deshalb suchte sie sich aus der Unterordnung unter die weltliche Gewalt zu befreien. Günstige politische und personelle Konstellationen kamen ihr zu Hilfe.

Ein Zusammenstoß mit dem König war ursprünglich keineswegs im kirchlichen Reformprogramm angelegt; gerade das Eingreifen Heinrichs III. war es ja, das mit den deutschen Päpsten, besonders mit Leo IX., die entscheidenden Reformer nach Rom gebracht hatte (Kap. 9). Mit Heinrichs Tod (1056) und in der Zeit der Vormundschaft seines Sohnes, Heinrichs IV., der 1056 erst 6 Jahre alt war, fiel das deutsche Königtum als Stütze der römischen Reformer fast völlig aus. Bei den folgenden Papstwahlen wurden die Rechte des Königs daher kaum beachtet.

Mit dem aus Burgund stammenden *Papst Nikolaus II.* (1058–61) wurde eine erste Stufe der Ablösung sichtbar. Auf der Lateransynode von 1059 wurde die Papstwahl neu geregelt; sie wurde jetzt allein den Kardinälen vorbehalten.

Die Kardinalbischöfe der suburbikarischen (zur Kirchenprovinz Rom gehörenden) Bistümer, die Kardinalpriester und die Kardinaldiakone waren ursprünglich die wichtigeren Vertreter und Helfer des Papstes bei gottesdienstlichen und karitativen Aufgaben in Rom. Anlaß des Papstwahldekrets war der Versuch, Unregelmäßigkeiten bei der Wahl Nikolaus' II. nachträglich zu legitimieren – aber es wurde für die Zukunft und bis heute bestimmend. Die Neuregelung der Wahl erfolgte „unbeschadet der gebührenden Ehre und Achtung vor unserem geliebten Sohn Heinrich", ein Vorbehalt, der wohl bewußt unklar formuliert war. Auch die Laieninvestitur wurde 1059 zum ersten Mal untersagt, was sich vermutlich nur gegen die Verleihung von Niederkirchen, nicht von Bischofskirchen und damit nicht direkt gegen den König richtete. Im Reformprogramm stand der Kampf gegen die Simonie und die Priesterehe noch im Vordergrund.

Einen zweiten folgenreichen Schritt unternahm Nikolaus 1059 mit der Belehnung zweier normannischer Herrscher in Süditalien. Seit Anfang des 11. Jahrhunderts hatten sich Normannen aus Nordfrankreich, zunächst nur in kleinen Gruppen, in Süditalien niedergelassen, aber schon in der Mitte des Jahrhunderts hatte der normannische Familienclan des Tancred von Hauteville auf Kosten der einheimischen Fürsten und der Byzantiner und durch die Abwehr der Sarazenen eine beachtliche Machtposition errungen. Nachdem das Papsttum zunächst vergeblich versucht hatte, der normannischen Gefahr auch mit militärischen Mitteln zu wehren, legitimierte die Lehensbindung nun die normannischen Eroberungen. Damit verzichtete der Papst nicht nur auf den Schutz des römisch-deutschen Kaisers – das war ja die Hauptaufgabe des Kaisertums –, sondern verpflichtete die Normannen sogar zur Hilfeleistung gegen ihn.

Schon am Hof Nikolaus' II. spielte der aus der Toscana stammende Mönch und Archidiakon Hildebrand, der als *Papst Gregor VII.* (1073–85) zur beherrschenden Figur in der Auseinandersetzung wurde, eine Hauptrolle. Der unduldsame und fanatische Gregor, der schon von Zeitgenossen „heiliger Satan" genannt wurde, war kein geliebter Papst. Dennoch ist sein Handeln nicht aus dem Streben nach „Weltherrschaft" zu erklären, sondern beruhte wohl letztlich auf tiefer religiöser Überzeugung. Seine religiös-politischen Vorstellungen sind aus den 27 Leitsätzen des *Dictatus papae* (Diktat des Papstes) zu ersehen; sie stellen den Primatsanspruch des Papstes in Kirche und Welt in kompromißloser Weise dar (Q 1).

Die Stellung der königlichen Zentralgewalt im Reich hatte sich inzwischen bedeutend verschlechtert. Die Vormundschaftsregierung mit der Mutter Heinrichs, der Kaiserin Agnes, an der Spitze, hatte Machtpositionen aufgegeben. Kein Herzogtum war mehr in königlicher Hand, denn sie waren an Fürsten ausgegeben worden, deren Unterstützung der Hof, allerdings vergeblich, erhoffte. Agnes war mehr an ihrem Seelenheil als an Reichspolitik interessiert. Ihre Vormundschaft endete mit einem Gewaltakt des machtbewußten Erzbischofs Anno II. von Köln, des Führers der fürstlichen Opposition: er ließ den 12jährigen Heinrich in Kaiserswerth auf einem Rheinschiff entführen und in seine Gewalt bringen. Im Laufe der nächsten Jahre gewann allerdings der bedeutende Erzbischof Adalbert von Hamburg/Bremen den entscheidenden Einfluß auf die Regentschaft. Weiteres Königsgut, vor allem Reichsabteien, ging nun auf die herrschenden Fürstengruppen über.

Als *Heinrich IV.* 1065 mit 15 Jahren für mündig erklärt wurde, nahm er die Zügel der Regierung allmählich selbst in die Hand. Sein Mißtrauen gegen die Fürsten und sein nicht selten skrupelloses Vorgehen läßt sich teilweise mit seinen Jugenderlebnissen erklären; daß er von unbeugsamem königlichem Selbstbewußtsein erfüllt war, räumten auch seine Gegner ein.

Die Wiedergewinnung königlicher Machtgrundlagen in Sachsen war ein erstes Ziel des Königs; um Goslar im Harz lagen die ergiebigsten Silbergruben des Reiches. Nach Auffassung Heinrichs ging es um Wiedergewinnung entfremdeten Reichsguts; seine sächsischen Gegner behaupteten, er maße sich neue Rechte und Besitzungen an. Neu waren jedenfalls die Mittel, die der König anwandte: eine Art Inquisitionsverfahren zur Ermittlung des alten Besitzstandes, der Bau von Burgen und der Einsatz landfremder (schwäbischer) Ministerialen. Die auf Höhen gelegenen, ständig mit Besatzungen belegten Befestigungen mit Wehr- und Wohncharakter sollten der herrschaftlichen Erfassung einer künftigen „Königslandschaft" dienen (Q 2). Ob der Burgenbau Heinrichs eine völlige Neuerung in Deutschland darstellte oder ob ihm sächsische Fürsten (wie Erzbischof Adalbert) darin vorangingen, ist ungeklärt. Möglicherweise kam die Anregung dazu aus England, das kurz vorher, 1066, von den französischen Normannen erobert worden war, die das Land durch Errichtung von Burgen erfassen wollten.

Das rücksichtslose und ungeschickte Vorgehen Heinrichs gegen die sächsischen Fürsten, die ihren Besitzstand durch die königliche Politik gefährdet sahen, führte zum Aufstand; der König mußte die Harzburg, das Zentrum seines Burgensystems, fluchtartig verlassen und fand Schutz in der Stadt Worms – das erste Mal in der deutschen Geschichte, daß eine Stadtbürgerschaft sichtbar in das politische Geschehen eingriff! Die Harzburg wurde von aufständischen Bauern zerstört – in ihren Augen hatten sich die Burgen als Stützpunkte der Unterdrückung erwiesen. Aber die Schändung von Königsgräbern in der Harzburg durch die Bauern bewirkte einen Stimmungsumschwung zugunsten des Königs. Heinrich IV. konnte sich 1075 schließlich gegen die Sachsen durchsetzen. Durch seine rücksichtslose Politik und wegen seiner Bevorzugung der Ministerialen hatte er sich allerdings die Fürsten, besonders die Herzöge, zu Gegnern gemacht.

Durch den Sieg gegen die Sachsen gestärkt, nahm der König auch gegenüber der Kurie eine neue Haltung ein. In Mailand ließ er einen neuen Erzbischof investieren, der dort auf den erbitterten Widerstand von Klerus und Volk, vor allem aber von seiten der sogenannten Patarener stieß. Die *Pataria* war eine religiöse Volksbewegung in den wirtschaftlich bereits entwickelten lombardischen Kommunen, die sich gegen Prunk und Reichtum der eher königstreuen hohen Geistlichkeit wandte und mit der Unterstützung des Reformpapsttums rechnen konnte. Der Mailänder Fall und weitere Eingriffe des Königs in italienische Bistümer veranlaßten Gregor Ende 1075 zu scharfem Protest und der kaum verhüllten Drohung, den König zu exkommunizieren.

Die Ereignisse folgten nun Schlag auf Schlag. Seitens des deutschen Episkopats, der sich durch zunehmenden päpstlichen Zentralismus belästigt fühlte, wurde Gregor Anfang 1076 verurteilt, und der König schickte eine Aufforderung nach Rom, den Papst abzusetzen. Aber man täuschte sich über die Stellung Gregors in Rom, der auf der Fastensynode 1076 schnell reagierte: der König wurde gebannt, seine Untertanen vom Treueid zu ihm gelöst. Noch niemals hatte ein Papst einen König abgesetzt! Die Wirkung in Deutschland war ungeheuer: sofort bildete sich wieder eine sächsisch-süddeutsche Fürstenopposition; die Reichsbischöfe sahen sich vor die Wahl zwischen zwei Herren gestellt; in Sachsen brachen neue Aufstände aus. Eine Fürstenversammlung in Tribur (Oktober 1076) zwang den König, die Absetzung des Papstes zu widerrufen. Die Fürsten wollten Heinrich nur dann weiter als König anerkennen, wenn er sich bis zum Februar 1077 vom Bann löse.

Mit seiner Familie und mit kleinem Gefolge zog Heinrich daraufhin über die winterlichen Alpen bis zur festen Burg Canossa im Appenin, wohin sich Gregor, auf die Nachricht vom Nahen des Königs hin, zurückgezogen hatte; sie gehörte der Markgräfin Mathilde von Tuszien, einer Anhängerin des Papstes. Gregor löste den König nach den kanonisch vorgeschriebenen Bußleistungen vom Bann und erkannte ihn als König an. Gewiß war Canossa ein taktischer Erfolg Heinrichs, aber dennoch hatte das Königtum seine gottunmittelbare Rolle aufgeben und den Papst als Schiedsrichter zwischen König und Fürsten anerkennen müssen.

Einige der Fürsten, die eine Bannlösung des Königs wohl gar nicht erwartet hatten, wählten statt seiner den schwäbischen Herzog, Rudolf von Rheinfelden, zum König (1077) – zum ersten Gegenkönig der deutschen Geschichte! Er machte dem päpstlichen Legaten erhebliche Zugeständnisse. Gregor verhielt sich zunächst neutral; 1078 stellte er aber das erste ausdrückliche

Investiturverbot für Könige auf, 1080 bannte er Heinrich erneut. Die Wirkung war jedoch diesmal geringer. Auf Veranlassung Heinrichs wählten lombardische und deutsche Bischöfe im selben Jahr in Brixen einen Gegenpapst, Clemens III., und als, im selben Jahr noch, der Gegenkönig Rudolf starb, konnte Heinrich seine Position wieder festigen. 1084 zog er mit Heeresmacht in Rom ein und ließ sich von Clemens III. zum Kaiser krönen. Gregor VII. wurde zwar von einem Heer seines normannischen Lehensmanns Robert Guiscard aus der bedrohlichen Situation befreit; doch machten sich die Normannen in Rom durch Plünderungen und Übergriffe so verhaßt, daß ihr Schützling Gregor gezwungen wurde, mit ihnen zusammen die Stadt zu verlassen – er starb 1085 in Salerno.

Gregors doktrinäre Politik hatte wichtige Forderungen der Kirchenreform nicht durchsetzen können; mehr Erfolg hatte dabei die geschickte Diplomatie Papst Urbans II. (1088–99). Durch dessen Koalition mit der Markgräfin Mathilde und mit süddeutschen Fürsten wurde Heinrich auf seinem zweiten Italienzug für mehrere Jahre (1090–96) in der Nähe von Verona regelrecht mattgesetzt – doch gerade diese unruhigen Jahre (Vorbereitung des ersten Kreuzzugs, Ausbruch der Judenverfolgungen) hätten seine Anwesenheit in Deutschland erfordert (Kap. 12). Erst 1098 setzte sich der König wieder durch, nachdem er einen Ausgleich mit den süddeutschen Herzögen gefunden hatte: mit den Welfen söhnte er sich wieder aus und überließ ihnen das Herzogtum Bayern; Schwaben fiel endgültig an Friedrich I., den Staufer, nachdem die Zähringer auf dieses Herzogtum verzichtet hatten. Zwar bannte Papst Paschal II., der Nachfolger Urbans, den König erneut, sein Sturz wurde allerdings erst durch den Aufstand seines Sohnes, Heinrichs V., im Zusammenhang mit einer Adelsempörung, vollendet. Im August 1106 starb der bis zuletzt um seine Macht kämpfende König in Lüttich, betrauert von der städtischen und ländlichen Bevölkerung.

Die Bedeutung Heinrichs IV. liegt darin, daß er, durch die politische Situation gezwungen, neue Wege zur Festigung der Königsmacht einschlug und dabei Anschluß an sozial niedrigere Schichten zu finden suchte: der Beginn einer Königslandpolitik mit Burgenbau und Ministerialität, die Förderung der Städte und Stadtbewohner, die Gewinnung breiterer Bevölkerungsschichten durch Anknüpfung an die Gottesfriedensbewegung und die Ausrufung des ersten Reichsfriedens (Kap. 12). Zu diesen Maßnahmen, die meist eine gewisse Spitze gegenüber dem Adel bedeuteten, zählt man auch Heinrichs Versuch, die Hochgerichtsbarkeit in seine Hand zu bekommen und durch Ministerialen verwalten zu lassen.

Auch *Heinrich V.* (1106–25) gedachte nicht, die Investituren in der Reichskirche aufzugeben. Auf diese Frage konzentrierte sich nun die Auseinandersetzung. Der Versuch des Königs, den Papst mit militärischer Gewalt und Gefangennahme zur Anerkennung seines Standpunkts zu zwingen, erwies sich schnell als erfolglos. Verschiedene Lösungsvorschläge wurden diskutiert und verhandelt, in Frankreich und England waren sie bereits realisiert. Auch dort hatte es Investiturstreitigkeiten gegeben, die aber nicht so tiefgreifend verliefen wie im Reich, obwohl die Mißstände in den Kirchen (besonders die Simonie) eher noch größer waren. Aber die Kirche war dort nicht die wichtigste Säule des Königtums, Philipp I. von Frankreich z. B. († 1108) verfügte nur über einige Bistümer. In Frankreich waren auch schon die theoretischen Fragen des Problems in der Schule von Chartres begrifflich geklärt worden: die Unterscheidung von geistlicher Amtsbefugnis (*spiritualia*) und weltlicher Herrschaft (*temporalia*) bei den Bischöfen. Der französische König verzichtete also schon vor 1100 auf die Investitur mit Ring und Stab, aber der Bischof mußte nach seiner Wahl einen Treueid leisten, bevor er in die weltlichen Güter eingewiesen wurde. Ähnlich lauteten die Bestimmungen im anglonormannischen Reich (Londoner Konkordat 1107).

Erst 1122 kam es im Reich zu einem ähnlichen Vertrag. Papst Calixt II. († 1124), nach fast 50 Jahren Mönchspapsttum der erste Weltkleriker, war ein verhandlungsbereiter Mann, und eine Gruppe maßgebender Fürsten drängte nun auf einen Abschluß. Im Kompromiß des Wormser Konkordats (Q 4) verzichtete Heinrich V. auf die Investitur mit den geistlichen Symbolen, er behielt aber Einfluß auf die Wahl und investierte im deutschen Reich die Bischöfe mit den Temporalien (mit dem Szepter als Symbol) vor der Weihe, in Italien und Burgund nach der Weihe. Die Zuordnung der Bischöfe zum König wurde also jetzt in lehensrechtliche Formen gekleidet; seitdem unterschied man zwischen (geistlichen) Szepterlehen und (weltlichen) Fahnenlehen. Von einem faktischen Ende des alten „Reichskirchensystems" wird man aber nicht sprechen können; in der frühen Stauferzeit wurde der Reichsepiskopat als Stütze der Königsmacht reaktiviert. Als eigentliche Sieger des jahrzehntelangen Streits erwiesen sich schließlich die Fürsten, die ihre Macht auf Kosten der Zentralgewalt erheblich ausbauen konnten.

Der Streit zwischen König und Papst hatte tiefe Wirkungen im Reich. Es gab nicht nur Papstschismen; auch viele deutsche Bistümer hatten einen königlichen und einen gregorianischen Bischof, die Trennlinien der Anhängerschaften liefen oft durch Domkapitel, Konvente und andere Gemeinschaften hindurch. Der niedere Klerus stand mehrheitlich auf königlicher Seite, da er die Zölibatsforderungen der Reformer ablehnte. Im Hintergrund der geistigen Unruhe standen wohl auch die sozialen Unsicherheiten, die spürbare neue Rolle der Ministerialität, der Stadtbürger und der Bauern im politischen Geschehen.

Die neue Gattung der Streitschriftenliteratur hat wohl nur wenige Interessierte erreicht, aber beide Seiten trieben auch Propaganda in der „Öffentlichkeit", wobei die päpstliche Seite im Vorteil war. Die Mönche und Anhänger der Hirsauer Klosterreform, aber auch freie Wanderlehrer, waren als Prediger und Boten des päpstlichen Standpunkts unterwegs. Von den Kanzeln, aber auch auf den Plätzen und Straßen der entstehenden Städte wurden Briefe und Sendschriften (in der Volkssprache) vorgelesen. Die Umwertung der Werte ging erstaunlich schnell vonstatten: die Einsetzung des Bischofs durch den sakral legitimierten Herrscher wurde bald zum Werk eines „Laien mit blutigen Händen".

Die geistige Aktivität stieg auch im engeren Bereich der Bildung rasch an. Die Anführung widerstreitender Argumente, das Pro und Contra, und ihre Diskussion führte zu rationaleren Methoden in der Philosophie und Theologie. Der Glaube sollte auf vernünftigem Weg erklärt werden – das sind die Anfänge der Scholastik, deren Hauptvertreter in unserer Zeit Anselm von Canterbury († 1109) war. Zum bekanntesten Lehrer der dialektischen Methode wurde Abaelard († 1142). Beide wirkten vor allem in Frankreich, wo die (immer noch kirchlichen) Schulen aufblühten und eine wachsende Anzahl auch deutscher Studenten anzogen.

Für die Reformzeit besaß das Mönchtum eine besonders große Anziehungskraft; zahlreiche Laienbruder- und schwesternschaften bildeten sich im Bestreben, es dem apostolischen Leben der Urchristen gleichzutun (Q 5). Die adlig geprägten Cluniazenser mit ihrem Reichtum, ihren prächtigen Kirchenbauten und der ausgeschmückten Liturgie konnten allerdings kein Vorbild für die asketisch-religiöse Bewegung mehr abgeben. Sie mündete am Ende des 11. und zu Beginn des 12. Jahrhunderts in die Entstehung neuer Orden, die auch von der Kurie anerkannt wurden: die *Zisterzienser* und die *Prämonstratenser*.

Das 1098 durch Robert von Molesme in Cîteaux bei Dijon gegründete Kloster und seine Tochterklöster hatten die ursprüngliche Reinheit der Benediktinerregel (*puritas regulae*) zum Ziel. Die Zisterzienser vertraten das neue Armutsideal und den Grundsatz „Beten und Arbeiten", ihre Klöster wollten sie bewußt in einsamen Gegenden anlegen. Sie entwickelten einen schmucklos-eindrucksvollen Baustil und errichteten wirtschaftlich fortschrittliche Großgüter, die *Grangien,* die sie selbst mit Hilfe der Laienbrüder (*Konversen*) bearbeiten wollten; eine Versorgung durch Grundherrschaften mit abhängigen Bauern lehnten sie, zumindest anfangs, ab. Die Zisterzienserklöster waren in sich selbständig, der Zusammenhalt wurde durch enge Beziehungen zwischen Mutter- und Tochterklöstern sowie durch das jährliche Generalkapitel in Cîteaux gewährleistet, zu dem sich alle Äbte einzufinden hatten. Seinen eigentlichen Aufschwung nahm der Orden durch den berühmten Abt Bernhard von Clairvaux († 1153), der selbst 68 neue Klöster gründete. Schon um 1150 bestanden in Deutschland etwa 50 Zisterzienserabteien. Um 1250 umfaßte der Orden insgesamt 650 Männerklöster und zahlreiche Frauenklöster.

Während die Zisterzienser die Reformer des eigentlichen Mönchtums waren, sind die Prämonstratenser die Reformer des Weltklerus. Ein adliger Wanderprediger, Norbert von Xanten (späterer Erzbischof von Magdeburg, † 1134), hatte in Prémontré bei Laon 1120 die erste Gemeinschaft gegründet. Die Prämonstratenser orientierten sich an der angeblich von Augustin stammenden Regel und Verfassung der Augustinerchorherren, die zu der vielfältigen Gruppe der Regularkanoniker gehörten. Sie waren meist freier organisiert als die eigentlichen Mönche, denen sie sich jedoch in der Reformzeit in ihrer Lebensweise näherten. Die Hauptaufgabe der Prämonstratenser bestand in Predigt, Seelsorge und Mission. Auch ihr Orden breitete sich schnell aus; bis 1150 existierten in Deutschland etwa 60 Prämonstratenserstifte. Auch hier war die Zahl der Frauenkonvente groß, um 1150 sollen dem Orden insgesamt 10 000 Frauen angehört haben.

Neben diesen beiden großen Ordensgemeinschaften entstand in der Zeit der Kirchenreform eine Reihe weiterer Orden und religiöser Laiengemeinschaften − Beweis für eine weitverbreitete, aber individuellere Beteiligung am religiösen Leben dieser Zeit.

Quellen

Q 1 Dictatus papae

Der genaue Anlaß bzw. Zweck der Abfassung des *Dictatus papae* (wahrscheinlich 1075) ist umstritten. Zwar lassen sich für fast alle Forderungen der Leitsätze Anklänge in der älteren kirchlichen Tradition finden, aber die Zuspitzung und Zusammenstellung dieser Thesen in einem Programm war ein erstmaliger, fast revolutionärer Schritt. Besonders die Thesen 2, 5, 7, 8, 9 oder 10 gelten als „atemberaubende Aussprüche" (H. Fuhrmann).

Diktat des Papstes: 1. Daß die römische Kirche allein vom Herrn gegründet worden ist. − 2. Daß allein der römische Bischof mit Recht universal genannt werden darf. − 3. Daß allein er Bischöfe absetzen und einsetzen kann. − 4. Daß sein Legat auf einem Konzil allen Bischöfen übergeordnet ist, auch wenn er einen niedrigeren Weihegrad hat, und gegen sie ein Absetzungsurteil fällen kann. − 5. Daß der Papst Abwesende absetzen kann. − 6. Daß wir mit von ihm Gebannten unter anderem nicht im selben Haus bleiben dürfen. − 7. Daß es ihm allein erlaubt ist, im Fall der Notwendigkeit neue Gesetze zu erlassen, neue Gemeinden zu bilden, aus einem Kanonikerstift eine Abtei zu machen und umgekehrt, ein reiches Bistum zu teilen oder zwei arme zu vereinigen. − 8. Daß er allein kaiserliche Insignien verwenden kann. − 9. Daß allein des Papstes Füße alle Fürsten küssen sollen. − 10. Daß allein sein Name in den Kirchen genannt wird. − 11. Daß dieser Name einzigartig auf der Welt ist. − 12. Daß es ihm erlaubt ist, Kaiser abzusetzen. − 13. Daß es ihm erlaubt ist, bei Notwendigkeit Bischöfe von einem Sitz auf einen anderen zu versetzen. − 14. Daß er jeden beliebigen Kleriker aus der ganzen Kirche weihen kann ... − 16. Daß keine Synode ohne seine Anweisung eine Generalsynode genannt werden kann. − 17. Daß kein Rechtssatz und kein Buch ohne seine Autorisierung für kanonisch gilt. − 18. Daß sein Urteilsspruch von niemandem widerrufen werden darf, er selbst aber die Urteilssprüche aller widerrufen darf. − 19. Daß er selbst von niemandem gerichtet werden darf. − 20. Daß es niemand wage, jemand zu verurteilen, der an den apostolischen Stuhl appelliert. − 21. Daß die wichtigeren Streitfragen jeder Kirche an ihn übergeben werden sollen. − 22. Daß die römische Kirche niemals geirrt hat und nach dem Zeugnis der Schrift niemals irren wird ... − ... 25. Daß er ohne Synode Bischöfe absetzen und wieder einsetzen darf. − 26. Daß der nicht für rechtgläubig gilt, der nicht mit der römischen Kirche übereinstimmt. − 27. Daß er Untergebene vom Treueid gegenüber Sündern lösen kann.

(Registrum Gregorii VII., hg. von E. Caspar, 1920/23, MGH EE sel. II, 55a)

Q 2 Burgenbau in Sachsen

Der Magdeburger Geschichtsschreiber Bruno († nach 1082) schrieb seinen *Sachsenkrieg* als überzeugter Gegner Heinrichs IV.; seine Nachrichten beruhen auf eigener Erfahrung oder auf mündlichen Berichten von Anhängern der sächsischen Partei.

Bald, nachdem er [Heinrich IV.] den Bremer Erzbischof Adalbert zum Ratgeber gewonnen hatte, begann er, auf dessen Rat hin, in einsamen Gegenden hohe und von Natur aus befestigte Berge zu suchen und auf ihnen Burgen zu errichten, die, wenn sie an passenden Orten stünden, für das Reich ein großer Schutz und zugleich Schmuck wären. Die erste und größte von ihnen nannte er Harzburg; diese befestigte er außen mit einer starken Mauer, mit Türmen und festen Toren, innen baute er sie mit wahrhaft königlichen Gebäuden aus, errichtete ein Stift in ihr, stattete es mit vielem kirchlichen Schmuck aus und versammelte dort viele und bedeutende Kleriker, so daß die Burg an Aufwand und Ausstattung vielen Bischofssitzen gleichkam, viele sogar übertraf. Wenn er merkte, daß ein Bischof ein besonders schönes kirchliches Gerät hatte, erwarb er es durch Befehl oder Bitten und übertrug es seinem Stift. Bei den anderen Burgen aber sah er weniger auf Schönheit als auf Wehrhaftigkeit. Glücklich, ja sehr glücklich zu preisen wäre er, wenn er diese Befestigungen gegen die Heiden errichtet hätte; denn dann wären sie alle entweder schon Christen oder den christlichen Fürsten auf Dauer tributpflichtig. Aber der Bau dieser Burgen an verschiedenen Plätzen schien unseren Landsleuten zuerst wie ein kindisches Spiel, weil man seinen bösen Zweck noch nicht erkannte. Keine Gefahr fürchtend, verhinderten sie nicht nur nicht ihre Errichtung, solange sie es noch gekonnt hätten, sondern halfen beim Bau mit Sach- und Arbeitsleistungen mit, in der Meinung, er wolle einmal gegen die auswärtigen Völker kriegerisch vorgehen. Als aber die Besatzungen, die in die Burgen gelegt wurden, im Umkreis auf Raub ausgingen, um zu ernten, was sie nicht gesät hatten, freie Männer zu Knechtsdiensten heranzogen und mit fremden Töchtern und Frauen ihren Spott trieben: dann erst begriffen sie, was diese Burgen bedeuteten und wagten doch nicht, Widerstand zu leisten oder sich zu verteidigen . . . Von den Bauern ging der König zu den Rittern, vom Raub der Feldfrüchte zum Raub der Freiheit über, und den Friedrich von Berg, der unter den freien und adligen Männern viel galt, den erklärte der König zu seinem Diener . . .

(Brunos Sachsenkrieg, hg. von H.-E. Lohmann, 1937, MHG DMA, Kap. 16, S. 22 f.)

Q 3 Reichskirchengut im Investiturstreit

Der bemerkenswerteste und konsequenteste Lösungsvorschlag des Investiturstreits ist im Vertrag Papst Paschals II. mit Heinrich IV. vom 12. 2. 1111 enthalten. Er scheiterte schnell am Reichsepiskopat und den weltlichen Fürsten.

Bischof Paschal, Diener der Diener Gottes, seinem lieben Sohn Heinrich und seinen Nachfolgern . . . In den Gebieten deines Reichs sind die Bischöfe und Äbte dermaßen mit weltlichen Sorgen beschäftigt: ständig müssen sie das Grafengericht wahrnehmen und Kriegsdienst leisten. Kein Wunder, daß dies kaum oder überhaupt nicht ohne Raub, Kirchenschändung, Brand und Mord abgehen kann. Die Diener des Altars wurden Diener des Hofes, weil sie von den Königen Städte, Herzogtümer, Markgrafschaften, Münzstätten, Wirtschaftshöfe und anderes, was zum Königsdienst gehört, angenommen haben. Daher entwickelte sich die unerträgliche Gewohnheit in der Kirche, daß die gewählten Bischöfe die Weihe überhaupt nicht empfangen konnten, wenn sie nicht vorher durch die Hand des Königs die Investitur bekommen hatten. Aus diesem Grund hat auch der Mißstand der häretischen Simonie manchmal so sehr überhand genommen, daß die Bischöfe die Bischofsstühle ohne jede vorhergehende Wahl besetzten. Gelegentlich sind sie sogar noch zu Lebzeiten ihrer Vorgänger investiert worden!

Durch diese und viele andere Vorkommnisse, die sich meist bei den Investituren ereignen, wurden unsere Vorgänger, die Päpste Gregor VII. und Urban II., bewogen, bei zahlreichen Bischofssynoden die Investitur durch Laienhand zu verdammen; sie beschlossen, diejenigen abzusetzen, die auf diese

Weise Kirchen bekommen haben und die Verleiher [der Investitur] zu exkommunizieren, nach dem Spruch der apostolischen Kanones ... Deshalb beschließen wir: Dir, geliebter Sohn, König Heinrich, und nun durch unsere Amtshandlung von Gottes Gnaden Kaiser der Römer, Dir und dem Reich sollen jene königlichen Besitzungen und Rechte *(regalia)* überlassen werden, die offensichtlich zum Reich gehören, seit den Zeiten Karls, Ludwigs, Heinrichs und deiner anderen Vorgänger. Wir verbieten und hindern unter Androhung des Kirchenbanns: kein gegenwärtiger oder künftiger Bischof oder Abt darf diese Regalien an sich reißen, d. h. Städte, Herzogtümer, Markgrafschaften, Grafschaften, Münzstätten, Zoll- und Marktrechte, Reichsvogteien, Zentgerichte und offensichtlich dem Reich gehörende Höfe mit ihrem Zubehör, Heeresdienst und Burgen des Reiches ...

Andererseits erklären wir, daß die Kirchen mit den an sie gemachten Schenkungen und ihren erblichen Besitzungen, die eindeutig nicht zum Reich gehören, frei bleiben sollen, wie Du am Tag deiner Krönung dem allmächtigen Gott im Angesicht der ganzen Kirche versprochen hast. Denn es gehört sich, daß die Bischöfe, befreit von weltlichen Sorgen, sich um ihr Volk kümmern und nicht zu lange von ihren Kirchen fernbleiben.

(MGH Constit. 1, Nr. 90, S. 141 f.)

Q 4 Wormser Konkordat

Das Wormser Konkordat vom 23. September 1122 besteht aus einer Urkunde Heinrichs V. und aus einer Urkunde Papst Calixts II.

a) Im Namen der heiligen und unteilbaren Dreifaltigkeit. Ich Heinrich, von Gottes Gnaden Kaiser der Römer und Mehrer des Reiches, überlasse − aus Liebe zu Gott, zur römischen Kirche und zum Herrn Papst Calixt und zu meinem eigenen Seelenheil − Gott und den heiligen Aposteln Gottes, Petrus und Paulus, und der heiligen katholischen Kirche die ganze Investitur mit Ring und Stab, und ich gestehe allen Kirchen in meinem König- oder Kaiserreich die kanonische Wahl und die freie Weihe zu. Die Besitzungen und Rechte des hl. Petrus, die vom Beginn dieses Streits bis heute in der Regierungszeit meines Vaters oder in meiner Zeit weggenommen worden sind und die ich jetzt habe, gebe ich der heiligen römischen Kirche zurück, soweit ich sie aber nicht besitze, werde ich zu ihrer Rückgabe mithelfen. Auch die Besitzungen aller anderen Kirchen und Fürsten und anderer Kleriker und Laien, die in diesen Wirren verlorengegangen sind, werde ich nach dem Rat der Fürsten und gemäß der Gerechtigkeit zurückgeben, wenn ich sie besitze, wenn nicht, werde ich mich treulich für ihre Rückgabe einsetzen. Und ich gebe wahren Frieden dem Herrn Papst Calixt, der heiligen römischen Kirche und allen, die auf ihrer Seite waren und sind. Und wenn die heilige römische Kirche um Hilfe bittet, werde ich ihr getreulich helfen, und worüber sie bei mir Klage führt, darüber werde ich ihr die schuldige Gerechtigkeit verschaffen. Dies alles wurde verhandelt mit Zustimmung und auf Rat der Fürsten, deren Namen unterschrieben sind ...

b) Ich, Bischof Calixt, Diener der Diener Gottes, verleihe Dir, geliebter Sohn Heinrich, von Gottes Gnaden Kaiser der Römer und Mehrer des Reiches, das Recht, bei der Wahl der Bischöfe und Äbte des deutschen Reiches, die zum Reich gehören, anwesend zu sein, ohne Simonie und Gewaltanwendung. Wenn dabei zwischen den Parteien Streit entsteht, magst Du nach Rat und Urteil des Metropoliten und der Mitbischöfe der vernünftigeren Partei Deine Zustimmung und Hilfe gewähren. Der Gewählte soll aber die Regalien durch Überreichung des Szepters von Dir annehmen und er soll die Leistungen erbringen, die er Dir auf Grund dessen rechtmäßig schuldet. In den anderen Teilen des Kaiserreichs aber soll der Geweihte innerhalb von 6 Monaten die Regalien von Dir mit dem Szepter bekommen und die Leistungen erbringen, die er Dir daraus schuldet; ausgenommen bleibt alles, was bekanntermaßen der römischen Kirche gehört. Und worüber Du bei mir Klage führst und um Hilfe bittest, darin werde ich Dir gemäß dem Auftrag meines Amtes behilflich sein. Ich gebe Dir wahren Frieden und allen, die auf Deiner Seite sind oder waren in der Zeit dieses Streits.

(MGH Constit. 1, Nr. 107/108, S. 159–161)

Q 5 Religiöse Volksbewegung

Der Konstanzer Kleriker Bernold beschreibt zum Jahr 1091 in seiner Chronik Vorgänge, die später teilweise durch Gründung der neuen Orden aufgefangen wurden bzw. zur Ausbildung der Institution der Konversen bei den Zisterziensern führten.

In dieser Zeit blühte im Reich der Deutschen das gemeinsame Leben an vielen Orten, nicht nur bei Klerikern und Mönchen, die in klösterlicher Weise zusammenwohnten, sondern auch bei Laien, die sich und ihren Besitz fromm dem gemeinsamen Leben widmeten, die zwar in ihrer Kleidung weder Kleriker noch Mönche waren, die aber, wie man glaubt, jenen an geistlichen Verdiensten gleichkommen. Sie machten sich zu ihren Dienern für Gott und folgten ihm nach, der nicht dazu gekommen war, um sich dienen zu lassen, sondern um zu dienen und der seine Jünger lehrte, durch Dienen zur geistlichen Erhöhung zu gelangen. Sie sagten also der Welt ab und schlossen sich mit ihrer Habe den Gemeinschaften der Weltgeistlichen und Mönche, die nach einer Regel leben, an, damit sie im Gehorsam zu diesen gemeinsam leben und ihnen dienen könnten. Daher stachelte der Neid des Teufels einige Eiferer gegen den trefflichen Lebenswandel dieser Brüder an, um ihn [gleichsam] „mit böswilligen Zähnen zu zernagen", obwohl sie sahen, daß jene gemeinsam nach Art der Urkirche lebten. Daher bestätigte der Herr Papst Urban ihre von den Aposteln eingepflanzte und von deren Nachfolgern weithin propagierte Lebensform durch seine apostolische Autorität ... Aber nicht nur eine unzählige Menge von Männern, sondern auch von Frauen schloß sich in dieser Zeit diesem Lebenswandel an, im Gehorsam gegenüber Klerikern und Mönchen gemeinsam zu leben und ihnen wie Mägde die täglichen Dienstaufgaben in frömmster Weise zu erweisen. In den Dörfern sagten viele Bauerntöchter der Ehe und der Welt ab und versuchten, unter Anleitung eines Priesters zu leben. Aber auch die Verheirateten waren dessen ungeachtet unermüdlich bestrebt, fromm zu leben und den Mönchen in großer Verehrung zu gehorchen. Dieser Eifer erblühte ganz besonders überall in Schwaben; in diesem Land haben sich auch ganze Dörfer dem religiösen Leben ergeben und waren bemüht, sich gegenseitig an Heiligkeit zu übertreffen. So tröstete Gott gnädig seine heilige Kirche in gefährlichster Zeit in wunderbarer Weise, damit sie, die schon lange die Abneigung der Exkommunizierten beklagte, sich über die Bekehrung vieler freuen könne. In einigen deutschen Gebieten regnete es Fleisch mit Blut herab, Kröten und Fische fielen vom Himmel und viele glaubwürdige Männer bezeugten, dies gesehen zu haben. In Schwaben bei Zwiefalten an der Donau wurde gesehen, daß aus Broten Blut herausfloß; auch viele Geistliche glaubten, daß dies eine Neuigkeit im Reich ankündige.

(MGH SS 5, S. 452 f.)

Fragen, Probleme und Anregungen

1) Warum ist die erste Auseinandersetzung zwischen der weltlichen und der geistlichen Gewalt im Reich mit besonderer Schärfe geführt worden? Beachten Sie den königlichen wie den päpstlichen Standpunkt.

2) Die Rolle der Fürsten im „Investiturstreit".

3) Welche Voraussetzungen führten zum Wormser Konkordat, und inwiefern ist dieser Vertrag als Kompromiß zu werten?

4) Die Bischofseinsetzungen nach dem Wormser Konkordat in Deutschland, Burgund und Italien.

5) Erläutern und begründen Sie die neuen Methoden der Reichsgutpolitik Heinrichs IV. und seine Anknüpfung an sozial niedrigere Schichten.

6) Die Reformziele der Zisterzienser und der Prämonstratenser.

Wichtige Daten

1056–1106	Heinrich IV.
1059	Papstwahldekret Nikolaus' II. / Belehnung der Normannen

1073–85	Papst Gregor VII.
1077	Gang nach Canossa
1122	Wormser Konkordat
Anfang 12. Jh.	Entstehung der neuen Orden
1153	Bernhard von Clairvaux †

Wichtige Begriffe

Investiturstreit Kardinal
Päpstlicher Primat Temporalien/Spiritualien
Scholastik Konkordat

Literaturhinweise

Siehe auch die Darstellungen zur allgemeinen Geschichte und Kirchengeschichte S. 9–11

Papstreform

H. Fuhrmann, Die Wahl des Papstes – ein historischer Überblick, GWU 9 (1958) 762–780.
Ders., Einfluß und Verbreitung der pseudoisidorischen Fälschungen, 3 Bde., 1972–74.
U.-R. Blumenthal, Gregor VII. In: TRE Bd. 14 (1985), 145–152.
H. Mordek, Dictatus papae. In: LexMa Bd. 3 (1986), Sp. 978–981.

Investiturstreit

G. Tellenbach, Libertas. Kirche und Weltordnung im Zeitalter des Investiturstreits, 1936.
C. Erdmann, Die Anfänge der staatlichen Propaganda im Investiturstreit. HZ 154 (1936), 491–512.
Investiturstreit und Reichsverfassung, hg. v. J. Fleckenstein, 1973 (Vorträge u. Forschungen 17).

E. Werner, Zwischen Canossa und Worms. Staat und Kirche 1077–1122, 1975².

H. Zimmermann, Der Canossagang von 1077. Wirkungen und Wirklichkeit, 1975 (Abh. d. Akad. d. Wiss. u. Lit. Mainz 5).

M. Minninger, Von Clermont zum Wormser Konkordat. Die Auseinandersetzungen um den Lehnsnexus zwischen König u. Episkopat, 1978.

K. Jordan, Beiträge zur Gesch. des Investiturstreits u. des Reformpapsttums. Ausgewählte Aufsätze, 1980.

R. Schieffer, Die Entstehung des päpstlichen Investiturverbots für den dt. König, 1981 (Schriften der MGH 28).

U.-R. Blumenthal, Der Investiturstreit, 1982.

W. Goez, Investiturstreit. In: TRE Bd. 16 (1988), 237–247.

Krise des Königtums

E. Boshof, Heinrich IV. Herrscher an einer Zeitenwende, 1979 (Persönlichkeit u. Geschichte 108/109).

K. Leyser, The Crisis of Medieval Germany, 1983 (Proceedings of the British Academy 69, 409–443).

T. Struve, Heinrich IV. Die Behauptung einer Persönlichkeit im Zeichen der Krise. Frühmittelalterl. Studien 21 (1987), 318–345.

Religiöse und geistige Bewegungen

H. Grundmann, Religiöse Bewegungen im Mittelalter, 1961².

A. Borst, Religiöse und geistige Bewegungen im Hochmittelalter. In: Propyläen-Weltgeschichte, Bd. 5, 1963, 491–561.

G. Binding, Anselm von Canterbury. In: LexMA Bd. 1 (1980), Sp. 680–687.

A. Angenendt, Peter Abaelard. In: Gestalten der Kirchengeschichte Bd. 3 (= MA I), hg. v. M. Greschat, 1983, 148–160.

Neue Orden

A. Schneider, Die Cistercienser. Geschichte/Geist/Kultur, 1974.

Die Zisterzienser. Ordensleben zwischen Ideal u. Wirklichkeit. Ausstellungskatalog Aachen 1980/Erg.-Bd., hg. v. K. Elm, 1982 (Schriften des rhein. Museumsamtes 10, 18).

W. Rösener, Zur Wirtschaftstätigkeit der Zisterzienser im Hochmittelalter. Zeitschr. f. Agrargesch. und Agrarsoziologie 30 (1982), 117–148.

M. Toepfer, Die Konversen der Zisterzienser. Untersuchungen über ihren Beitrag zur mittelalterl. Blüte des Ordens, 1983.

H.-D. Kahl, Bernhard von Fontaines, Abt v. Clairvaux. In: Gestalten der Kirchengesch., Bd. 3 (= MA I), hg. v. M. Greschat, 1983, 173–191.

Norbert von Xanten. Adliger, Ordensstifter, Kirchenfürst, hg. v. K. Elm, 1984.

A. H. Bredero, Cluny et Cîteaux au douzième siècle. L'Histoire d'une controverse monastique. 1985.

12. Friedensbewegung, Kreuzzüge und Judenverfolgung

Die mittelalterlichen Reiche besaßen kein „staatliches" Gewaltmonopol – das ist ein Hauptunterschied zum modernen Staat. Dennoch verwandte die ältere Forschung (vor allem die der Rechtshistoriker) den im 19. Jahrhundert definierten Begriff „Staat" für das Mittelalter; sie mußte daher diesen „Staat" als mangelhaft oder zumindest als schwach ansehen und die zahllosen innerstaatlichen „privaten" Fehden als „Faustrecht" oder „Rechtsbruch" bezeichnen. Erst durch O. Brunner (1939) gewann man mehr Einsicht in die besondere Verfassung mittelalterlicher Staatlichkeit, die – ohne durchsetzungsfähige Justiz und ohne Polizei – eine im Prinzip legitime Form der Selbsthilfe und Rechtsverfolgung vorsah, die nach modernem Rechtsverständnis nur in seltenen Ausnahmen (Notwehr) möglich ist.

Gegen eine Überspitzung der Brunnerschen These werden heute zu Recht Einwände vorgebracht (K. Kroeschell, E. Kaufmann) – in der Tat waren einem Mißbrauch des *Fehdewesens* Tür und Tor geöffnet, und eine Einigung darüber, welche Fehde rechtmäßig war und welche nicht, war schwer herzustellen. Das haben auch die Zeitgenossen durchaus erkannt, und der Kampf gegen diese archaische Form der Rechtsverfolgung, die aus germanischer Zeit stammte, setzte schon im Frühmittelalter ein, vor allem durch das Königtum und in seinem Interesse. Friedenssicherung und Konfliktlösung galten von Anfang an als eine Hauptaufgabe des Königs.

Seit dem Hochmittelalter kann man zwischen zwei Fehdeformen unterscheiden: der Totschlagsfehde oder Blutrache, die nur wegen Totschlags, schwerer Verletzung oder „tödlicher" Beleidigung geführt wurde und allen Bevölkerungsschichten offenstand, und zum anderen der Adels- oder Ritterfehde, die einen beliebigen Rechtsgrund haben konnte und nur der kriegerischen Oberschicht oder genossenschaftlichen Verbänden (z. B. Städten) erlaubt war.

Fehden sollten in der Regel nur dann geführt werden, wenn man vor den Gerichten, die es ja gab, keinen Erfolg erzielen konnte. Die Hauptmittel bei der Ritterfehde waren Raub und Brand: mit der Schädigung der wirtschaftlichen Grundlagen seines Fehdegegners versuchte man, ihn zur Anerkennung des eigenen Rechtsstandpunkts zu bewegen. Zu leiden hatte unter dem Fehdewesen daher in erster Linie die ländliche Bevölkerung in den Grundherrschaften.

Auch gegen den König selbst konnten Fehden geführt werden, wenn man sich in seinen Rechten oder seinem Eigentum geschädigt glaubte; ebenso waren Fehden über die Reichsgrenzen hinaus möglich. Eine begriffliche Unterscheidung zwischen Krieg und Fehde läßt sich dabei nicht grundsätzlich, sondern allenfalls im Hinblick auf die Größe der militärischen Aktion treffen.

Während das relativ starke deutsche Königtum bis in die Mitte des 11. Jahrhunderts Auswüchse des Fehdewesens anscheinend verhindern konnte, lebten große Teile Frankreichs in dieser Zeit geradezu in feudaler Anarchie. Durch zahlreiche Fehden wurden nicht nur die Bauern, sondern auch Klöster und Kirchen schwer in Mitleidenschaft gezogen. Unter Federführung der Kirche entwickelte sich hier schon um 1000 die *Gottesfriedensbewegung*: die „Gottesfrieden" sind beschworene Beschlüsse geistlicher und weltlicher Herren, die die Fehde für bestimmte Personen und Orte (*pax Dei*) sowie Zeiten (*treuga Dei*) untersagten oder einschränkten (Q 1). Für Friedensbruch wurden kirchliche Strafen, vor allem die Exkommunikation, angedroht. Die französische Kirche, auch die Cluniazenser, entwickelten besonders an den Wallfahrtsorten mit ihrer nunmehr aufblühenden Reliquienverehrung eine beträchtliche Propagandatätigkeit für den Friedensgedanken. In Einzelfällen wurde sogar eine Art Volksmiliz gegen Friedensbrecher eingesetzt. Dennoch ist der praktische Erfolg der Gottesfrieden gegen den fehdeführenden Adel als gering einzuschätzen.

Die ersten Gottesfrieden im Reich traten spät, bezeichnenderweise erst in der unruhigen Zeit des Investiturstreits auf: 1082 in Lüttich, 1083 in Köln. Hier wurden im Unterschied zu den frühen französischen Gottesfrieden auch weltliche Strafen für Vergehen angedroht und festgesetzt. Im Reich setzte sich jedoch schnell wieder das Königtum an die Spitze der Friedensbewegung. Schon Heinrich III. war von ihr ergriffen; Heinrich IV. erließ 1103 den ersten (weltlichen) *Landfrieden* (Q 2) für das Reich; er war kein Gesetz im modernen Sinn, sondern eine beschworene Einung des Königs mit den Fürsten seiner Partei. Mit diesem Landfrieden beginnt wieder eine Art Verordnungstätigkeit der Zentralgewalt, die seit den Kapitularien der Karolinger praktisch erloschen war. Die zahlreichen späteren königlichen Landfrieden bis zum Reichslandfrieden Friedrichs II. (1235) hatten vor allem die Eindämmung der Ritterfehde und ihrer Begleitumstände zum Ziel; aber selbst einem starken König wie Friedrich I. († 1190) gelang es nicht, die Fehde völlig zu verbieten. Nach 1235 wurden neben dem Friedensbruch auch andere Straftatbestände und Rechtsprobleme in die Landfriedenstexte aufgenommen. Der *Ewige Reichslandfriede* Kaiser Maximilians von 1495 – am Ende des Mittelalters – sollte die endgültige Durchsetzung des allgemeinen Landfriedens bringen. Faktisch gelungen ist dies allerdings erst dem modernen Staat der Neuzeit, der sich auf eine ausgebaute Justiz und auf Polizeiorgane stützen konnte.

Die Gottesfriedensidee verband sich in bemerkenswerter Weise mit der *Kreuzzugsbewegung*. Auf dem französischen Konzil von Clermont (1095) sanktionierte Papst Urban II. einen Gottesfrieden; sehr viel folgenreicher war seine berühmte Rede, in der er dort zum ersten Kreuzzug aufrief. Neben das Verbot der inneren Fehde trat also ergänzend ein Angebot der Kirche an die christliche Ritterschaft, für ein heiliges Ziel zu kämpfen (Q 3). Der Kampf für die bedrängten Christen im Osten war veranlaßt durch einen Hilferuf des byzantinischen Kaisers, dessen Militärmacht in der Schlacht von Mantzikert (1071) von den Seldschuken fast ganz vernichtet worden war; veranlaßt wohl auch durch die Absicht Urbans, das Schisma zwischen der West- und der Ostkirche, das 1054 entstanden war, wieder (im römischen Sinn) zu überwinden.

Aber die mit Clermont einsetzende Kreuzzugsbewegung griff bald weit über die ursprünglichen Intentionen hinaus: sie bestimmte die zwei folgenden Jahrhunderte der Kreuzzüge (1095–1291). Nachdem die 2. Hälfte des 9. und das 10. Jahrhundert durch die Abwehr der Normannen, Ungarn und Sarazenen geprägt war, ging das christlich-lateinische Abendland im 11. Jahrhundert allmählich in die Offensive über (in Spanien und Süditalien) und führte mit den Kreuzzügen seine erste „Fernexpansion" durch. Man kann sie also in der Tradition der Heidenkriege gegen die Muslime, vor allem in Spanien, sehen, die schon längere Zeit von der Kirche gefördert wurden.

Wichtiger für ihre Entstehung war jedoch der Wallfahrtsgedanke; schon seit Jahrhunderten, und im 11. Jahrhundert zunehmend, galt Jerusalem neben Rom und Santiago de Compostela als wichtigstes Ziel für (natürlich unbewaffnete) Pilger. Trotz gelegentlicher Behinderungen durch die Muslime waren solche Pilgerreisen in der Regel möglich. Die Kreuzfahrer fühlten sich also, zumindest anfangs, in erster Linie als bewaffnete Pilger. „Der Kreuzzug war eine konsequente Fortführung der Pilgeridee" (H. E. Mayer). Dazu paßt, daß unser Wort „Kreuzzug" überhaupt erst seit Mitte des 13. Jahrhunderts in den Quellen auftaucht, und auch dann nur selten. Jerusalem mit dem Grab des Herrn trat in der Kreuzzugswerbung als eigentliches Wallfahrtsziel sofort stark in den Vordergrund; für die Zeitgenossen war das Bild Jerusalems von außergewöhnlicher Faszination. In den geographischen Vorstellungen der Zeit war die Stadt der Mittelpunkt der Welt. Manche einfacheren Kreuzfahrer machten darüber hinaus gar keinen Unterschied zwischen dem realen und dem himmlischen Jerusalem, wie es in der Offenbarung des Johannes beschrieben wird. Die Erwartung des baldigen Weltendes unterstützte diese Vorstellungen nachhaltig.

Ein weiteres wichtiges Motiv der Kreuzfahrer war der Lohngedanke des Kreuzzugablasses, der schon in Clermont verkündet wurde. Der Ablaß bedeutete ursprünglich nur den Nachlaß der kirchlichen Bußstrafen, wenn man sich dem Bußwerk einer Kreuzfahrt unterzog. Schnell wurde er aber von den Kreuzzugspredigern zu einem Nachlaß der zeitlichen Sündenstrafen vor Gott, z. B. des Fegefeuers, umgedeutet, ja sogar zu einem Nachlaß der Sündenschuld (*remissio peccatorum*); damit wurde er erst zu einem wirksamen Mittel der Kreuzzugswerbung.

Soziale und wirtschaftliche Gründe waren für die Kreuzzugsbewegung von großer Bedeutung. Dies galt nicht nur für die verarmten und fanatisierten Massen der „irregulären" Kreuzfahrer, die 1096 als erste aufbrachen, sondern auch für die Ritter selbst. Für das französische Mâconnais z. B., aus dem viele Teilnehmer des ersten Kreuzzugs stammten, ist nachgewiesen worden (G. Duby), daß viele der dort ansässigen Ritterfamilien in drückenden Verhältnissen lebten. Die Güter waren durch fortgesetzte Erbteilungen so klein geworden, daß weitere Teilungen nicht mehr möglich waren: nur einer der erbberechtigten Söhne durfte infolgedessen heiraten, alle Geschwister aber bearbeiteten das Gut gemeinsam in der strenggeregelten Form der sogenannten *fraternicia*.

Der Kreuzzug mußte vielfach als Ausweg aus drückenden familiären und wirtschaftlichen Verhältnissen erscheinen, als Hoffnung auf ein besseres Leben und einen sozialen Aufstieg. Dazu kam auch Beute- und Abenteuerlust als zusätzliches individuelles Motiv. Die teilnehmenden großen adligen Herren erhofften sich in der Regel die Gründung eigener Herrschaften.

Die Kreuzzugsbewegung war also durch eine komplexe, meist unentwirrbare Mischung geistlicher und weltlicher Motive und Gründe entstanden; in ihrem Verlauf traten allerdings die materiellen Absichten immer mehr in den Vordergrund.

Am ersten Kreuzzug (1096–99) waren die Könige nicht beteiligt; der deutsche wie der französische König waren im Kirchenbann. Die Teilnehmer waren überwiegend Franzosen – daher wurden später die westlichen Kreuzfahrer von den Bewohnern Syriens und Palästinas meist zusammenfassend als „Franken" bezeichnet. Nach dem Willen des Papstes sollte sein Legat, der Bischof Adhémar von Le Puy, die geistlich-politische Führung innehaben. Der Kreuzzug bestand aus vier, auch untereinander rivalisierenden Heeresabteilungen: Lothringer, Nordfranzosen und Deutsche unter dem Herzog von Niederlothringen, Gottfried v. Bouillon (später dem ersten Herrscher über Jerusalem), Provençalen und Burgunder unter Graf Raimund IV. von Toulouse, nordfranzösische Normannen sowie süditalienische Normannen mit Bohemund von Tarent.

Der erste Kreuzzug war der weitaus erfolgreichste; sein Verlauf kann hier nicht im einzelnen geschildert werden. 1099 wurde Jerusalem erobert, in Syrien und Palästina wurden vier Kreuzfahrerstaaten errichtet: die Grafschaft Edessa, das Fürstentum Antiochien, die Grafschaft Tripolis und – als bedeutendste Herrschaftsbildung – das Königreich Jerusalem. Die enttäuschten Byzantiner konnten allerdings von den Eroberungen des Kriegs kaum profitieren. Noch weniger als sie verstanden die muslimischen Herrscher und Kleinstaaten der Region den Sinn und die Absicht des Kreuzzugs; ihre innere Uneinigkeit konnte von den Kreuzfahrern ausgenützt werden. Schon vor Mitte des 12. Jahrhunderts begann jedoch die allmähliche Rückeroberung der fränkischen Herrschaften durch die Muslime.

Im 12. Jahrhundert waren neben den Heeren der drei Kreuzzüge und den saisonal eintreffenden Kreuzfahrern die im Land verbliebenen „fränkischen" Fürsten und ihre adligen Barone die Hauptstütze der christlichen Herrschaft; im 13. Jahrhundert traten zwei weitere Faktoren auf, die immer mehr an Bedeutung gewannen: die italienischen Seemächte Venedig, Genua und Pisa, die massive Handelsinteressen in den Küstenstädten der Levante verfolgten, sowie die neuen Ritterorden, deren große Burgen die letzten Bollwerke fränkischer Herrschaft im Landesinneren wurden. Die Ritterorden waren im Lauf des 12. Jahrhunderts entstanden, hatten zunächst Aufgaben in der Krankenpflege und im Pilgerschutz versehen, militarisierten sich dann jedoch schnell. Sie vereinigten in sich die zwei großen Ideale ihrer Zeit: das des Ritters und das des Mönches: sie sollten ritterlich kämpfende Mönche sein. Die prinzipiell unvereinbaren Ziele beider Lebensweisen hat zumindest anfangs Kritik auch bei Zeitgenossen gefunden. Ihre militärische Bedeutung machte sie für die

Franken jedoch schnell unverzichtbar. Die drei großen Gemeinschaften waren der Johanniter-, der Templer- und der Deutsche Orden; er war der jüngste und einzige „national" organisierte Ritterorden. Später wurde er für die Geschichte Deutschlands und Ostmitteleuropas von großer Bedeutung. (Kap. 16).

Als 1291 die Franken die letzte, noch lange gehaltene Stadt, Akkon, beim Angriff des mamelukischen Heeres verließen, war die Zeit der Kreuzzüge im engeren Sinn beendet. Die Kreuzzüge hatten sich, auch nach den Maßstäben ihrer eigenen Zeit, letztlich als einziger großer Fehlschlag erwiesen (S. Runciman). Trotz der Ausweitung geographischer Anschauungen und wirtschaftlicher Beziehungen kam es nicht zu einem fruchtbaren Kontakt mit dem Islam, wie etwa in Sizilien oder in Spanien, wo das christliche Europa viele Anregungen und Kenntnisse übernommen hat. Die Kreuzzugsidee selbst, welche die Zeitgenossen und besonders das Rittertum fasziniert und beeinflußt hatte, lebte allerdings noch Jahrhunderte weiter.

Am Beginn des ersten Kreuzzugs war es zu den ersten großen *Judenverfolgungen* im mittelalterlichen Europa gekommen. Sie beendeten eine erste Phase jüdischer Geschichte in den christlichen Ländern, wo Juden als einzige nichtchristliche Gruppe lebten.

Wir wissen von der Existenz einer jüdischen Gemeinde schon im römischen Köln der Spätantike; für das Mittelalter ist uns nach einer langen Überlieferungslücke die Anwesenheit von Juden im östlichen Frankenreich erst aus der Zeit Karls des Großen bezeugt. In den Quellen erscheinen sie vor allem als Fernhändler, mit weiten, bis in den Orient reichenden Geschäftsbeziehungen. Sie waren selbst mit Handelskarawanen, auch mit Schiffen, unterwegs und handelten mit Gewürzen, Medikamenten, Seide und anderen Luxuswaren; sie führten Waffen, Sklaven, Pelze in den Mittelmeerraum aus. Ihre Geschäftspartner waren die fränkische Reichsaristokratie, die hohen Geistlichen, besonders der Königshof selbst, zu dem sie gute Beziehungen unterhielten und von dem sie mit vorteilhaften Kaufmannsprivilegien ausgestattet wurden.

Mit der Entstehung von großen Märkten, Handelsplätzen und Städten besonders an den großen Strömen Rhein, Donau und Elbe, den Haupthandelswegen des Mittelalters, entstanden dort auch jüdische Gemeinden, die nach den religiösen Vorschriften mindestens 10 Männer zählen mußten. Die Juden waren in dieser Zeit persönlich frei und besaßen selbstverständlich das Waffenrecht. Soweit wir wissen, waren sie bis ins 11. Jahrhundert in ihrer Sonderrolle sozial akzeptiert oder sogar gern gesehen, besonders von den Stadtherren (Q 5). Das Zusammenleben mit den Christen ist über Jahrhunderte ohne schwere Konflikte verlaufen, wenn auch in der kirchlichen Gesetzgebung Tendenzen zur Abgrenzung festzustellen sind.

Jetzt aber hatte sich die Situation verändert. Irreguläre Kreuzfahrerhaufen zogen 1096 von Nordfrankreich und Lothringen, wo die ersten Verfolgungen stattfanden, ins Rheinland. „Warum sollen wir erst im Orient die Feinde Christi bekämpfen, die Juden als Feinde und Mörder Christi leben doch mitten unter uns" – das sind die von jüdischen und christlichen Zeitgenossen genannten Motive der Verfolger. Fast immer zusammen mit einem Teil der Stadtbevölkerung fielen sie über die jüdischen Gemeinden her, zwangen sie mindestens zur Finanzierung ihres Kreuzzugs, vor allem aber zur Taufe; da jedoch die meisten Juden die Taufe ablehnten, wurden sie umgebracht, es gab auch Fälle von kollektivem Selbstmord. In Mainz, wo die schlimmsten Verfolgungen tobten, sollen etwa 1 000 Juden ermordet worden sein. Einigen Stadtherren, wie dem Bischof von Speyer, gelang es, einen Teil der Juden zu schützen.

Die Gründe und Voraussetzungen für die ersten Verfolgungen sind vielfältig; die Abwesenheit des Kaisers in Italien, der Gegensatz zwischen judenfreundlichen Stadtherren und den aufbegehrenden Stadtbürgern, die politisch unsichere Lage im Kampf zwischen Papst und Kaiser wirkten sich zum Nachteil der Juden aus. Dazu kommen die verschiedenen Voraussetzungen und Gründe der Kreuzzugsbewegung wie die unterschiedlichen Motive der Kreuzfahrer. Zu dem offenbar schon latent bestehenden wirtschaftlich begründeten Neid, den die ärmeren und sozial schwächeren Bevölkerungsgruppen innerhalb und außerhalb der Städte hegten, kam jetzt durch die Kreuzzugsidee die ideologische Rechtfertigung für einen Angriff auf die relativ wehrlosen Juden hinzu. Auch wenn die offizielle Kirche die Ausschreitungen nie gebilligt hat, so hat sie mit ihrer Definition der Juden als Christus- und Gottesmörder und ihrer schon seit der Spätantike verfolgten Neigung, die Rechte der Juden zu beschneiden, jetzt in der Zeit ihrer Machtentfaltung diese folgenschweren Wirkungen ausgelöst. Inwieweit noch andere psychologische Mechanismen (Sündenbockfunktion einer Minderheit) bereits eine Rolle spielten, muß bei der Quellenlage Vermutung bleiben.

Im Hintergrund der Judenverfolgungen stand wohl auch die Tendenz, sie aus ihrer Fernhandelsfunktion zu verdrängen (W. J. Cahnmann); im 11. Jahrhundert treten neben den Fernhandel der Geldhandel und das Kreditgeschäft und werden im 12. und 13. Jahrhundert zur wichtigsten wirtschaftlichen Tätigkeit der jüdischen Minderheit. Nach der Verdrängung aus dem Fernhandel durch christliche Kaufleute finden sie damit eine neue ökonomische Nische, in die sie durch das jetzt nachdrücklich betonte kirchliche Zinsverbot für Christen geradezu hineingedrängt werden.

Die Lage der Juden stabilisierte sich in Deutschland im 12. Jahrhundert wieder, vor allem durch den effektiveren Schutz des Königs, der die Juden 1103 in den Landfriedensschutz aufnahm (Q 2). Beim 2. Kreuzzug sind nur wenige, beim 3. keine Verfolgungen bekannt, dagegen wissen wir aus dieser Zeit von schweren Pogromen in Frankreich und England. Die Situation sollte sich freilich im 13. Jahrhundert und im Spätmittelalter weiter verschlechtern: die besonders von der Kirche geforderte Abgrenzung der Christen von den Juden machte Fortschritte. 1215 wurde z. B. von Papst Innozenz III. eine erste Kleidervorschrift für Juden erlassen. Im weltlichen Recht, im berühmten Rechtsbuch des Sachsenspiegels aus der ersten Hälfte des 13. Jahrhunderts, blieben sie zwar im Prinzip gleichberechtigt und wurden nicht diskriminiert; dennoch wurden sie jetzt als königliche „Kammerknechte" (*servi camere*) bezeichnet. Der König gewährte ihnen Schutz gegen Geldzahlungen. Die Abhängigkeit der Juden nahm mit der wachsenden Bedrohung zu, ihre Freizügigkeit und ihr Waffenrecht gingen damit langsam verloren. Das Judenregal, d. h. das Recht, abgabepflichtige Juden zu „besitzen", wurde im Spätmittelalter vielfach wiederum an Fürsten und Städte weitergegeben, die die Juden teilweise privilegierten, um sie dann jedoch, ebenso wie der König, finanziell auszubeuten.

Quellen

Q 1 Gottesfriede

Der Zisterzienser Aegidius von Orval, ein Geschichtsschreiber des Bistums Lüttich, berichtet über die Einsetzung des ersten Gottesfriedens im Reich durch Bischof Heinrich I. v. Lüttich (1082):

Bis in die Zeit seines Episkopats kamen so viele Seelen in seiner Diözese um, daß die unersättliche Hölle sie kaum hätte alle fassen können, wenn sie nicht ihren Rachen weit geöffnet hätte. Denn das Land war mit dem Blut der Erschlagenen überströmt, ein Land ohne Lenker, ein Land ohne Ordnung. Daher fürchtete man, es wäre verflucht, denn es steht geschrieben: Verflucht ist das Haus ohne Ordnung. Aber da ihnen die Zügel der Disziplin fehlten, begingen sie offen nicht nur Totschlag an vielen Menschen, sondern auch Brandstiftung, ständige Plünderungen und Raub, so daß viele aus großem Wohlstand zur Bedürftigkeit, ja bis zur Bettelarmut absanken. Schließlich wurden diejenigen, die in Gefangenschaft ihrer Feinde gerieten, so grausam gefoltert, daß ihnen der Tod lieber als das Leben war; von den Heiden wären sie menschlicher behandelt worden. Dieser Wahnsinn tobte am meisten um Weihnachten und in der nahenden Fastenzeit. Daher hielt Bischof Heinrich, von großem Schmerz bewegt, häufige Besprechungen ab und versuchte viel, damit die Fürsten des Landes ein Gesetz erließen: aus Furcht vor diesem sollten die Morde und die anderen unerträglichen Übel zurückgehen. Deswegen setzte er mit großer Mühe und mit hohen Kosten einen Frieden ein, der im Bistum gehalten werden sollte und zwar auch mit Zustimmung des Herrn Papstes, des Kaisers Heinrich und folgender Fürsten: der Graf von Namur und sein Bruder Heinrich, der Pfalzgraf, der Markgraf, Graf Conrad, Graf Heinrich von Limburg, Graf Heinrich von Laach, Graf Arnulf von Los, der Graf von Löwen, Graf Cono von Horri. Auf deren gemeinsamen Wunsch, Rat und Willen ist beschlossen worden, daß vom ersten Tag des Advents bis Epiphanias und von der Vorfastenzeit bis zur Pfingstwoche innerhalb des Bistums Lüttich niemand Waffen tragen darf, es sei denn, er verlasse das Bistum oder kehre von außerhalb nachhause zurück. Niemand darf Brandanschläge, Plünderungen und feindliche Angriffe machen, niemand darf mit der Faust oder dem Schwert oder einer anderen Waffe bis zur Verletzung oder Tötung gegen jemand vorgehen. Verstößt ein Freier gegen diesen Beschluß, verliert er sein Erbe, geht seines Lehens verlustig und wird aus dem Bistum ausgewiesen. Ein Unfreier oder ein Eigenmann der Kirche verliert alles, was er hat und seine rechte Hand ... Der Friede soll beachtet werden von der Morgenröte des Samstags an bis zum Montagabend, an allen Festtagen dieses Bistums und der allgemeinen Kirche, besonders am Fest des hl. Lambert und an Kirchweih, bei diesen Festen auch zwei Tage vorher und nachher wegen Anreise und Rückkehr [der Festbesucher] ... Wenn jemand diesen Frieden verletzt, verfällt er der Exkommunikation.

(MGH SS 25, S. 89 f.)

Q 2 Erster königlicher Landfriede

Den Landfriedenseinungen seiner fürstlichen Gegner setzte Heinrich IV. den 1. königlichen Landfrieden entgegen. Anlaß für dieses beschworene Friedensgebot, das kein Gesetz im modernen Sinn war, war der Plan des Kaisers, eine Wallfahrt nach Jerusalem zu unternehmen.

Im Jahr der göttlichen Fleischwerdung 1103. Kaiser Heinrich setzte in Mainz den Frieden ein und bekräftigte ihn mit eigener

Hand, und die Erzbischöfe und Bischöfe bekräftigten ihn mit eigenen Händen. Der Sohn des Königs beschwor ihn und die Fürsten des ganzen Reiches, Herzöge, Markgrafen, Grafen und viele andere. Herzog Welf und Herzog Bertold und Herzog Friedrich beschworen diesen Frieden bis Pfingsten und von dortan auf 4 Jahre; sie schworen, sage ich, Frieden den Kirchen, den Klerikern, den Mönchen und folgenden Laien: den Kaufleuten, den Frauen, daß sie nicht mit Gewalt geraubt würden, den Juden. Der Schwur lautete: Niemand darf das Haus eines anderen feindlich betreten oder durch Brand verwüsten, niemand darf jemanden wegen Geld gefangensetzen, noch verletzen, noch schlagen, noch töten. Wenn das jemand tut, soll er Augen oder Hand verlieren. Wenn ihn jemand verteidigt, erleidet er die selbe Strafe. Wenn er in eine Befestigung flieht, soll sie drei Tage belagert und dann von den Schwurbrüdern zerstört werden. Wenn einer dem Gerichtsurteil entflieht und ein Lehen hat, soll ihm dies sein Lehensherr wegnehmen, sein Eigengut sollen seine Verwandten erhalten. Wenn einer einen Diebstahl begeht im Wert von 5 Schilling oder mehr, soll er Augen oder Hand verlieren. Wenn er einen Diebstahl in geringerem Wert begeht, soll er Haare verlieren, verprügelt werden und das Diebesgut zurückgeben; wer aber einen solchen Diebstahl oder Raub zum dritten Mal begeht, soll Augen oder Hand verlieren. Wenn dir auf offenem Weg dein Feind begegnet, darfst du ihm schaden, wenn du kannst; wenn er aber in ein Haus oder in einen Hof flieht, soll er unverletzt bleiben. – Dieser Schwur soll den Freunden des Königs als Schild dienen, seinen Feinden aber keineswegs nützen.

(MGH Constit. 1, Nr. 74, S. 125 f.)

Q 3 Friede und Kreuzzug

Die beiden ersten Canones der offiziellen Beschlüsse des Konzils von Clermont, 1095:

1. Es ist beschlossen worden, daß an jedem Tag Mönche, Kleriker und Frauen, und alle, die mit jenen zusammen sind, im Frieden bleiben sollen; an drei Tagen aber, Montag bis

Mittwoch, werden Angriffe nicht als Friedensbruch gezählt; wenn jemand aber an den anderen vier Tagen jemandem ein Unrecht zufügt, ist er des Bruchs des heiligen Friedens schuldig und wird nach dem Urteil bestraft.

2. Wer immer aus reiner Frömmigkeit, nicht um Ruhm oder Geld zu erringen, nach Jerusalem ziehen wird, um die Kirche Gottes zu befreien, dessen Fahrt ersetzt alle kirchlichen Bußstrafen.

(J. D. Mansi, Sacrorum conciliorum collectio 20, 1775, Sp. 816).

Q 4 Kreuzzugskritik

Nach dem erfolglosen zweiten Kreuzzug schrieb ein Würzburger Annalist:

A. D. 1147. Gott hat zugelassen, daß die westliche Kirche wegen ihrer Sünden geschlagen wurde. Denn es erschienen lügenhafte Propheten, Söhne des Teufels, Zeugen des Antichrist, welche die Christen mit nichtigen Worten verführten und alle mit ihren leeren Predigten dazu brachten, für die Befreiung Jerusalems gegen die Sarazenen zu ziehen. Ihre Predigt war so wirksam, daß sich fast alle Bewohner der verschiedenen Landschaften wie mit einem einhelligen Gelübde dem gemeinsamen Untergang weihten. Nicht nur Männer aus dem Volk, sondern auch Könige, Herzöge, Markgrafen und die übrigen Herren dieser Welt stürzten sich, im Glauben, Gott gehorsam zu sein, in ungeheure Gefahr für Seele und Leib, und die Bischöfe, Erzbischöfe, Äbte, die übrigen Kirchenleute und Prälaten beteiligten sich an diesem Irrtum. Kein Wunder; denn der Herr Eugen, der römische Papst, schrieb, ich weiß nicht, durch welchen unbekannten Anlaß bewogen, auf Drängen des Abtes Bernhard von Clairvaux, dem frommen römischen Herrscher Konrad und dem ganzen Reich, auch den Königen Frankreichs und Englands und allen Königen christlichen Glaubens und christlicher Religion sowie ihren Vornehmen und Untergebenen, sie sollten für diesen Zug bereit sein; allen, die sich freiwillig dieser Aufgabe unterzogen, gab und versprach er auf Grund seiner ihm von Gott verliehenen apostolischen Autorität den Nachlaß der Sünden. Zeugnisse des päpstlichen Aufrufs sind die Briefe, die in verschiedenen Ländern und Provinzen hin und her geschickt wurden und in vielen Kirchen als Zeichen des angesagten Zuges sorgfältig aufbewahrt wurden. Es zogen also ohne Unterscheidung Menschen beiderlei Geschlechts los, Männer mit Frauen, Arme mit Reichen, Fürsten und Adlige aus verschiedenen Reichen mit ihren Königen, Kleriker, Mönche mit Bischöfen und Äbten. Schließlich wurde sogar Ludwig, der König Frankreichs, Reisebegleiter und Gefährte des römischen Herrschers Konrad. Jeder verband mit dem Zug andere Absichten: die einen zogen aus Neugierde mit, um neue Länder kennenzulernen; andere, von Not gezwungen oder weil ihnen zuhause alles zu eng geworden war, zogen nicht nur gegen die Feinde des Kreuzes Christi, sondern auch gegen Freunde des christlichen Namens, wo es ihnen eben zu kämpfen paßte, um ihre Armut zu erleichtern. Andere waren von Schulden bedrückt oder sannen darauf, dem geschuldeten Dienst für ihre Herren zu entkommen oder sie erwarteten die verdienten Strafen für ihre Verbrechen – sie täuschten den Eifer für Gott nur vor und zogen eher deswegen los, um die Last dieser Sorgen loszuwerden. Kaum fand man einige, die ihre Knie nicht vor Baal beugten, die eine heilige und heilbringende Absicht beseelte und die, von der Liebe zur göttlichen Majestät entzündet, bis zum Blutvergießen für das Heiligste kämpften. Aber die weitere Erörterung dieser Dinge überlassen wir Gott, der in die Herzen sieht, und fügen nur noch hinzu, daß Gott die Seinen kennt. Was also weiter? Alle brechen zu dem Ort auf, wo die Füße Jesu Christi standen, bezeichnen ihre Kleidung mit dem Kreuzeszeichen, was nicht verwerflich, aber doch anmaßend war. Die Juden, die sie auf ihrem Weg antrafen, zwingen sie zur Taufe, die Widerstrebenden bringen sie unverzüglich um.

(MGH SS 16, S. 3)

Q 5 Judenprivileg

Das Privileg des Bischofs und Stadtherrn Rüdiger von Speyer für die dortigen Juden von 1084 ist einerseits ein

Beleg für die Wertschätzung der Juden, enthält aber bereits Anzeichen für eine mögliche Gefährdung ihrer Stellung.

Als ich aus dem Dorf Speyer eine Stadt machte, glaubte ich das Ansehen des Ortes tausendfach zu erhöhen, wenn ich auch Juden dazu heranzöge. Ich habe sie außerhalb der Gemeinschaft und Wohnung der übrigen Bürger angesiedelt und habe ihre Wohnsitze mit einer Mauer umgeben, damit sie nicht von der Unverschämtheit des Pöbels gestört werden könnten. Ihren Siedelplatz, den ich rechtmäßig erworben habe – die Anhöhe teils mit Geld, teils durch Tausch, das Tal aber als Geschenk der Erbengemeinschaft – jenen Platz also habe ich ihnen unter der Bedingung überlassen, daß sie jährlich 3 ½ Pfund Speyerer Münze zum gemeinsamen Gebrauch der Brüder bezahlen. Sie dürfen in ihrem Viertel und von dort außerhalb bis zum Schiffshafen frei Gold und Silber tauschen, alles, was sie wollen, kaufen und verkaufen; und dieselbe Erlaubnis habe ich ihnen im ganzen Stadtgebiet gegeben. Aus Kirchenbesitz habe ich ihnen außerdem einen Begräbnisplatz mit Erbrecht gegeben. Außerdem braucht kein Jude, der sich bei ihnen als Gast aufhält, irgendeinen Zoll zahlen. Wie der Stadtrichter unter den Bürgern, so soll der Archisynagoge jeden Streit, der zwischen ihnen oder gegen sie geführt wird, schlichten. Wenn er ihn nicht beenden kann, kommt die Rechtssache vor den Bischof der Stadt oder seinen Kämmerer. Nachtwachen, Schutz und Unterhalt der Mauern brauchen sie nur in ihrem Wohnviertel wahrzunehmen, die Schutzmaßnahmen aber zusammen mit unseren Ministerialen. Ammen und Angestellte von den Unsrigen dürfen sie frei haben. Fleisch, das ihnen nach ihren religiösen Regeln verboten ist, dürfen sie frei den Christen verkaufen, diese dürfen es frei kaufen. Als Gipfel meines Wohlwollens habe ich ihnen das beste Recht gewährt, welches das Judenvolk in irgendeiner Stadt des deutschen Reiches besitzt.

(Remling, Urkundenbuch zur Gesch. der Bischöfe v. Speyer I, 1852, S. 57 f.)

Fragen, Probleme und Anregungen

1) Welchen Stellenwert besitzt die Fehde in der mittelalterlichen Verfassung?
2) Voraussetzungen, Motive und Gründe der Kreuzzugsbewegung.
3) Welche Argumente führt die zeitgenössische Kreuzzugskritik (*Q 4*) an, und wie unterscheidet sie sich von der modernen Sicht?
4) Welche Faktoren führten zu den ersten mittelalterlichen Judenverfolgungen?

Wichtige Daten

1103	Erster kgl. Landfriede Heinrichs IV.
1495	„Ewiger" Landfriede Maximilians
1095−1291	Zeitalter der Kreuzzüge
1096	Die ersten Judenverfolgungen des Mittelalters
1099	Erster Kreuzzug: Eroberung Jerusalems

Wichtige Begriffe

Fehdewesen	Blutrache
Ritterfehde	Gottesfriede
Landfriede	Kammerknechtschaft

Literaturhinweise

Fehde und Friede

O. Brunner, Land und Herrschaft. Grundfragen der territorialen Verfassungsgesch. Österreichs im MA, 1965[5].

J. Gernhuber, Die Landfriedensbewegung in Deutschland bis zum Mainzer Reichslandfrieden von 1235, 1952.

H. Hoffmann, Gottesfriede und Treuga Dei, 1964 (Schriften der MGH 20).

E. Kaufmann, Fehde. In: HRG Bd. 1 (1971), Sp. 1083−93.

F. Graus, Gewalt und Recht im Verständnis des MAs, 1974 (Basler Beiträge zur Geschichtswiss. 134).

H. Angermaier, Landfriedenspolitik und Landfriedensgesetzgebung unter den Staufern. In: Vorträge u. Forschungen 16 (1974), 167−186.

H. Beck/ H. Böttcher, Blutrache. In: RLGA Bd. 3 (1978), 81−101.

E. Kaufmann, Landfriede. In: HRG Bd. 2 (1978), Sp. 1451−65.

R. Kaiser, Selbsthilfe und Gewaltmonopol. Königl. Friedenswahrung in Deutschland u. Frankreich im MA. Frühmittelalterl. Studien 17 (1983), 55−72.

H.-W. Goetz, Der Kölner Gottesfriede von 1083. Beobachtungen über Anfänge, Tradition u. Eigenart der dt. Gottesfriedensbewegung. Jb. des Kölnischen Geschichtsvereins 55 (1984), 39−76.

Kreuzzüge

C. Erdmann, Die Entstehung des Kreuzzugsgedankens, 1935.

S. Runciman, Geschichte der Kreuzzüge, 3 Bde., 1957−60.

J. Prawer, Histoire du royaume latin de Jerusalem, 2 Bde., 1969/70.

M. W. Baldwin, Crusades. In: Encyclopaedia Britannica, 1974, 297−310.

H. E. Mayer, Geschichte der Kreuzzüge, 1985[6].

K. Forstreuter, Der Deutsche Orden am Mittelmeer, 1967.

M. L. Favreau, Studien zur Frühgeschichte des Dt. Ordens, Diss. Kiel 1972.

Die geistlichen Ritterorden Europas, hg. v. J. Fleckenstein u. M. Hellmann, 1980 (Vorträge u. Forschungen 26).

R. J. Lilie, Byzanz und die Kreuzfahrerstaaten (1096−1204), 1981.

Juden

G. Caro, Sozial- und Wirtschaftsgeschichte der Juden im MA und der Neuzeit, Bd. 1, 1908.

Germania Judaica, Bd. 1 (bis 1238), 1934; Bd. 2 (bis Mitte 14. Jh.), 1968; Bd. 3, 1 (bis 1519), 1987. [Gesch. der städtischen Judengemeinden in Deutschld.]

E. L. Dietrich, Das Judentum im Zeitalter der Kreuzzüge. Saeculum 3 (1952), 94−131.

B. Blumenkranz, Juden und Judentum in der mittelalterl. Kunst, 1965.

W. J. Cahnmann, Wirtschaftliche u. gesellschaftl. Ursachen der Judenfeindschaft. In: Judentum. Schicksal, Wesen und Gegenwart, hg. v. F. Böhm u. W. Dirks, Bd. 2, 1965, 632−679.

J. A. Agus, The Heroic Age of Franco-German Jewry, 1969 [10. u. 11. Jh.]

S. W. Baron, A Social and Religious History of the Jews, 15 Bde., 1952−73^2 [MA: Bd. 3−13. Grundlegend.]

G. Kisch, Forschungen zur Rechts- und Sozialgesch. der Juden in Deutschland während des MAs, 1978^2.

H. H. Ben-Sasson, Geschichte des jüdischen Volkes, Bd. 2 (7.−17. Jh.), 1979.

13. Das Reich der Staufer

Heinrich V. starb 1125 als letzter salischer König ohne Nachkommen; der Wahl seines Nachfolgers mußte besondere Bedeutung zukommen. Sie fiel nicht auf den Staufer Herzog Friedrich II. von Schwaben, der als Schwager des verstorbenen Königs der erbrechtlich nächste Kandidat war, sondern auf Herzog Lothar von Sachsen. Ausschlaggebend dafür war das Votum des Bayernherzogs Heinrichs des Schwarzen aus der Familie der Welfen, dessen Sohn Heinrich der Stolze später die Tochter Lothars, sein einziges Kind, heiratete. In den Vorgängen bei der Wahl Lothars ist ein Hauptanlaß für die Rivalität und Gegnerschaft der Staufer und der Welfen im 12. Jahrhundert zu sehen. Während die Staufer im Dienst für das salische Königshaus erst 1079 zum schwäbischen Herzogtum aufgestiegen waren, besaßen die Welfen ohne „Königsnähe" durch ihren reichen Besitz in Oberschwaben, Sachsen und Italien schon vorher eine bedeutende Macht.

Lothar III. (1125–37) überwand nach langen Auseinandersetzungen das Gegenkönigtum des Staufers Konrad und baute die königliche Position in Deutschland erfolgreich aus. Mit großer Energie betrieb er die Erschließung der an Sachsen angrenzenden nördlichen und östlichen Gebiete. Dort setzte er die Grafenfamilien der Schauenburger, Askanier und Wettiner ein, die zu den bestimmenden Dynastenhäusern der Region werden sollten. Zu Lothars Regierungszeit begann die deutsche Siedlungstätigkeit östlich der Elbe. Auf seiner ersten Italienfahrt ließ sich Lothar zum Kaiser krönen und fand mit dem Papst einen Kompromiß über das Eigentum an den sogenannten mathildischen Gütern in der Toscana, auf die Königtum wie Kurie Anspruch erhoben.

Lothar hatte seinen welfischen Schwiegersohn zum Nachfolger ausersehen und ihm kurz vor seinem Tod das Herzogtum Sachsen übertragen; aber wieder siegte das freie Wahlrecht, auch das größere Geschick des Staufers Konrad bei den Wahlabsprachen. Er wurde von einer Min-

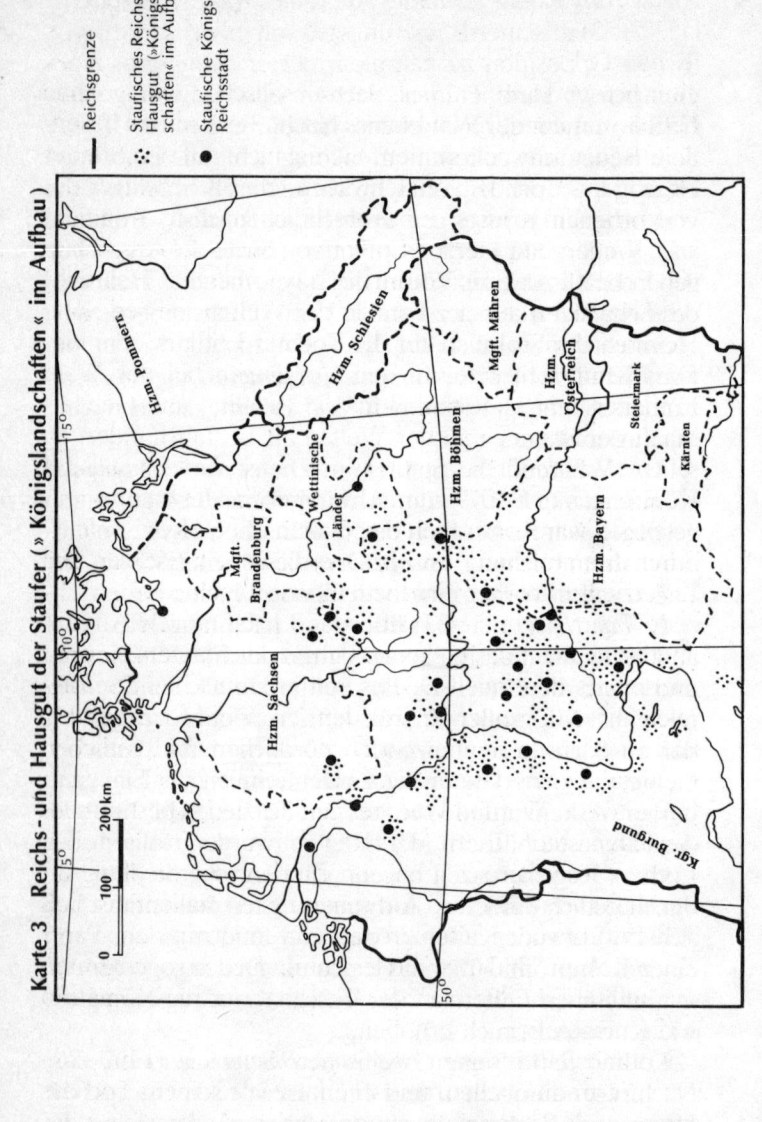

Karte 3 Reichs- und Hausgut der Staufer (»Königslandschaften« im Aufbau)

derheit der Fürsten und mit Hilfe eines päpstlichen Legaten zuerst zum König gewählt. Allerdings hatte *Konrad III.* (1137-52) in seiner Regierungszeit mit einer starken welfischen Opposition zu kämpfen, der er wenigstens eines ihrer beiden Herzogtümer, Sachsen oder Bayern, zu entziehen versuchte. Doch ebensowenig wie Lothar III. war Konrad ein schwacher „Pfaffenkönig", wie die Forschung lange meinte, die beide zu Unrecht an der Machtentfaltung Friedrich Barbarossas gemessen hatte. Konrad wird heute als Wegbereiter seines Neffen Friedrich gesehen (O. Engels). Anknüpfend an die Salier, baute er die königliche Kanzlei zu einer zentralen Verwaltungsbehörde aus; ebenso nahm er auch die Königslandpolitik wieder auf Das Hauptproblem des neuen staufischen Königtums war, vergleicht man es mit seinen Vorgängern, die schmalere Machtgrundlage.

Am zweiten Kreuzzug (1147-49), der als Reaktion auf die Eroberung Edessas durch die Muslime (1144) erfolgte, beteiligte sich Konrad mit einem deutschen Heer. Eigentlicher Initiator und Propagator dieses Zuges war der Zisterzienserabt Bernhard von Clairvaux, eine beherrschende Figur der ersten Hälfte des 12. Jahrhunderts. Der Kreuzzug endete erfolglos und unglücklich; höchstens ein Viertel des deutschen Heeres kehrte zurück. Ein Seitenzweig dieses Orientzuges war der „Wendenkreuzzug" vor allem sächsischer, aber auch polnischer und dänischer Kreuzfahrer in das angrenzende Gebiet der Elb- und Oderslawen. Während die meisten Fürsten und der Adel danach strebten, ihren Machtbereich zu vergrößern oder eigene Grundherrschaften zu gründen, wurde das von Bernhard von Clairvaux formulierte Ziel, die heidnischen Stämme entweder zu taufen oder zu vernichten, schon von Zeitgenossen als Vorwand erkannt. Der missionarische wie militärische Erfolg des Wendenkreuzzugs wird als gering angesehen.

Konrads Nachfolger *Friedrich I. Barbarossa* (1152-90) galt der traditionellen deutschen Geschichtswissenschaft geradezu als Prototyp des unermüdlich und aufrecht für die Rechte des Reiches kämpfenden staufischen Herrschers, als ideale Verkörperung der alten Kaiserherrlichkeit. Nach dem Zweiten Weltkrieg sahen einige Historiker (F. Heer, G. Barraclough) einen rückwärtsgewandten Politiker in ihm, doch wird heute stärker auf seine politische Flexibilität und auf neue und zukunftsweisende Züge seiner Herrschaft verwiesen.

Voraussetzung für eine aktive Politik mußte für Friedrich ein Ausgleich mit den Welfen sein. Daß Friedrichs Mutter eine Welfin war, erleichterte dieser Familie wohl die Zustimmung zu seiner Wahl. Außerdem hatte Friedrich welfischen Parteigängern Wahlversprechen gemacht und Heinrich dem Löwen, dem Hauptvertreter der Welfen, vermutlich die Rückgabe des Herzogtums Bayern versprochen. Aber erst 1156 kam es dazu: der bisherige Bayernherzog Heinrich Jasomirgott aus der einflußreichen Babenbergerfamilie erhielt als Kompensation für den Verlust die bisherige Mark Österreich, die, von Bayern nun getrennt, zum Herzogtum erhoben wurde. Das neue österreichische Herzogspaar wurde im *Privilegium minus* mit außergewöhnlichen Vorrechten ausgestattet (Q 1). Dieser Vorgang ist auch noch in anderer Hinsicht bemerkenswert: er setzt eine Tendenz fort, die seit dem Ende des 11. Jahrhunderts zu beobachten ist und von Friedrich I. nun forciert wurde: die Auflösung der alten Stammesherzogtümer und die Entstehung kleinerer neuer Herzogtümer, womit ein allmählicher Übergang der Herrschaftsstruktur vom *Personenverbandsstaat* zum *territorialen Flächenstaat* verbunden ist. Der König glaubte, die kleineren Einheiten leichter in seinem Sinne handhaben zu können.

Da Friedrich in Deutschland allgemein anerkannt war, konnte er dem Papst gegenüber selbstbewußt auftreten; insofern kann von einer „neuen Politik" des Königs gesprochen werden (P. Rassow). Im bilateralen Konstanzer Vertrag (1153) vereinbarten der Kandidat auf die Kaiserkrone und der Papst politische Grundsätze, die dem Papst Schutz gegen die aufsässigen Römer und die Normannen, dem König die Kaiserkrone und die volle päpstliche Unterstützung für seine Regierung gewähren sollten.

Die intensive *Italienpolitik* wurde zu einem zentralen Thema der Regierung Friedrichs I. Er zog sechsmal nach

Italien und verbrachte fast 16 seiner 38 Regierungsjahre in diesem Land, um wirkliche oder angebliche Rechte des Reiches wiederzugewinnen. Sein Fernziel war es wohl, in Reichsitalien ein königlich beherrschtes Territorium aufzubauen, um die eingeschränkten deutschen Machtgrundlagen des Königtums auszugleichen. Die natürlichen Gegner dieser Politik mußten die lombardischen Städte und das Papsttum sein. Die Städte Norditaliens waren in den letzten Jahrzehnten seit dem Investiturstreit von wesentlichen Eingriffen des Königs verschont geblieben. Nicht zuletzt durch den verstärkten Orienthandel wirtschaftlich reich und politisch selbstbewußt geworden, hatten sie einen bedeutenden Entwicklungsvorsprung vor den deutschen Städten. Im Kernraum der Lombardei waren von ihnen alle großen feudalen Herrschaften ausgeschaltet und eigene Stadt-Staaten ausgebildet worden. Die Städte waren allerdings untereinander zerstritten, was dem König zunächst das Eingreifen erleichterte. Im Prinzip anerkannten sie zwar alle eine Oberherrschaft des Königtums als Schlichtungsinstanz, waren aber nur zu eingeschränkten, nicht zu dauerhaften finanziellen Leistungen bereit und wollten sich vor allem keine Eingriffe in ihre bürgerliche Autonomie gefallen lassen. Dagegen stellte Friedrich I. während des 2. Italienzuges auf dem Reichstag zu Roncaglia in der Lombardei (1158) eine Liste der „Regalien" auf, d. h. der wirtschaftlich nutzbaren königlichen Hoheitsrechte, die ihm zurückgegeben werden sollten, sofern sie nicht rechtmäßig in den Besitz der Städte gekommen waren. (Q 2). Der Kaiser sollte die einzige Quelle der Herrschaftsgewalt sein, die sich in den Regalien manifestierte. Ihr Jahresertrag wurde von Zeitgenossen auf 30 000 Pfund Silber geschätzt (zum Vergleich mag die jährliche Summe von 7 100 Mark Silber dienen, die der staufische König fast 100 Jahre später von den königlichen Städten und anderen Besitzungen in Deutschland erhielt, wobei 1 Mark etwa 2/3 Pfund entsprachen). Die widerstrebenden Städte, allen voran das mächtige Mailand und seine Klientel, wurden von Friedrich geächtet und angegriffen. Die Belagerung und Eroberung der festen Städte bereitete den Ritterheeren allerdings große Schwierigkeiten: erst 1162 wurde Mailand erobert; und dem Erdboden gleichgemacht. Seine Einwohner wurden in Dörfer umgesiedelt.

Das massive Eingreifen Friedrichs in Italien war der tiefste Grund des neuen Konflikts mit dem Papsttum. Als sich die Normannen, gegen die der König (entgegen dem Konstanzer Vertrag) nichts unternahm, in Süditalien militärisch gegen Byzanz durchsetzten, orientierte sich die päpstliche Politik um: im Vertrag von Benevent (1156) einigte sich Papst Hadrian IV. mit dem normannischen Reich und verließ damit endgültig den Boden des Konstanzer Vertrags.

Mit der Doppelwahl von 1159 brach ein 18jähriges Papstschisma aus; die Kaisergegner unter den Kardinälen wählten Alexander III., die kaiserfreundliche Partei Viktor IV. Die Bemühungen Friedrichs, seinem Papst die Anerkennung Europas zu verschaffen, blieben außerhalb der Reichskirche ohne großen Erfolg. Der Kaiser suchte gegen Alexander III. und die oppositionellen Städte der Lombardei eine militärische Entscheidung zu erzwingen. Die Katastrophe des deutschen Heeres vor Rom durch eine Malariaseuche (1167) leitete aber eine Wende ein. Neben vielen anderen Fürsten war auch Friedrichs Kanzler Rainald von Dassel gestorben, der für die harte politische Linie mitverantwortlich war. In den Jahren danach setzte Barbarossa mehr auf Verhandlungen und nahm seine Maximalforderungen stufenweise zurück. Mit diplomatischem Geschick gelang es ihm schließlich, seine Hauptgegner zu trennen. Im Frieden von Venedig (1177) erkannte er Alexander III. als Papst an, aber die Regelung mit den lombardischen Städten wurde zurückgestellt. Auch sollte der König für 15 Jahre im Besitz der umstrittenen mathildischen Güter bleiben. Im Konstanzer Frieden mit den Städten (1183) erkannte der Kaiser den Lombardenbund an, gab auch die drückende ronkalische Regalienregelung gegen Abschlagszahlungen auf, wahrte jedoch seine Oberherrschaft.

In Deutschland betrieb Friedrich eine konsequente Erwerbs- und Ausbaupolitik: Gütertausch und Güterkauf, Inbesitznahme „heimgefallener" Lehen, Ausbau verschiedenster Herrschaftsrechte, Stadtgründungen, Förderung der Münzstätten, die sich in seiner Zeit vervielfachten, schließlich ausgedehnte Rodungen im mitteldeutschen Raum – alles diente dem Ziel, ein Königsterritorium zu schaffen, das etwa der Krondomäne des französischen Königs zu vergleichen gewesen wäre. In Umrissen wurde dieses Königsland bereits sichtbar: am Oberrhein und Mittelrhein, im schwäbischen Herzogtum, in Franken, besonders um Nürnberg, im mitteldeutsch-thüringischen Raum mit den Reichsburgen Altenburg und Eger, mit Ausläufern bis in den nördlichen Harz (Goslar). Diese breite staufische „Barriere" besaß allerdings kein Zentrum, keine Residenz, und war noch längst kein geschlossenes Territorium.

Die Königslandpolitik wurde personell von der Ministerialität getragen. Einzelne Reichsdienstmannen stiegen sogar zu großer Macht auf: der Ministeriale Werner von Bolanden etwa soll über 1 000 Ritter in seinem Dienst und 17 Burgen zu seiner Verfügung gehabt haben. Der schon von Heinrich IV. begonnene *Burgenbau* war wohl überhaupt das wichtigste Mittel zur herrschaftlichen Erfassung einer Landschaft. Aber die Errichtung der neuartigen, meist auf Höhen gelegenen, Wohn- und Wehrzwecken zugleich dienenden Burgen war nicht auf das Königshaus beschränkt. Für Südwestdeutschland ist festgestellt worden (H. M. Maurer), daß im späten 11. und im 12. Jahrhundert neben dem König und den Herzögen auch die Grafen Burgen bauten, obwohl das Befestigungsrecht theoretisch damals und noch im Spätmittelalter beim König blieb, der natürlich Baulizenzen vergeben konnte. Im 13. Jahrhundert errichteten auch die übrigen adligen Herren und die Ministerialen eigene Burgen. Die „hochmittelalterliche Adelsburg" (ihre Zahl wird allein für Deutschland auf über 25 000 geschätzt) entsprach einem neuen – dynastischen – Selbstverständnis des Adels und beförderte dieses. Mit den Burgen gewannen sie Mittelpunkte ihrer Herrschaft und nannten sich mit Stolz nach ihnen. Von ihren Grundholden, in deren Nähe sie vorher in allenfalls leicht befestigten Herrenhöfen gelebt hatten, entfernten sie sich auch topographisch und dokumentierten durch die Höhenburgen ihre soziale „Höherstellung".

Ähnlich wie der König bauten auch die Fürsten ihre territorialen Stellungen aus. Besonders erfolgreich war *Heinrich der Löwe*. Der bayrisch-sächsische Doppelherzog hatte im Nordosten des Reichs eine fast königsgleiche Stellung errungen, sich allerdings mit den sächsischen Fürsten erbitterte Feinde geschaffen — sie fürchteten, von Heinrich mediatisiert zu werden. Ein solch mächtiger „Übervasall" schien auch dem Kaiser schließlich nicht mehr tragbar zu sein, zumal Heinrich sich nicht mehr an der Italienpolitik beteiligen wollte. Wahrscheinlich störte Friedrich, der sich Frankreich politisch näherte, auch die englische Orientierung des Welfen. Seit Ende der siebziger Jahre ließ der Kaiser den Klagen der sächsischen Gegner Heinrichs ihren Lauf. Das (lange Zeit wissenschaftlich kontrovers diskutierte) Ergebnis des land- und lehensrechtlichen Verfahrens (1180) gegen ihn entsprach wohl mehr dem Interesse der norddeutschen Fürsten als dem des Kaisers: Entzug der Lehensbesitzungen Heinrichs, d. h. der beiden Herzogtümer, und Verbannung nach England. Bayern kam an die Wittelsbacher, die dort bis 1918 regierten; Sachsen wurde zwischen dem Erzbischof von Köln und den Askaniern geteilt — damit war das letzte der alten Stammesherzogtümer zerschlagen.

Heinrichs Sturz hatte, wie sich später zeigte, im Nordosten ein Machtvakuum hinterlassen, in das Dänemark vorstoßen konnte; erst 1227 stellten die regionalen sächsischen Kräfte in der Schlacht von Bornhöved gegen die Dänen die alten Verhältnisse wieder her.

Im lehensrechtlichen Verfahren gegen den Welfen, wie es in der berühmten Gelnhäuser Urkunde dokumentiert ist, haben anscheinend zum ersten Mal Fürsten einen Standesgenossen aus ihrer Gruppe ausgeschlossen; 1180 gilt daher als Abschluß der Entwicklung zum sogenannten *Reichsfürstenstand* — einer ständischen Einung innerhalb des Hochadels, die auch von Friedrich gefördert wurde. Die Reichsfürsten — es waren zunächst etwa 90 geistliche und 16 weltliche — bekamen ihre Lehen unmittelbar vom König, sie waren also reichsunmittelbar und, wenn wir die spätere Entwicklung vorwegnehmen, auf dem Weg zur Landesherrschaft. Nach 1180 war ein Aufstieg in den

Reichsfürstenstand nur noch mit einem förmlichen Rechtsverfahren möglich.

Mit der Entstehung des Reichsfürstenstandes war die lehensrechtliche Struktur der Reichsverfassung, die das Königtum anstrebte, konsequent durchgebildet; die Lehensstufung wurde durch die *Heerschildordnung* symbolisiert, die ursprünglich das militärische Aufgebot betraf: jetzt gab sie an, wessen Vasall man sein durfte, ohne seinen „Schild", d. h. seinen Rang in der Lehenshierarchie zu verlieren (Q 3 und Schaubild).
Zu Beginn der achtziger Jahre stand Friedrich I. auf dem Höhepunkt seiner Macht und seines Ansehens, das auf dem berühmten Mainzer Hoffest 1184 seinen Ausdruck fand; es war zugleich die erste große Selbstdarstellung des deutschen Rittertums. Als Krönung seiner Herrscherlaufbahn begriff Friedrich den 3. Kreuzzug, zu dem er 1189 aufbrach. Die Positionen der Franken in Palästina und Syrien waren 1187 durch die katastrophale Niederlage in der Schlacht bei Hattin gegen Sultan Saladin bis auf einige Burgen und Küstenstädte verlorengegangen. Das gut organisierte deutsche Heer hatte schon erste Erfolge in Kleinasien errungen, als Friedrich 1190 beim Durchschwimmen des Flusses Saleph ertrank. Ohne Führer löste sich das Heer auf. Auch das französische und das englische Heer unter ihren Königen erzielten gegen Saladin nur geringe Erfolge.

Unter *Heinrich VI.* (1190–97), dem Sohn und unangefochtenen Nachfolger Friedrichs, verlagerte sich das Schwergewicht der Königspolitik noch stärker nach Italien. Er hatte auf dem 6. Italienzug seines Vaters 1186 die normannische Prinzessin Konstanze geheiratet. Als der junge normannische König Wilhelm II. überraschend und kinderlos 1189 starb, war Konstanze, seine Tante, die nächste Erbin. Heinrich VI. mußte sich gleichwohl das normannische Reich erst erkämpfen, u. a. mit Hilfe des Lösegelds, das er dem in Deutschland gefangenen englischen König Richard Löwenherz durch Erpressung abnötigte. 1194 wurde Heinrich in Palermo zum König gekrönt; zahlreiche staufische Reichsministeriale besetzten Schlüsselstellungen im neu errungenen Reich, das durch königliche Beamte verwaltet wurde.

Heinrich VI. hatte weitreichende Pläne. Deutschland sollte fest mit Sizilien verbunden und ebenso zur Erbmonarchie werden. Dieser *Erbreichsplan* scheiterte allerdings am Widerstand der Fürsten und des Papstes. Seinen Führungsanspruch in der Christenheit wollte Heinrich durch einen Kreuzzug realisieren, womit er alte normannische Expansionstendenzen gegen Byzanz und Tunis aufnahm; Zypern und das armenische Kilikien nahmen ihre Königreiche von Heinrich zu Lehen. Der Tod des Kaisers 1197 verhinderte die Ausführung des Zuges, dessen Ziel gewiß nicht die „Weltherrschaft", wie schon vermutet wurde, sondern letztlich Jerusalem gewesen ist.

Das frühe Ende Heinrichs VI. ist immer wieder als schwerste Katastrophe der mittelalterlichen deutschen Geschichte bezeichnet worden; und für die königliche Zentralgewalt war es in der Tat verhängnisvoll. Im nun ausbrechenden *deutschen Thronstreit* standen sich wieder ein staufischer (Philipp von Schwaben) und ein welfischer König (Otto IV.) gegenüber. Viele Fürsten distanzierten sich immer mehr vom Königtum und konzentrierten sich auf den Ausbau ihrer eigenen Territorien. Der Papst, der die Umklammerung des Kirchenstaates durch das deutschsizilische Reich fürchten mußte, setzte sich stets für den König ein, der ihm ungefährlicher erschien. Als nach der Ermordung Philipps (1208) Otto IV. allgemeine Anerkennung fand und in die Bahnen „staufischer" Italienpolitik einschwenkte, ließ Papst Innozenz III. den in Sizilien verbliebenen Sohn Heinrichs VI., den Staufer *Friedrich II.*, der auf Wunsch Konstanzes unter päpstlicher Vormundschaft gestanden hatte, zum König wählen. Der Stauferanhang in Deutschland fiel ihm sofort zu. Das Schicksal des welfischen Königtums war besiegelt, als der englische König, auf dessen Seite Otto IV. kämpfte, in der Schlacht von Bouvines 1214 gegen den französischen König Philipp II., mit dem Friedrich II. verbündet war, eine schwere Niederlage erlitt. Die wachsende Bedeutung der aufsteigenden Westmächte für die Verhältnisse im Reich wurde durch dieses Ereignis deutlich.

Auch wenn man in Friedrich II. nicht den „ersten modernen Menschen auf dem Thron" (J. Burckhardt) sehen kann, so faszinierte seine Persönlichkeit, auch in ihren Widersprüchen, Zeitgenossen wie Nachwelt außerordentlich: Intelligenz und Vorurteilsfreiheit, Charme, aber auch grausame Härte, rationales naturwissenschaftliches und philosophisches Interesse, aber auch mittelalterliche Frömmigkeit waren ihm eigen (Q 4). Zur Überhöhung Friedrichs trug zusätzlich die Einbeziehung seiner Person in die zeitgenössischen Endzeitprophezeiungen bei.

Friedrich betrachtete das sizilische Erbreich als Zentrum seiner Herschaft; er baute es zu einem fast absolutistisch anmutenden Staat aus. Diese Entwicklung war im 13. Jahrhundert ein allgemeiner Trend, aber nirgends ist sie so konsequent durchgesetzt worden. Friedrich brach die Macht der Barone, brachte alle Burgen unter seine Kontrolle, zog alle bisherigen adligen Privilegien ein, verstaatlichte den Seehandel, begann, eine eigene Flotte zu bauen, errichtete in Neapel eine Universität für die Landeskinder. Beamte verwalteten das Staatswesen. Friedrichs große Gesetzeswerke waren die sogenannten Assisen von Capua und später die Konstitutionen von Melfi (1231), die ein gutes Bild seiner zentralistischen Herrschaftsauffassung geben.

Friedrich war zunächst sorgfältig darauf bedacht, die Bedingungen des Papstes, nämlich die Vermeidung einer Vereinigung Deutschlands mit Sizilien, wenigstens formell zu erfüllen. Seinen Sohn Heinrich (VII.) ließ er 1220 zum deutschen König wählen. Den geistlichen Fürsten machte er dafür Zugeständnisse im ersten der sogenannten Fürstengesetze, in der *Confoederatio cum principibus ecclesiasticis*. Denn die Kirchenfürsten hatten sich über die einsetzende expansive staufische Städtepolitik beklagt — Friedrich hatte Städte auch auf ihren Territorien errichtet.

Die Politik Heinrichs (VII.) in Deutschland blieb glücklos; auch weil er die Städtepolitik seines Vaters fortsetzte, geriet er mit den Fürsten in schwere Konflikte. Im zweiten Fürstengesetz *(Statutum in favorem principum)* mußte er 1231, und ihm folgend Friedrich II., den weltlichen Fürsten entgegenkommen und die aggressive Territorialpolitik eindämmen. Die frühere Forschung hatte in den Fürstengesetzen zu Unrecht nur eine Preisgabe königlicher Rechte gesehen. Unbestritten ist allerdings der Machtzuwachs der Fürsten während des Thronstreits, die jetzt von einer starken territorialen Konkurrenz des Königtums nicht in die Defensive gedrängt werden wollten.

1235 setzte der Kaiser Heinrich (VII.) wegen seiner eigenmächtigen Politik als König ab; zugleich erließ er den großen Mainzer Reichslandfrieden, in dem (nach dem italienischen Vorbild Barbarossas) die Verfügungsgewalt über die Regalien allein dem König zugewiesen wurde. Der König war der oberste Gerichtsherr, der seine Gerichtsbarkeit durch die neue Instanz des Reichshofrichters ausüben sollte. Während dieses zweiten Deutschlandaufenthaltes erließ der Kaiser 1236 das Privileg für die deutschen Juden, die er gegen den erstmals in Fulda aufgetretenen Vorwurf des Ritualmords in Schutz nahm; darin bezeichnete er die Juden zum ersten Mal als königliche „Kammerknechte" (*servi camere nostre*). Die unbestrittene Wahl seines Sohnes Konrad zum deutschen König und die Einziehung der Herzogtümer Österreich und Steiermark für das Reich zeigen Friedrich 1237 auf dem Höhepunkt seiner Macht. Gegen die Mongolen, die an die östlichen Reichsgrenzen vorstießen und 1241 bei Liegnitz ein schlesisches Heer schlugen, griff der Kaiser allerdings nur verbal ein; zum Glück für das Reich stellten die Mongolen jedoch ihre Westexpansion ein.

Im Verhältnis zum Papst spielte in den zwanziger Jahren das Problem des von Friedrich immer wieder aufgeschobenen Kreuzzugs eine große Rolle. Die Durchführung hatte er dem Papst gelobt, doch verfolgte er damit auch eigene Interessen. 1225 hatte er die Erbtochter des Königreichs Jerusalem, Isabella, geheiratet. Als der Beginn des Kreuzzugs durch eine schwere Krankheit des Kaisers erneut verschoben werden mußte, wurde Friedrich II. gebannt. Dennoch brach er 1228/29 mit geringen militärischen Kräften ins Heilige Land auf. In Verhandlungen mit dem ägyptischen Sultan al-Kamil erzielte er Erfolge: Jerusalem wurde den westlichen Christen zurückerstattet, ein 10jähriger Waffenstillstand vereinbart. In der Grabeskirche ließ sich der Kaiser mit der Krone des Königreichs Jerusalem als Mitglied des Königshauses David in die Nähe Christi rücken.

Durch die Vermittlung Hermanns von Salza, des Hochmeisters des Deutschen Ordens, vermochte der Kaiser die Lösung vom Bann und einen Ausgleich mit dem Papst zu finden. Der Endkampf mit dem Papsttum brach aus, als der Kaiser begann, seine Herrschaft auch in Oberitalien zu intensivieren und dabei auf den Kirchenstaat, der als Barriere zwischen dem sizilischen Reich und der Lombardei lag, immer weniger Rücksicht nahm. Nach der zweiten Bannung 1239 rüstete Friedrich, um das zu vermutende Endziel einer Vereinigung Italiens mit Einschluß Roms unter seiner Herrschaft mit militärischen Mitteln durchzusetzen. Papst Gregor IX. (1227—41) wurde zu seinem erbittertsten Gegner. Wieder kam es zu einer päpstlichen Allianz mit dem Lombardenbund. Die Propagandatätigkeit beider Seiten nahm an Schärfe ungeheuer zu. Die päpstliche Seite stilisierte Friedrich zum „Antichristen", einer satanischen Figur, die nach der Offenbarung des Johannes dem Jüngsten Tag vorausgehen sollte. Das Konzil von Lyon (1245) erklärte Friedrich für abgesetzt. Zwischen wechselndem Kriegsglück und Verhandlungen mit ungewissem Ausgang starb der letzte staufische Kaiser 1250.

Die Stauferherrschaft endete im Reich mit dem Tod Konrads IV. (1254), in Süditalien mit der Niederlage (und dem Tod) Manfreds, eines unehelichen Sohns Friedrichs, gegen Karl von Anjou in der Schlacht bei Benevent (1266). Karl, den Bruder des französischen Königs, hatte der Papst mit Sizilien belehnt. Jener schlug 1268 auch den letzten aus Deutschland nach Italien geeilten Staufer Konradin bei Tagliacozzo und ließ ihn 1268 in Neapel enthaupten.

Keine andere Herrscherfamilie hat so wie die Staufer die Phantasie der Nachwelt in Deutschland und Italien beschäftigt. Schon bald nach Friedrichs Tod tauchten Gerüchte auf, er sei nicht gestorben oder werde wiederkommen... Die heutige Geschichtswissenschaft begnügt sich nicht mehr damit, im Stauferreich nur den letzten Machtaufschwung des Reichs zu sehen. Seit etwa 1200 waren die westlichen Monarchien im Begriff, das Reich an Bedeutung und Macht zu überflügeln, da sie moderner organisiert waren. Neue Herrschaftsformen haben die Staufer allerdings auch entwickelt, und darin lag ihre besondere Leistung; vielleicht scheiterten sie aber letztlich daran, daß sie an der Vorstellung von der alten Herrschaftsordnung in Europa und am Dualismus zwischen Kaisertum und Papsttum festhielten (O. Engels). Das heutige Interesse am Reich der Staufer liegt zweifellos auch darin begründet, daß sich in seinem Rahmen der gesellschaftliche Umbruch des Hochmittelalters abspielte.

Quellen

Q 1 Privilegium minus

Mit dieser Urkunde krönte Friedrich I. seine Ausgleichspolitik mit den Welfen. Die dem neuen österreichischen Herzog gewährten Vorrechte (Doppelbelehnung von Mann und Frau, Erbfolge auch in weiblicher Linie, Beschränkung der Vasallenpflichten u. a.) waren für die Zeit außergewöhnlich und ließen einen Teil der früheren Forschung der Meinung sein, das Privileg sei ge- oder verfälscht − zu Unrecht. Das Privileg ist ein frühes Dokument für den Aufbau der landesherrlichen Gewalt im neuen Territorialherzogtum.

Wir haben auf dem allgemeinen Hoftag in Regensburg am 8. September in Gegenwart vieler frommer und rechtgläubiger Fürsten den Streit und die Zwietracht, die zwischen unserem lieben Oheim Heinrich, Herzog von Österreich, und unserem teuren Vetter Heinrich, Herzog von Sachsen, lange um das Herzogtum Bayern ausgetragen wurden, auf folgende Weise beendet: Der Herzog Österreichs hat uns das Herzogtum Bayern zurückgegeben, das wir sofort als Lehen an den

Herzog von Sachsen übergeben haben; der Herzog Bayerns gab uns die Markgrafschaft Österreich mit allen Rechten und Lehen zurück, die einst Markgraf Leopold vom Herzogtum Bayern hatte. Damit aber dadurch nicht Besitz und Ruhm unseres lieben Oheims vermindert erscheine, haben wir auf Rat und Urteil der Fürsten, das vom erlauchten Herzog Böhmens, Wladislaw, verkündet und von allen Fürsten bestätigt wurde, die Markgrafschaft Österreich zum Herzogtum gemacht und dieses mit allen Rechten unserem genannten Oheim Heinrich und seiner edlen Gemahlin Theodora auf dauernd zu Lehen gegeben und bestimmt, daß sie selbst und nach ihnen ihre Kinder, seien es Söhne oder Töchter, das Herzogtum Österreich nach Erbrecht vom Reich haben und besitzen sollen. Sollte der genannte Herzog Österreichs, unser Oheim, und seine Frau ohne Kinder sterben, so haben sie das Recht, das Herzogtum, wem sie wollen, zu übertragen. Wir haben auch beschlossen, daß kein Großer oder Geringer im Herrschaftsgebiet des Herzogtums ohne Zustimmung und Erlaubnis des Herzogs irgendeine Gerichtsbarkeit ausüben darf. Der Herzog Österreichs muß von seinem Herzogtum dem Reich folgende Dienste leisten: nur zu den Hoftagen, die der Kaiser in Bayern ansetzt, muß er kommen, wenn er geladen wird. An keinem Feldzug muß er sich beteiligen, außer der Kaiser ordnet ihn in Österreich benachbarte Reiche oder Gebiete an.

(MGH DF I.,Nr. 151, S. 259 f.)

Q 2 Roncaglia 1158

Die Regaliendefinition vom Hoftag in Roncaglia (November 1158) ist eine formlose Aufzeichnung, die von den kaiserlichen Rechtsgelehrten aus Bologna unter Mitwirkung der Städtevertreter zusammengestellt wurde. Je nach den örtlichen Gegebenheiten variiert die Zusammensetzung der Regalien etwas.

Folgendes sind Regalien: die Hoheit über die Arimannen, öffentliche Straßen, schiffbare Flüsse und Zuflüsse, durch die sie schiffbar werden, Häfen, Uferrechte, die man Zoll nennt,

Münzstätten, Straf- und Bußgelder, erledigte oder von unrechtmäßigen Besitzern beschlagnahmte Güter (es sei denn, sie werden anderen besonders verliehen), Güter derjenigen, die Inzestehen eingehen, Güter von Verurteilten und Geächteten gemäß den neuen Bestimmungen, Leistung von Fron- und Spanndiensten, Stellung von Wagen und Schiffen, außerordentliche Abgaben für glückliche königliche Feldzüge, die Vollmacht, Amtsträger für die Gerichtsbarkeit einzusetzen, Silbergruben, das Recht, Pfalzen in den gewohnten Städten zu besitzen, Einkünfte aus Fischwassern und Salinen, Güter von Majestätsverbrechern, die Hälfte der Schatzfunde auf dem Gebiet des Kaisers oder der Kirche, wenn dazu keine Arbeit aufgewandt wurde; wurde dazu aber Arbeit aufgewandt, gehört ihm der ganze Fund.

Alle Gerichtsgewalt und alle hoheitliche Zwangsgewalt liegen beim Herrscher, alle Richter müssen von ihm ihre Amtsgewalt übertragen bekommen und einen Eid schwören, wie es vom Gesetz vorgeschrieben ist.

Der Herrscher darf an allen Orten, wo es ihm gefällt, Pfalzen und Höfe besitzen.

(MGH DF I. Nr. 237–239, Bd. 2, S. 27–31.)

Q 3 Heerschildordnung

Die früheste Beschreibung der Heerschildordnung als Lehenshierarchie entstammt dem berühmtesten deutschen Rechtsbuch des Mittelalters, dem Sachsenspiegel des Eike von Repgow († nach 1233), der auch in (nieder-)deutscher Fassung verbreitet wurde.

I 3 § 1. Origenes wissagede hir bevoren, dat ses werlde scolden wesen [sein], de werlt bi dusent jaren op genomen, unden in'me sevenden scolde siu togan [enden]. Nu is uns kundich van der hiligen scrift, dat an Adame diu erste werlt began, an Noe diu andere, an Abraham diu dridde, an Moyse diu virde, an David diu vifte, an Goddes geborde diu seste. An der sevenden sin we nu sunder gewisse tal [Zahl].

I 3 § 2. To der selven wis sint de herescilde ut geleget, der de koning den ersten hevet; de biscope und de ebbede unde ebbedischen den anderen, de leien vorsten den dridden, sint se der biscope man [Lehensleute] worden sint; de vrie herren den virden; de scepenbare [schöffenbaren] lude unde der vrier herren man den viften; ere man vord den sesten. Alse diu kristenheit in der sevenden werlt nene stedicheit ne wet, wo lange siu stan scole, also ne wet men ok an dem sevendem scilde, of he lenrecht oder herescilt hebben moge.

(Sachsenspiegel. Landrecht. Hg. von K. A. Eckhardt, 1955, = Germanenrechte NF, Buch I).

Die Heerschildordnung nach dem Schwabenspiegel, um 1275

Der Heerschild bezog sich ursprünglich auf das Recht, Vasallen zum Heeresdienst aufzubieten. Die Heerschildordnung wurde schon im späten 12. Jahrhundert zu einem Sinnbild der Lehenshierarchie, zur Lehenspyramide. Sie beantwortet die Frage, wessen Vasall man sein darf, ohne seinen eigenen Lehensrang zu mindern. Von Rechts wegen muß daher ein Lehensherr einen höheren Heerschild besitzen als sein Lehensmann.

Die den geistlichen Fürsten grundsätzlich gleichgestellten weltlichen Fürsten nehmen nur deswegen den 3. Heerschild ein, um von der Kirche Lehen annehmen zu können. Der Schwabenspiegel ist eine süddeutsche Bearbeitung des Sachsenspiegels.

Q 4 Kaiser Friedrich II.

Die für das Mittelalter ungewohnte geistige Unvoreingenommenheit und der rationale naturwissenschaftliche Forscherdrang, welche einen Teil seiner Faszination auf Zeitgenossen und Nachwelt ausmachen, werden in Friedrichs selbst verfaßtem Werk *Über die Kunst, mit Vögeln zu jagen* am deutlichsten sichtbar. Er beschreibt diese Kunst – und das ist das Besondere – anhand seiner Beobachtungen und Erfahrungen, die er höher stellt als die Meinung von Lehrautoritäten. Im Prolog heißt es u. a.:

Hier beginnt der Prolog über die Jagd mit Raubvögeln, verfasst von dem edelsten und gelehrtesten Kaiser Friedrich II. . . . Obwohl wir uns vor langer Zeit schon es [das Werk] zu verfassen vorgenommen, haben wir dennoch durch nahezu 30 Jahre die Niederschrift immer wieder hinausgeschoben, weil wir uns noch nicht genügend vorbereitet glaubten; auch lasen wir nirgends, daß jemals zuvor ein anderer darüber erschöpfend gehandelt hätte. Zwar haben einige vor uns manches, wenn auch nur bei der Ausübung der Jagd, schon in Erfahrung gebracht, jedoch nicht kunstgerecht überliefert. Deshalb haben wir lange mit Sorgfalt und Fleiß das Wesen dieser Kunst erforscht, indem wir sie zugleich verstandesmäßig wie auch ausübend zu ergründen suchten, um endlich in der Lage zu sein, niederzuschreiben, was uns die eigene wie auch die Erfahrung anderer gelehrt, die wir als Kenner der Praxis dieser Kunst von weither und mit großem Kostenaufwand zu uns beriefen. Allenthalben hatten wir sie in unserer Nähe, um festzustellen, was sie besser wußten, und unserem Gedächtnis einzuprägen, was sie sagten und taten. Obgleich uns sehr häufig die überaus schwierige und fast unsagbare Inanspruchnahme durch die Herrscherpflichten gegenüber unseren Königreichen und dem Imperium von diesem unserem Vorhaben abhielt, haben wir es dennoch nicht hintangesetzt. Wo es angebracht war, sind wir in unserem Werk auch dem Aristoteles gefolgt. In vielen Fällen jedoch, besonders hinsichtlich der Natur mancher Vögel, scheint er, wie uns die Erfahrung gelehrt hat, von der Wahrheit abzuweichen. Deshalb folgen wir dem Fürsten der Philosophen nicht in allem; denn nur selten oder niemals ging er auf die Vogeljagd, wir aber liebten sie von Jugend auf und übten sie stets aus. Oft fügt er dem, worüber er in seinem Tierbuch berichtet, hinzu, daß man es so gesagt hätte; aber das, was irgendwer behauptet hat, sah vielleicht weder er selbst noch wer es sagte; denn Gewißheit erlangt man nicht durch das Ohr. Daß zwar viele zahlreiche Bücher geschrieben haben, doch nur ganz wenige über diese Kunst, ist ein Zeichen dafür, daß sie die allerschwierigste ist...

Der Gegenstand dieses Werks. Dieses Werk behandelt die Kunst, mit Raubvögeln zu jagen. Ein Teil ist der wissenschaftlichen Erkenntnis und Betrachtung, also der Theorie gewidmet; ein weiterer beschäftigt sich mit der Ausübung, d. h. mit der Praxis... Unser Anliegen. Unsere Absicht aber ist es, in diesem Werk über die Beize die Dinge, die sind, so wie sie sind, darzustellen und dem den Rang einer Kunst zu sichern, wovon keiner bisher Wissen besaß und das noch keiner als Kunst angesehen hat...

(Kaiser Friedrich der Zweite, Über die Kunst, mit Vögeln zu jagen, Bd. 1, übertragen u. hg. v. C. A. Willemsen, 1964, S. 5 f.)

Fragen, Probleme und Anregungen

1) Entstehung und Verlauf der Rivalitäten zwischen Staufern und Welfen im Reich bis 1218 († Ottos IV.).

2) Welche Ziele setzten sich die Staufer bei ihrer Italienpolitik im 12. Jahrhundert, welche Probleme erwuchsen ihnen hierbei?

3) Was ist unter der „Königslandpolitik" Friedrichs I. zu verstehen?

4) Entstehung und Funktion der neuen hochmittelalterlichen Adelsburgen.

5) Neue Formen der Herrschaftsausübung Friedrichs II. in Süditalien und Deutschland.

Wichtige Daten

1152−90	Friedrich I. Barbarossa
1156	Privilegium minus
1159−77	Papstschisma
1180	Gelnhäuser Urkunde / Entstehung des Reichsfürstenstandes
1190−96	Heinrich VI.
1214	Schlacht von Bouvines
1212−1250	Friedrich II.

Wichtige Begriffe

Personenverbandsstaat/ Territorialstaat Königslandpolitik

Reichsfürstenstand Heerschildordnung

Literaturhinweise

Die Zeit der Staufer. Geschichte-Kunst-Kultur. Katalog der Ausstellung Stuttgart 1977, 5 Bde., 1977−79.

O. Engels, Die Staufer, 1984³.

J. Fleckenstein, Das Bild der Staufer in der Geschichte. Bemerkungen über Möglichkeiten u. Grenzen nationaler Geschichtsbetrachtung, 1984 (Göttinger Univ.-R. 72).

Wendenkreuzzug

Heidenmission und Kreuzzugsgedanke in der dt. Ostpolitik des MAs, hg. v. H. Beumann, 1973³ (WdF 7).

M. Lotter, Die Konzeption des Wendenkreuzzugs, 1977 (Vorträge u. Forschungen, Sonderbd. 23).

O. Engels, Mission u. Friede an der Reichsgrenze im Hochmittelalter. In: Festschrift F. Kempf, 1983, 201−224.

Reichsverfassung/Burgen

J. Ficker, Vom Reichsfürstenstande. Forschungen zur Gesch. der Reichsverfassung, 2 Bde, 1861— 1923.

E. E. Stengel, Land- und lehnrechtliche Grundlagen des Reichsfürstenstandes. ZRG, German. Abt. 66 (1948), 294—342.

H. Mitteis, Der Staat des hohen Mittelalters. Grundlinien einer vergleichenden Verfassungsgeschichte des Lehnszeitalters, 1953[4].

H. M. Maurer, Die Entstehung der hochmittelalterlichen Adelsburg in Südwestdeutschland. ZGO 117 (1969), 295—332.

Die Burgen im deutschen Sprachraum, hg. v. H. Patze, 2 Bde., 1976 (Vorträge u. Forschungen 19).

Burg/Burgenkunde. In: RLGA Bd. 4 (1981), 117—223.

Friedrich Barbarossa

P. Rassow, Honor imperii. Die neue Politik Friedrich Barbarossas 1152—1159, 1961[2].

M. Pacaut, Friedrich Barbarossa, 1969.

A. Cartellieri, Weltgeschichte als Machtgeschichte. Bd. V., Das Zeitalter Friedrich Barbarossas (1150—1190), 1972.

Friedrich Barbarossa. Hg. v. G. Wolf, 1975 (WdF. 390) [Aufsatzsammlung].

H. Appelt, Privilegium minus. Das staufische Kaisertum und die Babenberger in Österreich, 1976[2].

E. Eickhoff, Friedrich Barbarossa im Orient. Kreuzzug u. Tod Friedrichs I., 1977.

H. Appelt, Friedrich Barbarossa (1152—1190). In: Kaisergestalten des MAs, hg. v. H. Beumann, 1984, 177—198.

K. Jordan, Heinrich der Löwe. Eine Biographie, 1980[2].

Heinrich der Löwe, hg. v. W.-D. Mohrmann, 1980 (Veröffentl. der niedersächs. Archivverwaltung 39) [Aufsatzsammlung].

Italien

A. Haverkamp, Herrschaftsformen der Frühstaufer in Reichsitalien, 2 Bde., 1970–71.
H. Keller, Adelsherrschaft u. städtische Gesellschaft in Oberitalien (9.–12. Jh.), 1979.
A. Haverkamp, Die Städte im Herrschafts- u. Sozialgefüge Reichsitaliens. In: Stadt u. Herrschaft. Römische Kaiserzeit u. Hohes Mittelalter, hg. v. F. Vittinghoff, 1982, 149–245.
Kommunale Bündnisse Oberitaliens u. Oberdeutschlands im Vergleich, hg. v. H. Maurer, 1987 (Vorträge u. Forschungen 33).

Friedrich II.

E. Kantorowicz, Kaiser Friedrich der Zweite, 2 Bde., 1927–31 [Beste Biographie].
E. Maschke, Die Wirtschaftspolitik Kaiser Friedrichs II. im Kgr. Sizilien. VSWG 53 (1966), 289–328.
H. M. Schaller, Kaiser Friedrich II. Verwandler der Welt, 1971[2] (Persönlichkeit u. Geschichte 34).
Probleme um Friedrich II., hg. v. J. Fleckenstein, 1974 (Vorträge u. Forschungen 16).
Stupor mundi. Zur Geschichte Friedrichs II. v. Hohenstaufen, hg. v. G. Wolf, 1982[2] (WdF 101). [Aufsätze].
Der Mongolensturm. Berichte von Augenzeugen u. Zeitgenossen, übersetzt, eingeleitet u. kommentiert v. H. Gökkenjan u. J. R. Sweeney, 1985 (Ungarns Geschichtsschreiber 3).
H. Kluger, Hochmeister Hermann v. Salza u. Kaiser Friedrich II. Ein Beitrag zur Frühgesch. des Dt. Ordens, 1987.

14. Kirche, Armuts- und Ketzerbewegung

Die päpstliche Kirchenreform und die religiöse, von der Ausbildung neuer Orden (Kap. 11) begleitete Bewegung hatten zu Beginn des 12. Jahrhunderts die Grundlagen für einen weiteren Aufstieg der hochmittelalterlichen Kirche geschaffen. In vielen Bereichen der mittelalterlichen Gesellschaft war ihr wachsender Einfluß sichtbar geworden. Erstaunlich ist auf den ersten Blick der *Aufstieg des Papsttums* zum Höhepunkt seiner Geltung am Anfang des 13. Jahrhunderts; denn es war durch zwei langdauernde Papstschismen (1130—38, 1159—1177) geschwächt worden, die den weltlichen Herrschern wieder großen Einfluß verschafften. Die Stellung der Päpste in Rom wurde zudem durch die neue kommunale Bewegung stark beeinträchtigt: 1144 setzten sich die bürgerlichen Mittelschichten Roms gegen den bisher dominierenden Stadtadel durch, gründeten nach antikem Vorbild einen Senat und erschwerten den Päpsten als Stadtherren den Aufenthalt in der Stadt oder machten ihn ganz unmöglich. Erst 1188 kam ein Vergleich beider Seiten zustande.

Schon in der Mitte des 12. Jahrhunderts war der kirchliche Reformschwung überall und besonders beim Papsttum erlahmt. Der Ausbau der päpstlichen Stellung erfolgte auf anderem Wege. Das sich entwickelnde Kirchenrecht — geprägt durch die rationale scholastische Methode der Zeit — sollte das wirksamste Mittel zur Durchsetzung päpstlicher Ansprüche werden. 1140 entstand die Kirchenrechtssammlung des *Decretum Gratiani*, eine Privatarbeit, die zusammen mit späteren Kommentaren zur Grundlage noch des heutigen Kirchenrechts (Corpus iuris canonici) wurde; viele päpstliche Texte wurden hier zu Rechtsnormen erhoben. Seit der Mitte des 12. Jahrhunderts sind die meisten Päpste Juristen! Die stark anschwellende Zahl von Prozessen an der Kurie bezeugt ihr gewachsenes Ansehen als oberste Entscheidungsinstanz.

Der kuriale Beamtenapparat wurde ausgebaut. Auf verschiedenen Wegen versuchte man, Steuern, Abgaben und

Gebühren an den Papst und die Kurie zu vermehren und zu erhöhen; 1199 wurde beispielsweise ein Kreuzzugszehnt angeordnet, der später unter Vorwänden zur Finanzierung des päpstlichen Haushalts verwandt wurde. Die Kardinäle wurden nun unentbehrliche Helfer des Papstes. Im 3. Laterankonzil (1179) wurde festgelegt, daß für die Papstwahl eine 2/3-Mehrheit der Kardinalsstimmen erforderlich sei. Die Kardinäle waren die bevorzugten Legaten des Papstes, die in großer Zahl in alle Länder Europas ausgesandt wurden. Die prunkvollen Kardinalsgesandtschaften und die steigenden Geldforderungen der Kurie wurden seit der zweiten Hälfte des 12. Jahrhunderts zu Ansatzpunkten heftiger Kirchenkritik.

Den Gipfel seiner mittelalterlichen Weltstellung erreichte das Papsttum nach allgemeiner Auffassung mit *Papst Innozenz III.* (1198−1216). Dazu trug nicht nur die bedeutende Persönlichkeit des hochgebildeten Juristen bei, der als 37jähriger eine Reihe greiser Päpste ablöste, sondern auch die günstigen politischen Konstellationen des deutschen Thronstreits. Innozenz war ein politischer Papst, dem religiöse und moralische Argumente, so scheint es, häufig nur als Vorwand dienten. Er ersetzte den päpstlichen Titel „Stellvertreter des hl. Petrus" (*vicarius beati Petri*) durch „Stellvertreter Christi" (*vicarius Christi*). Seinem Selbstverständnis nach stand er zwischen Gott und den Menschen, über allen Völkern und Reichen, ohne allerdings die politischen Realitäten zu übersehen. Innozenz ordnete die kirchliche Gesetzgebung und das kuriale Gebührenwesen; den Territorialbesitz des Kirchenstaates verdoppelte er und errang die Oberlehensherrschaft über mehrere europäische Länder. Sein großes Ziel, der Kreuzzug gegen den Islam in Ägypten und Palästina, scheiterte allerdings: die Venezianer lenkten den Zug gegen das christliche Byzanz, das 1204 zur Beute der lateinischen Kreuzfahrer wurde − auch nach zeitgenössischer Vorstellung eine Pervertierung des Kreuzzugsgedankens!

1215 veranstaltete Innozenz III. eines der bedeutendsten Konzile der Kirchengeschichte − das 4. Laterankonzil. An dieser machtvollen Präsentation päpstlicher Weltgeltung nahmen über 1200 Bischöfe, Äbte und hohe Prälaten teil.

Die Beschlüsse des Konzils, die in das Kirchenrecht eingingen, hatten weitreichende Wirkungen. Erwähnt seien die Kanones über die Juden, die von den Christen abgesondert werden sollten: auch durch ihre äußere Erscheinung, weshalb eine erste Kleiderordnung für Juden erlassen wurde. Von großer Wirkung waren auch die Beschlüsse gegen Häresie und Ketzer.

Ketzer (das deutsche Wort taucht im 13. Jahrhundert auf) nennen wir Angehörige religiöser Minderheiten in der Christenheit, die von der offiziellen Kirche als häretisch bezeichnet und verurteilt wurden, deren Anschauungen sich nicht allgemein durchgesetzt haben, die also historisch „gescheitert" oder „erfolglos" geblieben sind. Sie selbst sahen sich allerdings immer als die wahren und guten Christen, beriefen sich alle zumindest auf das Neue Testament, verstanden und praktizierten das Christentum aber anders als die offizielle Kirche.

In der ersten Hälfte des 11. Jahrhunderts tauchten erste vereinzelte Ketzergruppen im Abendland auf. Während der Kirchenreform waren sie in dieselbe integriert – Selbstkritik und Selbstreinigungskraft der Kirche boten offensichtlich keinen Anhaltspunkt für darüber hinausgehendes ketzerisches Gedankengut. Nach Erlahmen des Reformeifers im 12. Jahrhundert war die Papstkirche nicht nur keine Vorkämpferin reformerischer Ideen mehr, sondern unterdrückte solche eher. Ein rasches Anwachsen ketzerischer Gruppen und Ideen ist daher seit Mitte des 12. Jahrhunderts zu beobachten. Der Hauptvorwurf der Ketzer gegen die Kirche war ihr Reichtum, der so offensichtlich dem Leben Jesu und der Apostel widersprach; viele Ketzer kann man zur umfassenden Armutsbewegung dieser Zeit zählen. Daß auch soziale und wirtschaftliche Probleme ihren Ausdruck in religiöser Ketzerei fanden, ist sicher; über die Gewichtung des materiellen wie des religiösen Faktors bestehen in der Forschung jedoch erhebliche Meinungsunterschiede.

Ketzer gab es in allen Schichten der Bevölkerung; die jeweiligen Motive müssen also differenziert betrachtet werden. Daß sie in den Städten zunächst stärker vertreten waren, lag an dem dort fortgeschrittenen sozialen und ökonomischen Zustand, aber auch an der Möglichkeit intensiverer Kommunikation. Denn das Werbemittel der Ketzer war die Predigt auf offener Straße und auf Plätzen; das unerlaubte Predigen galt daher der Kirche bald als typisch ketzerisch. Die meisten Ketzerbewegungen stellten sich überdies gegen das exklusive Priestertum und werteten demzufolge die Sakramente ab; sie ermöglichten den Laien, darunter auch den Frauen, eine stärkere Beteiligung am religiösen Leben.

Die wichtigsten Ketzergruppen des späten 12. und 13. Jahrhunderts waren die Katharer und die Waldenser. Die *Katharer* (von griech. *katharoi* = die Reinen, davon wohl „Ketzer" abgeleitet) bildeten eine regelrechte Gegenkirche mit Bischöfen aus. Sie waren von der im byzantinischen Raum beheimateten Bogomilensekte beeinflußt, die theologisch eine dualistische Weltsicht vertrat: sie meinten, Satan habe die sichtbare Welt geschaffen, und werteten diese entsprechend ab. Doch stärker als durch ihre dogmatischen Vorstellungen wirkten die Katharer durch ihre apostelähnliche Lebensform. Ihre Zahl wuchs besonders in Südfrankreich (wo sie nach der Stadt Albi *Albigenser* genannt wurden) und in Norditalien *(Patarener)* stark an; um 1200 waren sie die für die Kirche gefährlichste Ketzerei. (Q 1).

Die *Waldenser* sind die einzige mittelalterliche Ketzergruppe, die als Gemeinschaft bis heute fortbesteht. Sie geht auf den wohlhabenden Kaufmann Valdes aus Lyon zurück, der sich etwa 1173 zur absoluten Armut bekannte und mit seinen Gefährten gegen den moralischen Verfall der Kirche, aber auch gegen die katharischen Irrlehren zu predigen begann. Die Waldenser, die 1179 auf dem 3. Laterankonzil um Predigterlaubnis baten, wurden dort schroff abgewiesen. Da sie auf ihrer, auch von Frauen ausgeübten Predigtpraxis beharrten, wurden sie verketzert, obwohl sie selbst weiterhin gegen die Katharer wirkten. Ähnliche Ansichten wie die Waldenser vertraten die italienischen *Humiliaten*, die allerdings keine Wanderprediger, sondern ortsgebunden waren.

Die Reaktion der Kirche auf die kirchenkritischen

Bewegungen war zunächst unsicher und uneinheitlich. Eine Todesstrafe für Ketzer war im *Decretum Gratiani* nicht vorgesehen. Noch Alexander III. († 1181) meinte, es sei besser, Schuldige freizulassen als Unschuldige zu strafen. Das erste einschneidende päpstliche Dekret stammt von Lucius III. (1184): er erklärte Katharer, Waldenser, Humiliaten und andere zu Ketzern und beauftragte die Bischöfe, gegen sie gerichtlich vorzugehen, ohne jedoch Kriterien oder Strafmaße anzugeben.

Anders verhielt sich Innozenz III.: Integrierbare Teile der neuen Bewegungen (einige Waldenser- und Humiliatengruppen) führte er in die Kirche zurück, die anderen begann er entschlossen zu bekämpfen. Nach der Ermordung eines päpstlichen Legaten in Südfrankreich rief der Papst 1209 zum ersten Kreuzzug gegen Ketzer in einem christlichen Land auf; der bis 1229 dauernde, grausam geführte Albigenserkreuzzug wurde bald zu einem reinen Machtkampf zwischen dem Grafen von Toulouse und dem französischen König, zwischen Süd- und Nordfranzosen. Das albigensische Ketzertum überlebte allerdings den Krieg.

Nach diesem Vorbild wurden, wenig später, auch in Deutschland innere Gegner verketzert und mit einem Kreuzzug bekämpft (Q 3): die angeblich häretischen Stedinger Bauern in der Nähe von Bremen. Sie hatten als Stedinger Genossenschaft eine beachtliche politische Selbständigkeit errungen, sich der Territorialpolitik des Bremer Erzbischofs nicht gebeugt und viele Jahre den Angriffen der benachbarten feudalen Gewalten sogar militärisch getrotzt. Erst einem Kreuzzugsheer gelang es, die Selbständigkeit der Stedinger in der Schlacht von Altenesch 1234 zu vernichten.

Aus offizieller Sicht war es zweifellos das größte Verdienst Innonenz' III., Teile der Armutsbewegung als Mönchsorden in die Kirche eingegliedert zu haben, die ihr wieder Glaubwürdigkeit und Überzeugungskraft verleihen konnten. Diese neuen sogenannten Bettelorden sind die *Dominikaner* und *Franziskaner*.

Ebenso wie Valdes entstammte Franziskus von Assisi († 1226) einer wohlhabenden Bürgerfamilie. Nach seiner

Konversion brach er mit seiner Familie und bekannte sich zur kompromißlosen Armut. Aber er unterwarf sich und seine Gefährten den Bedingungen der Kirche, die eine Ordensverfassung und ein Mönchsgelübde verlangte. 1209 bestätigte Innozenz III. die Lebensform der Franziskaner, die auch Minderbrüder (Minoriten) genannt wurden. Nach Clara von Assisi wird der weibliche Zweig der Franziskaner Klarissenorden genannt, der von vornherein stärker die monastische Tradition aufnahm, da Frauen nach Auffassung der Zeit keine Wanderprediger sein konnten. Die Tertiarier waren der „dritte Orden" – eine Laienbruderschaft in der Nachfolge des Franziskus. Schnell wurden die Franziskaner, wohl kaum im Sinne des Franziskus, zu einem regelrechten und ortsansässigen Orden, der „in die etablierte kirchliche Seelsorge und in das städtische Bildungsbürgertum" (J. Schlageter) aufstieg. Ein Teil der Ordensmitglieder bekämpfte im Namen des ursprünglichen Armutsideals diese Entwicklung und wurde später verketzert.

Der Kanoniker Dominikus († 1221) stammte aus Spanien, wo der Kampf gegen den Islam stattfand. Diesen Glaubenskampf wollte Dominikus gegen die Katharer im Languedoc zielbewußt mit der Waffe der Predigt weiterführen. Mit seinem Bischof Diego von Osma hatte er sich nach Südfrankreich begeben und dort die an dieser Aufgabe gescheiterten Zisterzienser abgelöst (Q 2). Die in Toulouse aufgebaute Predigergemeinschaft, die ebenfalls in apostolischer Armut lebte, wurde 1216 vom Papst als Predigerorden mit der Augustinerregel bestätigt. Die Dominikaner waren in der Regel Priester, denen ein theologisches Studium vorgeschrieben war. Ihre Entwicklung verlief viel einheitlicher als die der Franziskaner. Sie gaben sich eine pragmatische Verfassung und entwickelten sich bald zu einer intellektuellen Elite innerhalb der Kirche. 1257 wurden auch Dominikanerinnenklöster dem Orden inkorporiert.

Die Bettelorden gründeten ausschließlich städtische Konvente und verbesserten gegen den Widerstand des Klerus die seelsorgerische Betreuung der städtischen Bevölkerung. Am Ende des 13. Jahrhunderts gab es in jeder größeren Stadt ein Dominikaner- und/oder Franziskanerkloster. Auch in der Heidenmission, einer weiteren Hauptaufgabe, leisteten sie Erstaunliches: sie wirkten damit bis nach Zentralasien und China.

Die Wirksamkeit der Bettelorden half der Kirche in entscheidender Weise, ihre Krise zu überwinden und das Ketzertum zurückzudrängen. Als wesentliches Mittel der Ketzerbekämpfung trat neben die Predigt und die inneren Kreuzzüge die *Inquisition* (wörtl.: Befragung, Untersuchung). Sie war ein neues Gerichtsverfahren zur Feststellung von Ketzerei, das nicht nur auf Klagen hin, sondern schon von Amts wegen eingeleitet wurde. Die von Lucius III. geforderte und auf dem 4. Laterankonzil bestätigte bischöfliche Inquisition blieb allerdings unwirksam. Papst Gregor IX. († 1241) beauftragte zur Ketzerbekämpfung schließlich besondere Inquisitoren, fast durchweg Angehörige der Bettelorden, insbesondere der Dominikaner.

Zwar sind vereinzelte Fälle von Ketzerverbrennungen schon aus früheren Jahrhunderten bekannt (der erste Fall 1022 in Frankreich), aber erst Kaiser Friedrich II. verkündete den Feuertod als Todesstrafe für hartnäckige Ketzer, zum ersten Mal in einem Ketzergesetz für die Romagna (1224), später für Sizilien und das Reich. Der erste Inquisitor in Deutschland war seit 1227 Konrad von Marburg, der rücksichtslos gegen Verdächtige vorging; 1234 wurde er ermordet, die päpstliche Inquisition auch auf Betreiben König Heinrichs (VII.) in Deutschland zunächst eingestellt.

Die Inquisitoren handelten trotz ihrer Zuordnung zur bischöflichen Gewalt mehr oder weniger autonom. Für die Angeklagten wurde die Inquisition zu einem ausweglosen Verfahren, Denunziationen konnte man kaum entgegentreten. Um Geständnisse zu erzwingen, fand zudem die Folter seit Mitte des 13. Jahrhunderts immer mehr Eingang in den Inquisitionsprozeß. Die häufigsten Strafen waren Eigentumsentzug (zugunsten der Inquisition, des Papstes und der weltlichen Gewalt) oder Gefängnis, seltener der Feuertod: so erlitten von den 636 Ketzern, die der bekannte Inquisitor Bernard Gui zwischen 1308 und 1322 verurteilte, 6,3 % diese Strafe. Der Vollzug der Todesstrafe wurde von den Inquisitoren stets der weltlichen Gewalt überlassen.

Die Unüberprüfbarkeit und mangelnde Kontrolle der Inquisition, ihre Unerbittlichkeit, die Verdächtigungen und Denunziationen sowie die Förderung eines „Spitzelsystems" von Laien verschafften ihr zunächst eine Opposition in allen Teilen der Bevölkerung; doch später gewöhnte man sich zunehmend an die neue Prozeßform, die vor allem in den Gebieten verbreiteten Ketzertums weitergeführt wurde. Im 13. Jahrhundert vernichtete die Inquisition die Katharer; der Waldenser und anderer Gruppen wurde sie jedoch nicht Herr.

In der zweiten Hälfte des 13. Jahrhunderts wirkten sich die territorialen Interessen des Papstes in Mittelitalien immer stärker auf seine Politik aus. Nach der erbitterten Auseinandersetzung mit Friedrich II. hatte das Papsttum das sizilische Reich dem Bruder des französischen Königs, Karl von Anjou, zu Lehen gegeben, um die staufische Umklammerung des Kirchenstaates endgültig zu beenden. Aber ebenso wie Friedrich II. versuchte auch Karl, sich zum Herrn Italiens zu machen. Der nordfranzösische Einfluß in Italien war zudem durch den Sieg des französischen Königs im Albigenserkrieg weiter angewachsen. Mehrere Päpste der zweiten Hälfte des Jahrhunderts waren Franzosen, die diesen Einfluß verstärkten; die anderen waren meist Gegner der Anjou.

Dem Ausbau der päpstlichen Suprematie im 13. Jahrhundert lief eine andere Entwicklung entgegen: der Aufstieg der großen Territorialstaaten, besonders Frankreichs und Englands, und die Festigung ihrer königlichen Zentralgewalt, die ein Eingreifen der Kurie in ihre Staaten immer weniger dulden wollte.

Bonifaz VIII. (1294–1303) war der letzte Papst, der in schroffer Weise einen universalen Herrschaftsanspruch über die Kirche und die christlichen Staaten formulierte. Er forderte letztlich nicht mehr als Innozenz III., aber er scheiterte an den neuen Realitäten. Mit dem ersten „Heiligen Jahr" 1300 in Rom steigerte er zunächst nochmals das

Ansehen des Papsttums. In der Bulle *Unam sanctam* (1302) betonte er die für alle Menschen heilsnotwendige Gehorsamspflicht gegenüber dem Papst (Q 4), wandte sich heftig gegen die eigenmächtige Besteuerung des Klerus durch die Könige in England und Frankreich und lud den französischen König Philipp IV. vor sein Synodalgericht. Der Kanzler dieses Königs, Guillaume Nogaret, überfiel daraufhin, verbündet mit einigen römischen Gegnern des Bonifaz, den Papst in Anagni und nahm ihn gefangen. Bonifaz wurde zwar bald von den Anagnesen befreit, starb jedoch kurz darauf.

Mit diesem Vorfall war eine Epoche sinnfällig zu Ende gegangen, die als Höhepunkt päpstlicher Macht angesehen wird. Nach dem Kaisertum hatte auch die zweite mittelalterliche Gewalt mit universalem Herrschaftsanspruch abgedankt. In der Kirchengeschichte folgte die Epoche des französisch dominierten Papsttums in Avignon (1303—1378).

Quellen

Q 1 Katharer

Eine der frühesten Nachrichten über die Katharer stammt aus Köln. Der Prämonstratenserpropst Everwin von Steinfeld (in der Eifel) berichtete Bernhard von Clairvaux (1143):

Neulich sind bei uns in der Nähe von Köln Häretiker entdeckt worden, von denen einige nach christlicher Buße zur Kirche zurückkehrten. Zwei von ihnen, einer, der bei ihnen Bischof genannt wurde, und sein Gefährte, widerstanden uns in einer Versammlung von Klerikern und Laien ... und verteidigten ihre Häresie mit Christus- und Apostelworten. Als sie merkten, daß sie keinen Erfolg haben würden, baten sie um einen Termin, an dem sie glaubenskundige Männer aus dem Kreis der Ihrigen mitbringen könnten; sie versprachen, sich der

Kirche wieder anzuschließen, wenn sie sähen, daß ihre Meister bei den Antworten versagten. Lieber wollten sie sterben, als von dieser Überzeugung zu weichen. Als sie nach dreitägigen Ermahnungen nicht nachgeben wollten, packte sie das Volk, von zu großem Eifer bewegt, gegen unseren Willen, warf sie ins Feuer und verbrannte sie. Und was das Erstaunlichste war, sie ertrugen die Folter des Feuers nicht nur mit Geduld, sondern sogar mit Heiterkeit ... Ihre Häresie ist folgendermaßen beschaffen: sie sagen, die Kirche befände sich nur bei ihnen, weil nur sie den Spuren Christi nachfolgten. Und sie blieben die wahren Nachfolger des apostolischen Lebens, die nicht nach Weltlichem strebten: weder nach einem Haus, noch nach Äckern oder nach Geld. So wie Christus nichts besaß, so erlaubte er auch seinen Schülern keinen Besitz. Ihr aber, so sagen sie uns, fügt Haus zu Haus, Acker zu Acker und ihr strebt nach Weltlichem. So besitzen auch diejenigen, die bei euch als die Vollkommensten gelten, die Mönche und die Regularkanoniker, alles dieses, wenn auch nicht als Privat-, sondern als Gemeinschaftseigentum. Über sich selbst sagen sie: Wir sind die Armen Christi, unstet, wir fliehen von Stadt zu Stadt, wie Schafe inmitten von Wölfen, mit den Aposteln und Märtyrern erdulden wir die Verfolgung, obwohl wir doch ein kleines und armseliges Leben führen mit Fasten und Abstinenz. Tag und Nacht beten und arbeiten wir, um uns das Lebensnotwendigste zu verschaffen ... Bei ihren Speisen vermeiden sie jede Art von Milch und was daraus hergestellt wird, und was aus sexueller Vereinigung hervorgeht ... Sie sagen uns, in den Sakramenten sei die Wahrheit nicht beschlossen, sie seien nur ein Schatten der Wahrheit und eine menschliche Tradition. Sie bekannten auch offen, sie würden außer mit Wasser auch mit Feuer und Geist taufen ... Eine solche Taufe müsse durch Handauflegen geschehen, wie sie durch das Zeugnis des Lukas zu zeigen versuchten ... Zuerst nehmen sie jemanden durch Handauflegen aus der Zahl der sog. Hörer *(auditores)* in die Gruppe der Gläubigen *(credentes)* auf: und so darf er an ihren Gebeten teilnehmen, bis er, genügend geprüft, von ihnen zum Auserwählten *(electus)* gemacht wird. Unsere Taufen kümmern sie nicht.

Die Ehe verdammen sie; den Grund dafür konnte ich jedoch von ihnen nicht erfahren, sei es, sie wagten ihn nicht zu bekennen oder, eher, weil sie ihn selbst nicht wußten ... Diejenigen, die [später] verbrannt wurden, sagten uns zu ihrer

Verteidigung, diese Häresie sei bis jetzt seit der Zeit der Märtyrer verborgen gewesen und habe in Griechenland und in einigen anderen Ländern überdauert. Und dies sind jene Häretiker, die sich als Apostel bezeichnen und ihren Papst haben ... Diese Apostel des Satans haben bei sich keusche Frauen, wie sie sagen, Witwen, Jungfrauen, ihre Ehefrauen, einige unter den Auserwählten, einige unter den Gläubigen; gleichsam nach dem Vorbild der Apostel, denen es erlaubt war, Frauen mit sich zu führen.

(Migne, Patrologia latina 182, 1862, Sp. 676—680)

Q 2 Neuartige Ketzerbekämpfung

Aus diesem Bericht des Peter von Vaux-Cernay über Diego und Dominikus werden die neuen Prinzipien der Ketzerbekämpfung der Bettelorden, noch vor ihrer eigentlichen Etablierung, deutlich:

Im Jahre 1206 begab sich der Bischof von Osma namens Diego, ein bedeutender und rühmenswerter Mann, an die römische Kurie mit dem dringenden Wunsch, seinem Bistum zu entsagen, um sich freier der Predigt des Evangeliums Christi bei den Heiden zu widmen. Aber Papst Innozenz wollte dem Wunsch des heiligen Mannes nicht willfahren, sondern befahl ihm, zum Bischofssitz zurückzukehren. Als er bei seiner Rückkehr von der Kurie bei Montpellier ankam, fand er dort den verehrten Zisterzienserabt Arnold und ... Zisterziensermönche, Legaten des Papstes, die ihren Gesandtschaftsauftrag aus Überdruß zurückgeben wollten, weil sie beim Predigen gegen die Häretiker keinen oder nur geringen Erfolg hatten; sooft sie nämlich diesen Ketzern predigen wollten, warfen diese ihnen den üblen Lebenswandel der Kleriker vor; wenn sie das Leben der Kleriker verbessern wollten, dann müßten sie vom Predigen ablassen. Der genannte Bichof gab ihnen in dieser verfahrenen Lage den heilsamen Rat, sie sollten alles beiseite lassen, sich intensiver um die Predigt bemühen und, um den Böswilligen entgegenzutreten, in Demut einhergehen, nach dem Vorbild des frommen Lehrmeisters handeln und lehren, zu Fuß und ohne Gold und

Silber wandeln und in jeder Hinsicht die apostolische Lebensform nachahmen. Die Gesandten aber, die das alles – als eine absolute Neuigkeit – selbst nicht annehmen wollten, erklärten, sie würden demjenigen sehr gern folgen, der ihnen als vorbildliche Autorität in diesem Lebenswandel vorangehen würde. Was also? Der Mann Gottes bot sich dafür an, schickte seine Begleitung und das Gepäck in seine Stadt Osma und stieg mit nur einem Begleiter [wohl Dominikus] mit zwei der genannten Mönchslegaten, Petrus und Radulf, nach Montpellier hinauf.

(Hystoria Albigensis II, 20–21, hg. v. P. Guébin u. E. Lyon, I, 1926, S.21–24

Q 3 Stedinger

Die Verketzerung der Stedinger Bauern durch die Kirche war die Voraussetzung (und der Vorwand) zur Ausrufung eines Ketzerkreuzzugs gegen sie.

[Gerhard] von Gottes Gnaden Erzbischof der hl. Bremer Kirche, grüßt alle, die diesen Brief hören, in Christo.
Allen Gläubigen Christi sei bekannt, daß auf der Synode der Bremer Kirche unter unserem Vorsitz öffentlich und feierlich folgendes Urteil verhandelt wurde: Da es offenbar ist, daß die Stedinger die Schlüsselgewalt der Kirche und die kirchlichen Sakramente verachten, die Lehre der hl. Mutter Kirche geringschätzen, Kleriker jeden Standes und Ordens weithin gefangen und getötet, Klöster und Kirchen durch Raub und Brand verwüstet haben, Meineide, als seien sie erlaubt, ohne Unterschied geschworen haben, den Leib des Herrn [die Hostie] schlimmer, als man sagen kann, geschändet haben, Dämonen um Rat gefragt, Götzenbilder aus Wachs angefertigt, von Wahrsagerinnen Auskünfte eingeholt und andere schändliche, finstere Taten getan haben, und da sie – oft und öfters aufgefordert, Genugtuung zu leisten – alle Ermahnung gänzlich mit Verachtung und ohne Scheu zurückgewiesen haben, sei zu fragen, ob sie wie Ketzer zu verurteilen und zu verdammen seien. Folgender Urteilsspruch wurde gefällt: Da das vorher über die Stedinger Gesagte offenbar die Wahrheit

ist, sind sie wie Ketzer zu verurteilen und zu verdammen. Diesem Urteil wurde von allen Prälaten, Weltklerikern und Mönchen zugestimmt und wir haben beschlossen, sie als Ketzer zu verurteilen.

Geschehen in Bremen im Jahr des Herrn 1219 auf der Synode am 4. Fastensonntag.

(H. Sudendorf, Registrum oder merkwürdige Urkunden Bd. 2, 1851, Nr. LXXI, S. 156–158)

Q 4 *Weltherrschaft des Papstes*

In der Bulle „*Unam sanctam*" (1302) faßte Papst Bonifaz VIII., ohne grundsätzlich Neues zu formulieren, den päpstlichen Anspruch auf universale Oberherrschaft in schroffer Form zusammen.

Eine heilige katholische und apostolische Kirche zu bekennen und daran festzuhalten, sind wir durch den Glauben verpflichtet. Und wir glauben dies fest und bekennen es einfach: außerhalb von ihr gibt es kein Heil und keine Vergebung der Sünden ... In ihr ist „ein Herr, ein Glaube, eine Taufe" [Eph. 4, 5] ... Daher gibt es nur einen Leib der einen und einzigartigen Kirche, nicht zwei wie bei einem Monstrum, nämlich Christus und den Stellvertreter Christi Petrus und den Nachfolger des Petrus, wie denn der Herr dem Petrus selbst sagte: „Weide meine Schafe" [Joh. 21,17] ... In seiner Vollmacht existieren zwei Schwerter, das geistliche und das weltliche, wie es uns die Evangelien lehren. Denn als die Apostel sagten: „Siehe hier die zwei Schwerter" [Lk. 22,38], antwortete der Herr nicht, dies sei zuviel, sondern: es ist genug. Wer ableugnet, daß auch das weltliche Schwert in der Verfügung Petri sei, der achtet nicht auf das Wort des Herrn: „Stecke dein Schwert in die Scheide" [Mt. 26,52]. Beide sind also in der Verfügungsgewalt der Kirche, das geistliche Schwert und das weltliche. Das letztere ist für die Kirche zu führen, das erstere aber von der Kirche; dieses mit der Hand des Priesters, jenes mit der Hand der Könige und Ritter, aber auf Wink und Duldung des Priesters. Das eine Schwert muß unter dem anderen stehen, die weltliche Autorität der geistlichen unterworfen sein ... Daß die geistliche Macht an Rang und Adel jede weltliche Macht überragt, das müssen wir so klar bekennen, wie eben die geistlichen Aufgaben über den zeitlichen Belangen stehen. Das sehen wir auch an der Abgabe des Zehnten [an die Kirche], an der Segnung und Heiligsprechung [durch die Kirche], an der Entgegennahme der Herschaftsgewalt [von der Kirche] und aus der Leitungsaufgabe über diese Dinge ganz deutlich. Denn in Wahrheit hat die geistliche Macht die weltliche einzusetzen und über sie zu urteilen, wenn sie nicht gut ist. So erweist sich die Prophezeiung des Jeremias über die Kirche und die kirchliche Gewalt als richtig: „Siehe, ich setze dich heute über Völker und Reiche" [Jer. 1,10]. Wenn also die weltliche Gewalt vom Wege abweicht, wird sie von der geistlichen Gewalt gerichtet; wenn aber eine niedrigere geistliche Gewalt abweicht, wird sie von der übergeordneten gerichtet; wenn aber die höchste abweicht, kann sie nur von Gott allein, nicht von einem Menschen gerichtet werden, wie dies der Apostel bezeugt: „Der geistliche Mensch richtet alles, er selbst wird von niemandem gerichtet" [1. Kor. 2,15]. Denn diese Autorität ist, auch wenn sie einem Menschen verliehen und durch ihn ausgeübt wird, nicht menschlich, sondern vielmehr göttlich, durch göttliches Wort dem Petrus und in ihm auch seinen Nachfolgern verliehen; der als fester Fels ihn als Herrn bekannte, woraufhin dieser ihm, dem Petrus, sagte: „Was du auf Erden binden wirst usw." [Mt. 16, 19). Wer immer also dieser von Gott eingesetzten Gewalt widersteht, widersteht göttlicher Anordnung ... Für jedes menschliche Geschöpf ist es heilsnotwendig, dem römischen Papst unterworfen zu sein; das erklären und sagen wir, das legen wir fest und verkünden es.

(Quellen zur Gesch. d. Papsttums Bd. 1, 6. Aufl., hg. v. C. Mirbt u. K. Aland, 1967, Nr. 746, S. 458–460)

Fragen, Probleme und Anregungen

1) Worin bestanden die Kirchenkritik und die Forderungen der Ketzerbewegungen, und wie ist die Zunahme ketzerischer Vorstellungen im 12. und 13. Jh. zu erklären?

2) Die neuartigen Maßnahmen Papst Innozenz' III. gegenüber Armuts- und Ketzerbewegung.
3) Soziales Umfeld und historische Aufgaben der Bettelorden.
4) Ursprüngliche Bedeutung und spätere Rolle der Inquisition.
5) Woran scheiterte letztlich der Weltherrschaftsanspruch des Papsttums im Spätmittelalter?

Wichtige Daten

1140	Gratians Kirchenrechtssammlung
1198–1216	Papst Innozenz III.
1204	Eroberung Konstantinopels durch die Kreuzfahrer
1215	Viertes Laterankonzil
1303	Attentat auf Papst Bonifaz VIII. in Anagni
1303–1378	Avignonesisches Papsttum

Wichtige Begriffe

Armutsbewegung   Ketzerei
Bettelorden   Inquisition

Literaturhinweise

Ketzergeschichte

H. Grundmann, Religiöse Bewegungen im MA, 1935 (Nachdruck 1977).
Ders., Ketzergeschichte des Mittelalters. Sonderdruck aus: Die Kirche in ihrer Geschichte, Bd. 2, Lfg. G. 1978[3].
D. Kurze, Häresie und Minderheiten im MA. HZ 229 (1979), 529–573.

M. Lambert, Ketzerei im MA. Häresien von Bogumil bis Hus, 1981.
A. Schindler, Häresie. In: TRE Bd. 14 (1985), 318−341.
E. Werner/M. Erbstösser, Ketzer und Heilige. Das religiöse Leben im Hochmittelalter, 1986. [Populärwissensch.].

Katharer und Waldenser

A. Borst, Die Katharer, 1953 (Schriften der MGH 12).
G. Koch, Frauenfrage und Ketzertum im MA. Die Frauenbewegung im Rahmen des Katharismus u. des Waldensertums u. ihre sozialen Wurzeln (12.−14. Jh.), 1962.
K.-V. Selge, Die ersten Waldenser, 2 Bde., 1967.
V. Vinay, Waldes. In: Gestalten der Kirchengeschichte, Bd. 3 (= MA I), hg. v. M. Greschat, 1983, 238−248.

Ketzerbekämpfung/Inquisition

B. Köhn, Die Verketzerung der Stedinger durch die Bremer Fastensynode. Bremisches Jb. 57 (1979), 15−85.
A. Patschovsky, Zur Ketzerverfolgung Konrads von Marburg. DA 37 (1981), 641−693.
E. Le Roy Ladurie, Montaillou. Ein Dorf vor dem Inquisitor (1294 bis 1324), dt. Ausgabe 1980.
L. Kolmer, Ad capiendas vulpes. Die Ketzerbekämpfung in Südfrankreich in der 1. Hälfte des 13. Jhs. u. die Ausbildung des Inquisitionsverfahrens, 1982 (Pariser Hist. Studien 19).
H. Kamen, Inquisition. In: TRE Bd. 16 (1988), 189−196.

Bettelorden

M. Heimbucher, Die Orden u. Kongregationen der kath. Kirche, 2 Bde, 1933/34^2.
M.-H. Vicaire, Geschichte des hl. Dominikus, 2 Bde., 1962/63.
G. Wendelborn, Franziskus von Assisi, 1977.
J. Schlageter, Franziskaner. In: TRE Bd. II (1983), 389−397.

W. Goez, Franziskus von Assisi (1181/82—1226). In: TRE Bd. II (1983), 299—307.
K. Elm, Franziskus und Dominikus. Wirkungen und Antriebskräfte zweier Ordensstifter. Saeculum 23 (1972), 127—147.
Dominikaner, Dominikanerinnen. In: LexMA, Bd. 3 (1986), Sp. 1192—1220.

Innozenz III.

H. Tillmann, Papst Innozenz III., 1954.
H. Wolter, Das Papsttum auf der Höhe seiner Macht (1198—1216). In: Handbuch der Kirchengeschichte, hg. v. H. Jedin, Bd. III/2, 1966, 168—236.
H. Roscher, Papst Innozenz III. und die Kreuzzüge, 1969.
W. J. Fishel, Innocent III and the distinctive clothing of Jews and Muslims. Studies in Medieval Culture 3 (1970), 92—116.
B. Möller, Papst Innozenz III. und die Wende des MAs. In: Bleibendes im Wandel der Kirchengeschichte, hg. v. B. Möller u. G. Ruhbach, 1973, 151—167.

Spätmittelalterliches Papsttum

J. Mietke, Geschichtsprozeß u. zeitgenössisches Bewußtsein — Die Theorie des monarchischen Papats im hohen und späteren MA. HZ 226 (1978), 564—599.
L. Buisson, Potestas und Caritas. Die päpstliche Gewalt im Spätmittelalter, 1982².
T. Schmidt, Bonifaz VIII. In: LexMA Bd. 2 (1983), Sp. 414—416.

D Differenzierung und Krise im Spätmittelalter (seit der Mitte des 13. Jahrhunderts)

Literaturhinweise

B. Schmeidler, Das spätere Mittelalter. Von der Mitte des 13. Jahrhunderts bis zur Reformation, 1937 [Klassische Darstellung].
H. Heimpel, Deutschland im späteren MA. In: Handbuch der dt. Geschichte, hg. v. O. Brandt u. a., Bd. I, 1957.
Ders., Das Wesen des dt. Spätmittelalters. In: ders., Der Mensch in seiner Gegenwart, 1957², 109−135.
J. Leuschner, Deutschland im Spätmittelalter, 1975.
H. Thomas, Deutsche Geschichte des Spätmittelalters (1250−1500), 1983.
P. Moraw, Von offener Verfassung zu gestalteter Verdichtung. Das Reich im späten MA (1250−1490), 1985 (Propyläen Geschichte Deutschlands).

Kultur/Alltag/Umwelt

Klösterliche Sachkultur des Spätmittelalters. Veröff. des Inst. f. mittelalterl. Realienkunde Nr. 3 (Öst. Akad. d. Wiss. Phil.-hist. Klasse, Sitzungsberichte 367), 1982.
Adelige Sachkultur des Spätmittelalters. Ebd. Nr. 5 (Sb. 400), 1982.
Bäuerliche Sachkultur des Spätmittelalters. Ebd. Nr. 7 (Sb. 439), 1984.
Wirtschaftsentwicklung u. Umweltbeeinflussung (14.− 20. Jh.), hg v. H. Kellenbenz, 1982.
Alltag im Spätmittelalter, hg. v. H. Kühnel, 1984 [Populärwiss.]
C. Meckseper/E. Schraut, Mentalität u. Alltag im Spätmittelalter, 1985.

15 Die mittelalterliche Stadt

Bei der Definition der mittelalterlichen Stadt hatte die frühere, von der Rechtsgeschichte geprägte Auffassung das Vorhandensein eines Stadtrechts zum entscheidenden Kriterium gemacht. Heute wird dagegen, differenzierter und daher sachgemäßer, ein ganzes Bündel von Kriterien genannt, die nicht in jedem Fall sämtlich vorhanden sein müssen und deren Gewichtung jeweils unterschiedlich sein kann. Die Stadtmauer ist sichtbare Grenze des Stadtrechts und ein außerordentlich wichtiger militärischer Faktor. Die auf die Mauer zurückzuführende dichtere Bebauung und die (in der Regel) größere Bevölkerungszahl sind weitere Unterschiede zur ländlichen Umgebung. Die Stadtbürger besitzen persönliche Freiheit und Freizügigkeit; sozial sind sie stark differenziert. Der Grad der Arbeitsteilung, d. h. der beruflichen Spezialisierung ist in der Stadt wesentlich höher. Sie ist das Zentrum von Handwerk und Gewerbe. Der wirtschaftliche Mittelpunkt der Stadt ist der Markt, wo der Austausch verschiedener städtischer und ländlicher Produkte stattfindet. Überhaupt sind die zentralen Funktionen das einzige konstante Merkmal der Stadt in allen Kulturen bis heute; die „Zentralität", die Stadt-Umlandbeziehungen, ist heute ein Schwerpunkt der Stadtgeschichtsforschung. Die Stadt ist nicht nur wirtschaftlicher Mittelpunkt (Markt, Produktions- und Verbrauchszentrum), sondern kann auch Herrschafts- und Verwaltungsmittelpunkt (bei Städten mit Residenzen oder Burgen weltlicher und geistlicher Herrn, oder bei Städten mit eigenem Territorium), kultisches (Bischofssitze, Stadtklöster) oder kulturelles Zentrum (Stadtschulen, Arbeitsort von Künstlern) sein.

Auch schon vor Ausbildung eines Stadtrechts existierten *städtische Vor- und Frühformen*. Etwas vereinfachend, können wir drei verschiedene Vorstufen der Stadt in Mitteleuropa feststellen:

Zunächst in Gestalt des antiken Erbes der römischen Städte, die innerhalb der römischen Reichsgrenzen, besonders an Rhein und Donau, entstanden waren. In vielen Fällen ist eine topographische und eine Namenskontinuität vorhanden; ob sich dort städtisches Leben, wenigstens in rudimentärer Form, erhalten hat, bleibt umstritten. Für Köln und Trier ist eine Handwerkstradition wahrscheinlich, eine kultische Kontinuität mit nur kurzen Unterbrechungen läßt sich bei einer Reihe von Bischofssitzen annehmen (Trier, Augsburg). Die an den großen Strömen, den Haupthandelswegen des Mittelalters, gelegenen ehemaligen römischen Städte waren auch Zentren bischöflicher Grundherrschaften — früh entfalteten sich hier wieder Märkte und frühstädtisches Wirtschaftsleben, so etwa in Köln, Mainz, Speyer, Worms, Straßburg, Basel, Regensburg.

Eine zweite Frühform sind die „Kaufmannswike" der Nord- und Ostseeküste sowie angrenzender Gebiete, wo sich der Seehandel seit der Karolingerzeit stark entwickelt hatte: Dauersiedlungen von Kaufleuten und Handwerkern mit Märkten, meist unter königlicher Oberaufsicht: z. B. Dorestad/Niederrhein, Quentowik, Bremen, Hamburg, Haithabu/Schleswig.

Die dritte und häufigste Form sind die Marktorte des Binnenlandes, die an den Zentren der großen Grundherrschaften seit der Karolinger- und Ottonenzeit entstanden: bei Pfalzen, Burgen, Bischofskirchen, Klöstern und anderen Herrschaftssitzen. Charakteristisch ist hier (wie auch bei vielen späteren Städten) der „topographische Dualismus" von Marktsiedlungen mit Kaufleuten und Handwerkern und dem (häufig befestigten) Herrschaftssitz. In diese Gruppe gehören auch die z. T. bedeutenden präurbanen slawischen Burgsiedlungen Ostmitteleuropas, z. B. Gnesen, Breslau, Krakau, Prag.

Die Stadt erwächst auf Grund der oben (Kap. 10) skizzierten demographischen, wirtschaftlichen und sozialen Veränderungen. Dem Markt und dem herrschaftlichen Einfluß wird heute die wichtigere Rolle bei der eigentlichen Stadtentstehung zugeschrieben; das Marktrecht war die Vorform des Stadtrechts, mit ihm hingen auch Münz- und Zollrechte zusammen. Das genossenschaftliche Element, nämlich die Schwureinungen (Gilden) der freien Kaufleute

– sehr wichtig in Nordwesteuropa – war insgesamt von geringerer Bedeutung (anders H. Planitz). Dennoch hing der Übergang vom Markt zur Stadt, der ganz allmählich verlief, auch von der Herausbildung einer Bürgergemeinde ab, die sich gegen den Grund- bzw. Stadtherrn als Schwurgenossenschaft (*coniuratio*) zusammenzuschließen und, in einigen Fällen auch gewaltsam, zu emanzipieren begann (Q 1). Die frühesten Aufstände in Deutschland sind im späten 11. Jahrhundert in den rheinischen Städten zu verzeichnen; die Bürger nutzten die politisch schwierige Lage ihrer bischöflichen Stadtherrn im Investiturstreit und schlugen sich gegen sie meist auf die Seite des Königs. Führend in der Auseinandersetzung waren die Kaufleute, aber auch die Ministerialen des Stadtherrn. Überhaupt spielte der ministerialische Stadtadel in der frühen deutschen Stadt eine größere Rolle, als man bisher annahm.

Den Bürgern ging es im 11. und 12. Jahrhundert um mehr Autonomie und Selbstbestimmung, nicht etwa um eine Zerstörung der feudalen Ordnung. Dies wird auch aus dem Verhalten des Königtums und des entstehenden Landesfürstentums deutlich. Der ökonomische und militärische Nutzen der Stadt war für König und Fürsten so verlockend, daß sie im 12. Jahrhundert begannen, selbst neue Städte zu gründen. Eine ummauerte Stadt war fast uneinnehmbar und bot sich daher, wie schon die Burg, als herrschaftlicher Stützpunkt und als Mittel zur Beherrschung eines Territoriums an. (Bis zum 12. Jahrhundert unterschied man bezeichnenderweise noch nicht zwischen Burg und Stadt, beides nannte man „Burg" – daher unser Wort „Bürger" für Stadtbewohner).

Die staufischen Könige selbst gründeten zahlreiche Städte und errichteten städtische Pfalzen. Die anderen großen Feudalherren folgten ihnen. Auch solche Gründungsstädte schlossen sich meist an ältere Märkte und Siedlungen an. Der Höhepunkt des Urbanisierungsprozesses liegt in Deutschland, mit regionalen Unterschieden, etwa zwischen 1220 und 1320.

Während sich in den großen Bischofsstädten die Bürger ihre freiheitlichen Rechte allmählich erkämpfen mußten, wurde den Neugründungen häufig gleich ein Stadtrecht verliehen (Q 2), das einerseits auf gewohnheitsrechtlichen Markt- und Kaufmannsrechten, andererseits auf stadtherrlichen Privilegien beruhte. Jede Stadt hatte ihr individuelles Recht, dennoch ist, was die Rechtsstellung der Bürger betrifft, ein gemeinsamer Grundbestand in der Regel vorhanden: Freiheit von Ansprüchen anderer Herren, die sich Stadtbewohner nach verbreiteter Vorstellung durch einen Aufenthalt von Jahr und Tag in der Stadt erwarben („Stadtluft macht frei"), Freizügigkeit und Erbrecht, eigene Richter- und Pfarrerwahl. Mit dem Bürgereid (Q 5) verpflichtete sich der Bürger der Stadtgemeinschaft, für die er Steuern und Wehrdienst zu leisten hatte. Im Strafrecht waren keine körperlichen Strafen mehr vorgesehen. Gerichtsherr war zunächst der Stadtherr; doch gelang es den Städten im Verlauf der weiteren Entwicklung, die niedere und auch die höhere Gerichtsbarkeit zu erwerben.

Die Stadt ist durch die Ratsverfassung gekennzeichnet, deren Vorbilder in Oberitalien lagen. Der Rat, die Stadtregierung, bestand häufig aus 12 oder 24 Ratsherren, die jährlich wechselten; er hatte vor allem die Finanzhoheit. Entscheidungen wurden nach dem Mehrheitsprinzip gefällt. Der Bürgermeister war meist nur *Primus inter pares*. Allgemeine Bürgerversammlungen gab es in vielen Fällen, ihre Kompetenzen waren jedoch bescheiden.

Die mittelalterlichen Städte waren keine Inseln demokratischer Gleichheit in einer feudalen Umwelt; ihre Bevölkerung war sozial stark differenziert. Keineswegs alle Stadtbewohner hatten das Bürgerrecht. Das Drei-Schichtenmodell (Ober-, Mittel-, Unterschicht) eignet sich für eine Beschreibung der *Sozialstruktur* noch immer am besten (H. K. Schulze). Reichtum war in der Stadt zweifellos ein sehr wichtiger Faktor sozialer Einschätzung (somit war auch ein Aufstieg in die Oberschicht möglich), aber auf Zugehörigkeit zu den herrschenden Familien wurde ebenfalls geachtet. Die ratsfähigen Familien beherrschten den Stadtrat und hielten alle wichtigen Stadtämter in ihrer Hand. Dieses Patriziat (oder: Meliorat) setzte sich aus reichen Kaufleuten und den stadtadligen Ministerialenfamilien zusammen, die sich in manchen Fällen auch wieder gegenseitig bekämpften. Kaufmannskapital, Geldhandel und Grundbesitz waren ihre wirtschaftliche Basis. Neben den ratsfähigen Familien kann man auch noch andere reiche Bürger, auch die Spitzengruppe der Handwerker, zur Oberschicht zählen.

Die Mittelschicht verfügte über mittlere und kleinere Vermögen und setzte sich aus kleineren Kaufleuten, Stadtschreibern, Fuhr- und Schiffsunternehmern, Ärzten, gutgestellten Ackerbürgern und vor allem aus der Masse der Handwerker zusammen. Sie konnte bis zu 50 % der Gesamtbevölkerung einer Stadt betragen.

Die Erforschung der Unterschichten ist auf Grund der Quellenlage schwierig. Zu ihr gehörte die untergeordnete arbeitende Bevölkerung (Handwerksgesellen, Hilfsarbeiter, Dienstboten, Stadtwächter u. a.), aber auch die Randgruppen (Bettler, Prostituierte, Aussätzige u. a.). Die meisten Unterschichtsangehörigen hatten kein Bürgerrecht. Ihre Zahl nahm im Laufe des Spätmittelalters eher zu. In den damaligen Großstädten schätzt man sie auf bis zu 40 % der Bevölkerung.

Abgesehen von den Fremden und Gästen, existierten noch zwei Sondergruppen, die nur teilweise in die Stadt integriert waren: die Kleriker der Bischofssitze, der zahlreichen Stadtklöster und der Stadtpfarreien. Die Geistlichen waren als Angehörige der Kirche eximiert und hatten in der Regel kein Bürgerrecht. Auch die Juden bildeten häufig autonome Gemeinden, die meist dem König, den Landes- oder Stadtherrn verpflichtet und unterstellt waren (Kammerknechtschaft), dennoch in vielen Fällen auch noch von den Städten zu Finanzleistungen herangezogen wurden; dafür wurde ihnen der Schutz der Stadt versprochen. Ihre Situation verschlechterte sich seit dem 13. Jahrhundert. Das große Kreditgeschäft wurde ihnen von christlichen Geldhändlern ebenso entzogen wie früher schon der Fernhandel (Kap. 12). Die jüdischen Wohnviertel wurden im Spätmittelalter allmählich zum Ghetto.

Eine der frühesten statistischen Quellen, aus Nürnberg zum Jahr 1449, zeigt folgendes Bild der Bevölkerung: 12 309 Bürger mit Angehörigen, 3 274 Knechte und Mägde, 1976 Nichtbürger, 446 Geistliche mit ihren Bediensteten, 120 Juden.

Genossenschaftliche Zusammenschlüsse innerhalb der Stadtbevölkerung sind für die Stadtgeschichte von hoher Bedeutung. Das gilt für die Kaufmannsgilden der frühen Zeit und die Patriziergesellschaften, für die Bruderschaften mit religiösen Aufgaben, besonders aber für die Zünfte der Handwerker und Gewerbetreibenden. Die Zunft hatte wirtschaftliche, religiöse und gesellige Funktionen. Die Angehörigen eines Handwerks mußten schon seit dem 13. Jahrhundert in der Zunft organisiert sein (Zunftzwang); sie nahm großen Einfluß auf die Produktion, die Qualität der Erzeugnisse, die Löhne, den Vertrieb, die Preise; sie war vor allem bestrebt, die Konkurrenz innerhalb und außerhalb der Stadt auszuschalten. Gegenseitige Hilfe, gemeinsame religiöse und gesellige Feste machten aus der Zunft mehr als einen bloßen Berufsverband. Dennoch gab es innerhalb der Zünfte und zwischen den verschiedenen Zünften erhebliche Vermögensunterschiede und auch Konkurrenzverhalten. In der Zeit der Zunftkämpfe vom Ende des 13. bis zum Ende des 14. Jahrhunderts versuchten die Handwerker und Gewerbetreibenden, gegen das Patriziat einen Anteil an der politischen Macht in der Stadt zu erringen — mit unterschiedlichem Erfolg.

Nach der Auseinandersetzung der Bürger mit dem Stadtherrn und nach den Zunftkämpfen sind als drittes, zeitlich späteres Konfliktfeld innerhalb der Stadt die Gesellenunruhen des 15. Jahrhunderts zu nennen. Durch den strikteren Abschluß der Zünfte war der Gesellenstatus nicht mehr ein Durchgangs-, sondern ein Dauerzustand abhängiger Arbeiter geworden, der zu wachsenden Spannungen mit den Meistern und Zünften und sogar zu ersten Streiks der organisierten Gesellenvereine führte (Q 6).

Die *Stellung der Frauen* in den Städten des Spätmittelalters, so unterschiedlich sie sich nach Region und Stadt auch darstellt, hat sich insgesamt relativ verbessert (sichc Kap. 1). In das Bürgerrecht waren sie einbezogen, politische Wirksamkeit konnten sie jedoch nicht entfalten. Im Stadtrecht ist eine gewisse Tendenz zur rechtlichen Gleichstellung (im Ehegüter- und Strafrecht) zu beobachten, die

Geschlechtsvormundschaft wird aber nicht aufgehoben. Außerordentlich große Bedeutung kommt den Frauen im Wirtschaftsleben der Stadt zu. Da Wohnung und Arbeitsstätte nicht getrennt waren, war die Mitarbeit von Frauen im Handels- oder Handwerksbetrieb selbstverständlich und unerläßlich. Nicht nur Witwen konnten den Betrieb ihres Mannes selbständig weiterführen, auch andere selbständige Berufsarbeit (besonders in der Lebensmittel- und Textilbranche), der Eintritt in Zünfte, teilweise auch Aufstieg zu Meisterehren, war den Frauen häufig möglich. Rein weibliche Zünfte im Seiden-, Garnmacherinnen- und Goldspinnerinnengewerbe existierten in Köln. Dort waren die sehr selbständige Stellung und der geschäftliche Erfolg von Frauen, auch Handelsfrauen, besonders ausgeprägt (Margret Wensky). Köln war die größte deutsche Stadt des Spätmittelalters mit 40–50 000 Einwohnern, und die dortige Situation kann nicht ohne weiteres auf kleinere Städte übertragen werden. In den städtischen Unterschichten waren Frauen wohl allerorts überproportional vertreten.

Die Anteilnahme der Frauen am religiösen Leben der Stadt war lebhaft. Wie die Bettelorden, so war auch das weibliche Beginenwesen ein Produkt der Armutsbewegung des 13. Jahrhunderts. Seit der Mitte dieses Jahrhunderts bezeichnet man als Beginen Frauen, die, zwischen Nonnen- und Laienstatus stehend, sich allein oder in Gemeinschaften dem frommen Leben widmeten, karitativ tätig waren und ihren Lebensunterhalt durch Handarbeit (vor allem im Textilgewerbe) verdienten. Anfangs stammten die Beginen aus bürgerlichen Schichten oder sogar aus dem Adel, dann überwogen die Beginen aus den Unterschichten. Vom Nordwesten des Reiches, den Niederlanden, breitete sich ihre Bewegung aus: in der zweiten Hälfte des 15. Jahrhunderts gab es in Köln 106, in Straßburg 85 Beginenhäuser! Da die Beginen ohne genehmigte Regel lebten, gerieten sie zeitweise unter Häresieverdacht und wurden verfolgt. Vielen Frauen bot das Beginenwesen eine neue Heimat und eine sichere Versorgung. Die These vom Frauenüberschuß in den Städten, die zur Erklärung des Beginentums oft herangezogen wurde, ist heute umstritten.

Im Mittelalter sind in Deutschland etwa 4 000 Städte entstanden; der Anteil der Stadtbevölkerung wird jedoch auf höchstens 25 % geschätzt. Städte mit mehr als 10 000 Einwohnern (auch meist Schätzungen) können als Großstädte gelten, sie lebten vor allem vom Fernhandel; nach Köln wären Nürnberg, Prag, Wien, Erfurt, Lübeck, Augsburg, Straßburg, Ulm, Würzburg u. a. zu nennen. Hauptexportartikel waren Textil- und Metallwaren. Eine besondere Rolle spielten Messeorte (Leipzig, Frankfurt/ M.) oder Bergbaustädte (Freiberg/Sachsen). Aber 90 % aller Städte waren Ackerbürgerstädte mit höchstens 2 000 Einwohnern!

Nur etwa 80 Städte stiegen in den Rang von freien oder Reichsstädten auf, d. h. sie waren reichsunmittelbar und nur dem König als oberstem Stadtherrn unterstellt. Die meisten von ihnen lagen im Elsaß, in Schwaben und Franken; sie entstammten der Konkursmasse des dortigen staufischen Königsgutes und hatten sich in der Zeit nach 1254 gegen die benachbarten kleineren Territorialgewalten behaupten können. Alle anderen Städte waren als Mediatstädte einem Landesherrn untertan; sie bildeten dann einen Teil der Landstände, d. h. der Landesvertretung gegenüber dem Fürsten.

Die west- und süddeutschen Städte wurden im 14. Jahrhundert durch die Städtebünde zu einem wichtigen politischen und militärischen Faktor in der Reichspolitik. Der erste Städtebund am Rhein entstand bereits 1254 (Q 3). Die Städtebünde waren Abwehrbündnisse gegen die vordringende landesherrliche Gewalt; teilweise wandten sie sich aber auch gegen zu hohe finanzielle Forderungen des Reiches und die häufige Verpfändung der Städte durch den König. Der große Städtebund der Hanse hatte andere Ursachen und Ziele (Kap. 16). Am Ende des Mittelalters hatten die Städte allerdings ihre große politische (nicht wirtschaftliche) Rolle ausgespielt; sie unterlagen dem neuzeitlichen Territorialstaat.

Das Stadtbürgertum löste die Geistlichkeit als einzigen Bildungsstand ab. Die Städte, nicht mehr die alten ländlichen Klöster, waren die neuen Bildungszentren. Die reiche städtische Oberschicht konnte sich von Arbeitsnotwendigkeiten teilweise befreien, Kommunikation und Geselligkeit konnten sich in der Stadt lebendiger entfalten. In den Städten wurden neue Schulen gegründet, die häufig in Konkurrenz zu den geistlichen Institutionen traten. Nun wurden auch Kenntnisse vermittelt, die der Stadtbürger benötigte — im 13. Jahrhundert ging der Kaufmann zur Schriftlichkeit über. Seit Mitte des 14. Jahrhunderts entstanden die Universitäten in den deutschen Städten (Kap. 17). Die städtische Geschichtsschreibung trat in den Vordergrund. Die großen geistigen Bewegungen am Ende des Mittelalters und am Beginn der Neuzeit (Renaissance, Humanismus und Reformation) hatten ihre Zentren auch an den Fürstenhöfen, vor allem aber in den Städten. Der Buchdruck ist eine städtische Erfindung der Mitte des 15. Jahrhunderts (in Mainz). Andererseits sah die städtische Oberschicht wiederum ihr Vorbild in den adlig-ritterlichen Lebensformen, die sie idealisierte und nachahmte. So ist etwa die Manessische Liederhandschrift mit ihren farbenfrohen Miniaturen, die noch unser Bild des hochmittelalterlichen Ritterlebens mitbestimmen, in einer Stadt, in Zürich, im frühen 14. Jahrhundert in einem bürgerlichen Milieu für ein bürgerliches Publikum angefertigt worden.

Einerseits wehte also vor allem im ökonomischen Bereich ein rationaler Zug durch die Stadt; erst die Städte begannen im Mittelalter, eine bewußte Wirtschaftspolitik zu entfalten. Andererseits legte die Stadt auch großen Wert auf Selbstdarstellung — reich geschmückte große Stadtkirchen und prächtige Rathäuser sind bis heute Zeugen dieses Repräsentationswillens. Aber auch die bewußt gestalteten mittelalterlichen Stadtanlagen mit Mauern und Toren, Türmen und Bürgerhäusern, Plätzen und Straßen verbanden den praktischen Zweck mit vielgestaltiger Schönheit.

Zweifellos sind durch die Entstehung der Stadt und des Bürgertums mehr Freiheit und Freizügigkeit, sind genossenschaftliche Autonomie und Züge einer Leistungsgesellschaft in die Welt des Mittelalters gekommen. Dennoch blieb die Stadt durch ihre zentralen Funktionen in die feudale Umwelt und Gesellschaft eingebunden. Beide Seiten sind bei einer Gesamtbewertung des Phänomens der mittelalterlichen Stadt zu berücksichtigen.

Quellen

Q 1 Kampf gegen den Stadtherrn

Einer der frühesten Aufstände gegen einen bischöflichen Stadtherrn ereignete sich 1074 in Köln. Den Hintergrund bildete die Auseinandersetzung König Heinrichs IV. mit den oppositionellen geistlichen und weltlichen Fürsten. Im Aufstand gegen Anno von Köln waren die Kaufleute der Oberschicht führend und wurden wohl auch von anderen Bürgern unterstützt. Der Chronist, der Mönch Lampert v. Hersfeld, war ein Gegner des Königs und der kommunalen Bewegung.

Die Wormser hatten sich bei allen einen großen Namen gemacht, weil sie dem König in ungünstiger Lage Treue bewahrt hatten und den Bischof, der Widerstand versuchte, aus der Stadt geworfen hatten; die Kölner nun wollten das schlechte Beispiel nachahmen und dem König ihre Ergebenheit durch eine besondere Untat erweisen. Der Zufall lieferte ihnen die Gelegenheit, ihr schändliches Vorhaben durchzuführen. Der Erzbischof feierte Ostern zu Köln, mit ihm der Bischof von Münster... Als dieser sich zum Aufbruch rüstete, wurden des Erzbischofs Hausbedienstete beauftragt, für seine Reise ein passendes Schiff zu besorgen. Diese sahen sich um, beschlagnahmten das Schiff eines reichen Kaufmanns, weil es sich für diesen Zweck eignete, ließen die Waren herauswerfen und befahlen, es für die Zwecke des Erzbischofs auszurüsten. Als die Schiffsknechte sich weigerten, drohte man ihnen mit Gewalt, wenn sie nicht schnell die Befehle ausführten. Jene berichteten, so schnell sie konnten, dem Schiffsherrn und fragten ihn, was zu tun sei. Er hatte einen erwachsenen Sohn, der an Kühnheit und Körperkraft hervorragte und wegen der Familienverwandtschaft wie auch wegen seiner Verdienste bei den Ersten der Stadt sehr beliebt und geschätzt war. Dieser raffte seine Knechte und junge Leute aus der Stadt zusammen, soviele er eben in der Aufregung zusammenbekam, stürmte zum Schiff und verjagte die Knechte des Erzbischofs, die hartnäckig auf der Beschlagnahme des Schiffes bestanden, mit Gewalt. Als daraufhin der Stadtvogt heranrückte und neuen Tumult verursachte, wehrte er ihn mit der gleichen Hartnäckigkeit ab und jagte ihn in die Flucht. Schon wollten bewaffnete Freunde beiden Seiten zu Hilfe kommen und es schien zu einem gefährlichen Kampf zu kommen. Als man dem Erzbischof meldete, daß die Stadt durch einen schweren Aufstand erschüttert werde, schickte er sofort zur Beschwichtigung der Volksbewegung Leute aus und drohte voller Zorn, die aufständischen jungen Männer bei der nächsten Gerichtssitzung mit der gebührenden Strafe zu züchtigen ... Nur mit Mühe konnte man dem Kampf Einhalt gebieten. Aber der wilde, durch den ersten Erfolg übermütig gewordene junge Mann hörte nicht auf, alle aufzuwiegeln; er lief durch die Stadt, hielt Ansprachen an das Volk über die Überheblichkeit und Strenge des Erzbischofs, der soviel Widerrechtliches angeordnet habe, Unschuldigen oft ihren Besitz weggenommen und die ehrbarsten Bürger mit unverschämten Worten angefallen habe. Es war nicht schwer, diese Art Menschen in alles zu verwandeln wie ein Blatt, das durch den Wind mitgerissen wird, da sie, von Jugend auf in städtischem Luxus erzogen, keine Kriegserfahrung hatten; nach dem Verkauf ihrer Waren diskutierten sie bei Wein und Schmaus über das Kriegswesen, glaubten, alles könne so leicht getan wie gesagt werden und konnten den Ausgang der Angelegenheit nicht abschätzen... Außerdem kam ihnen die berühmte Tat der Wormser in den Sinn, die ihren Bischof, der allzu übermütig aufzutreten begann, aus der Stadt geworfen hatten, und da sie selbst an Zahl, an Geld und Waffen besser ausgerüstet waren, wollten sie nicht geringer an Kühnheit eingeschätzt werden...

Die Vornehmen schmieden unnütze Pläne, das ungeduldige Volk, auf Umsturz bedacht, ruft die ganze vom Teufelsgeist ergriffene Stadt zu den Waffen ...es war der Tag des heiligen Georg ...am Nachmittag gegen Abend stürmen sie aus allen Teilen der Stadt zum Palast des Erzbischofs, greifen ihn, der dort auf einem belebten Platz mit dem Bischof von Münster speiste, an, schleudern Speere, werfen Steine, töten einige seiner Begleiter, prügeln und verletzen die übrigen und schlagen sie in die Flucht. Währenddessen haben viele den Anstifter dieses Wütens, den Teufel selbst, gesehen, wie er vor dem rasenden Volk einherlief... Den Erzbischof konnten seine Leute aus dem Feindeshaufen und dem Geschoßhagel mit Mühe und Not in die Peterskirche bringen, deren Türen sie nicht nur mit Riegeln und Querbalken, sondern auch mit großen Steinblöcken sicherten... [Nach der Flucht des Erzbischofs:] Als man im Lande hörte und die Gerüchte dies verbreiteten, die Kölner hätten den Erzbischof mit Schimpf und Schande aus der Stadt gejagt, erschrak das ganze Volk über dies neuartige schreckliche Verbrechen und dieses Schauspiel menschlichen Schicksals, das ein Mann von solchen Tugenden in Christo in so unwürdiger Weise unter den Augen Gottes erleiden mußte... Am 4. Tag nach seiner Flucht rückte der Erzbischof mit einem großen bewaffneten Haufen vor die Stadt. Als die Kölner dies sahen und merkten, daß sie dem Angriff einer so großen kampflustigen Menge weder durch ihre Mauer noch in der Schlacht widerstehen könnten, da begann ihre Wut abzuflauen und ihre Trunkenheit zu verfliegen; in großer Angst schickten sie Friedensgesandte, bekannten sich schuldig und erklärten sich bereit, die Strafe auf sich zu nehmen... In der Nacht flohen 600 [eher: 60] reiche Kaufleute aus der Stadt; sie begaben sich zum König und flehten ihn um Hilfe an gegen das Wüten des Erzbischofs...

Der Sohn des obenerwähnten Kaufmanns, der als erster das Volk zum Aufstand aufgehetzt hatte, und einige andere wurden geblendet, einige erlitten die Prügelstrafe und wurden geschoren, alle wurden mit schweren Vermögensstrafen belegt und zu einem Eid gezwungen, in Zukunft die Stadt für den Erzbischof mit Rat und Tat gegen jedermanns Gewalttaten zu verteidigen...

(Lampert v. Hersfeld, hg. v. O. Holder-Egger 1894, MGH SS rer. Germ. in us. schol. 38, S. 185–193).

Q 2 Stadtgründung

Die Gründungsurkunde des Herzogs Konrad von Zähringen für Freiburg/Br. gilt als das älteste deutsche Stadtrecht für eine gegründete Stadt. Die meisten für Bürger üblichen

Privilegien und Freiheiten sind hier bereits enthalten; das Freiburger Stadtrecht war zu seiner Zeit vor allem im Vergleich zu den Verhältnissen in den (gewachsenen) Bischofsstädten außerordentlich fortschrittlich.

Allen Zukünftigen und Gegenwärtigen sei bekannt, daß ich, Konrad, an einem Ort meines Eigenbesitzes, nämlich in Freiburg, einen Markt gegründet habe, im Jahre 1120. Deshalb habe ich beschlossen, daß freie Kaufleute, die von allen Seiten zusammengerufen wurden, auf Grund einer beschworenen Vereinbarung diese Marktsiedlung beginnen und ausbauen sollen. Daher habe ich jedem einzelnen Kaufmann ein Grundstück in dem gegründeten Marktort zu Errichtung eigener Häuser gegeben und als jährlichen Zins von jedem Grundstück einen Schilling des üblichen Geldes für mich und meine Nachkommen, zahlbar am Martinstag, festgelegt.

Es sei allen bekannt, daß ich auf ihren Wunsch und Begehr folgende Privilegien eingeräumt habe . . .:

1. Ich verspreche Frieden und Sicherheit auf den Wegen in meinem Herrschaftsbereich allen, die meinen Markt besuchen wollen. Sollte einer von ihnen in diesem Gebiet beraubt werden und den Räuber benennen können, werde ich für die Rückgabe des geraubten Gutes sorgen oder es selbst bezahlen.

2. Wenn einer meiner Bürger stirbt, soll seine Frau mit ihren Kindern alles besitzen und alles, was ihr Mann hinterlassen hat, ohne Widerspruch erhalten.

3. Allen Mitbesitzern des Marktes erlaube ich, soweit ich es vermag, an den Rechten meiner Eigenleute und des Landvolkes der Gegend teilzuhaben, d. h., daß sie ohne Einschränkung die Weiden, Flüsse, Gehölze und Wälder nutzen dürfen.

4. Allen Kaufleuten erlasse ich den Zoll.

5. Ich werde meinen Bürgern niemals einen Vogt oder Pfarrer ohne Wahl vorsetzen, sondern sie sollen mit meiner Zustimmung diejenigen haben, die sie in diese Funktionen wählen.

6. Wenn ein Streit oder Konflikt unter meinen Bürgern entsteht, soll er nicht nach meinem Gutdünken oder dem ihres Richters entschieden werden, sondern das Urteil soll nach dem üblichen rechtmäßigen Kaufmannsrecht, besonders der Kölner [Kaufleute], gefällt werden.

7. Wenn einer durch Not gezwungen wird, kann er sein Eigentum verkaufen, wem er will. Der Käufer muß aber vom Grundstück den festgesetzten Zins zahlen.

Damit meine Bürger meinen Versprechungen nicht weniger Glauben schenken, habe ich zusammen mit 12 meiner wichtigsten Ministerialen, die auf das Heiligste geschworen haben, die Sicherheit gegeben, das Obengenannte immer zu erfüllen, ebenso meine Nachkommen. Und damit ich diesen Schwur nicht durch irgendeinen Anlaß breche, habe ich jedem freien Mann und den Marktgeschworenen mit dem Handschlag meiner Rechten unverbrüchlich treuen Schutz gelobt. Amen.

(W. Schlesinger, Das älteste Freiburger Stadtrecht. Überlieferung u. Inhalt. ZRG Germ. Abt. 83, 1966, 96−98).

Q 3 Der erste Städtebund

Der Städtebund von 1254 hatte die Form eines Landfriedensbündnisses, bei dem zum ersten Mal die Städte als federführende Instanz auftraten. Sein Hauptzweck war ursprünglich neben der Erhöhung der Straßensicherheit vor allem die Aufhebung bzw. Reduzierung der handelshemmenden Rheinzölle.

Im Namen der heiligen und unteilbaren Dreifaltigkeit Amen. Die Richter und Ratsherren und alle Bürger von Mainz, Köln, Worms, Speyer, Straßburg, Basel und die anderen in einem heiligen Friedensbündnis vereinigten Städte grüßen alle Gläubigen Christi in [Gott], dem Schöpfer des Friedens und Anfang allen Heils.

1. Da die Gefahren auf dem Land und auf den Wegen einige unserer Leute schon seit langem ganz vernichtet und viele gute und fähige Menschen ruiniert haben − Unschuldige wurden sinnlos bedrückt −, muß ein Mittel erforscht und gefunden werden, diesen Unruhen und Stürmen entgegenzutreten; dadurch könnten wenigstens unsere Grenzen und Gebiete zur Rechtschaffenheit und auf den Pfad des Friedens zurückgeführt werden.

2. Daher wollen wir mit diesen Briefen allen anzeigen, daß wir uns ... wegen der Pflege und Beachtung des Friedens und der Gerechtigkeit einmütig auf diesen Wortlaut geeinigt haben und uns im Jahr des Herrn 1254 vom bevorstehenden Margaretenfest [13. Juli] an auf 10 Jahre verpflichtet haben, den allgemeinen Frieden fest zu bewahren.

2 a. Diesen Frieden haben auch die verehrten Väter, die Herren Gerhard von Mainz, Konrad von Köln, Arnold von Trier, die Erzbischöfe, und Richard von Worms, Heinrich von Straßburg, Jakob von Metz, Bertold von Basel, die Bischöfe, und viele Grafen und Adlige mit uns beschworen, nämlich daß sie, wie auch wir, alle ungerechten Zölle zu Wasser und zu Lande gnädig und großzügig abschaffen.

3. In diesem Bündnis ist auch die Zusage eingeschlossen, daß sich nicht nur die Großen aus unseren Reihen des gemeinsamen Schutzes erfreuen, sondern mit den Großen sollen auch alle Geringeren, die Weltkleriker und die Ordensleute, die Laien und die Juden, den Schutz genießen und in Ruhe und Frieden leben können.

3 a. Gegen die Friedensverletzer und -störer werden wir mit allen Kräften vorgehen und sie zur angemessenen Wiedergutmachung zwingen.

4. Damit nicht wegen gegenwärtiger oder vielleicht zukünftiger Streitfragen innerhalb des beschworenen Friedensbündnisses jetzt oder in Zukunft, was ferne sei, ein Feuer der Zwietracht oder Anlaß für einen Streit entstehe, haben wir folgende heilsame Vorsorge getroffen: In jeder Stadt bzw. von jedem uns verbündeten Herren sollen vier glaubwürdige Geschworene gewählt werden, die mit voller ihnen verliehener Autorität alle Streitfragen durch freundschaftlichen Vergleich oder mit einem Rechtsurteil beenden sollen ...

6. Wenn einer der vier stirbt, rückt ein anderer nach.

7. Wenn der Frieden bei einem Herrn oder in einer Stadt verletzt wird, sollen die vier von den Herren oder Städten dazu Bestimmten wegen des Friedensbruchs zusammenkommen, um über den Frieden zu beraten, und sollen über einen gemeinsamen Beschluß verhandeln, wie er ehrenvoll wiederhergestellt werden und wie die Vorschrift des heiligen Friedens wieder bekräftigt werden kann.

(Elenchus fontium historiae urbanae, Bd. 1, hg. v. B. Diestelkamp u. a., Leiden 1967, Nr. 177).

Q 4 Zunftbestimmungen

Die Statuten der hier Bruderschaft *(fraternitas)* genannten Trierer Eisenhändlergenossenschaft machen auch die religiösen und geselligen Funktionen dieser Zusammenschlüsse und die Einbeziehung der Frauen deutlich.

Allen, die vorliegende Urkunde einsehen werden. Wir, Schultheiß und Schöffen der Stadt Trier, machen bekannt, daß seit vergangenen Zeiten in der Bruderschaft der Brüder und Schwestern, nämlich der Händler mit Eisen und Eisenwaren, in der Stadt Trier folgendes üblich gewesen ist:

1. Welch Mann oder Frau in die genannte Bruderschaft eintreten will, muß ihr 20 Schilling guter und rechtmäßiger Trierer Pfennige geben und zahlen und soll den Brüdern ein Mahl mit sieben reichlichen Gängen ausrichten, wie es bisher Brauch war.

2. An diesem Mahl soll mit den Brüdern und Schwestern der Bruderschaft immer der Trierer Schultheiß mit zwei Trierer Schöffen und dem Trierer Zender [ein Beamter der Stadt] teilnehmen. Nach beendetem Mahl muß der Mann oder die Frau, der oder die besagter Bruderschaft beigetreten ist, dem Schultheißen 2 Trierer Schilling entrichten, jedem der beiden Schöffen 12 Pfennige, dem Zender 12 Pfennige sowie jedem Bruder und jeder Schwester 6 Trierer Pfennige.

3. Wenn eine Schwester oder ein Bruder stirbt, so müssen alle männlichen und weiblichen Mitglieder der Bruderschaft, soweit sie in der Stadt Trier anwesend sind, an den Exequien für den Verstorbenen teilnehmen, bis die Leiche kirchlich bestattet worden ist. Wer das versäumt, soll zur Strafe und Besserung an die Bruderschaft ein halbes Pfund Wachs abliefern. Nach ihrem Tod bekommen Brüder und Schwestern für ihre Totenmesse von der Bruderschaft acht Wachskerzen, deren jede ein volles Pfund Wachs enthalten soll.

4. Sollte irgendein Mitglied, Bruder oder Schwester, in Armut geraten, so daß es für seinen Unterhalt nicht selbst aufkäme oder aufkommen könnte, so sollen es alle Brüder und Schwestern aus dem gemeinsamen Vermögen der Bruderschaft unterstützen, je nach Beschaffenheit und Bestand des Bruderschaftsvermögens. Zum Zeugnis dessen haben wir geglaubt, diese Urkunde mit dem Siegel der Stadt Trier besiegeln zu sollen. Gegeben im Jahr des Herrn 1285, am Dienstag

vor dem Geburtstag des heiligen Johannes des Täufers [19. Juni].

(Quellen zur Wirtschafts- und Sozialgesch. mittel- und oberdeutscher Städte im Spätmittelalter, ausgewählt u. übers. von Gisela Möncke, 1982, Nr. 17 = Frh.-v.-Stein-Ausg. MA, Bd. 37).

Q 5 Bürgereid (Köln, um 1355)

Dies sollen diejenigen schwören, die man neu zu Bürgern von Köln macht:

1. Zu dem ersten sollen sie schwören, dem Rat und der Stadt von Köln getreu und hold zu sein und ihr Bestes im Sinn zu haben und vor dem Bösen zu warnen, sofern sie davon wissen oder etwas vernehmen.
2. Item der Sturmglocke zu folgen und ganz im Harnisch gerüstet zu sein, zum Nutzen des Rats und der Stadt von Köln.
3. Item wenn sie diesen Eid geleistet haben, so soll man sie mit der Bürgerschaft belehnen mit all den Freiheiten, die die anderen Bürger haben. Hat er in Köln in einem Haus gewohnt und gesessen drei Jahre, so soll er 6 Gulden von schwerstem Gewicht geben; wäre es, daß er weniger als drei Jahre dort gesessen ist, so soll er 12 Gulden geben.
4. Auch soll man sie sodann fragen, ob sie jemandes Eigenleute seien. Und wäre es, daß sie jemandes eigen wären, der sie innerhalb eines Jahrs nach dem Datum seines Bürgerbriefs als sein Eigentum forderte, so soll man ihn seinem Herrn folgen lassen und seine Bürgerschaft soll ihm hierbei keinen Beistand leisten.

(Urkunden zur städtischen Verfassungsgeschichte, hg. v. F. Keutgen, Berlin 1901, Nr. 182 a).

Q 6 Gesellenstreik

Ein Streik der Breslauer Gürtlergesellen wird von den Meistern, die von der Stadt unterstützt werden, mit einer Aussperrung beantwortet.

Im Jahr des Herrn 1329 am Tag der vier Gekrönten [8. November] erklärten die Gürtelmacher vor uns Ratsherren: Ihre Gesellen hätten beschlossen, daß innerhalb eines Jahres keiner von ihnen einem der vorgenannten Gürtlermeister dienen dürfe oder sich in den Dienst eines anderen begeben dürfe. Daher faßten dort die Gürtler nach Beratung untereinander einmütig folgenden Beschluß und verpflichteten sich uns gegenüber, daß jeder von ihnen, der innerhalb dieses einen Jahres einen der vorgenannten Gesellen wieder in sein Haus oder in seinen Dienst aufnimmt, der Stadt zur Strafe ¼ Mark zahlen müsse.

(Breslauer Urkundenbuch, hg. von G. Korn, 1870, Nr. 138).

Fragen, Probleme und Anregungen

1) Welche Kriterien sind bei der Beschreibung der mittelalterlichen Stadt zu nennen?
2) Die Entstehung der Stadt des Mittelalters (Anknüpfungspunkte und Voraussetzungen).
3) Charakterisieren und erklären Sie die drei Emanzipationsbewegungen in der mittelalterlichen Stadt.
4) Formen und Funktionen genossenschaftlicher Zusammenschlüsse in der Stadt.
5) Wie unterscheidet sich die Rolle der Frauen in der Stadt von ihrer Rolle in der früheren rein agrarischen Gesellschaft?
6) Die Stadt — „demokratische Insel" oder „Teil der feudalen Ordnung"?

Wichtige Daten

1074	Aufstand Kölner Bürger gegen den Stadtherrn
1120	Erste deutsche Gründungsstadt (Freiburg i. Br.)

etwa 1220—1320 Höhepunkt der Stadtentstehung in
          Deutschland
1254   Der erste süddeutsche Städtebund

Wichtige Begriffe

Stadtrecht   Zentralität
Wik   Urbanisierung
Ratsverfassung   Patriziat (Meliorat)
Gilde und Zunft   Reichsstadt

Literaturhinweise

Überblicksdarstellungen

H. Planitz, Die deutsche Stadt im MA. Von der Römerzeit bis zu den Zunftkämpfen, 1954 (Nachdruck 1980).
Quellen zur Wirtschafts- und Sozialgesch. mittel- und oberdt. Städte, hg. v. Gisela Möncke, 1982 (Frh.-von-Stein-Ausg. MA 37) [Gute knappe Einleitung].
F. Opll, Stadt und Reich im 12. Jh. (1125—1190), 1986.
H. Boockmann, Die Stadt im späten Mittelalter, 1986.
E. Ennen, Die europäische Stadt des Mittelalters, 1987[4].

Sammelwerke

Die Städte Mitteleuropas im 12. und 13. Jh., hg. v. W. Rausch, 1963.
H. Stoob, Forschungen zum Städtewesen in Europa, Bd. I, 1970.
Die Stadt am Ausgang des Mittelalters, hg. v. W. Rausch, 1974.
Stadt und Bürgertum in der dt. Geschichte des 13. Jahrhunderts, hg. v. B. Töpfer, 1976.
Die Stadt des Mittelalters, 3 Bde., hg. v. C. Haase, Bd. 1, 1978[3] (WdF 243), Bd. 2, 1976[2] (WdF 244), Bd. 3, 1984[3] (WdF 245).

E. Ennen, Gesammelte Abhandlungen zum europäischen Städtewesen und zur rheinischen Geschichte, 1977.
Altständisches Bürgertum. Bd. 1, hg. v. H. Stoob, 1978 (WdF 352), Bd. 2, hg. v. H. Stoob, 1978 (WdF 417).
Beiträge zum hochmittelalterl. Städtewesen, hg. v. B. Diestelkamp, 1982 (Städteforschung A 11).
Beiträge zum spätmittelalterl. Städtewesen, hg. v. B. Diestelkamp, 1982 (Städteforschung A 12).

Frühgeschichte

Vor- und Frühformen der europäischen Stadt im MA, hg. v. H. Jankuhn u. a., 2 Bde, 1973−74 (Abh. Akad. d. Wiss. Göttingen, Phil.-hist. Kl. 3, Nr. 83/84).
E. Ennen, Frühgeschichte der europäischen Stadt, 1981[3].
Handelsplätze des frühen und hohen Mittelalters, hg. v. H. Jankuhn u. a., 1984.

Zentrale Funktionen

K. Blaschke, Qualität, Quantität u. Raumfunktion als Wesensmerkmale der Stadt vom MA bis zur Gegenwart. Jb. für Regionalgeschichte 3(1968), 34−50.
Stadt und Umland, hg. v. E. Maschke u. J. Sydow, 1974 (Veröff. d. Komm. f. gesch. Landeskunde Baden-Württemberg B 82).
Zentralität als Problem der mittelalterlichen Stadtgeschichtsforschung, hg. v. E. Meynen, 1979 (Städteforschung A 8).
F. Irsigler, Die wirtschaftliche Stellung der Stadt Köln im 14. u. 15. Jh. Strukturanalyse einer spätmittelalterlichen Exportgewerbe- u. Fernhandelsstadt. VSWG Beiheft 65, 1979.
M. Mitterauer, Markt u. Stadt im MA. Beiträge zur historischen Zentralitätsforschung, 1980.
F. Irsigler, Stadt u. Umland in der histor. Forschung: Theorien u. Konzepte. In: Bevölkerung, Wirtschaft u. Gesellschaft. Stadt-Landbeziehungen, hg. v. N. Bulst u. a., 1983.
E. Ennen, Markt u. Stadt. In: HRG Bd. 3 (1984), Sp. 330−337.

Städtisches Um- und Hinterland in vorindustrieller Zeit, hg. v. K. H. Schulze, 1986 (Städteforschung A 22).

Verfassung/Sozialstruktur/Alltag

E. Maschke, Verfassung u. soziale Kräfte in der dt. Stadt des späten MAs, vornehmlich in Oberdeutschland. VSWG 46 (1959), 289–349, 433–476.
Ders., Das Berufsbewußtsein des mittelalterl. Fernkaufmanns. In: Miscellanea Mediaevalia, hg. v. P. Wilpert u. W. Eckert, Bd. 3, 1964.
Untersuchungen zur gesellsch. Struktur der mittelalterl. Städte in Europa, 1966 (Vorträge u. Forsch. 11). [Aufsätze].
K. Czok, Die Bürgerkämpfe in Süd- und Westdeutschland im 14. Jh. Jb. f. Gesch. der oberdt. Reichsstädte, 12/13 (1966/67) 40–72. Auch in: Die Stadt des MAs, Bd. 3 (siehe oben).
Gesellsch. Unterschichten in den südwestdt. Städten, hg. v. E. Maschke u. J. Sydow, 1967 (Veröff. d. Komm. f. gesch. Landeskunde Baden-Württbg. B 41).
K. Kroeschell, Bürger. In: HRG Bd. I (1971) Sp. 543–553.
Stadt u. Ministerialität, hg. v. E. Maschke u. a., 1973 (Veröff. d. Komm. f. gesch. Landeskunde Bad.-Württbg. B 76).
U. Dirlmeier, Untersuchungen zu Einkommensverhältnissen u. Lebenshaltungskosten in oberdt. Städten des Spät MAs. 1978.
M. Wensky, Die Stellung der Frau in der stadtkölnischen Wirtschaft im Spätmittelalter, 1980.
E. Maschke, Die Familie in der dt. Stadt des späten Mittelalters, 1980 (Sitzungsberichte Heidelberg).
K. Elm/R. Sprandel u. a., Beg(h)inen. In: LexMA Bd. 1 (1980), Sp. 1799–1803.
F. Graus, Randgruppen der städt. Gesellschaft im Spätmittelalter. ZHF 8 (1981), 385–437.
B. Berthold, Charakter u. Entwicklung des Patriziats in mittelalterl. dt. Städten. Jb. f. Gesch. d. Feudalismus 6 (1982), 195–241.

Haus u. Familie in der spätmittelalterl. Stadt, hg. v. A. Haverkamp, 1984.
F. Irsigler/A. Lassotta, Bettler u. Gaukler, Dirnen u. Henker. Randgruppen u. Außenseiter in Köln (1300–1600), 1984.
K.-P. Schroeder, Rat/Ratgerichtsbarkeit/Rathaus/Ratsherr/Ratsverfassung. In: HRG Bd. 4, Lfg. 25 (1985), 156–182.
Gilden und Zünfte. Kaufmännische u. gewerbliche Genossenschaften im frühen u. hohen MA, hg. v. B. Schwineköper, 1985 (Vortr. u. Forschungen 29).
K. Schulz, Handwerkergesellen u. Lohnarbeiter. Untersuchungen z. oberrhein. u. oberdt. Stadtgeschichte des 14.-17. Jhs., 1985.

Stadtbild

Th. Hall, Mittelalterliche Stadtgrundrisse. Versuch einer Übersicht der Entwicklung in Deutschland u. Frankreich, 1978.
C. Meckseper, Kleine Kunstgeschichte der dt. Stadt im MA, 1982.

Bürgertum und feudale Umwelt

O. Brunner, „Bürgertum" und „Feudalwelt" in der europäischen Sozialgeschichte. GWU 7 (1956), 599–614.
B. Berthold/E. Engel/A. Laube, Die Stellung des Bürgertums in der dt. Feudalgesellschaft bis zur Mitte des 16. Jhs. Zeitschr. f. Geschichtswiss. 21 (1973), 196–217.
E. Müller-Mertens, Bürgerlich-städtische Autonomie in der Feudalgesellschaft. Begriff u. geschichtl. Bedeutung. Zeitschr. f. Geschichtswiss. 29 (1981), 205–225.

16. Die Hanse, die deutsche Ostsiedlung und der preußische Deutschordensstaat.

Mit der Zusammenfassung dieser drei historischen Themen in einem Kapitel sei keineswegs der Eindruck erweckt, als habe es sich hier um Teilgebiete einer einheitlichen, geplanten oder koordinierten politischen und wirtschaftlichen Ostexpansion im neuzeitlichen Sinne gehandelt, wie dies seit dem 19. Jahrhundert von deutscher wie von slawischer Seite in unterschiedlicher Absicht behauptet worden ist. Sie beruhen jedoch auf spezifisch mittelalterlichen Voraussetzungen, Gründen und Motiven, die sich aus der Perspektive einer nationalstaatlichen Geschichtsschreibung nicht in angemessener Weise beurteilen lassen. Die Beherrschung des Nord- und Ostseehandels durch die deutschen Hansekaufleute, die Ausbreitung und Intensivierung des Siedlungsraums in Ostmitteleuropa durch deutsche (und nichtdeutsche) Bauern und Bürger und die Gründung des preußischen Ordensstaates durch Ritter des Deutschen Ordens hatten zwar manche Berührungspunkte, sind jedoch aus jeweils eigenen Entstehungsbedingungen zu erklären. Das Reich und die königliche Zentralgewalt spielten hierbei, von Ausnahmen abgesehen, keine entscheidende Rolle.

Die Hanse war ein in längerer Entwicklung entstandener Zusammenschluß deutscher Kaufmannsgilden und -genossenschaften („Kaufmannshanse"), aus der sich im 14. Jahrhundert ein Zusammenschluß von Handelsstädten entwickelte („Städtehanse").

Seit dem 12./13. Jahrhundert hatten rheinisch-westfälische Kaufleute feste und privilegierte Niederlassungen in London (Stalhof) und Brügge, zwei der großen westlichen Handelszentren. Wirtschaftlich entscheidend für die Entwicklung der Hanse wurde aber die Beherrschung des Ostseehandels und die Verknüpfung von Nord- und Ostseehandel vorwiegend über Lübeck. Diese Stadt war 1159 von Heinrich dem Löwen neugegründet und gefördert, 1226 von Friedrich II. zur Reichsstadt (der einzigen an der Ostsee!) erhoben worden. Noch im 12. Jahrhundert wurden deutsche Kaufmannsgenossenschaften auf der Insel Gotland (Visby) und im russischen Handelszentrum Nowgorod gegründet, die bisherigen skandinavischen und wendischen Kaufmannschaften wurden verdrängt. Die große West-Ost-Handelslinie wurde durch den Seehandelsweg nach Schweden und Norwegen (Bergen als Handelsniederlassung) ergänzt (Q 1). Der kombinierte See-Land-Handel der Hanse beförderte von Ost nach West und Süd vor allem Naturalerzeugnisse (Getreide, Holz, Pelze, Wachs, Honig, Bernstein, besonders auch den Ostseehering), von West nach Ost vorwiegend Fertigwaren (Textilien, Metallwaren, aber auch Salz und Wein). Die Kogge der Hansekaufleute wurde durch technische Neuerungen zu einem hochseetüchtigen Schiffstyp.

Das Seßhaftwerden der Fernkaufleute und die aufkommende Schriftlichkeit förderten den Übergang zur Städtehanse — die Stadträte bestanden ohnehin meist aus Großkaufleuten. Zum erstenmal 1358 traten die „Stede von der dudeschen Hanse" auf einer Lübecker Tagung in Erscheinung. Aber ebensowenig wie ein genaues Gründungsdatum der Städtehanse läßt sich die Zahl der Hansestädte präzis angeben; die Zugehörigkeiten zum Bund schwankten je nach politischen Verhältnissen und Interessenlagen stark. Im 14. Jahrhundert waren es etwa 70, im 15. etwa 160 Städte an der Ostsee bis Riga und in Norddeutschland. Köln, Erfurt, Breslau und Krakau waren die südlichsten (zeitweiligen) Hansemitglieder. Die Organisation der Hanse war locker. Lübeck wurde auf Grund seiner vorzüglichen Lage an der Landbrücke zwischen Nord- und Ostsee zum wichtigsten Vorort des Bundes, dem besonders Hamburg und die sogenannten wendischen Städte an der südlichen Ostseeküste nahestanden.

Im Unterschied zu den süddeutschen Städtebünden verfolgte die Hanse nur wirtschaftliche Ziele; ihre politischen und militärischen Aktionen dienten diesem Zweck.

Handelspolitische Auseinandersetzungen mit England, Flandern, mit dem russischen Nowgorod und vor allem mehrere Kriege mit dem dänischen König Waldemar V. († 1375), der das Handelsmonopol der Hansekaufleute nicht dulden wollte, gingen im 14. Jahrhundert zu Gunsten der Hanse aus; am Beginn des 15. Jahrhunderts hatte sie den Höhepunkt ihrer ökonomischen und politischen Bedeutung erreicht. Der allmähliche Niedergang gegen Ende des 15. Jahrhunderts war durch verschiedene Ursachen bedingt: die innerstädtischen Auseinandersetzungen zwischen Kaufleuten und Zünften, gegensätzliche Interessen der verschiedenen Hansestädte, das Versiegen der Heringsfänge in der Ostsee, das Vordringen holländischer Kaufleute in den Osten, vor allem das Erstarken der ausländischen, aber auch der expandierenden norddeutschen Staaten, die bestrebt waren, die alten Privilegien der fremden Kaufleute abzuschaffen. Die wirtschaftliche Vermittlungsfunktion des Städtebundes wurde überflüssig. Der letzte Hansetag trat aber erst 1669 zusammen.

Der Hansehandel hatte nicht wenig von dem großen Modernisierungsschub in Ostmitteleuropa profitiert, der das Ergebnis der *deutschen Ostsiedlung* vom 12. bis in die Mitte des 14. Jahrhunderts war. Wir sehen heute, daß sie Teil einer umfassenden europäischen Bewegung des Landesausbaus und der Rodungssiedlung war, die unter anderem auf den Bevölkerungszuwachs des Hochmittelalters zurückzuführen ist. Die Ostsiedlung hat sich aus dem Landesausbau heraus entwickelt. Ihre früheste Phase ist im Südosten des Reiches, im Ostalpenraum, festzustellen; vor allem die bajuwarische Siedlung ist schon seit der Karolingerzeit und dann wieder nach 955 (Sieg über die Ungarn) in den Ostalpenraum und das östliche Alpenvorland vorgetragen worden.

Die Ansiedlungsurkunde des Erzbischofs von Bremen für holländische Bauern in den Wesermarschen (1106) kann als Beginn der hochmittelalterlichen Ostsiedlung gelten; denn in ihr sind alle typischen Kennzeichen dieses Siedlungsvorgangs bereits enthalten. Holländer und Flamen gehörten auch zu den ersten Siedlern östlich der Elbe; sie kamen aus den wirtschaftlich fortgeschrittensten Teilen des Reiches und waren Spezialisten für Entwässerung und Deichbau.

Insgesamt ist die Ostsiedlung ein äußerst vielgestaltiges Phänomen. Der frühen Phase der Besiedlung des Landes östlich der Elbe-Saale-Linie im 12. Jahrhundert ging seine Eroberung und die gewaltsame Unterwerfung sowie Missionierung der dortigen Elbslawen (Kap. 9 + 13) voraus. Der Chronist Helmold von Bosau, der uns Einblick in die Vorgänge in Ostholstein und im westlichen Mecklenburg gibt, berichtet auch über Vertreibungen von heidnischen Slawen. Später scheint auch in diesem Raum die Siedlungstätigkeit im wesentlichen friedlich verlaufen zu sein; sie ist von den deutschen und slawischen Fürsten und ihren ritterlichen Dienstmannen betrieben worden, die sich von ihr Vorteile für ihre Herrschaftsgebiete versprachen. Die staufischen Könige ließen nur auf Königsgut, sozusagen als Landesherren, roden und siedeln (Vogtland, Egerland).

Außerhalb des ursprünglich heidnischen Elbslawenlandes riefen die einheimischen christlichen Fürsten, die in lockerer oder überhaupt keiner Verbindung zum Reich standen, deutsche Bauern, Bürger, Ritter und Bergleute in ihr Land: nach Pommern, Schlesien, Böhmen, Mähren, Polen, Ungarn. Vom ungarischen König ist die wohl früheste deutsche Siedlergruppe schon seit Mitte des 12. Jahrhunderts im südöstlichen Grenzgebiet gegen die heidnischen Kumanen als Grenzschutz angesiedelt worden (Siebenbürger Sachsen).

Es kann kaum bezweifelt werden, daß ein West-Ost-Kulturgefälle als letzte Ursache der Ostsiedlung in allen ihren Formen zu gelten hat. Über das Ausmaß dieser Entwicklungsunterschiede wird allerdings kontrovers diskutiert; archäologischen Untersuchungen zufolge war es geringer, als von der früheren deutschen Wissenschaft angesehen. Der Vorteil deutscher Bauernansiedlung bestand in ihrer fortgeschrittenen landwirtschaftlichen Technik und Organisation: sie benutzten den Wendepflug (häufig mit Pferdegespannen), die (langstielige) Sense, gebrauchten Windmühlen; sie betrieben in der Regel Dreifelderwirtschaft mit starkem Getreideanteil; die bäuerlichen Siedelstellen waren genau vermessene sogenannte

Hufen, die zugleich Bemessungsgrundlage für die Abgaben waren (die fränkische Hufe betrug 24 ha, die flämische 16,8 ha).

Umstritten sind die Gründe und Motive für das Verlassen des alten Siedlungslandes. Ein gewisser Bevölkerungsüberschuß im Altsiedelland wird vermutet (nach Erschöpfung der Reserven durch den inneren Landesausbau) und selbstverständlich auch eine Aufnahmefähigkeit in den wohl sehr unterschiedlich dicht bevölkerten Gebieten Ostmitteleuropas, in denen noch viel Sumpfland und große Waldgebiete in den Mittelgebirgen der Erschließung harrten. Neuere Schätzungen besagen allerdings, daß im 12. und 13. Jahrhundert nur jeweils etwa 200 000 Personen das deutsche Altsiedelland verlassen haben (W. Kuhn); weitere Siedler sollen sich aus ihren Nachkommen rekrutiert haben, so daß wir von einer wellenförmigen, sich demographisch selbst tragenden Siedlungsausbreitung sprechen könnten.

Bedrückung und Widerstand der ländlichen Bevölkerung in den Grundherrschaften des Altsiedellandes hat es sicher gegeben (S. Epperlein), aber wohl auch schon vor dem 12. Jahrhundert. Neu waren jetzt allerdings die Alternativen für die Bauern: die Städte und die Ostsiedlung boten ihnen die Chancen eines besseren Lebens. Dem Rodungssiedler mußte man schon immer vorteilhafte Bedingungen anbieten, um ihn für die schwere Arbeit der Urbarmachung zu gewinnen. Bereits den ersten Siedlern wurden persönliche Freiheit und Freizügigkeit, Erbzinsleihe des Grundbesitzes, häufig freie Pfarrer- und Richterwahl und mehrere Freijahre bis zu den ersten Abgaben eingeräumt. Frondienste gab es keine mehr. Dieses Siedlerrecht wurde im Osten, im Gegensatz zu den alten, sehr viel drückenderen Abhängigkeiten der slawischen Bauern „deutsches Recht" (*ius Teutonicum*) genannt (Q 2).

Neben den Fürsten oder im Auftrag von ihnen bemühten sich auch Bischöfe und Prämonstratenser- sowie Zisterzienserklöster besonders um Neusiedlungen (Q 3), obgleich der Anteil der Zisterzienser an der Ostsiedlung früher wohl überschätzt worden ist. In der Regel beauftragten sie wohlhabende Siedelunternehmer, Lokatoren genannt, mit der Anwerbung der Siedler. Sie organisierten auch die Hufenvermessung, die Rodung und die Ansiedlung selbst. Als Gegenleistung bekamen die Lokatoren, die häufig aus bürgerlichen oder ritterlichen Familien stammten, eine bevorzugte Stellung in den neuen Dörfern, z. B. eine größere Anzahl von Hufen, die Position des Richters bzw. „Schulzen", das Recht, eine Gastwirtschaft oder eine Mühle zu betreiben (Q 4). Einige von ihnen stiegen seit dem 15. Jahrhundert in den Landadel auf, wurden zu Orts- und Gutsherren. In den Gebieten der Ostsiedlung entwickelten sich dann vielfach neue Formen bäuerlicher Unfreiheit.

Sofern es sich nicht um reine Rodegebiete handelte, lebten die deutschen Siedler neben den slawischen Bauern, die zunächst wegen ihrer schlechteren Rechtsstellung Einwohner zweiter Klasse waren. Aber auch ihnen konnte das neue, bessere Recht auf die Dauer nicht vorenthalten werden; viele ihrer Dörfer wurden nach deutschem Recht umgesetzt, slawische Bauern wurden zunehmend selbst in die Siedlungs- und Rodungsbewegung einbezogen. Über das Zusammenleben in den national gemischten ländlichen Gebieten haben wir kaum Nachrichten. Das Ergebnis war in vielen Fällen eine Sprachangleichung in der einen oder anderen Richtung. Trotz dieser Angleichungsvorgänge blieben große Teile Ostmitteleuropas bis ins 20. Jahrhundert sprachlich-national verzahntes und mit Sprachinseln durchsetztes Gebiet. Durch das Zusammenwachsen von Deutschen und Slawen entstanden die deutschen Neustämme der Mecklenburger, Brandenburger, (Ober-)Sachsen, Pommern und Schlesier; das deutsche Siedlungsgebiet wurde insgesamt fast verdoppelt.

In der Ostsiedlung wurden Vorformen des Altsiedellandes zu typischen ländlichen Siedlungsformen weiterentwickelt. Während im Westen das unregelmäßige Haufendorf dominierte, sind die Dörfer, je jünger und je weiter östlich, immer planvoller angelegt worden: mehr oder weniger regelmäßige Platzdörfer (Rundlinge), Straßen- und Angerdörfer im Flachland, gereihte Marschhufendörfer sowie Waldhufendörfer in den Mittelgebirgen.

Die neuen bäuerlichen Siedler produzierten für den

Absatz und bewirkten eine Verdichtung des Marktnetzes. Entscheidend für die wirtschaftliche Entwicklung Ostmitteleuropas aber wurde die Entstehung zahlreicher *Städte im Rechtssinne*. Mit den deutschen Stadtrechten und den deutschen Bürgern war die Übernahme städtischer Lebensformen und Vorstellungen des Westens verbunden. Die Stadtgründungen, meist in Anlehnung oder durch Umsetzung von älteren Siedlungen, selten ganz aus wilder Wurzel entstanden, gingen zunächst Hand in Hand mit der ländlichen Siedlung. Die Stadtrechtsbewegung überschritt jedoch dann den Bereich geschlossener deutscher Siedlung. Auch bei Stadtrechtsübertragungen im nichtdeutschen Umland war in vielen Fällen ein deutsches bürgerliches Element in der Stadtbevölkerung vorhanden, in noch weiter östlich gelegenen Städten (bis in die Ukraine!) fehlte es.

Die Ausbreitung der Stadt im Rechtssinn erfolgte, wie überhaupt die Ostsiedlung, in drei Hauptrichtungen: an der Ostseeküste entlang bis nach Estland mit vorwiegend lübischem Stadtrecht, an der Mittelgebirgsschwelle bis in die Karpaten mit Magdeburger Stadtrechten, im südostdeutsch-ungarischen Raum mit süddeutschen (Nürnberger, Wiener) Stadtrechten. In vielen Fällen galten die Mutterrechtsstädte als „Oberhof", wo man um Rechtsbelehrung ansuchen konnte.

Auch die Stadtgrundrisse der Ostsiedlung in Ostmitteleuropa sind seltener gewachsen und häufiger geplant; häufig ist Straßenführung und Bebauung im Schachbrettmuster mit ausgespartem quadratischem oder rechteckigem Marktplatz („Ring"), dessen Größe die (beabsichtigte) Rolle der Stadt im Handelsverkehr und Wirtschaftsleben widerspiegelt.

Von außerordentlich großer ökonomischer Bedeutung wurde schließlich der Gold- und Silberbergbau, der mit deutschen Bergleuten und Siedlern im sächsischen Erzgebirge (Freiberg seit 1168 Bergbau), in Schlesien (nach 1200), in Böhmen und Mähren (Iglau und Kuttenberg seit 1220), im ungarischen Erzgebirge (in der heutigen Slowakei, seit dem späten 13. Jahrhundert) betrieben wurde.

Die Ostsiedlung schuf ein neues ethnisches Bild Ostmitteleuropas. Die nationale Frage spielte bei diesem Akkulturationsprozeß zunächst keine oder nur eine geringe Rolle; aber das Zusammenleben und der Kontakt verschiedensprachiger und unterschiedlich privilegierter Bevölkerungsgruppen lieferte doch eine Voraussetzung für die spätmittelalterliche Nationalisierung in Böhmen (Kap. 18), teilweise auch in Polen, die allerdings mit den Nationalitätenkämpfen des 19. und 20. Jahrhunderts kaum vergleichbar ist.

Die Verhältnisse im preußischen und baltischen Deutschordensland sind, was ländliche Siedlung und Städtegründungen angeht, ganz im Rahmen der allgemeinen Ostsiedlung zu sehen; sie sind hier besonders planvoll verlaufen. Aus Deutschen, baltischen Prussen und slawischen Siedlern entstand im Endergebnis der deutsche Neustamm der (Ost-)Preußen.

Bei der Entstehung der Geschichte des *Deutschordensstaates* handelte es sich jedoch um eine Sonderentwicklung. Der in Palästina gegründete Orden (Kap. 12) hatte auch nach dem Fall von Akkon (1291) noch mittelmeerische Besitzungen, etwa in Armenien und Zypern. Aber bereits im 13. Jahrhundert hatte er auch die Masse seiner Streubesitzungen in Deutschland erworben. Von großer Bedeutung wurde in dieser Zeit sein Bestreben, ein geschlossenes Herrschaftsterritorium aufzubauen. (Dieses Bestreben hatte er mit den anderen Orden wie auch mit allen großen Feudalherren der Zeit gemeinsam.) Der erste Versuch außerhalb des heiligen Landes ging auf den Ruf des ungarischen Königs zurück, der den Orden im Burzenland (Siebenbürgen) gegen die heidnischen Kumanen als Grenzschutz einsetzen wollte; als der Orden seine Herrschaft dort allzu selbständig etablierte, wurde er 1225 vom König wieder vertrieben. Kurz darauf bat der Herzog Konrad von Masowien den Orden, ihm bei der Bekämpfung der heidnischen Prussen Hilfe zu leisten. Der damalige Hochmeister Hermann von Salza († 1239), ein äußerst geschickter Politiker, versicherte sich bei diesem Vorhaben der Unterstützung des Kaisers (Q 5) und des Papstes. 1231 begann der Orden mit der Eroberung eines eigenen Herrschaftsgebiets und mit der gewaltsamen Mission der Prussen, in Auseinandersetzung mit anderen an diesem Heidengebiet interessierten pommerschen, polnischen, dänischen und schwedischen Kräften, auch in Konkurrenz mit dem Preußenbischof Christian. Mit einem Burgensystem schuf sich der Orden eine unangreifbare Machtposition, zwei Aufstände der Prussen wurden in grausamen Kämpfen niedergeworfen. Nach der Konsolidierung Preußens dehnte sich der Orden auch nach Livland aus und inkorporierte sich den dort im Heidenkampf tätigen Schwertbrüderorden. Einem weiteren Ausgreifen nach Osten setzte die Niederlage gegen den russischen Fürsten von Nowgorod 1242 auf dem vereisten Peipussee ein Ende. Das zwischen Preußen und Livland liegende heidnische Gebiet Schemaiten und Litauen wurde nun zum zentralen Kampfplatz des Ordens. Saisonkreuzzüge mit Kreuzfahrern aus ganz Europa gehörten nach dem Ende der klassischen Kreuzzüge bald zum Standardrepertoire eines Ritterlebens. Erfolge gab es jedoch kaum.

Das bisher eher neutrale Verhältnis des staatsrechtlich nicht zum Reich gehörenden Ordensstaates zum Königreich Polen verschlechterte sich mit der Besetzung Pommerellens und Danzigs durch den Orden (1308), der damit die Herrschaft über die wirtschaftlich wichtige Weichselmündung gewann. 1309 verlegte der Hochmeister seine Residenz von Venedig auf die Marienburg. Nun kam es zu kriegerischen Konflikten mit Polen, in welchen der Orden böhmische Unterstützung fand: Königsberg wurde nach dem böhmischen König Ottokar Přemysl II. benannt! Nach der polnisch-litauischen Union 1386 verschärften sich die Spannungen, und die damals erfolgte Christianisierung Litauens nahm dem Orden die ideologische Rechtfertigung des Heidenkampfes. Die schwere Niederlage gegen den polnisch-litauischen König Jagiello (1410) bei Tannenberg und der Thorner Friede (1411) trafen den Ordensstaat schwer, aber ließen ihn in seinem Kernbestand noch ungeschoren. Spannungen innerhalb des Ordens und besonders mit den preußischen Ständen (Städten und Rittern), die zur Finanzierung der Kriegsentschädigung herangezogen wurden und mit denen der Staatshandel des Ordens auch wirtschaftlich konkurrierte, schwächten den Orden weiter. Schließlich besetzten die Stände sogar das Land gegen den Hochmeister. Weitere Kämpfe mit Polen wurden 1466 im 2. Thorner Frieden beendet; das Ordensterritorium wurde stark verkleinert, der Rest (Ostpreußen) schließlich dem polnischen König unterstellt. Versuche des 15. Jahrhunderts, das Ordensland in irgendeiner Weise an das Reich anzuschließen, waren damit gescheitert.

Verglichen mit den meisten Territorien seiner Zeit, war der Deutschordensstaat ein geschlossenes und einheitliches Herrschaftsgebilde. Der auf Lebenszeit gewählte Hochmeister regierte mit den fünf sogenannten Großgebietigern zentralistisch; Burgenbau, Siedlung und Finanzwirtschaft wurden unter entsprechende Kontrolle gestellt. Neben den Ritterbrüdern, deren Zahl vor der Schlacht bei Tannenberg auf 700 geschätzt wird, gab es Priesterbrüder und Ordensschwestern, die sich meist aus Deutschland rekrutierten. Die Ordensbezirke (Balleien) im Reich leitete der Deutschmeister, der hier freilich nur über kleine Herrschaftsgebiete und Streubesitz verfügte, mit dem Niedergang der preußischen Position jedoch eine immer größere, schließlich reichsfürstliche Selbständigkeit errang.

Im deutschen und polnischen Geschichtsbild spielte seit dem 19. Jahrhundert der Deutsche Orden in Preußen eine zentrale Rolle. Während die Kreuzritter auf der einen Seite zu heldischen Vorkämpfern des Deutschtums hochstilisiert wurden, galten sie der anderen Seite als teuflische Verkörperung des ewigen deutschen „Drangs nach Osten"; beide Sichtweisen haben mit der mittelalterlichen Geschichte wenig zu tun.

Quellen

Q 1 Hanseprivileg

Der norwegische König Magnus VI. († 1280) privilegierte 1278 die deutschen, besonders Lübecker Kaufleute; zweifellos hatten er und sein Reich aus ihrer Anwesenheit zu dieser Zeit selbst Nutzen gezogen.

Magnus, von Gottes Gnaden König von Norwegen, grüßt alle Getreuen Christi, an die dieser Brief gelangt, im Namen des Herrn ewiglich. Es ziemt sich für die königliche Majestät, jene mit besonderen Privilegien zu ehren, deren Zuverlässigkeit, durch lang anhaltende Beweise erprobt, die königliche Ehre und den Nutzen der Untertanen mit größtem Fleiß begehrt und sich darum sorgt. Auf Ansuchen und Bitte vieler kluger Ratsherren und vieler deutscher Seestädte und besonders auf die inständigen Bitten unserer teueren Freunde, nämlich des Vogtes, der Ratsherren und der Bürgerschaft der Stadt Lübeck, überbracht nach Tönsberg durch die umsichtigen und ehrenwerten Herren Heinrich Steneke und Alexander, Ratsherren dieser Stadt, auf Bitten, die zu diesem Zweck von der Stadt Lübeck ausdrücklich formuliert wurden, haben wir es für angemessen gehalten, den Kaufleuten deutscher Zunge als Gästen und Fremden, die unser Königreich mit ihren Waren besuchen, freigebig zur Ehre Gottes und zu ihrem Nutzen einige Privilegien zu gewähren. Vor allem haben wir aus besonderer Gunst auf den Rat der Vornehmen unseres Reiches hin genehmigt, daß die erwähnten Kaufleute und die Gäste und Fremden, die nicht ganz- oder halbjährlich Quartier machen, nicht zum nächtlichen Wachehalten gezwungen werden. Auch stimmen wir zu und billigen es sehr, daß man meineidige und andere verrufene Personen gegen sie in Prozessen auf keinen Fall als Zeugen auftreten läßt. Außerdem haben wir ihnen zum Zeichen unserer reichen Gunst und Gewogenheit eingeräumt, daß sie an Brücken, Straßen oder Schiffen alle Kleinwaren . . . kaufen können. In der ganzen Zeit vom St. Halvardstag [15. Mai] bis zu Mariae Himmelfahrt [15. August] können sie Felle jeder Art, mit Beschränkung auf eine Zahl von 10 bei gleichzeitigem Kauf, und Butter, auf 9 Körbe beschränkt, verkaufen. Auch haben wir eingeräumt, daß die Kaufleute, Gäste und Fremde, frei sein sollen vom Ziehen der Schiffe, falls diese Schiffe nicht zu groß sind und deswegen der Kaufleute und anderer Menschen gemeinsame Hilfe erforderlich ist, wozu sie gegebenenfalls freundlich und ohne jeden Zwang ersucht werden sollen. Wir haben auch zugestanden und gütig eingeräumt, daß unsere Verwalter und andere Beamten es den Kaufleuten nicht verbieten können, denen, die es wünschen, ihre Waren länger als drei Tage zu verkaufen ... Innerhalb dieser drei Tage sollen diese die Kaufleute auch anweisen, was sie zum königlichen Nutzen für einen bestimmten Preis zurückhalten sollen ... Darüber hinaus haben wir gestattet, was wir strikt einzuhalten befohlen haben, daß alle Deutschen, die Schiffbruch erleiden, die Sachen behalten können, die sie mit Gottes Hilfe und durch ihre eigenen Bemühungen retten und erhalten können. Keiner soll sich anmaßen, sie durch eine unüberlegte Verwegenheit an sich zu reißen, bis sie von den Kaufleuten als aufgegebenes Gut betrachtet werden ... Damit sie, die wir mit besonderer Zuneigung in unser Herz geschlossen haben, von unseren Untertanen ehrenvoller und mit größerem Eifer behandelt werden, haben wir allen Richtern unseres Königreichs befohlen und strikt aufgetragen, die Lübecker Bürger und ihre Sachen, die in das Königreich Norwegen kommen, mit liebevollem Vorrang zu behandeln und zu ehren; sie sollen ihnen als Klägern reibungslos Gerechtigkeit verschaffen, ihre Unterdrücker streng zurechtweisen und ihnen alle Gunst und alles Wohlwollen ehrenvoll erweisen, wo sie es immer können ...

(Quellen zur Hanse-Geschichte, hg. u. übers. von R. Sprandel, 1982 = Frh.-v.-Stein-Ausg. MA Bd. 36, Nr. B I 12)

Q 2 *Deutsches und polnisches Recht*

In der Urkunde Herzog Heinrichs IV. für das Breslauer Augustinerchorherrenstift auf der Sandinsel wird zum ersten Mal in Schlesien das „deutsche Recht" genannt.

Im Namen des Vaters und des Sohnes und des hl. Geistes Amen. Es sei allen bekannt, daß ich Heinrich, von Gottes Gnaden Herzog Schlesiens auf Bitten des Abtes Vitoslaw und seiner Brüder von St. Maria in Breslau, ihren Gastsiedlern in Baudis und Kreidel das deutsche Recht gewährt habe, nämlich daß sie frei seien von den Lasten, die den Polen nach Landesbrauch vorgeschrieben sind, die man im Volkpovoz [Wagendienst], prevod [Geleitdienst] zlad [Pflicht, Verbrecher aufzuspüren] nennt, und von Abgaben, die man zu fordern pflegt, d. h. stroza [in Geld abgelöster Burgwachdienst], podvorove [Hofabgabe], swetopetre [Abgabe an St. Peter] und ähnliche, unter der Vertragsbedingung, daß wir von jeder Hufe, die dem Abt zinst, ein Maß Weizen und ein Maß Hafer bekommen. Wenn große Not ist, sollen sie beim Burgwerk helfen; an den Feldzügen sollen sie wie die anderen Deutschen teilnehmen. Schwere Rechtsfälle, d. h. Kapitalverbrechen, werden wir selbst oder durch einen unserer Barone entscheiden. Wenn ein Streit zwischen einem Bewohner von Baudis bzw. Kreidel und einem Mann eines anderen Dorfes entsteht, sollen sie diesen Prozeß vor uns oder dem Kastellan von Liegnitz führen. Über andere Rechtsfälle urteilt der Schultheiß und soll den Streitenden Genugtuung verschaffen. Wenn er ungerecht urteilt, muß er sich vor dem Herzog rechtfertigen. Damit nicht jemand frech und überheblich wage, dieses unser Privileg zu brechen, haben wir ihm als Bekräftigung unser Siegel angehängt. Geschehen im Jahr 1221.

(Schlesisches Urkundenbuch, bearb. von H. Appelt, Bd. 1, 1971, Nr. 211)

Q 3 Zisterziensersiedlung

Das schlesische Zisterzienserkloster Leubus war von Herzog Boleslaus als Hauskloster und Grablege seiner Familie gedacht. In der Stiftungsurkunde von 1175, die früher zu Unrecht als gefälscht angesehen wurde, wird zum ersten Mal deutsche Bauernsiedlung östlich von Oder und Neiße und die ihr gewährte Befreiung von polnischen Abgaben und Frondiensten erwähnt.

Im Namen der heiligen und unteilbaren Dreifaltigkeit. Herzog Boleslaus von Schlesien wünscht allen gegenwärtigen wie zukünftigen Gläubigen Christi ein glückliches Leben jetzt und in Zukunft . . . Aus Liebe zu unserem Herrn Jesus Christus, dem Erlöser unserer Seelen, aus Verehrung zu seiner Mutter, der immerwährenden Jungfrau Maria und durch Eingreifen des hl. Apostels Jakobus und aller Heiligen habe ich Mönche aus dem Kloster Pforta, das liegt in Deutschland an der Saale, herbeigeholt und an dem Ort namens Leubus, der in der

Krümmung des Flusses Oder bei der alten Burg liegt, angesiedelt, damit sie dort in der Einigkeit und Gemeinschaft der hl. katholischen Kirche die Regel des hl. Benedikt und die Vorschriften des Zisterzienserordens beachten sollen, zum Heil für meine Seele und die Seelen meiner Vorfahren und Verwandten. Daher nehmen wir alle Besitzungen des Klosters Leubus in unseren Schutz auf und übertragen die Schutzaufgaben für alle Zeiten auch an unsere Nachfolger, nur um der göttlichen Vergeltung willen. Wenn irgendeine geistliche oder weltliche Person oder ein Suppan [ein Burgverwalter] oder ein anderer dem Kloster Leubus Güter durch rechtmäßige Übertragung oder als fromme Schenkung oder auf gültigem Tauschwege überträgt, so sollen sie ungefährdet in seinem Besitz bleiben, gemäß den apostolischen Privilegien, die dem Zisterzienserorden gegeben sind und in welchen ihm der ungeschmälerte Besitz des Zehnten von Land und Leuten, Zugtieren und Vieh bestätigt wird. Wenn aber Deutsche die Ländereien des Klosters bebauen oder bewohnen, die dort vom Abt angesiedelt werden, sind sie auf Dauer von allen polnischen Rechtsverpflichtungen ohne Ausnahme befreit. Wenn aber Polen, die nicht zur Herrschaft eines anderen gehören, Siedler des Abtes werden, dürfen sie nicht gezwungen werden, einem anderen Abgaben zu zahlen oder Frondienste zu leisten. Der ganze Besitz soll nur dem Abt und den Mönchen gehören, denn wir haben sie nicht als Bauern oder Baumeister geholt, sondern damit sie als gebildete Menschen Gottesdienste feiern und an die himmlischen Angelegenheiten denken ...

(Schlesisches Urkundenbuch, bearb. von H. Appelt, Bd. 1, 1971, Nr. 45)

Q 4 Lokation

Die folgende Urkunde König Přemysl Ottokars II. von 1265 betrifft eine (in der Ostsiedlung nicht seltene) Kombination von Stadtgründung und ländlicher Siedlung; sie macht das große Interesse des Landesherrn und die starke Stellung des Lokators deutlich. Das genannte Hohenmauther Stadtrecht gehört dem Magdeburger Rechtskreis an.

Wir Ottokar, von Gottes Gnaden König Böhmens, Herzog Österreichs und der Steiermark, Markgraf von Mähren, an alle für immer. Wir wissen, daß der Ruhm eines Fürsten auf der Menge seines Volkes beruht und durch die große Zahl der Untertanen Ansehen und Macht der königlichen Majestät vergrößert wird, und wir sorgen dafür, einsame und unwegsame Orte, wo es praktisch und geeignet ist, zur Ehre und zum Schmuck unserer Fürstentümer mit Menschen zu besiedeln und zu bebauen, nützlich für den göttlichen Dienst und den menschlichen Gebrauch.

Daher ... haben wir Konrad von Löwendorf, der, wie wir hörten, ein in dieser Hinsicht geeigneter und erfahrener Mann ist, beauftragt, unsere neue Stadtgründung in Politschka mit allem Erbbesitz, mit bebauten und unbebauten Äckern, Wäldern, Hainen, Jagdgebieten, Wiesen, Weiden, Gewässern und Wasserläufen, Fischteichen und mit überhaupt allem, was innerhalb einer Meile im Umkreis der genannten Stadt liegt ... zu besiedeln und für uns fruchtbringend zu machen, unter folgenden Vertragsbedingungen: Der genannte Konrad und seine legitimen männlichen Erben sollen die Vogtei und die städtische Gerichtsbarkeit in Politschka und in allen Dörfern, die jetzt oder in Zukunft innerhalb der genannten Grenzen des gesamten erblichen Besitzes liegen, nach Erbrecht innehaben. In Stadt und Dörfern soll das Recht gelten, das in unserer Stadt Hohenmauth und den umliegenden Dörfern gilt. 2/3 der Gerichtsgelder sollen an uns gehen. In den Dörfern verübter Totschlag und schwere Verbrechen, bei welchen die Todesstrafe in Betracht kommt und die zur Hinrichtung von Menschen führen, werden durch genannten Konrad oder seine Erben abgeurteilt ... Die kleineren Rechtsfälle aber sollen die Dorfrichter dort aburteilen, wo sie geschehen sind ... Der genannte Konrad und seine Erben bzw. der Käufer ihrer Güter soll, wie wir schon sagten, 2 freie Hufen ohne Zins und andere Lasten haben; ebenso in der Stadt Politschka je zwei Läden zum Fleisch- bzw. Brotverkauf, frei und von Zins befreit, ebenso in Löwendorf eine freie Schenke; keine anderen Schenken dürfen in den Dörfern innerhalb der genannten Meile stehen, außer in Politschka innerhalb der Stadtmauern. Ebenso sollen sie an 4 Stellen Wasserläufe haben, um Mühlen anzulegen, die sie frei besitzen dürfen ... Von den schätzungsweise 800 Hufen, die innerhalb der Meile um die Stadt Politschka liegen, sollen 50 direkt zur Stadt gehören; ihre

Besitzer sind für 18 Jahre frei von allen Abgaben ... Und nachdem die Freiheit endet, soll uns jährlich pro Hufe ein Vierdung Silber Leitomischler Gewichts gegeben werden, außerdem 6 Faß Roggen und 6 Faß Hafer, wie sie in Leitomischl üblich sind. Damit der genannte Konrad noch mehr auf die Lokation bedacht ist, gewähren wir ihm, seinen Erben oder dem Käufer, jede zehnte Hufe des Besitzes, von dem wir sprechen, mit vollem Recht. Damit wir die Bedingungen und die Stellung derjenigen verbessern, die in das Gebiet von Politschka kommen wollen, haben wir aus unserer Gnade streng verboten, sie zu behindern oder zurückzuhalten; wir befreien sie von jedem Zoll und jeder Maut, nehmen sie unter unseren Schutz ..., auch sei hinzugefügt, daß die öffentliche Straße von Hohenmauth nach Brünn über die genannte Stadt Politschka verlaufen soll und nicht anderswo ...

(Codex iuris municipalis Bohemiae 2, hg. v. J. Čelakovský 1895, Nr. 14)

Q 5 *Der Anfang des Ordensstaates*

Die Urkunde Friedrichs II. von 1226 für den Hochmeister Hermann von Salza (Goldbulle von Rimini) ist in der Forschung vieldiskutiert und umstritten. Sie war wohl weder ein „Grundgesetz" des Ordens noch ist sie ein Beleg für eine weitangelegte gemeinsame Nordost-Politik des Kaisers und des Hochmeisters, sondern die Formulierung der Wünsche des bei Friedrich hochangesehenen Hermann von Salza, der seine geplante Herrschaftsbildung damit (und mit der päpstlichen Urkunde) absichern, für alle späteren Eventualitäten Vorkehrungen treffen und dem Orden eine unangreifbare Stellung verschaffen wollte. So erklärt sich auch die unrichtige Behauptung, Preußen gehöre zum Reich und der Hochmeister habe reichsfürstlichen Rang.

Friedrich II. durch Gottes Gnaden Kaiser der Römer, Mehrer des Reiches, König von Jerusalem und Sizilien ... Wir wollen allen bekannt geben, daß Bruder Hermann, der verehrte Meister des Hauses vom Marienhospital der Deutschen in

Jerusalem ... vor uns berichtete, daß unser frommer Herzog Konrad von Masowien und Kujawien ihm und seinen Brüdern das sog. Kulmerland zu übertragen versprochen hat und anderes Land zwischen seinem Gebiet und den Gebieten der Prussen in der Weise, daß sie in das Land Preußen mit eigener Anstrengung eindringen und es erobern sollten. Dieses Versprechen wollte er zunächst nicht annehmen und bat unsere Hoheit inständig, wenn wir seinen Wünschen entsprächen, eine so schwere Aufgabe gestützt auf unsere Autorität beginnen und erfüllen zu können. Unsere Hoheit solle ihm und seinem Haus sowohl das Land, das der genannte Herzog schenken wolle, wie auch das ganze Land, das im Prussengebiet durch ihre Bemühungen gewonnen würde, durch ein großzügiges Privileg bestätigen, dazuhin seinem Haus auch die Immunität, die Freiheiten und andere Konzessionen, die er auf Grund der Schenkung des genannten Herzogs und der Eroberung Preußens erbat. Er selbst würde dann das angebotene Geschenk des genannten Herzogs annehmen und ständig und unermüdlich die Mittel und die Personen des Hauses für den Einmarsch und die Eroberung des Landes einsetzen. Wir aber sahen die eifrige offensichtliche Frömmigkeit des Meisters und wie er in Gott danach brannte, dies Land für sein Haus zu erwerben, und daß dieses Land zum Reich gehörte, und vertrauten auf die Klugheit des Meisters, seine Tatkraft und Redegewandtheit und daß er mit seiner und seiner Brüder Beharrlichkeit die Erwerbung dieses Landes beginnen und mannhaft durchführen werde, nicht nutzlos von dem begonnenen Werk ablassen werde wie viele, die an diese Aufgabe vergeblich viel Mühe aufgewendet hatten und scheiterten, obwohl sie [zuerst] Erfolg zu haben schienen; daher haben wir dem Meister die Vollmacht gegeben, mit den Kräften des Hauses und aller Mühe in das Land Preußen einzufallen. Wir überlassen und bekräftigen ihm, seinen Nachfolgern und seinem Haus das genannte Land, das er vom obengenannten Herzog erhalten wird, wie dieser es versprach, und Land, welches dieser außerdem noch geben sollte, und das ganze Land, das er in Preußen erwerben wird, als ein altes und geziemendes Recht des Reiches an Bergen, Ebenen, Flüssen, Seen und am Meer; sie sollen diese frei von jeder Dienstleistung und von Abgaben haben und niemandem darüber Rechenschaft geben müssen. In dem Land, das sie erwerben, ist ihnen erlaubt ..., zum Nutzen des Hauses

Geleit und Zoll einzurichten, Wochenmärkte und andere Märkte zu gründen, Münzen zu schlagen, Steuern und andere Verpflichtungen festzusetzen, Abgaben zu Lande, auf Flüssen und am Meer, wo es nützlich erscheint, festzulegen, Gruben und Bergwerke auf Gold, Silber, Eisen, andere Metalle und Salz, die in ihren Ländern sind oder noch gefunden werden, dauernd zu besitzen. Wir geben ihnen obendrein das Recht, Richter und Verwalter zu wählen, die das ihnen unterworfene Volk, sowohl die Bekehrten wie alle, die noch in ihrem Aberglauben leben, gerecht regieren und lenken sollen, die Verbrechen der Übeltäter ahnden und bestrafen, nach Ordnung und Billigkeit. Wir fügen in unserer Gnade hinzu: der Meister und seine Nachfolger sollen die beste Gerichtsbarkeit und Herrschaftsgewalt haben, die irgendein Reichsfürst in seinem Lande hat ...

(Preußisches Urkundenbuch I, hg. von R. Philippi 1882, Nr. 56).

Fragen, Probleme und Anregungen

1) Wie ist der Aufstieg der Hanse zur beherrschenden Handelsmacht an Nord- und Ostsee zu erklären?

2) Welche Personen und Personengruppen waren an der „Ostsiedlung" im Abwanderungs- und Aufnahmeland beteiligt, und wie ging ein Siedelunternehmen konkret vonstatten?

3) Die Unterschiede des preußischen Deutschordensstaates zu anderen deutschen Landesherrschaften.

4) Nationalitätenproblem: seine Rolle in der historischen Argumentation des 19. und 20. Jahrhunderts und in der Realität des Mittelalters.

Wichtige Daten

12.–14. Jh.   Dtsch. hochmittelalterl. Ostsiedlung
Anf. 15. Jh.   Höhepunkt der Hansegeltung

| 1231 | Der Deutsche Orden in Preußen |
| 1466 | 2. Thorner Frieden |

Wichtige Begriffe

Hufen Dreifelderwirtschaft
Lokator/Lokation Akkulturation

Literaturhinweise

H. Grundmann, Die dt. Ostbewegung im Spätmittelalter, der Ordensstaat und die Hanse. In: Gebhardt-Handb. der dt. Gesch. Bd. 1, 1970^9, 579–606.

Hanse

F. Rörig, Wirtschaftskräfte im Mittelalter, 1971^2.
D. Zimmerling, Die Hanse, 1979^2 [Wirtschaftshistorisch].
D. Ellmers, Es begann mit der Kogge – Neue Forschungsergebnisse zur Schiffahrt der Hanse. In: Stadt u. Handel im Mittelalter – der Stader Raum zur Hansezeit, 1980.
Ph. Dollinger, Die Hanse, 1981^3.
J. Schildhauer/K. Fritze/W. Stark, Die Hanse, 1982^5.
H. Wernicke, Die Städtehanse 1280–1418. Genesis – Strukturen-Funktionen, 1983.
J. Schildhauer, Die Hanse. Geschichte und Kultur, 1984.
A. v. Brandt/U. Arnold, Die Hanse. In: Handbuch der Europäischen Geschichte 2, hg. v. F. Seibt, 1987, 489–507.

Ostsiedlung

R. Kötzschke/W. Ebert, Geschichte der ostdeutschen Kolonisation, 1937.
G. Schubart-Fikentscher, Die Verbreitung der deutschen Stadtrechte in Osteuropa, 1942.

Deutsche Ostforschung. Ergebnisse u. Aufgaben seit dem 1. Weltkrieg (= Festschr. A. Brackmann), 2 Bde, hg. v. H. Aubin u. a., 1942−43 [Forschungsstand der Zeit, ohne slawische Literaturangaben].

W. Schlesinger, Die geschichtliche Stellung der mittelalterl. dt. Ostbewegung. HZ 183 (1957), 517−542.

Z. Kaczmarsczyk, German Colonization in Medieval Poland in the Light of the Historiography of both Nations. In: Polish Western Affairs 11 (1970), 3−40.

Deutsche Ostsiedlung in Mittelalter u. Neuzeit, 1971 (Studien zum Deutschtum im Osten 8).

W. Kuhn, Vergleichende Untersuchungen zur mittelalterlichen Ostsiedlung, 1973 (Ostmitteleuropa in Vergangenheit u. Gegenwart 16).

Die deutsche Ostsiedlung als Problem der europäischen Geschichte, hg. v. W. Schlesinger, 1975 (Vorträge u. Forschungen 18).

Die mittelalterliche Städtebildung im südöstlichen Europa, hg. v. H. Stoob, 1977.

J. J. Menzel, Die schlesischen Lokationsurkunden des 13. Jahrhunderts, 1978 [breiter angelegt].

K. Blaschke/G. Heilfurth, Bergbau. In: LexMA 1 (1980), Sp. 1946−1952.

W. Wippermann, Der „deutsche Drang nach Osten": Ideologie und Wirklichkeit eines politischen Schlagworts, 1981.

Ch. Higounet, Die deutsche Ostsiedlung im Mittelalter, 1986.

H. Helbig, Siedlungsausbau und Siedlungsbewegungen. In: Handbuch der Europ. Geschichte 2, hg. v. F. Seibt, 1987, 199−268.

Deutschordensstaat

J. Voigt, Geschichte Preußens von den ältesten Zeiten bis zum Untergang der Herrschaft des Dt. Ordens, 9 Bde, 1827−39.

E. Caspar, Hermann v. Salza u. die Gründung des Deutschordensstaates in Preußen, 1924.

H. Heimpel, Hermann v. Salza. Gründer eines Staates. In: ders., Der Mensch in seiner Gegenwart, 1957^2, 87−108.

R. Wenskus, Das Ordensland Preußen als Territorialstaat des 14. Jh.,in: Der dt. Territorialstaat im 14. Jh., Bd. 1, hg. v. H. Patze, 1970, 347−382.

Ders., Der Deutsche Orden und die nichtdeutsche Bevölkerung des Preußenlandes mit bes. Berücksichtigung der Siedlung. In: Die dt. Ostsiedlg. als Problem der europ. Gesch. (wie oben), 417−438.

B. Schumacher, Gesch. von Ost- und Westpreußen, 1977[6].

M. Tumler/U. Arnold, Der Deutsche Orden, 1981[3].

H. Zimmermann, Der Deutsche Ritterorden in Siebenbürgen. In: Die geistl. Ritterorden Europas (Vorträge u. Forschungen 26, 1980), 267−298.

Der Deutschordensstaat Preußen in der poln. Geschichtsschreibung der Gegenwart, hg. v. U. Arnold u. M. Biskup, 1982.

H. Boockmann, Der Deutsche Orden. Zwölf Kapitel aus seiner Geschichte, 1982[2].

S. Ekdahl, Die Schlacht bei Tannenberg 1410. Quellenkritische Untersuchungen, Bd. 1, 1982 (Berliner Histor. Studien 8).

Die Rolle der Ritterorden in der Christianisierung u. Kolonisierung des Ostseegebietes, hg. v. Z. H. Nowak, 1983.

H. Patze, Der Deutschordensstaat Preußen 1226−1466. In: Handb. der Europ. Gesch. 2, hg. v. F. Seibt, 1987, 468−489.

17. Vom Interregnum zum luxemburgischen Hausmachtkönigtum/Die Landesherrschaft

Die ältere deutsche Geschichtswissenschaft hatte die Reichsgeschichte des Spätmittelalters, verglichen mit der Zeit hochmittelalterlicher „Kaiserherrlichkeit", vernachlässigt; sie sah in ihr nur den Verfall der Zentralgewalt und die Entstehung des „Partikularismus". Dies ist jedoch nur ein Aspekt, der unter anderem die zukunftsweisenden Entwicklungen zum modernen Staat in den Territorien außer acht läßt. Zweifellos ist Reichsgeschichte im Spätmittelalter wegen der Vielfalt und Differenzierung der territorialen und politischen Entwicklungen schwierig darzustellen.

Die Zeit nach dem Ende Friedrichs II. (1250) bis zum Regierungsantritt Rudolfs von Habsburg (1273) bezeichnet man als „Interregnum". Es gab zwar Könige, aber sie übten keine wirkliche Herrschaft aus; teilweise kamen sie gar nicht in das Reich. Ungehindert konnten die Reichsfürsten jetzt die *Landesherrschaft* in ihren Gebieten ausbauen.

Zwar wurden sie vom König belehnt, aber praktisch wurden die weltlichen Fürstentümer im 13./14. Jahrhundert erblich. Die Regalien wie Zoll, Münze, Geleit wurden ihnen verliehen oder von ihnen usurpiert. Zentrales Herrschaftsrecht war die höchste Gerichtsbarkeit des Landesherren, die letztlich in der alten (ursprünglich vom König verliehenen) Grafengerichtsbarkeit ihren Ursprung hatte. Durch Erbschaften, Kauf, Pfandbesitz, Fehden und Krieg, auch durch Rodungen suchten die Fürsten ihr Land zu vergrößern und zu arrondieren. Mit Burgen sicherten sie ihre Herrschaft nach außen und innen und monopolisierten schließlich das (ursprünglich königliche) Befestigungsrecht in ihrem Territorium. Ein Blick auf die buntscheckige politische Landschaft Deutschlands im Spätmittelalter zeigt freilich, daß die Territorien noch lange keine geschlossenen

Flächenstaaten waren. Der Landesherr hatte das Recht, den Heerbann aufzubieten. Neben das noch überwiegende Lehensaufgebot traten zunehmend auch Söldnertruppen. Auch eine Verwaltung wurde allmählich aufgebaut, deren Hauptzweck die Finanzwirtschaft war. In Fragen der Steuerbewilligung traten den Fürsten in vielen Fällen die mediatisierten Kräfte seines Landes entgegen, die hohe Geistlichkeit, der nichtfürstliche Adel, die Ritter und die Städte; später nannte man sie die *Landstände*. Sie begriffen sich selbst als Repräsentanten des Landes gegenüber dem Fürsten.

Obwohl die Landesherren noch bis zum 15. Jahrhundert vorwiegend eine Reiseherrschaft ausübten, begannen sich allmählich Residenzen zu entwickeln. Zusammenfassend läßt sich feststellen: die Entwicklung zum modernen Staat, die sich freilich über Jahrhunderte erstreckte, ist in Deutschland nicht im Rahmen des Reiches, sondern in seinen Territorien (wenn auch in sehr unterschiedlichem Maß) vonstatten gegangen.

In der Mitte des 14. Jahrhunderts existierten in Deutschland neben den 7 Kurfürstentümern rund 70 geistliche und 25 weltliche Fürstentümer. Die Entwicklung des Kurfürstenkollegs, d. h. der fürstlichen Königswähler, machte im Interregnum große Fortschritte; seine Entstehungsursachen sind letztlich ungeklärt. Bei der Wahl Rudolfs 1273 wählten sie jedenfalls bereits allein. Seit dem Ende des 13. Jahrhunderts zählten zu ihnen die drei geistlichen Kurfürsten, d. h. die rheinischen Erzbischöfe von Mainz, Köln und Trier, und die vier weltlichen, der Pfalzgraf bei Rhein, der Herzog von Sachsen, der Markgraf von Brandenburg und der König von Böhmen.

Der erste habsburgische König, *Rudolf* († 1291), entstammte einer im Südwesten reichbegüterten Familie. Klug und bedachtsam versuchte er, die Machtgrundlagen des Königtums wieder zu erweitern, durch *Revindikation* die Reste des staufischen Königsgutes wiederzugewinnen, das im Interregnum in besonderem Maße den benachbarten Territorialherren zum Opfer gefallen war. Sein zweites Hauptproblem war die Auseinandersetzung mit dem

Karte 4 Das Reich zur Zeit Karls IV. († 1378)

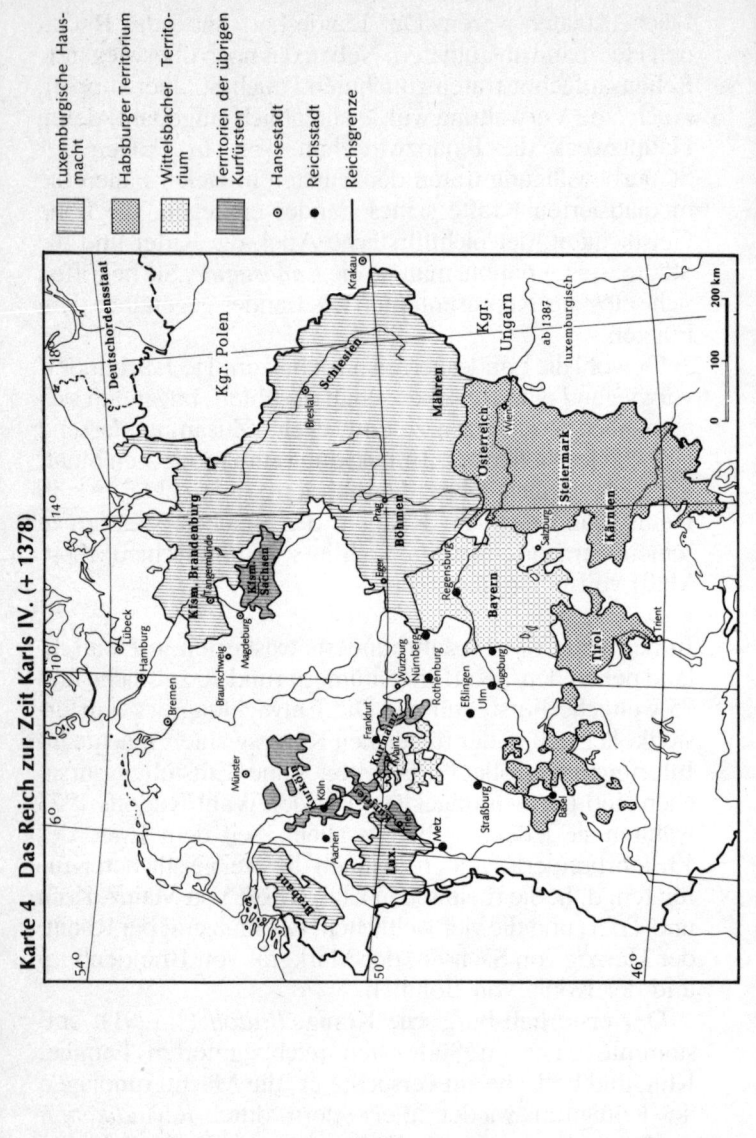

mächtigsten Kurfürsten, dem böhmischen König Ottokar Přemysl II., der selbst Ambitionen auf die deutsche Königskrone hatte und sich von Rudolf nicht belehnen lassen wollte. Ebenso wie die anderen Territorien des Ostens war Böhmen durch Ostsiedlung und Städtegründung wirtschaftlich aufgestiegen und besonders durch den Gold- und Silberbergbau des Landes reich geworden. Ottokars Herrschaft erstreckte sich neben Böhmen und Mähren bereits auf Österreich und die Steiermark. Hier sind erste Tendenzen zur Großreichbildung im Südosten zu beobachten, die die folgenden Jahrhunderte bestimmen sollten.

Geschickt manövrierte Rudolf seinen Rivalen in die Isolierung; auf dem Marchfeld verlor Ottokar 1278 die Schlacht und das Leben. Jetzt gewannen die Habsburger Österreich und die Steiermark und damit die Basis für ihre künftige bedeutende historische Rolle. Es ist im Spätmittelalter mehrfach zu beobachten, daß die Könige aus dem zersplitterten Westen nur durch Gewinnung eines der großen und relativ geschlossenen Territorien des Ostens sich eine ausreichende Machtgrundlage schaffen konnten; eine solche konnten die Reste des Königsgutes, die nur mehr aus den Reichsstädten und den Reichsritterschaften bestanden, nicht mehr sein.

Die Kurfürsten waren an einer starken Zentralgewalt nicht interessiert; mit ihrer Wahlpolitik verhinderten sie nach 1291 ebenso wie in den folgenden Jahrzehnten die Ausbildung einer Herrschaftsdynastie. Den Nachfolger Rudolfs, Adolf von Nassau, setzten sie selbst wieder ab, als er eine Hausmacht in Mitteldeutschland aufbauen wollte. Albrecht I., ein Sohn Rudolfs, der sich mit Erfolg gewaltsam gegen die rheinischen Kurfürsten durchzusetzen begann, wurde aus privater Rache ermordet. Nun kam zum ersten Mal ein Kandidat aus der nur mittelgroßen Familie der Luxemburger Grafen zum Zug: König Heinrich VII. († 1313). Heinrichs Hauptziel war die Wiederaufnahme der Italienpolitik seiner staufischen Vorgänger. Wie diese wollte er dem Königtum dort eine Machtgrundlage schaffen.

Nach Anfangserfolgen und der Kaiserkrönung in Rom

starb Heinrich bei Siena. Ob er die kaiserliche Herrschaft in Italien nochmals hätte aufrichten können, erscheint angesichts der veränderten Verhältnisse mehr als fraglich. Von weitreichender Bedeutung war jedoch, daß Heinrich Böhmen für die Luxemburger gewann. Dort war die einheimische Familie der Přemysliden 1306 in männlicher Linie ausgestorben. Heinrich hatte seinen Sohn Johann von Luxemburg mit Elisabeth, einer přemyslidischen Erbtochter, vermählt; Johann konnte sich dort mit Hilfe einer böhmischen Partei und mit westdeutschen Truppen gegen andere Thronprätendenten durchsetzen.

Auf den deutschen Königsthron gelangte zunächst jedoch ein Wittelsbacher, Ludwig der Bayer († 1347), der sich bis 1325 mit einem habsburgischen Gegenkönig auseinandersetzen mußte. Ludwig war der letzte deutsche König, der in einen heftigen Konflikt mit dem Papsttum geriet. Als er gegen päpstlichen Willen in Italien einen Reichsvikar einsetzte, klagte ihn der französische Papst Johannes XXII. an, widerrechtlich den Königstitel zu führen; der König dagegen appellierte gegen den Papst an ein allgemeines Konzil. Die Gedanken des späteren Konziliarismus (Kap. 18) kündigten sich hier an. Der Papst bannte den König als Ketzer, Ludwig dagegen zog nach Rom und ließ sich 1328 die Kaiserkrone von einem Vertreter des römischen Volkes aufsetzen. Zu diesem Romzug ohne Rücksicht auf den Papst war Ludwig möglicherweise auch durch den Staatstheoretiker Marsilius von Padua bewogen worden, der in seinem Werk *Defensor pacis* die Theorie von einem weltlichen Staat vertrat, dem auch die Kirche unterzuordnen sei. Er war deswegen der Ketzerei angeklagt worden und an Ludwigs Hof geflohen. Im sogenannten Kurverein von Rhense (1338) stellten sich auch die Kurfürsten schließlich auf Ludwigs Seite; denn ihr Wahlrecht wollten sie sich durch den Papst nicht schmälern lassen. Durch ein schroffes, aber im Interesse seiner Hausmacht gelegenes Vorgehen machte Ludwig sich später die Fürsten, vor allem die Luxemburger und die Habsburger, wieder zu seinen Gegnern; noch zu seinen Lebzeiten wählten sie den Sohn aus der luxemburgisch-böhmischen Eheverbindung, Karl, zum König.

Karl IV. (1346–78) gilt als der bedeutendste deutsche König des Spätmittelalters. Er war in Paris am französischen Hof erzogen worden, hatte dort manche Anregungen für sein späteres Handeln bekommen. Als Stellvertreter seines Vaters Johann hatte er politische und militärische Lehrjahre in den Kämpfen um die luxemburgischen Besitzungen in Tirol und der Lombardei verbracht. Gegen Ludwig den Bayern arbeitete er mit dem Papst zusammen.

Die damals dem König noch zur Verfügung stehenden Herrschaftsmittel hat Karl optimal zu nutzen verstanden; spätmittelalterliche Herrschaftsausübung sei daher an seinem Beispiel skizziert (P. Moraw): Karls Machtbasis waren die luxemburgischen *Hausmachtterritorien,* neben Luxemburg vor allem Böhmen, Mähren und Schlesien, das schon sein Vater Johann endgültig für Böhmen gesichert hatte. Dieser Länderkomplex wurde nach westlichem Vorbild durch den Begriff „Länder der böhmischen Krone" zusammengefaßt. Von Böhmen aus expandierte Karl mit systematischen Besitzerwerbungen nach Westen in Richtung Nürnberg (Oberpfalz), später nach Norden über die Lausitz bis zum Erwerb der Mark Brandenburg (1373), die den Luxemburgern eine zweite Kurstimme einbrachte. Nach den Ländern der Hausmacht hatte der König größten Einfluß in den *königsnahen* Gebieten: Franken mit Nürnberg, Mittelrhein und unterer Main mit Frankfurt, Schwaben mit Augsburg, schließlich das Saaleland um Erfurt. Zu einer weiteren Gruppe der immerhin *königsoffenen* Landschaften zählten der Oberrhein mit den elsässischen Reichsstädten und das südliche Niederrheingebiet. In der vierten Gruppe, den *königsfernen* Landschaften, hatte der König wenig oder keine Einwirkungsmöglichkeiten, sei es, daß sie geographisch zu weit entfernt lagen, wie Nordwestdeutschland oder der romanische Südwesten, sei es, daß es sich um kurfürstliche Territorien oder Länder der beiden mit den Luxemburgern rivalisierenden Familien der Wittelsbacher bzw. Habsburger handelte.

Die Möglichkeiten, die ihm die komplexen politischen Strukturen im Reich boten, nutzte Karl IV. virtuos: mit kluger Diplomatie, mit Finanz- und Heiratspolitik. Militärische Gewalt sah er nur als letztes Mittel an. Insgesamt neigte er eher den konservativen Kräften zu, die ihm mehr Nutzen versprachen. In den Städten stützte er also meist das Patriziat gegen die Zünfte. In der Auseinandersetzung zwischen Städten und Fürsten neigte er, bei aller Flexibilität in Einzelfällen und mit Ausnahme von Nürnberg, den letzteren zu.

Karl nutzte die alte Herrschaftspraxis und reiste viel; daneben baute er zwei Hauptresidenzen in günstiger geographischer Lage aus: Prag und Nürnberg. Sie waren ihm von größtem Nutzen als Finanz- und Informationszentren. Der königliche Hof als Verwaltungszentrale war zu Karls Zeiten besser ausgebaut als jemals zuvor und danach im mittelalterlichen Reich, wenn er auch, mit westlichen Vorbildern verglichen, immer noch bescheiden war. Etwa die Hälfte der königlichen Räte stammte aus der Hausmacht, ein weiteres Viertel stellten adlige Herren aus den königsnahen Landschaften, ein Viertel waren Großbürger, die für die Finanzen des Königs von entscheidender Bedeutung waren.

Besonders die böhmische Hauptstadt Prag stattete Karl auch städtebaulich mit großem Aufwand (meist nach Pariser Vorbild) als Reichsresidenz aus, wobei er bedeutende Baumeister und Künstler wie Peter Parler heranzog. Auf seine Veranlassung wurde das Bistum Prag zum Erzbistum erhoben. Hier gründete Karl 1348 die erste Universität im Reich nördlich der Alpen, während in Italien bereits 15 dieser Hochschulen existierten und die ältesten Universitäten, Paris, Oxford und Bologna, schon seit etwa 1200 bestanden. Für die ersten Jahrzehnte ihres Bestehens kann die Prager Hochschule wegen ihrer Anziehungskraft auf Magister und Studenten aus dem gesamten Reichsgebiet als Reichsuniversität bezeichnet werden. Nach diesem Vorbild errichteten auch die mit dem Königshaus rivalisierenden Habsburger die Wiener Universität (1365), später die rheinischen Wittelsbacher Heidelberg (1386). Die mittelalterlichen Universitäten Deutschlands waren grundsätzlich landesherrliche Gründungen. Die frühen unter ihnen waren nach „Nationen" (landsmannschaftlichen Zusammenschlüssen) gegliedert, die späteren bereits nach fachlichen Gesichtspunkten in Fakultäten. Die Aufgabe der sogenannten Artistenfakultät (nach den 7 Artes liberales benannt) bestand in einer Art Grundstudium; auf ihm bauten die drei höheren Fakultäten Theologie, Jura und Medizin auf. Die Universitäten spielten bei den geistigen Auseinandersetzungen des 15. Jahrhunderts bald eine wichtige Rolle. Eine ihrer Folgen war allerdings auch die Zurückdrängung der bisherigen weiblichen Bildung, da nur Männer studieren durften.

Durch das Schicksal seines Großvaters und seine eigenen italienischen Erfahrungen gewarnt, holte sich Karl die lombardische und die Kaiserkrone in Rom mit dem geringstmöglichen Aufwand (1355), ohne jede Absicht, im zerstrittenen Italien als Ordnungsfaktor aufzutreten.

Es ist verständlich, daß sich der König um sein böhmisches Stammland besonders kümmerte: Er förderte Handel und Gewerbe, kirchenpolitisch unterstützte er konservative Reformen, die sprachlichen Differenzen in dem nunmehr zweisprachigen Land versuchte er auszugleichen, die Macht des böhmischen Adels konnte er aber nur vorübergehend zurückdrängen. Der Förderung und Privilegierung Böhmens und der übrigen Kurfürstentümer sollte auch die „Goldene Bulle" von 1356 dienen. Erst später wurde sie durch ihre Rezeption zu einer Art Reichsgrundgesetz, das bis zum Ende des alten Reiches in Kraft blieb. In dieser Urkunde werden vor allem der Verlauf der Königswahl und die Kurfürstenrechte (Erbfolge und Unteilbarkeit der Kurländer) festgelegt (Q 3).

Den so unheldisch wirkenden Karl IV. haben schon einige Zeitgenossen, aber auch viele deutsche Historiker bis ins 20. Jahrhundert (in abwertendem Sinne) einen „Kaufmann auf dem Thron" genannt. Aber er verschaffte dem Reich eine Periode relativen Friedens. Bei aller Rationalität und klugen Berechnung, die man ihm zuschreiben muß, fehlten ihm einige andere Züge nicht: er war ein fast exzessiver Reliquiensammler und legte höchsten Wert auf die sakralen Symbole herrschaftlicher Selbstdarstellung: so auf die Kronen und die Reichskleinodien, die er wie Reliquien ausstellen ließ. Auch diese „Staatsfrömmigkeit" diente freilich seinen politischen Zwecken.

Die gefestigte Stellung des Königtums zeigte sich daran, daß Karl seinen Sohn Wenzel zum Nachfolger wählen lassen konnte, allerdings nach Zugeständnissen an die Kurfürsten und mit großem finanziellem Aufwand. Wenzel war eine viel schwächere Persönlichkeit als sein Vater, hatte aber auch mit objektiven Schwierigkeiten zu kämpfen, mit den Rivalitäten der anderen luxemburgischen Fürsten, die über die böhmischen Nebenländer herrschten, mit dem aufbegehrenden böhmischen Hochadel und mit der beginnenden hussitischen Bewegung (Kap. 18). In seiner Regierungszeit erreichte auch der Kampf zwischen den Fürsten und den Städtebünden seinen Höhepunkt; in der Schlacht von Döffingen gegen den schwäbischen und der Schlacht bei Worms gegen den rheinischen Städtebund (1388) erwiesen sich die Fürsten als militärisch überlegen. Zwar war die Macht der Städte damit noch nicht gebrochen, dem Territorialfürstentum gehörte jedoch von nun an die Zukunft.

1400 setzten die rheinischen Kurfürsten Wenzel als „unnützen" und „unwürdigen" König ab; der rheinische Pfalzgraf Ruprecht († 1410) wurde sein Nachfolger. Er hatte nur eine schmale Machtgrundlage. 1411 setzte sich noch einmal ein Luxemburger, Karls IV. jüngster Sohn Sigmund, als König durch. Bei der Nachfolgeregelung Karls hatte er die Mark Brandenburg erhalten, war aber nach langen Auseinandersetzungen durch seine Ehe mit der ungarischen Erbtochter Maria 1387 König von Ungarn geworden; auch diese luxemburgische Anwartschaft auf Ungarn war bereits von Karl angebahnt worden. Ungarn wurde nun also in Personalunion mit dem Reich verbunden, das jetzt zusätzlich durch die schweren ungarischen Probleme belastet wurde: durch die Ansprüche der Anjous auf Ungarn, durch die Kämpfe mit dem expansiven Venedig, vor allem aber durch den Vormarsch der türkischen Osmanen, die seit der Mitte des 14. Jahrhunderts auf den Balkan vordrangen. Schon 1396 hatte Sigmund gegen sie die Schlacht von Nikopolis verloren. Nach dem Tod König Wenzels (1419) verhinderten die Hussiten bis 1436 Sigmunds Regierungsübernahme im wichtigen Stammland Böhmen. Alle diese Fragen berührten sich schließlich mit dem großen abendländischen Schisma und der Konzilsbewegung (Kap. 18); auch hierbei sollte Sigmund eine wichtige Rolle spielen. Nach seinem Tod (1437) fiel der luxemburgische Besitz den Habsburgern zu; schon Karl IV. hatte einen luxemburgisch-habsburgischen Erbvertrag abgeschlossen, der durch die Ehe der Erbtochter Sigmunds mit Albrecht V. von Österreich bekräftigt wurde. Die zweite große Dynastie des neuzeitlichen Deutschland hatte Sigmund selbst nach Ostmitteleuropa geführt: auf die Mark Brandenburg hatte er verzichtet und sie 1415 den hohenzollerischen Burggrafen von Nürnberg übertragen.

Quellen

Q 1 Königliche Selbstdarstellung

Karl IV. hat seine Autobiographie, die erste eines mittelalterlichen deutschen Herrschers, wahrscheinlich 1350 geschrieben; sie reicht bis zu seiner Königskrönung 1346. Ein Hauptzweck der Arbeit war es, Karl von Anfang an als rechtmäßigen König darzustellen und zu legitimieren, da er im Reich noch immer umstritten war.

Ich möchte nun, daß euch nicht verborgen bleibe, daß Kaiser Heinrich VII. meinen Vater Johann gezeugt hat aus Margareta, der Tochter des Herzogs von Brabant. Dieser nahm Elisabeth, die Tochter des Böhmenkönigs Wenzel II. zur Gattin und erhielt mit ihr das Königreich Böhmen, weil das Königshaus der Böhmen im Mannesstamm erloschen war. Er vertrieb den Kärntener Herzog Heinrich, der die ältere Schwester seiner Gattin zur Frau hatte. Jene starb später kinderlos ... Diesem König Johann von Böhmen schenkte Königin Elisabeth im Jahre 1316, in der ersten Stunde des 14. Mai, zu Prag seinen ersten Sohn Wenzel [das war Karls erster Name] ... Zu diesem König [Frankreichs] schickte mich mein Vater, als ich sieben Jahre alt war. Der französische König ließ mich durch einen Bischof firmen und gab mir seinen eigenen Namen Karl. Außerdem vermählte er mich mit der Tochter seines Oheims Karl. Sie hieß Margareta, wurde aber Blanca genannt ... Dieser König liebte mich sehr. Er vertraute mich seinem Kaplan an, damit dieser mir ein wenig Unterricht erteile, obwohl er selbst keine solche Ausbildung genossen hatte. So lernte ich auch die marianischen Antiphone des Stundengebets und las sie, als ich ihren Sinn einigermaßen verstand, in meiner Kindheit von Tag zu Tag lieber, zumal meinen Erziehern vom König aufgetragen worden war, mich dazu anzuhalten. Dieser König war nicht habsüchtig, er bediente sich guten Rats, und sein Hof glänzte als Versammlungsstätte geistlicher und weltlicher Fürsten von großer Lebenserfahrung ...

Unter seinen Räten befand sich einer, der ein sehr kluger Mann war: Peter, Abt von Fécamp, gebürtig aus Limoges, eine gebildete und gelehrte Persönlichkeit von hohem moralischen Ansehen. Dieser las im ersten Herrschaftsjahr Philipps am Aschermittwoch die Messe und predigte so eindringlich, daß er von allen bewundert wurde ... Die Sprachgewalt und Beredsamkeit des erwähnten Abtes beeindruckten mich in jener Predigt sehr; während ich ihm andächtig zuhörte und ihn betrachtete, gewann ich so tiefe religiöse Einsichten, daß ich mich fragen mußte: Woran liegt es, daß von diesem Mann soviel Gnade auf mich überströmt? Endlich machte ich seine Bekanntschaft, und er förderte mich mit väterlicher Zuneigung und unterwies mich öfters in der heiligen Schrift ... Während unseres Papstbesuches [in Avignon 1340] nahm mich Peter von Fécamp als Gast in sein Haus auf ... Ich war zu der Zeit, als ich mich zu Papst Benedikt begab, Markgraf von Mähren. Eines Tages sagte Peter von Fécamp in seinem Hause zu mir: „Du wirst noch römischer König werden". Ich antwortete ihm: „Du wirst zuvor Papst sein". Beides ist eingetroffen. [Peter war der spätere Papst Clemens VI.]

(Vita Caroli quarti. Einführung, Übersetzung und Kommentar von E. Hillenbrand. 1979, S. 81–87, 173–175).

Q 2 Universitätsgründung

Der Hofchronist Karls IV., Benesch von Weitmühl († 1375) berichtet, zum Jahr 1348, auch über die wirtschaftlichen Grundlagen:

In diesem Jahr erwirkte Karl, König der Römer und Böhmens, aus frommem Eifer für die göttliche Liebe und mit Nächstenliebe erfüllt, mit dem Wunsch, das Wohl des Gemeinwesens zu vermehren und sein Königreich Böhmen ehrenvoll zu erhöhen, vom apostolischen Stuhl die Privilegien eines Generalstudiums in der Stadt Prag, und er als Herrscher gewährte darüberhinaus mit der Autorität des böhmischen Königs den dortigen Studenten viele Privilegien. Er rief aus verschiedenen fremden Ländern viele Magister der heiligen Theologie herbei, Doktoren des kanonischen Rechts, Fachleute und Gebildete in den einzelnen Fächern der freien Künste; sie sollten die Kirche Gottes und ihre Nächsten wissenschaftlich und moralisch erbauen. Er wollte das Prager Studium in jeder Hinsicht in Art und Gewohnheit des Pariser Studiums, wo der König selbst einst in seiner Jugendzeit studiert hatte, ausrichten. Damit die genannten Vorlesung haltenden Magister in den einzelnen Jahren immer bestimmte Einkünfte hätten, haben zunächst der König, dann Herr Ernst, der erste Erzbischof der Prager Kirche und sein Domkapitel, auch alle anderen Prälaten und Kollegien der anderen Kirchen und die Klöster des Königreichs Böhmen eine genügend große Geldsumme zusammengebracht, um damit Besitzungen mit Einkünften und ständigen Zinsen zu diesem Zweck an bestimmten Orten zu kaufen. Die Güter wurden mit dem Erzbistum Prag verbunden, den Herrn Erzbischof von Prag und seine Nachfolger machten sie zum Kanzler des Prager Studiums... Und es wurde ein solches Studium in der Stadt Prag eingerichtet, wie es kein anderes in allen Teilen Deutschlands gab, und es kamen dorthin Studenten aus fremden Ländern, aus England, Frankreich, der Lombardei, Ungarn, Polen und aus den einzelnen umliegenden Ländern, darunter Adels- und Fürstensöhne und kirchliche Prälaten aus allen Teilen der Welt. Auf Grund des Studiums wurde die Stadt Prag sehr berühmt und angesehen in den fremden Ländern. Wegen der Menge der Schüler wurden die Zeiten in der Stadt etwas teurer, weil eben eine so große Menge dorthin zusammenströmte. Als der Herr Karl sah, daß dieses Studium bemerkenswert und erfreulich anwuchs, schenkte er den Studenten Häuser der Juden und gründete in ihnen ein Kollegium von Magistern, die an den einzelnen Tagen Vorlesungen und Disputationen abhalten sollten; ihnen errichtete er eine Bibliothek und stellte die für das Studium notwendigen Bücher im Überfluß zur Verfügung. Diese Magister haben außer dem Lebensunterhalt, den sie von den Studenten empfangen, bestimmte jährliche Einkünfte, die ausreichend sind.

(Fontes rerum Bohemicarum Bd. 4, hg. v. J. Emler, 1884, S. 517 f.)

Q 3 Goldene Bulle

Nach seiner Kaiserkrönung beriet Karl IV. auf Reichstagen in Nürnberg und Metz ein umfangreiches Gesetzgebungswerk, wovon nur ein Teil, die Goldene Bulle, 1356 verabschiedet wurde. Die nun endgültig geregelte Königswahl sah im Gegensatz zu der früheren Fiktion einer einmütigen Wahl Mehrheitsentscheidung vor. Sie ist in dieser Form bis zum Ende des 18. Jahrhunderts durchgeführt worden; die Forderung nach unbeeinflußter Wahl blieb freilich eine unbeachtete Wunschvorstellung.

Über die Wahl des Königs der Römer.
 1. Nachdem aber die genannten Wähler bzw. ihre Abgesandten die Stadt Frankfurt betreten haben, sollen sie sofort am nächsten Tag beim Morgengrauen in der Kirche des hl. Apostels Bartholomäus bei Anwesenheit aller die Hl. Geistmesse singen lassen, damit der hl. Geist ihre Herzen erleuchte, sein wirkendes Licht ihrem Sinn eingebe, so daß sie auf seine Hilfe gestützt einen gerechten, guten, nützlichen Menschen zum König der Römer und künftigen Kaiser, zum Heil für das christliche Volk, zu wählen vermöchten. Nach der Messe sollen alle jene Wähler bzw. ihre Abgesandten an den Altar treten, wo diese Messe zelebriert worden ist; dort sollen die geistlichen Kurfürsten vor dem Evangelium des hl. Johannes, das man ihnen vorlegt, ihre Hände in Verehrung auf die

Brust legen, die weltlichen Kurfürsten sollen das Evangelium körperlich, mit ihren Händen, berühren. Alle müssen samt ihrem Gefolge unbewaffnet dort stehen. Der Erzbischof von Mainz soll ihnen den Wortlaut des Eides vorsprechen und zusammen mit ihnen (oder bei Abwesenheit mit ihren Abgesandten) den folgenden Eid in der Volkssprache leisten:

2. Ich...schwöre bei den hl. Evangelien Gottes, die hier vor mir liegen: ich werde in der Treue, durch die ich Gott und dem hl. römischen Reich verpflichtet bin, nach meinem Urteilsvermögen und Verstand mit Gottes Hilfe das weltliche Haupt für das Christenvolk wählen, d. h. einen König der Römer, der Kaiser werden wird, der dazu geeignet ist, soweit mein Urteil und meine Einsicht mich gemäß der erwähnten Treue leiten. Meine Stimme, mein Votum und meine Wahl werde ich geben ohne Vereinbarung, Belohnung, Preis oder Versprechen oder wie immer dergleichen genannt wird. Gott helfe mir und alle Heiligen.

3. Nach dem Schwur...sollen sie zur Wahl schreiten und die Stadt Frankfurt nicht verlassen, bis ihre Mehrheit ein weltliches Haupt für die Welt bzw. die Christenheit gewählt hat... Wenn sie dies nicht innerhalb von 30 Tagen tun, ...sollen sie nur noch Brot und Wasser zu sich nehmen und die genannte Stadt nicht verlassen, es sei denn, es ist von ihnen oder ihrer Mehrheit ein Lenker bzw. das weltliche Haupt der Gläubigen gewählt worden.

4. Wenn sie oder ihre Mehrheit aber an diesem Ort gewählt haben, soll diese Wahl so betrachtet und gewertet werden, als sei sie von allen einstimmig ohne Widerspruch erfolgt... Derjenige, der auf die vorher beschriebene Weise zum König der Römer gewählt wurde, soll nach dem Ende des Wahlvorgangs, bevor er in irgendeiner Angelegenheit eine Regierungshandlung im Namen des hl. Reiches durchführt, allen geistlichen und weltlichen Kurfürsten zusammen und jedem einzelnen von ihnen als den nahestehenden Gliedern des Reiches alle ihre Privilegien, Briefe, Rechte, Freiheiten, die ihnen gemachten Zugeständnisse, alten Gewohnheiten und Ämter und alles, was sie vom Reich bis zum Wahltag bekommen haben und besitzen, ohne Verzug und Widerspruch bestätigen und approbieren durch seine Urkunden und Siegel. Das alles soll er nach der Kaiserkrönung erneut bestätigen...

5. Im Falle schließlich, daß drei Kurfürsten oder ihre Abgesandten einen vierten aus dem Kollegium, nämlich einen

Kurfürsten, ob anwesend oder nicht, zum König der Römer wählen, soll die Stimme des Gewählten, so bestimmen wir, ... volle Gültigkeit wie die der übrigen Kurfürsten haben, die Zahl der Wählenden vergrößern und die Mehrheit bilden.

(MGH Fontes iuris germanici antiqui XI, hg. v. W. D. Fritz, 1972, S. 53–56).

Fragen, Probleme und Anregungen

1) Wie bauten die deutschen Fürsten ihre Landesherrschaft auf?
2) Was ist spätmittelalterliche Hausmachtpolitik?
3) Vergleich der materiellen Grundlagen des Königtums: Reichsgut als Streubesitz im Frühmittelalter – Königslandschaften im Hochmittelalter – Hausmachtterritorien im Spätmittelalter.
4) Wie ist die Verlagerung des politischen und wirtschaftlichen Schwergewichts in die östlichen Länder des Reiches im Spätmittelalter zu erklären?
5) Warum entstand der „moderne Staat" in Deutschland nicht im Rahmen des Reichs, sondern in den Territorien?

Wichtige Daten

1250–1273	Interregnum
1273–91	Rudolf von Habsburg
1278	Schlacht auf d. Marchfeld
1346–78	Karl IV.
1348	Gründung der 1. Universität im Reich in Prag
1356	Goldene Bulle
1388	Niederlage der Städte gegen die Fürsten bei Döffingen und Worms
1437	König Sigmund †/ Die Habsburger beerben die Luxemburger

Wichtige Begriffe

Interregnum
Landesherrschaft
Kurfürsten
Hausmachtpolitik

Partikularismus
Landstände
Revindikation
Universitätsnation

Literaturhinweise

O. Redlich, Rudolf v. Habsburg, 1903 [Klassisches Werk].
E. E. Stengel, Avignon und Rhens, 1930 [Zum Kampf Ludwigs d. Bayern mit der Kurie].
A. Gerlich, Habsburg-Luxemburg-Wittelsbach im Kampf um die dt. Königskrone, 1960.
E. Meuthen, Das 15. Jahrhundert, 1984^2 (Oldenbourg-Grundriß der Geschichte 9).
F. B. Fahlbusch, Städte und Königtum im frühen 15. Jh. Ein Beitrag zur Gesch. Sigmunds von Luxemburg, 1983 (Städteforschung A 17).

Die Zeit Karls IV.

E. Werunsky, Geschichte Kaiser Karls IV. und seiner Zeit, 3 Bde., 1880−92.
R. Schneider, Karls IV. Auffassung vom Herrscheramt. HZ Beiheft NF 2 (1973), 122−150.
F. Seibt, Karl IV. Ein Kaiser in Europa (1346−78), 1978 [Maßgebende Biographie].
Kaiser Karl IV. Staatsmann und Mäzen, hg. v. F. Seibt, 1978 [Katalog mit Beiträgen].
Kaiser Karl IV. 1316−1378. Forschungen über Kaiser und Reich, hg. v. K. Patze, 1978.
Die Goldene Bulle, übers. v. W. D. Fritz, Geschichtl. Würdigung von E. Müller-Mertens. 1978.
P. Moraw, Kaiser Karl IV. im dt. Spätmittelalter. HZ 229 (1979), 1−24.
Ders., Zur Mittelpunktsfunktion Prags im Zeitalter Karls. In: Festschrift H. Ludat, 1980, 445−489.

F. Graus, Kaiser Karl IV. Betrachtungen zur Literatur eines Jubiläumsjahres. Jb. f. Gesch. Osteuropas 28 (1980), 71–88.

P. Johanek, Goldene Bulle. In: Verfasserlexikon[2], Bd. 3 (1981), Sp. 84–87.

Karl IV. Politik und Ideologie im 14. Jh. hg. v. E. Engel, 1982.

P. Moraw, Kaiser Karl IV. 1378–1978. Ertrag u. Konsequenzen eines Gedenkjahres. In: Politik, Gesellschaft, Geschichtsschreibung. Festgabe f. F. Graus, hg. v. H. Ludat u. R. C. Schwinges, 1982, 224–318.

Reichsverfassung/Königtum

E. Schubert, Königswahl und Königtum im spätmittelalterl. Reich. ZHF 4 (1977), 264–338.

K. F. Krieger, Die Lehnshoheit der dt. Könige im Spätmittelalter (ca. 1200–1437), 1979.

Deutsche Verwaltungsgeschichte. Bd. 1, Vom Spätmittelalter bis zum Ende des Reiches, hg. von K. G. A. Jeserich u. a., 1983, Kap. I, 21–213 von P. Moraw, D. Willoweit, W. Reinhard u. G. Droege.

W. Giese, Der Reichstag vom 8. Sept. 1256 und die Entstehung des Alleinstimmrechts der Kurfürsten. DA 40 (1984), 562–590.

Das spätmittelalterliche Königtum im europäischen Vergleich, hg. v. R. Schneider, 1987 (Vorträge u. Forschungen 32).

Territorien und Landesherrschaft

W. Näf, Frühformen des „modernen Staates" im Spätmittelalter. HZ 171 (1951), 225–243.

W. Schlesinger, Die Entstehung der Landesherrschaft, 1964[2].

O. Brunner, Land und Herrschaft – Grundfragen der territorialen Verfassungsgesch. Österreichs im MA, 1970[6].

Der deutsche Territorialstaat im 14. Jh., 2 Bde., hg. v. H. Patze, 1970–71 (Vorträge u. Forschungen 13/14).

F. Merzbacher, Landesherr, Landesherrschaft. In: HRG Bd. 2 (1978), Sp. 1383–88.

Reichsstädte/Städtebünde

H. Angermeier, Städtebünde u. Landfrieden im 14. Jh. HJb 76 (1957), 34—46.

E. Engel, Städtebünde im Reich von 1226—1314. In: Bürgertum, Handelskapital, Städtebünde, 1975, 177-209.

J. Schildhauer, Der Schwäbische Städtebund. Jb. f. Gesch. des Feudalismus 1 (1977), 187—210.

P. Moraw, Reichsstadt, Reich u. Königtum im späten MA. ZHF 6 (1979), 385—424.

P.-J. Heinig, Reichsstädte, Freie Städte und Königtum 1389—1450. Ein Beitrag zur dt. Verfassungsgeschichte, 1983.

P. Eitel, Reichsstädte. In: HRG Bd. 4, Lfg. 27 (1986), Sp. 754—760.

Universität und Bildung

H. Grundmann, Vom Ursprung der Universitäten im MA, 1964[3].

F. Seibt, Von Prag bis Rostock. Zur Gründung der Universitäten in Mitteleuropa. In: Festschrift W. Schlesinger, Bd. 1, 1973, 406—426.

K. Schreiner, Laienbildung als Herausforderung für Kirche u. Gesellschaft. Religiöse Vorbehalte u. soziale Widerstände gegen die Verbreitung von Wissen im späten MA u. in der Reformation. ZHF 11 (1984), 257—354.

Schulen und Studium im sozialen Wandel des hohen u. späten Mittelalters, hg. v. J. Fried, 1986 (Vorträge u. Forschungen 30).

18. Krisen und Reformversuche des Spätmittelalters

Das Spätmittelalter als Krisenzeit ist seit langem Diskussionsgegenstand der Historiker, in Deutschland besonders in den letzten Jahrzehnten. Dabei geht es um den Begriff der Krise, um ihre Erscheinungsformen und vor allem um ihre Ursachen. Vieles ist bis heute ungeklärt oder umstritten.

Zu einer Krise gehören, darin besteht eine gewisse Einigkeit, nicht nur *objektive Krisenerscheinungen*, sondern auch das Krisenbewußtsein der Zeitgenossen. Auch neigt die Forschung heute dazu, in der Krise des 14. und 15. Jahrhunderts nicht nur Verfall und Niedergang zu sehen, sondern sie eher als Wachstums-, Anpassungs- oder Entwicklungskrise zu deuten.

Das wichtigste objektive Faktum ist, nach der Phase des hochmittelalterlichen Zuwachses, die Abnahme der Bevölkerungszahl: Schätzungen sprechen für die erste Hälfte des 14. Jahrhunderts von 11–14 Millionen, für 1470 von 7–10 Millionen Menschen im Reich. Die Tendenz zur Entsiedlung wird für Deutschland durch etwa 40 000 (allerdings nicht immer auf diese Zeit datierbaren) Wüstungen, d. h. aufgegebener Siedlungen und Fluren, belegt, die 23 % des Siedlungsbestandes entsprechen. Für den demographischen Rückgang werden nicht mehr nur die Pest von 1348 und die folgenden Pestwellen verantwortlich gemacht; er setzte bereits vorher ein. Schwere Hungersnöte deuten seit Beginn des 14. Jahrhunderts auf eine relative Übervölkerung hin – vielleicht bedingt durch Ernteausfälle aufgrund weiträumiger Klimaveränderungen („kleine Eiszeit").

Die Bevölkerungsabnahme führte zur Agrardepression (These W. Abel), d. h. die Agrarpreise sanken, während sich die Handwerkserzeugnisse verteuerten (Preisschere). Die drei großen Bauernaufstände des späten 14. Jahrhunderts in England, Flandern und Frankreich werden oft in diesem Zusammenhang gesehen; im Reich traten solche

Aufstände gehäuft erst um und nach 1500 auf. Das Sinken der Getreidepreise, die Landflucht der Bauern und der Verfall der Agrarproduktion bewirkten starke Einnahmeverluste für die adligen Grundherrn – einige von ihnen suchten neue Einnahmen als „Raubritter", andere bemühten sich, ihre Herrschaft über die Bauern zu intensivieren und diese stärker zu belasten. Erfolgreich für die Herren wurde dieser Weg besonders in Ostelbien beschritten, wo er zur „zweiten Leibeigenschaft" der neuzeitlichen Gutsherrschaft führen sollte. Die marxistischen Historiker sehen überhaupt den primären Grund der Krise nicht in der demographischen Entwicklung, sondern in der Erhöhung der Feudalrente durch den Grundherrn. Eine andere Forschungsrichtung glaubt Krisengründe in der Geldentwertung und anderen monetären Entwicklungen zu sehen – wegen der immer noch dominierenden Agrarwirtschaft eine weniger wahrscheinliche Erklärung. Gerade aufgrund der Agrardominanz und ihrer Auswirkungen kann man auch von einer allgemeinen Wirtschaftskrise sprechen (W. Rösener). Die früher vertretene These einer Blüte der Stadtwirtschaft im 14. und 15. Jahrhundert wird heute entweder stark differenziert oder mit Fragezeichen versehen. Selbstverständlich sind für all diese Phänomene zahlreiche regionale Unterschiede zu berücksichtigen.

Das *Krisenbewußtsein* der Zeitgenossen ist aus den Quellen leichter zu belegen: eine allgemeine Unsicherheit und Orientierungslosigkeit, das Gefühl, es könne so nicht mehr weitergehen, die Kritik vor allem an der Kirche und entsprechende Reformforderungen, ein gewisser „Veränderungsdruck". So ließe sich das Krisenbewußtsein auch als Suche nach neuen Lösungen für die Probleme einer Gesellschaft ansehen, die im 14. Jahrhundert die Grenzen ihres bisherigen Wachstums erreicht hatte. Noch früher und deutlicher als im Reich werden Krise und Krisenbewußtsein übrigens in Frankreich faßbar, wo seit 1338 die Schäden und Bedrückungen des Hundertjährigen Krieges mit England als Beweggründe hinzukamen.

Drei der wichtigsten krisenhaften Entwicklungen der Zeit seien im folgenden kurz skizziert: die Pestepidemie und ihre Begleiterscheinungen in der Mitte des 14. Jahrhunderts, alsdann die hussitische revolutionäre Bewegung, die sich nach 1400 in Böhmen zu entwickeln begann, und schließlich das große abendländische Schisma (seit 1378) mit den daraus erwachsenden Reformkonzilen des 15. Jahrhunderts.

Die Lungen- und *Beulenpest*, die Europa seit dem 6. Jahrhundert verschont hatte, war mit den Tataren aus Innerasien nach Westen vorgedrungen und hatte 1347 die Mittelmeerhäfen erreicht. Sie wird durch den Ratten- und Menschenfloh übertragen, was die Zeitgenossen allerdings nicht erkannten. Die Pest breitete sich von 1348 bis 1353 über die Handelsstraßen in ganz Europa aus und raffte, bei starken regionalen Unterschieden, etwa 30 % der Gesamtbevölkerung dahin. Insofern war sie die wohl größte Katastrophe, von welcher die europäische Bevölkerung bislang getroffen wurde. Über viele Jahrhunderte wiederholten sich die Pestepidemien periodisch immer wieder (in Deutschland bis zum beginnenden 18. Jahrhundert), ohne allerdings das Ausmaß der ersten Welle zu erreichen.

Die Angst und Hilflosigkeit der Menschen in dieser Situation führten unter anderem zu den *Geißlerzügen*. Da viele Menschen die Pest als Strafe Gottes sahen, suchte man ihn durch gemeinsame Bußleistungen zu versöhnen: Männer (später auch Frauen) aus allen, besonders aber den unteren Schichten, verpflichteten sich auf 33 ½ Tage (der Jahreszahl des Lebens Jesu) zu Bußprozessionen mit Selbstgeißelungen (die die Geißelung Christi nachahmten), um das Strafgericht Gottes abzuwenden (Q 1). Schon im 13. Jahrhundert waren in Italien und Süddeutschland Geißler aufgetreten, jetzt, in den Jahren 1348 und 1349, zogen Hunderte, sogar Tausende von Stadt zu Stadt und trugen damit wohl auch zur Ausbreitung der Pest bei. Als die Geißler immer mehr soziale Unruhe verbreiteten und zunehmend die kirchliche Hierarchie kritisierten, wurde ihre Bewegung vom Papst, den Bischöfen und den Stadtobrigkeiten unterdrückt.

Mit der Pestangst einher gingen neue *Judenverfolgungen* – die schwersten Judenpogrome im mittelalterlichen Reich: Sie begannen in Südfrankreich, dehnten sich von dort einerseits nach Spanien, andererseits über Savoyen und die heutige Schweiz nach Norden aus und erfaßten fast das ganze Reich. Den Juden wurde, zuerst in Savoyen, vorgeworfen, nach Art einer kollektiven Verschwörung die Pest durch Brunnenvergiftung verursacht zu haben. Mit dem Wunsch, für die unerklärliche Pestbedrohung endlich Schuldige zu finden, waren allerdings ganz andere Motive verbunden: Verschuldung bei jüdischen Geldgebern, Konkurrenzneid und berechnende Geldgier. In jeder Stadt war die Situation unterschiedlich. Das Schicksal der Juden war fast immer mit innerstädtischen Machtkämpfen innerhalb der Oberschicht oder zwischen Stadtregiment und Zünften verknüpft. An der Judenverfolgung und - ermordung waren sozial unterschiedliche Gruppen beteiligt. Häufig waren die Ausschreitungen keine spontanen, sondern geplante Aktionen. Karl IV. – als König theoretisch Herr der jüdischen Kammerknechte – verhinderte zwar Pogrome in seinen Hausmachtterritorien, im Reich aber wandte er sich nicht wirksam dagegen; ja, er gewährte den Städten nach den Verfolgungen Straffreiheit und beteiligte sich manchmal selbst an der Erbschaft der Juden. In Nürnberg gewährte er die Amnestie, bevor die Verfolgungen überhaupt begannen; er hatte sie damit geradezu mit vorbereitet. Offensichtlich waren die Juden für ihn, auch wenn er kein ausgesprochener Judenfeind war, lediglich eine macht- und finanzpolitische Manövriermasse.

Nach Vernichtung der meisten jüdischen Gemeinden wurden Juden nach Ablauf einiger Jahre in manchen Städten wegen ihrer Geldleihfunktion zwar wieder aufgenommen, später aber auch als Kreditgeber nicht mehr gebraucht, da immer mehr christliche Financiers und die großen italienischen und oberdeutschen Handelshäuser zur Verfügung standen. So folgten im 15. Jahrhundert erneut vielfach endgültige Vertreibungen; an großen jüdischen Gemeinden überlebten das Ende des Mittelalters nur Frankfurt, Worms und Prag. Lediglich die territoriale Zersplitterung des Reiches sorgte wenigstens an einigen Orten für ihren Erhalt; aus Frankreich, England, Spanien und Portugal wurden sie dagegen gänzlich vertrieben. Auslöser der spätmittelalterlichen Judenverfolgungen waren, vom

Vorwurf der Brunnenvergiftung abgesehen, die Anklage des übermäßigen Wuchers oder die unsinnigen aus religiösem Haß entstandenen Vorwürfe des Ritualmords und der Hostienschändung, die als Wiederholung des Mordes an Christus angesehen wurden.

Auch wenn die Pest mit ihren Begleitumständen nicht die einzige Ursache der spätmittelalterlichen Krise war, so hatte sie die negative demographische und wirtschaftliche Entwicklung verschärft und auf das Bewußtsein der Menschen eingewirkt. Desorientierung und Hilflosigkeit führten einerseits zur Kritik an der Kirche, die ja die Instanz der Sinngebung sein sollte, andererseits auch wieder zu einer Intensivierung der Frömmigkeit.

In der *hussitischen Bewegung* treten neben solchen religiösen Motiven auch soziale und nationale Aspekte zutage. Die zu tiefgreifenden Reformen unfähige böhmische Kirche, eine übergroße Zahl von Klerikern ohne Stellung, eine starke Einwanderung deutscher Waldenser in Südböhmen und einige zunächst allgemein akzeptierte Prager Reformprediger des späten 14. Jahrhunderts gelten den Historikern unter anderem als Vorbedingungen und Vorboten der Erhebung. Ihr erster Akt spielte an der Prager Universität, wo ein Streit zwischen den überwiegend tschechischen Magistern der böhmischen Universitätsnation und den mehrheitlich deutschen Magistern der drei anderen Nationen entstanden war, welcher Gründe in der Konkurrenz um Stellenbesetzungen hatte, sich zugleich aber als Auseinandersetzung zweier philosophisch-theologischer Schulen manifestierte: des „Nominalismus", den die deutsche Mehrheit vertrat, und des „Realismus", den eine tschechische Gruppe mit der Lehre des radikalen englischen Kirchenreformers John Wyclif († 1384) übernommen hatte. Wyclif, der die Armut und Demut Christi in der Kirche vermißte, hatte zur Abhilfe sogar eine Enteignung der Kirche vorgeschlagen und war schon zu Lebzeiten unter Häresieverdacht geraten. Der südböhmische Magister und Volksprediger Jan Hus wurde zum Sprecher der Prager Wyclifisten. Die böhmische Nation erlangte von König Wenzel im Kuttenberger Dekret (1409) die Vorrangstellung vor den drei anderen Nationen, deren deutsche Magister und Studenten Prag unter Protest verließen. Hus geriet in den folgenden Jahren in einen immer stärkeren Konflikt mit der böhmischen Amtskirche und der Kurie und wurde 1415 auf dem Konzil zu Konstanz, wo er sich rechtfertigen wollte, aber seinen Überzeugungen treu blieb, als Ketzer verurteilt und verbrannt. Damit hatte die Bewegung ihren Märtyrer. Zu ihrem Symbol wurde der Kelch; denn die Hussiten begannen, auch dem Laien das Sakrament des Abendmahls in beiderlei Gestalt *(sub utraque specie)* zu reichen.

Zum Ausbruch der eigentlichen Revolte in Prag kam es allerdings erst 1419 (1. Prager Fenstersturz): Kirchen und Klöster wurden zerstört und geplündert, das deutsche Patriziat wurde aus vielen Städten vertrieben; im Land herrschte Anarchie, zumal König Wenzel im selben Jahr gestorben war. Die hussitische Bewegung war nicht einheitlich und bestand aus mehreren Gruppen, die miteinander, nebeneinander und gegeneinander agierten: aus dem Hochadel, den Prager Bürgern, den radikalen Bruderschaften von Tabor und Oreb, deren Führer häufig aus dem Kleinadel kamen. Gegen König Sigmund, der die Herrschaft in Böhmen vergeblich an sich ziehen wollte, hielten sie allerdings zusammen (Q 2). Nur ein kleinerer Teil Böhmens, aber ganz Mähren blieb katholisch und königstreu. Die politische Führung im Land hatten zunächst die Prager Städte und ihr Städtebund inne, die Taboriten waren jedoch die militärisch schlagkräftigste Truppe, die mit ihrem Elan und neuartigem militärischen Vorgehen (Wagenburgen) unter fähigen Führern (Žižka, Prokop) vier gegen Böhmen gerichtete Kreuzzüge zurückschlugen und später selbst offensiv in die Nachbarländer (bis zur Ostsee!) vorstießen. Auf dem Basler Konzil fanden die gemäßigten sogenannten Utraquisten 1433 mit dem Zugeständnis des Laienkelchs ihre Anerkennung als böhmische Kirche, während die Taboriten von den Städten und dem Hochadel 1434 in der Schlacht von Lipany vernichtet wurden. Der Hochadel, der immer mehr an Boden gewonnen und große Teile des Kirchenbesitzes an sich gebracht hatte, war der eigentliche Sieger der hussitischen Revolution. Sigmund wurde 1436 als böhmischer König anerkannt. Es folgte eine lange Zeit allmählicher Restauration in Böhmen, wo sich die utraquistische Kirche jedoch bis 1620 behaupten konnte.

Die Deutung der hussitischen Bewegung fällt in der Forschung unterschiedlich aus. Teils wird das Vorgehen ihres radikalen Flügels als bedeutendster mittelalterlicher Versuch gewertet, die Gesellschaft revolutionär neuzugestalten, teils wird sie als erste Reformation und erste konfessionelle Spaltung in Anspruch genommen. Fest steht auch, daß der sprachlich-nationale Antagonismus, genährt durch soziale Gegensätze und religiöse Differenzen, seinen mittelalterlichen Höhepunkt in der hussitischen Epoche Böhmens erreichte, obwohl es durchaus deutsche Hussiten und tschechische Katholiken im Lande gab.

Ein kirchenpolitischer Hintergrund der Hussitenzeit ist das *große abendländische Schisma* seit 1378. Es hing mit der immer wieder geplanten Rückkehr der Kurie von Avignon nach Rom zusammen. Das Wahlkollegium der Kardinäle hatte zunächst Urban VI. gewählt; nachdem dieser sich immer monarchischer gebärdete, wählte man wenig später den franzosenfreundlichen Clemens VII. Dieser und seine Nachfolger gingen erneut nach Avignon, während Urban und seine Nachfolger in Rom blieben. Die Obödienzen der beiden Päpste waren ungefähr gleichstark, dem avignonesischen Papst neigten die westeuropäischen Länder, auch einige deutsche Territorien zu, dem römischen Mittel- und Nordeuropa. Das jahrzehntelange Schisma schwächte nicht nur die päpstliche Autorität; die beiden repräsentativen Kurien verschlangen auch mehr Geld. Aus diesen Gründen setzten bald, zunächst erfolglose, Bemühungen ein, die Einheit wiederherzustellen. Die Universität Paris entwickelte mehrere Vorstellungen dazu, eine davon war der Weg eines allgemeinen Konzils. Dieser Gedanke, der schon seit dem 12. Jahrhundert gelegentlich aufgetaucht war, fiel jetzt in einer Welt, die korporatives und genossenschaftliches Vorgehen kannte und vielfältig praktizierte, auf fruchtbaren Boden. Das von den Kardinälen beherrschte Konzil von Pisa (1409) setzte die rivalisierenden Päpste ab und wählte einen neuen, blieb jedoch ohne Erfolg: jetzt hatte man drei Päpste. Einen neuen Anlauf nahm das Konzil von Konstanz (1414–18), das unter maßgeblichem Einsatz und Einfluß Kaiser Sigmunds zustande kam. Von den drei selbstgestellten Aufgaben, der Kircheneinheit, der Kirchenreform und der Behandlung von Glaubensfragen, löste das Konzil nur die erste: die drei Päpste wurden abgesetzt oder zum Verzicht bewogen, ein neuer Papst, Martin V., gewählt. In der Sache des Glaubens wurden lediglich die Wyclif-Thesen (und damit im Zusammenhang Hus) als häretisch verurteilt. Das Dekret *Haec sancta*, das die Mehrheit des Konzils (aber nicht die Kardinäle) verabschiedete, gilt als ein grundlegendes Dokument des „Konziliarismus", der Überordnung des Konzils über den Papst (Q 3).

Der Kampf der Konzilsbewegung mit dem nun wieder einheitlichen Papsttum war die Hauptlinie des fast zwanzigjährigen Basler Konzils (1431–48), das mit 3500 (allerdings nie gleichzeitigen) Konzilsteilnehmern geradezu eine kirchliche Gegenregierung zum Papsttum darstellte. Es erließ zahlreiche Reformdekrete und regelte mit den *Basler Kompaktaten* die Beziehung der Kirche mit den Hussiten. Letztlich erlag es jedoch dem monarchischen Anspruch des Papsttums. Die konziliaren Ideen blieben jedoch weiter in der Diskussion.

Die Historiker gaben sich große Mühe, kirchliches Leben und religiöses Verhalten gerade im „vorreformatorischen" 15. Jahrhundert zu untersuchen. Die Ergebnisse sind außerordentlich widersprüchlich: neben ekstatischer Frömmigkeit steht weitverbreiteter Materialismus, neben sehr vielen Mißständen stehen auch ernsthafte Reformbemühungen. Hier sei zunächst nur auf den Anfang der auf weitverbreitete Ängste in der Bevölkerung hindeutenden *Hexenverfolgungen* im späten 15. Jahrhundert hingewiesen, die ein weiteres Krisensymptom der Zeit darstellten. Beschuldigungen von Frauen (seltener Männern) als Hexen (bzw. Zauberern), die im Bunde mit dem Teufel angeblich Menschen in vielerlei Weise schädigen sollten, waren nicht neu, aber sie nahmen jetzt beträchtlich zu. 1484 rief Papst Innozenz VIII. zur Hexeninquisition auf, drei Jahre später wurde von deutschen Dominikanern der „Hexenhammer", ein Handbuch für Hexenverfolgung, verfaßt. In gewisser Weise lösten die Hexenverfolgungen die Ketzer- und Judenverfolgungen ab, auch mit der bevorzugten Hinrichtungsart, der Verbrennung; vielleicht deutet das auf gemeinsame psychologische Wurzeln hin. Die Hexenjagd als gesamteuropäischer Massenwahn ist allerdings erst eine Erscheinung der Neuzeit (16./17. Jahrhundert).

Ein Blick auf die letzten mittelalterlichen Jahrzehnte der Reichsgeschichte zeigt ein weiteres Zurückbleiben des Reiches hinter den westlichen Monarchien und eine konservative Erstarrung. Der über ein halbes Jahrhundert regierende Friedrich III. (1440—93) fand wegen seiner Zögerlichkeit und Inaktivität bei Zeitgenossen und Historikern ein negatives Urteil, das erst in jüngster Zeit etwas Aufhellung findet; denn das Ergebnis seiner Regierung war zumindest für die Habsburger positiv. Zuerst wurde Friedrich in Bruderkriege mit den anderen Habsburgern verstrickt. Böhmen und Ungarn lösten sich unter eigenen Nationalkönigen, Georg von Podiebrad († 1471) und Matthias Corvinus († 1490), von den Habsburgern. Matthias griff schließlich auch Österreich an und vertrieb den Kaiser aus Wien. Aber noch zu Lebzeiten Friedrichs gelang es seinem Sohn Maximilian, die habsburgischen Erblande wieder zu vereinigen und sich die erbrechtliche Anwartschaft auf Böhmen und Ungarn zu verschaffen. Die Tendenz zur Reichsbildung im Donauraum wurde immer deutlicher erkennbar. Zugleich war durch die Heirat Maximilians mit der burgundischen Erbtochter der Weg für die europäische Großmachtrolle der Habsburger eröffnet.

Mit der Übertragung des Herzogtums Burgund an Philipp den Kühnen (1363), den Sohn des französischen Königs, hatte im Raum zwischen Frankreich und Deutschland die burgundische Staatsbildung begonnen: in hundertjähriger, mittels Heiratspolitik und militärischer Gewalt erfolgter, erstaunlicher Expansion schufen Philipp und seine Nachfolger bis zu Karl dem Kühnen († 1477) einen mächtigen, praktisch selbständigen Staat, der als weitere zentrale Machtbasis im 15. Jahrhundert die wirtschaftlich hochentwickelten Niederlande sowie Luxemburg umfaßte. Die Niederlande hatten schon vorher im Reich eine zunehmende Sonderrolle gespielt. Die Verbindung französischer und niederländischer Einflüsse formte die glanzvolle burgundische Kultur. Karl der Kühne, der durch die Erwerbung Lothringens seine beiden Herrschaftsschwerpunkte verbinden wollte, allerdings auch in fast alle anderen Richtungen expandierte, scheiterte schließlich militärisch an den Schweizer Eidgenossen in zwei schweren Schlachten (Grandson und Murten) und fiel bei der Belagerung von Nancy ohne männliche Erben. Der Streit um das burgundische Erbe sollte der Auftakt des europäischen Kampfes zwischen den Habsburgern und dem französischen Königtum werden.

Die Sonderentwicklung und Expansion der Schweiz war ebenfalls noch im 15. Jahrhundert zu einem gewissen Abschluß gekommen. Im Frieden von Basel (1499) wurde die Unabhängigkeit vom Reich faktisch besiegelt, formell allerdings erst 1648. Die ursprünglich nur lockere Verbindung einiger eidgenössischer Orte war im Kampf gegen die Habsburger Territorialherren im 14. Jahrhundert zu einem festen Bündnis geworden, das durch die Siege der Schweizer Fußkämpfer über die österreichischen und burgundischen Ritterheere ungeheuer an Selbstbewußtsein gewann.

Die Entwicklung der anderen Territorien im Reich hatte sich ebenfalls fortgesetzt; am Ende des Mittelalters waren die für die Zukunft bestimmenden Länder Österreich, Bayern, Böhmen, Brandenburg, Kursachsen, Hessen, Pfalz und Württemberg ausgebildet. Besonders lebendig blieb die Reichstradition in Franken und Schwaben. Vor allem dort bestand Interesse und Bedürfnis, Reformen auch am alten und unzulänglichen Gebäude des Reiches durchzuführen. Die Bemühungen um eine Reichsreform begannen schon mit Initiativen Kaiser Sigmunds, einige Ergebnisse zeitigte sie allerdings erst in den Jahren um 1500 (dazu siehe Bd. 3 dieser Reihe).

Quellen

Q 1 Pest, Geißler und Juden in Straßburg

Einer der ausführlichsten und informativsten Berichte über Judenverfolgung, Geißlerzüge und Pest stammt aus der Straßburger Chronik des Jacob Twinger von Königshofen († 1420), die teilweise auf der älteren Chronik des Fritsche Klosener fußt:

Men brante die Juden.

An dem samestage, das was sant Veltins dag, do verbrante man die Juden in irme kirchofe uf eime hültzin gerüste: der worent uf zwei tusent. wele sich aber woltent lossen touffen, die lies men lebende. es wurdent ouch vil junger kinde us dem füre genomen über irer mûter und vatter wille, die getouffet wurdent. und was men den Juden schuldig was, das wart alles wette, und wurdent alle pfant und briefe die sü hettent über schulde widergeben. aber das bar gût das sü hettent, das nam der rot und teilete es under die antwerg noch margzal. das geld was ouch die sache, dovon die Juden gedötet wurdent: wan werent sü arm gewesen und werent in die landesherren nüt schuldig gewesen, so werent sü nüt gebrant worden. do nu dis gût geteilet wart under die antwerg, so gobent etliche ir teil an unser frowen werg oder durch got, noch ires bihters rote.

Sus wurdent die Juden gebrant zû Strosburg und des selben jores in allen stetten uf dem Ryne, es werent frige stette oder des riches oder der herren. in etlichen stetten brante men sü mit urteil, in etlichen one urteil. in etlichen stetten stiessent die Juden ire hüser selber ane und verbrantent sich dinne.

Von der grossen geischelfart.

In dem vorgeschriben jore, do men zalte 1349 jor, also men vaste starp und die Juden brante, 14 Tage nach sünigihten [Sonnwende], do koment gein Strosburg uf 200 geischeler, die hettent leben und wise also ich ein teil hie sagen wil. zům ersten so hettent sie gar kosper vanen uf 8 oder 10 von semyt und sydin, und also menigen gewunden kertze. die drůg men in vor, wo sü in stette oder dörfer gingent, und sturmete men alle glocken gegen in, und die geischeler gingen den vanen noch ie zwene und zwene miteinander, und hettent alle mentelin ane und hüte uffe mit roten crüzen, und zwene sungent vor und denne die andern alle noch, und ir gesang was also:

Nu ist die bettefart so her.
Crist reit selber gein Jerusalem,
er fůrte ein cruze an sinre hant,
nu helf uns der heylant!
Nu ist die bettefart also gůt.
hilf uns herre, durch din heilges blůt,
das du am crüze vergossen hest
und uns in dem ellende gelossen hest...

So sü alsus in die kirchen koment, so knuweten sü nyder und sungent:

Jesus wart gelabet mit gallen,
des süllent wir alle an ein crüze vallen.

Und so vielent sü alle crüzewis an die erde, das es klapperte. und so sü eine wile also gelogent, so hůp ir vorsenger ane und sang:

Nu hebent uf alle uwer hende,
das got dis grosse sterben wende!
Nu hebent uf uwer arme
daz sich got über uns erbarme!

Und stundent denne uf. das dotent sü drüstunt, und denne ludent sü die lüte in ir hüser, eis zwenzig, eis zehen, also iegliches noch sime vermügen, und buttent es in wol...

Wenne sü nun woltent büssen, also nantent sü das geischeln, das was zům tage zwurent, frůge und spote, so zogetent sü zů velde us: so lute men die glocken, und gingent ie zwene und zwene und sungent... und wenne sü koment an die geischelstat, so zugent sü sich us nacket und barfůs untz in die brůch und dotent kittelin oder wis linen cleider ane, und die gingent von dem nabel untz uf die füsse, und leitent sich nyder an einen witen kris... so sü sich alsus hettent geleit, so ving ir meister ane wo er wolte und schreit über einen und růrte in mit sinre geischeln und sprach:

Stant uf durch der martel ere
und hüte dich vor der sünden mere.

Also schreit er über sü alle, und über welen er schreit, der stunt uf und schreit dem meister noch über die vor ime logent, untz sü alle uf gestundent, und sungent denne und geischeltent sich mit riemen, die hettent vorne knöpfe und nolden darin gestekket...

Zů Strosburg kam me denne tusent man in ir gesellschaft, und sü teileten sich zů Strosburg: eine parte ging das land abe, die ander parte das land uf. und kam so vil volkes in ir brůderschaft, das es verdros den bobest und den künig und die pfafheit, und Karle der römische künig verschreip dem bobeste, das er etwas hiezů gedehte, anders die geischeler verkertent alle welt...

Der grosse sterbotte.

Do men zalte noch gotz gebürte 1349 jor, do was der gröste sterbotte zů Strosburg und durch die welt, also dovor bi der Juden brande ist geseit. Und alle die wile die vorgeschriben grosse geischelfart werte, die wile starp men ouch, und do die abegingent, do minrete sich ouch das sterben. das sterben was so gros, das zů iedem kirspel zů Strosburg alle tage worent 8 liche oder zehen, und das men die spittelgrube die bi der Kirchen stunt, můste in einen witen garten machen. die lüte die do sturbent, die sturbent an bülen, die sich erhůbent under den armen oder an den beynen, und die do sterben soltent, die sturbent am driten tage oder am vierden. und in weles hus das sterben kam, do horte es nüt uf mit eime.

(Die Chroniken der deutschen Städte, Bd. 9, hg. v. C. Hegel, 1871, S. 763–769).

Q2 *Programm der Hussiten*

Die Vier Prager Artikel waren ein Minimalprogramm, auf das sich die verschiedenen hussitischen Gruppierungen 1420 zu einigen vermochten. Im folgenden ist eine taboritische Formulierung der vier Artikel in frühneuhochdeutscher Fassung abgedruckt:

Unser herre Jhesus Cristus, der umb uns bitterlich sin plut vergossen hat, der si mit uns und uch allen. amen. lieben brüder und nochgeburen [Landsleute], wir tün uch zu wissen, also ir von den lentherren [dem böhmischen Adel] horen sagen, das wir uwer vigent [Feinde] worden sint (und wir globent uch das wol also unsern lieben nochgeburen), daz ir daz nit glouben sollent, sundern ir wissen sollent, wes vigent wir sint: also aller bosen pfaffen und weltlicher lute, die wider das heilige ewangelium schribent und stont. wir tunt uch ouch zu wissen, wir hassent ouch alle bösen Cristen umb vier artikel:

das erst ist, daz das goteswort an allen stetten sol geprediget sin und also in aller cristenheit, und nicht geschicht. der ander artikel ist, das der wore licham unsers herren und sin heiliges plut allen truwen Cristen jungen und alten gereicht werden. und der dritt artikel ist, das der allerherrschaft von deme höchsten priester (es si der bobest) biss an den minsten und cleinsten nicht geleit [überlassen] werden es si güter oder zinse, und daz die vorgenannt herschaft der geistlichen mit Hilfe der weltlichen vertilget werde. der vierde artikel ist, das alle offenbore sünden vertriben werdent, es sige [sei] von dem konige oder von den lantschen herren oder von dem pladecken [Ritter] oder pfarrer, geistlichen oder weltlich. darumbe getruwen wir uch wol also unsern lieben brüdern, das ir die worheit ufnement und uns darinne beholfen sint wider alle velscher und ungloibigen Cristen geistliche und weltlich, die diser heiligen worheit widerstrebent. und des gebent uns ouch ein antwurt mit uwern briefen. und thunt ir dez nit, so wissen wir wol, das ir gotes vigent wollent sin und aller brüder vom Thaber. geben zu Brachatitz an fritag vor Kathrine. Hans Zischo, Cwal der oberst houptman von dem Thabor und Jencko houptman zü Brachatitz.

(Das hussitische Denken im Lichte seiner Quellen, hg. von R. Kalivoda und A. Kolesnyk, 1969, S. 248 f.)

Q 3 Konzil und Papsttum

Das Dekret *Haec sancta* ist vom Konstanzer Konzil am 6. April 1415 verabschiedet worden. Sein unmittelbarer Anlaß war die Flucht Papst Johannes' XXII. aus der Stadt und seine Drohung, das Konzil aufzulösen.

Diese heilige Konstanzer Synode veranstaltet ein Allgemeines Konzil, um das gegenwärtige Schisma zu beseitigen und um die Einheit und Erneuerung der Kirche Gottes an Haupt und Gliedern durchzuführen. Sie ist im Heiligen Geist rechtmäßig versammelt zum Lobe des allmächtigen Gottes; um die Einheit und Erneuerung der Kirche Gottes leichter, sicherer, wirksamer und freier zu erreichen, bestimmt, setzt fest, beschließt und erklärt sie folgendes:

Zuerst erklärt sie, daß sie selbst im Heiligen Geist rechtmäßig versammelt ist, daß sie ein Allgemeines Konzil darstellt und die kämpfende katholische Kirche repräsentiert, daß sie unmittelbar von Christus die Vollmacht besitzt, der jeder, welchen Standes oder welcher Würde er auch sei – und sei es auch die päpstliche – zu gehorchen gehalten ist in den Belangen, die sich auf den Glauben oder die Beseitigung des genannten Schismas beziehen, und auf die allgemeine Erneuerung der genannten Kirche Gottes an Haupt und Gliedern. Ebenso erklärt sie: Wer auch immer, ganz gleich welchen Ranges, Standes oder welcher Würde er ist – und sei es auch die päpstliche –, den Aufträgen, Beschlüssen und Anordnungen dieser heiligen Synode oder eines anderen rechtmäßig versammelten Allgemeinen Konzils, die sich auf die vorgenannte Materie beziehen, zu gehorchen sich hartnäckig weigert, der soll, wenn er nicht davon abläßt, der angemessenen Buße unterworfen und nach Gebühr bestraft werden; dabei soll, wenn notwendig, auch auf andere Rechtsmittel zurückgegriffen werden.

(Mirbt/Aland, Quellen zur Geschichte des Papsttums und des römischen Katholizismus. 6. Aufl. 1967, Bd. 1, Nr. 767).

Fragen, Probleme und Anregungen

1) Erläutern Sie die objektiven und subjektiven Krisenerscheinungen des Spätmittelalters.

2) In welcher Beziehung standen Pest, Geißlerzüge und Judenverfolgungen zueinander?

3) Die kirchenpolitisch-theologischen, die sozialen und die nationalen Aspekte der hussitischen Bewegung.

4) Mit welchen Argumenten suchte die konziliare Bewegung die Überordnung des Konzils über den Papst zu begründen?

5) Zusammenhänge und Unterschiede bei Juden-, Ketzer- und Hexenverfolgungen.

Wichtige Daten

1414–1418	Konzil von Konstanz
1415	Hinrichtung von J. Hus
1419	1. Prager Fenstersturz/Beginn der hussitischen Revolution
1440–93	Friedrich III.
1431–48	Konzil von Basel
1363–1477	Burgundische Reichsbildung
1484	1. päpstlicher Aufruf zur Hexenverfolgung
1499	Faktische Unabhängigkeit der Schweiz

Wichtige Begriffe

Agrarkrise   Wüstung
Zweite Leibeigenschaft   Pogrom
Wyclifismus   Laienkelch
Utraquismus   Konziliarismus

Literaturhinweise

E. Meuthen, Das 15. Jahrhundert, 1984². (Oldenbourg-Grundriß der Geschichte 9) [Forschungsstand].

Krisenzeit

R. Hoeniger, Der Schwarze Tod in Deutschland, 1882.

J. van Claveren, Die wirtschaftl. Auswirkungen des Schwarzen Todes. VSWG 54 (1967), 187–202.

F. Graus, Spätmittelalter als Krisenzeit. Mediaevalia Bohemica, Suppl. 1, 1969.

W. Abel, Agrarkrisen und Agrarkonjunktur. Eine Gesch. der Land- u. Ernährungswirtschaft Mitteleuropas seit dem hohen MA, 1978³.

N. Bulst, Der Schwarze Tod. Demographische, wirtschafts- und kulturgesch. Aspekte der Pestkatastrophe von

1347–52. Bilanz der neuen Forschung. Saeculum 30 (1979), 45–67.
A. Haverkamp, Die Judenverfolgungen zur Zt. des Schwarzen Todes im Gesellschaftsgefüge der dt. Städte. In: Zur Gesch. der Juden in Deutschland des späten MAs u. der frühen Neuzeit, hg. v. A. Haverkamp, 1981, 27–93.
P. Segl, Geißler. In: TRE Bd. 12 (1984), 162–169.
Europa 1400. Die Krise des Spätmittelalters, hg. v. F. Seibt u. W. Eberhardt, 1984 [Aufsätze].
F. Graus, Pest-Geißler-Judenmorde. Das 14. Jahrhundert als Krisenzeit, 1987 (Veröff. d. M.-Planck-Inst. f. Gesch. 86).

Hussitische Bewegung

F. Seibt, Hussitica. Zur Struktur einer Revolution, 1965.
Ders., Die Zeit der Luxemburger u. der hussitischen Revolution. In: Handb. der Gesch. der böhm. Länder, hg. v. K. Bosl, Bd. 1, 1967, 351–568.
G. A. Benrath, John Wyclif. In: Gestalten der Kirchengesch. 4 (= MA II), hg. v. M. Greschat, 1983, 219–233.
F. Seibt, Revolution in Europa. Ursprung u. Wege innerer Gewalt. Strukturen-Elemente-Exempel, 1984.
F. Šmahel, La révolution hussite: une anomalie historique, 1985.
F. Machilek, Hus, Hussiten. In: TRE Bd. 15 (1986), 710–735.
F. Seibt, Hussitenstudien. Personen, Ereignisse, Ideen einer frühen Revolution, 1987.

Nationalisierung

D. Kurze, Nationale Regungen in der spätmittelalterl. Prophetie. HZ 202 (1966), 1–23.
F. Graus, Die Bildung eines Nationalbewußtseins im mittelalterlichen Böhmen. Historica 13 (1966), 5–49.
F. Graus, Lebendige Vergangenheit. Überlieferung im MA und in den Vorstellungen vom MA, 1975.

B. Zientara, Nationale Strukturen des Mittelalters. Saeculum 32 (1981), 301–316.

U. Nonn, Heiliges Römisches Reich Deutscher Nation. Zum Nationenbegriff im 15. Jh. ZHF 9 (1982), 129–142.

Konzile und Papsttum

K. A. Fink u. a., Die Päpste in Avignon. In: Handbuch der Kirchengesch., hg. v. H. Jedin, Bd. III, 2 (1968), 365–588.

Das Konzil von Konstanz, hg. v. A. Franzen u. W. Müller, 1964 [Sammelwerk].

Die Welt zur Zeit des Konstanzer Konzils, hg. v. Th. Mayer, 1965 (Vorträge u. Forschungen 9).

H. Zimmermann, Papstabsetzungen im Mittelalter, 1968.

Das Konstanzer Konzil, hg. v. R. Bäumer, 1977 (WdF 415) [Aufsatzsammlung].

E. Meuthen, Das Basler Konzil als Forschungsproblem der europ. Geschichte, 1985 [Guter Forschungsüberblick].

J. Helmrath, Das Basler Konzil 1431–49. Forschungsstand und Probleme. 1987.

Kaiser/Reich/Länder

H. Koller, Sigismund (1410–1437). In: Kaisergestalten des Mittelalters, hg. v. H. Beumann, 1984, 277–300.

R. Schmidt, Friedrich III. (1440–1493). Ebd., 301–331.

H. Wiesflecker, Maximilian I. (1486–1519). Ebd., 332–357.

E. Isenmann, Reichsfinanzen u. Reichssteuern im 15. Jh. ZHF 7 (1980), 1–76, 129–218.

H. Angermeier, Die Reichsreform (1410–1555), 1984.

Geschichte der deutschen Länder. Territorien-Ploetz, Bd. 1, 1964.

Burgund/Schweiz/Osmanen

K. F. Werner/J. Richard, Burgund. In: LexMA Bd. 2 (1983), Sp. 1066–87.

J. Huizinga, Herbst des Mittelalters. Studien über Lebens- und Geistesformen des 14. und 15. Jahrhunderts, 1975[11].
Handbuch der Schweizer Geschichte, Bd. 1, 1972.
E. Meuthen, Der Fall von Konstantinopel und der lateinische Westen. HZ 237 (1983), 1–35.
E. Werner, Die Geburt einer Großmacht – Die Osmanen (1300–1481). Ein Beitrag zur Genesis des türkischen Feudalismus, 1985[4].

Religiöse Bewegungen

F. Seibt, Die Krise der Frömmigkeit – die Frömmigkeit aus der Krise. Zur Religiosität des späteren MAs. In: ders., Mittelalter und Gegenwart. Ausgew. Aufsätze, 1987, 235–253.
K. Arnold, Niklashausen 1476. Quellen u. Untersuchungen zur sozialreligiösen Bewegung des Hans Behem, 1980.
H. Boockmann, Der Streit um das Wilsnacker Blut. Zur Situation des dt. Klerus in der Mitte des 15. Jhs. ZHF 9 (1982), 385–408.
G. Schormann, Hexen. In: TRE Bd. 15 (1986), 297–304.

athenäum[s] studienbücher

Armin Kaiser/Ruth Kaiser
Studienbuch Pädagogik
Grund- und Prüfungswissen
4. Auflage

Klaus Ulich
Schule als Familienproblem
Beschreibung eines Konflikts

Peter Hilsch
Mittelalter
Grundkurs Geschichte, Band 2

Ein anglistischer Grundkurs
zur Einführung in das Studium der
Literaturwissenschaften
Herausgegeben von Bernhard Fabian

Wolfgang Eichler/Karl-Dieter Bünting
Deutsche Grammatik
Form, Leistung und Gebrauch der deutschen
Gegenwartssprache
4. Auflage

athenäums taschenbücher

Adler/Langbein/Lingens-Reiner, Auschwitz 30
Altwegg (Hg.), Die Heidegger Kontroverse 114
Anders (Hg.), Autonome Frauen 120
Anselm, Angst und Solidarität 47

Basnizki, Der jüdische Kalender 134
Benedict, Ziviler Ungehorsam als christliche Tugend 126
Bergson, Denken und schöpferisches Werden 50
Bergson, Zeit und Freiheit 135
v. Bethmann, Die Deflationsspirale 102
Bosse, Diebe, Lügner, Faulenzer 39
Brumlik, Jüdisches Leben in Deutschland seit 1945 104

Chasseguet-Smirgel (Hg.), Wege des Anti-Ödipus 79
Cocteau, Taschentheater 132
Colli, Nach Nietzsche 17

Dannecker, Der Homosexuelle und die Homosexualität 74
Daudet, Pariser Sittenbild 97
Deleuze, Nietzsche und die Philosophie 70
Devereux, Baubo 63
Döll, Philosoph in Haar 16
Dörner, Bürger und Irre 27
Doyle, Das Congoverbrechen 51
Dreyfus, Was Computer nicht können 123
Duerr (Hg.), alcheringa oder die beginnende Zeit 124
Duerr (Hg.), Der Wissenschaftler und das Irrationale I 56
Duerr (Hg.), Der Wissenschaftler und das Irrationale II 57
Duerr (Hg.), Der Wissenschaftler und das Irrationale III 58
Duerr (Hg.), Der Wissenschaftler und das Irrationale IV 59
Duerr (Hg.), Der Wissenschaftler und das Irrationale, 4 Bände in Kassette 60

Ebeling, Der Tod in der Moderne 36
Ebeling/Lütkehaus (Hg.), Schopenhauer und Marx 64
Elbogen/Sterling, Die Geschichte der Juden in Deutschland 111
Erdheim, Prestige und Kulturwandel 67

Fletcher, Inseln der Illusion 82
Florenz, Ein Reisebuch durch die Stadtgeschichte 131

Franzos, Der Pojaz 112
Frauensichten, hrsg. vom Psychoanalytischen Seminar Zürich 98
Fried, Höre Israel 19

Gerstner, Der Künstler und die Mehrheit 73
Gesellschaft auf der Couch, hrsg. vom Psychoanalytischen Seminar Zürich 122
Giedion, Befreites Wohnen 48
Ginzburg, Der Käse und die Würmer 10
Denkwürdigkeiten der Glückel von Hameln 99
Goldmann, Das Jüdische Paradox 13
Gorsen, Salvador Dali 5
Gorz, Abschied vom Proletariat 106
Grassi, Die Macht der Phantasie 28

Hallgarten/Radkau, Deutsche Industrie und Politik 81
Heinrichs (Hg.), Der Körper und seine Sprachen 136
Hirsch, Der Sicherheitsstaat 87
Hofmann/Helman/Warnke, Goya 93
Honegger/Heintz (Hg.), Listen der Ohnmacht 38
Horkheimer/Adorno, Sociologica 41

Jervis, Kritisches Handbuch der Psychiatrie 4
Jones, Die Theorie der Symbolik 90

Kerker, Im Schatten der Paläste 88
Kierkegaard, Der Begriff Angst 21
Kierkegaard, Die Wiederholung, Die Krise 22
Kierkegaard, Furcht und Zittern 23
Kierkegaard, Die Krankheit zum Tode 24
Kierkegaard, Philosophische Brocken 25
Kiltz, Das erotische Mahl 86
Kluge, Der Angriff der Gegenwart auf die übrige Zeit 46
Koltès, Quai West, In der Einsamkeit der Baumwollfelder 84
Koltès, Rückkehr in die Wüste 121
Kramer/Sigrist, Gesellschaften ohne Staat I 6
Kramer/Sigrist, Gesellschaften ohne Staat II 20
Kremer, Kafka 125

Laube, Ella fällt 68
Lindner/Wiebe (Hg.), Verborgen im Licht 65
zur Lippe, Autonomie als Selbstzerstörung 33

Lülfing, Über ein Spiel mehr von sich selbst erfahren 54
Luxemburg, Briefe an Freunde 77
Luxemburg, Politische Schriften 95

Malinowski, Argonauten des westlichen Pazifik 26
Malinowski, Das Geschlechsleben der Wilden in Nordwest-Melanesien 12
Mandel, Ein schöner Mord 103
Mannoni, Der Psychiater, sein Patient und die Psychoanalyse 8
Mannoni, »Scheißerziehung« 92
Massing, Vorgeschichte des politischen Antisemitismus 78
Mattenklott, Bilderdienst 62
Memmi, Die Salzsäule 66
Memmi, Rassismus 96
Merton, Auf den Schultern von Riesen 128
Mies, Indische Frauen und das Patriarchat 85
Mill, Über Freiheit 101
Mitscherlich, Der Kranke in der modernen Gesellschaft 29
Morgenthaler, Technik 72
Müller, Architektur und Avantgarde 32
Müller, Schöner Schein 89

Die neuen Narzißmustheorien: zurück ins Paradies? 18
Neuss, Wir Kellerkinder 15
Neuss, Neuss Testament 55
Nordhofen (Hg.), Philosophen des 20. Jahrhunderts in Portraits 71

Oettermann, Läufer und Vorläufer 40
Oettermann, Zeichen auf der Haut 61

Parin, Der Widerspruch im Subjekt 9
Parin/Parin-Matthèy, Subjekt im Widerspruch 118
Perrin, Japans Weg zurück zum Schwert 127
Petersen, Böse Blicke 94
Piaget, Probleme der Entwicklungspsychologie 44

Rosenberg, Demokratie und Sozialismus 116
Rosenberg, Die Entstehung und Geschichte der Weimarer Republik 2
Rosenberg, Geschichte des Bolschewismus 100
Roussel, In Havanna 31

Schreber, Denkwürdigkeiten eines Nervenkranken 52
Schulte, Sperrbezirke 45
Schwendters Kochbuch 119
Sciascia, Die Affäre Moro 129

Shahar, Die Frau im Mittelalter 115
Sexualität, hrsg. vom Psychoanalytischen Seminar Zürich 83
Sonnemann, Die Einübung des Ungehorsams in Deutschland 35
Sonnemann, Gangarten einer nervösen Natter bei Neumond 91
Sonnemann, Das Land der unbegrenzten Zumutbarkeiten 49
Soziologische Exkurse 14
Spazier, Der Tod des Psychiaters 69
Stscherbak, Protokolle einer Katastrophe 105
Sweezy/Dobb u.a., Der Übergang vom Feudalismus zum Kapitalismus 42

Tschajanow, Reise ins Land der bäuerlichen Utopie 37
Thalmann/Feinermann, Die Kristallnacht 108

Voltaire, Recht und Politik 75
Voltaire, Republikanische Ideen 76
Voltaire, Recht und Politik, Republikanische Ideen, 2 Bände in Kassette 133

Williams, Descartes 117
Wolfe, Mit dem Bauhaus leben 43
Worbs, Nervenkunst 107

Ziehe, Pubertät und Narzißmus 34
Zimmermann (Hg.), Schreckensmythen – Hoffnungsbilder 130

athenäum
Savignystr. 53
6000 Frankfurt a.M. 1

athenäum^s studienbücher

**Geschichte der deutschen Literatur vom
18. Jahrhundert bis zur Gegenwart**
Herausgegeben von Viktor Žmegač

Band I/1, I/2   1700 – 1848
Band II/1, II/2   1848 – 1918
Band III/1, III/2 1918 – 1980

Die Bände sind einzeln oder auch in einer Kassette
erhältlich.

»Die vorliegenden Bände setzen in der kritischen
Ausgewogenheit ihrer Darstellung und der Auswahl
und Kommentierung der Fakten neue Maßstäbe der
Literaturgeschichtsschreibung.«

Die Zeit

**Karl-Dieter Bünting/Henning Bergenholtz
Einführung in die Syntax**
Grundbegriffe zum Lesen einer Grammatik
2., überarbeitete Auflage

**Dieter Kafitz
Grundzüge einer Geschichte des deutschen
Dramas von Lessing bis zum Naturalismus**
2. Auflage

Sturm und Drang
Ein literaturwissenschaftliches
Studienbuch
Herausgegeben von Walter Hinck